Raúl Fornet-Betancourt

Modelle befreiender Theorie in der europäischen Philosophiegeschichte

Para Eduardo con
la amistad
de
Raúl.

Wissenschaftliche Schriftenreihe:
Denktraditionen im Dialog: Studien zur Befreiung und Interkulturalität

Herausgeber:
Raúl Fornet-Betancourt

Raúl Fornet-Betancourt

Modelle befreiender Theorie
in der europäischen Philosophiegeschichte

Ein Lehrbuch

IKO – Verlag für Interkulturelle Kommunikation

Bibliographische Information Der Deutschen Bibliothek

Die Deutsche Bibliothek verzeichnet diese Publikation in der Deutschen Nationalbiblio-
graphie; detaillierte bibliographische Daten sind im Internet über http://dnb.ddb.de abrufbar.

©   IKO-Verlag für Interkulturelle Kommunikation
      Frankfurt am Main • London, 2002

Frankfurt am Main	London
Postfach 90 04 21	70 c, Wrentham Avenue
D - 60444 Frankfurt	London NW10 3HG, UK

e-mail: info@iko-verlag.de • Internet: www.iko-verlag.de

ISBN: 3-88939-592-9
(Denktraditionen im Dialog: Studien zur Befreiung und Interkulturalität,
Band 13)

Umschlaggestaltung: Volker Loschek, 61184 Karben
Herstellung: Verlagsdruckerei Spengler, 60488 Frankfurt a.M.

Inhalt

Vorwort

Zum großen Teil ist das vorliegende Buch das Ergebnis der Ausarbeitung der Vorlesungen, die ich unter dem Titel "Modelle befreiender Theorie in der europäischen Philosophiegeschichte" im Sommersemester 1994 und im Wintersemester 1994/95 an der Universität Bremen gehalten habe.

Mein Hauptanliegen bei den Vorlesungen damals war es, Studentinnen und Studenten der Philosophie dazu anzuregen, die europäische Philosophiegeschichte, mit der sie in ihrem Studium entscheidend konfrontiert werden, und zwar meistens doch vor dem Hintergrund unkritisch tradierter Meinungen über ihre vermeintliche *logische* Entwicklungslinie, von einer anderen Perspektive her zu betrachten, die es ihnen ermöglichen sollte, die historische Entwicklung der Philosophie als einen konfliktiven Prozess, zu dem die Geschichte marginalisierter und verkannter Traditionen als die Kehrseite der anerkannten Geschichte "der großen Gestalten" gehört, zu begreifen.

In diesem Sinne will das vorliegende Buch den Leserinnen und Lesern eine methodische Handreichung für eine alternative Interpretation der europäischen Philosophie in ihrer Geschichte anbieten. Das Buch will nämlich zeigen, dass die Geschichte der Philosophie in Europa auch anders sich hätte entwickeln können und auch anders hätte geschrieben werden können. Allerdings steht hier dieses philosophiegeschichtliche Interesse – wie ich in der Einleitung erkläre – im Dienst der *philosophischen* Aufgabe einer Transformation des Selbstverständnisses (und der Praxis!) der europäischen Philosophie.

Für die anregende Debatte in der Vorlesung, der ich manche Denkimpulse verdanke, danke ich meinen damaligen Bremer Studentinnen und Studenten. Danke sage ich auch Margret Kleinschmidt für die Abschrift des Manuskriptes und Henrike Fornet für die Herstellung der Druckvorlage.

Aachen, den 17. August 2002

Einleitung

Die vorliegende Arbeit versteht sich als Beitrag zur alternativen Rekonstruktion der europäischen Philosophiegeschichte. Diesen Beitrag nenne ich deshalb einen Beitrag zur alternativen Rekonstruktion der europäischen Philosophiegeschichte, weil ich ihn nicht als den Versuch verstehe, Europas Geschichte der Philosophie als den Kampfplatz endloser Streitigkeiten[1] zwischen Schulen abstrakter Denkmodelle zu rekonstruieren. Vielmehr möchte ich sie als den dialektischen Ort analysieren, an dem ein Denk- und Handlungsprozess stattfindet, der seinerseits Ausdruck fortwährender Herausbildung und Erprobung jener Traditionen ist, die sich aus dem Ringen der Menschen um Wege menschlicher Befreiung heraus bilden. Traditionen, die jedoch in der die "Normalität" der dominanten Seite der Geschichte reflektierenden Philosophiegeschichte nicht zuletzt deshalb übergangen, diskreditiert oder marginalisiert werden, weil das Anliegen, dessen Artikulation sie sind, gegen die Interessen der "geschichtsmachenden" Kräfte ihrer jeweiligen Epoche arbeitet, und es somit auch der Logik, die der daraus resultierenden offiziellen Gestaltung der Geschichte zu Grunde liegt, widerspricht.

Dieser Versuch alternativer Rekonstruktion europäischer Philosophiegeschichte soll allerdings nicht so verstanden werden, als ob damit eine ganz andere Geschichte der Philosophie in Europa gesucht werde. Es geht zwar um verdrängte, verkannte, marginalisierte Traditionen, aber die alternative Rekonstruktion, die sich daraus entwickeln kann und zu der ich hier exemplarische Momente anbieten möchte, intendiert doch keine andere Geschichte der europäischen Philosophie. Vielmehr will sie dazu beitragen, die europäische Philosophiegeschichte nicht als notwendige Entwicklung einer durchaus bestimmten, doch sakralisierten Konstellation philosophischer Vernunft, sondern sie aus der Kontingenz ihrer Geschichte zu lesen; d.h. sie aus dem Zusammenspiel bzw. Konflikt zu rekonstruieren, der gerade dadurch zu Stande kommt, dass europäische Philosophie nicht Tradition,

---

[1] Vgl. I. Kant, *Kritik der reinen Vernunft*, in: *Werke in zwölf Bänden*, Bd. III, Frankfurt/M. 1968, S. 11.

sondern Traditionen ist; und zwar Traditionen, von denen zunächst
einmal angenommen werden müsste, dass jede von ihnen die Potenz
hat, das gesamte Geschäft der Philosophie zu reperspektivieren. Daher
kommt eben der Konflikt der Traditionen, aber auch die Kontingenz,
die jeder Tradition wesentlich anhaftet, die sich durchsetzt und Philosophie monopolisiert, indem sie Philosophie mit der Entwicklung ihrer eigenen Perspektive identifiziert.

Die intendierte alternative Rekonstruktion europäischer Philosophiegeschichte zielt also nicht darauf ab, eine andere Geschichte der europäischen Philosophie zu entwerfen, sondern darauf, die Mehrtraditio-
nalität und Pluriperspektivität europäischer Philosophiegeschichte
wiederherzustellen, in der Absicht, gerade diese so differenz- und dis-
sensnivellierend tradierte Philosophiegeschichte als Ort von Alternativen ihrer selbst kennen zu lernen und einen neuen Umgang mit ihr in
dem Sinne vorzubereiten, dass wir uns europäische Philosophiegeschichte weniger als eine Traditionslinie als ein Netz alternativer Traditionen aneignen. Dabei muss allerdings betont werden, dass es sich
um Traditionen handelt, die Philosophie je ganz zentrieren und
neuformieren können. Also: Das, was bei dieser Aufgabe ansteht, ist
nicht die Entwicklung dessen, was Ortega y Gasset "die Geotechnik
der philosophischen Großgebirgskette"[2] nennt, weil er eben der Meinung war, dass "... die Geschichte der Philosophie keinen Schritt vorwärts gehen kann, und nicht damit beginnen kann, sich wirklich als
das zu konstituieren, was ihr Name verspricht, wenn man nicht die
Erkenntnislücken schließt, die sich wie Abgründe zwischen den großen und berühmten Etappen des Denkens auftun. Es ist daher eine
Notwendigkeit, mit dem Studium der glanzlosen Epochen zu beginnen."[3] Die Aufgabe darf also nicht mit der Perfektionierung der bestehenden Landkarte der europäischen Philosophie verwechselt werden.
Sie geht insofern darüber hinaus, als sie – um bei Ortegas Metapher zu
bleiben – neue, d.h. bis jetzt verdeckte Großgebirgsketten in der europäischen Philosophiegeschichte orten soll.

---

[2] José Ortega y Gasset, "A «Historia de la Filosofía», de Emile Bréhier", in:
Obras Completas, Bd. 6, Madrid 1983, S. 380.
[3] José Ortega y Gasset, *a.a.O.*, S. 380.

Weil es mir hier aber in erster Linie um die Möglichkeit der Rekonstruktion von ignorierten, verstellten, ja oft bewusst und systematisch
unterdrückten Traditionen geht, darf ich ebenfalls darauf hinweisen,
dass die intendierte Rekonstruktion andererseits so etwas wie die
"Kehrseite" der in den meisten Handbüchern der Geschichte der Philosophie sanktionierten Philosophie darstellt. Die offiziell tradierte
Philosophie bzw. die Philosophie, deren Geschichte weitgehend kon-
form mit den sozialhistorisch dominanten Tendenzen in der Entwicklung der abendländischen Zivilisation geschrieben wird, könnte so mit
Hilfe dieser alternativen Rekonstruktion über ein Spiegel-Bild ihrer
Geschichte verfügen, in dem sie sich dieser ihrer singularen Geschichte als einer Geschichte bewusst werden kann, in der alternative Formationen, die ihre historische Deformationen hätte vermeiden können,
systematisch ausgeschlossen worden sind. Kanonisierte Philosophiegeschichte, zumal jene, in der sich die "Normativität des Klassischen"[4] der historischen Weiterentwicklung bemächtigt hat, braucht
diese ihre "Kehrseite" als Quelle von Kritik und Selbstaufklärung.
Denn für die europäische Philosophie muss ja auch das gelten, was G.
Böhme von der europäischen Wissenschaft verlangt: "Der Stand der
Selbstaufklärung der europäischen Wissenschaft verlangt nicht nur zu
verstehen, daß wissenschaftliches Wissen kontrolliertes und diszipli-
niertes Wissen ist, sondern gleichzeitig einen Begriff davon zu haben,
welche Dunkelheiten, Verdrängungen diese Kontrolle erzeugt, welche
Vorstellungen aus dem offiziellen Kanon ausgeschlossen sind und
warum."[5]
Darüber hinaus ist aber die Konfrontation europäischer Philosophiegeschichte mit ihrer "Kehrseite" deshalb wichtig, weil diese nicht bloß
die Seite vergangener, unwiderruflich verpasster Alternativen darstellt. Die "Kehrseite" klärt sie doch über unterdrückte, aber immer
noch latente Wendungen in ihrer Geschichte auf. Wer die "Kehrseite"
europäischer Philosophiegeschichte rekonstruiert, der verfolgt nicht

---

4 Detlev Pätzold, "Ideengeschichte? Objekt und Methode philosophiegeschichtlicher Forschung", in: *Dialektik* 18 (1989) S. 164.
5 Gernot Böhme, *Alternativen der Wissenschaft*, Frankfurt/M. ²1993, S. 74.

nur die "Spuren der Besiegten"[6]; er macht nicht bloß eine Archäologie alternativer Positionen zum "Hauptstrom" europäischer Philosophie. Denn es geht ja nicht nur um Information über Vergangenes, um über die Vergangenheit besser Bescheid zu wissen; um zu wissen, "wie es eigentlich war". Es geht vielmehr um die Wiederherstellung des historischen Bewusstseins darüber, dass die Gegenwart und Zukunft, die wir heute als den eigentlichen Denkauftrag unserer philosophischen Reflexion vorfinden, von ihrer Herkunft her uns mit humanen Traditionen konfrontieren, die schon deshalb nicht als bloß informatives Material angesehen werden darf, weil sie zumindest zum Teil abgebrochene bzw. unterdrückte "Experimente", d.h. "Pläne" zur Transformation von Wirklichkeit sind, die als "Erinnerung" von Möglichkeiten, die auch die unsrigen sein könnten, ein latentes Potenzial für historische Transformation auf eine neue Zukunft hin darstellen, in der die Herkunft mit ihren Befreiungshypotheken getilgt werden kann.

Aus dieser Sicht ist für die europäische kanonisierte Philosophiegeschichte die Konfrontation mit ihrer "Kehrseite" eine Möglichkeit historischer "Be-kehrung". Dafür aber muss die Rekonstruktion der "Kehrseite" nicht bloße Archäologie, sondern der Versuch sein, Potenzialitäten befreiter Humanität solidarisch freizulegen und im Horizont gegenwärtiger Transformationspläne wieder leuchten zu lassen. Ich könnte auch sagen, dass es im Grunde darum geht, ein Stück jenes Programms zu verwirklichen, das Benjamin entwarf, als er schrieb: "Vergangenes historisch artikulieren heißt nicht, es erkennen >wie es denn eigentlich gewesen ist<. Es heißt, sich einer Erinnerung bemächtigen, wie sie im Augenblick einer Gefahr aufblitzt. Dem historischen Materialismus geht es darum, ein Bild der Vergangenheit festzuhalten, wie es sich im Augenblick der Gefahr dem historischen Subjekt unversehens einstellt. Die Gefahr droht sowohl dem Bestand der Tradition wie ihren Empfängern. Für beide ist sie ein und dieselbe: sich zum Werkzeug der herrschenden Klasse herzugeben. In jeder Epoche muß versucht werden, die Überlieferung von neuem dem

---

6 So der Titel des Werks von Hellmut G. Haasis über Freiheitsbewegungen in Mitteleuropa, Hamburg 1984.

Konformismus abzugewinnen, der im Begriff steht, sie zu überwältigen."[7]

Diese Bedeutung alternativer Rekonstruktion europäischer Philosophiegeschichte eben im Sinne der Freilegung einer "Rückseite", die als Bestandteil noch möglicher Zukunft in der philosophischen Reflexion von heute übernommen wird, ist im Zusammenhang meiner Arbeit um so wichtiger, als ich mich – wie bereits angedeutet – auf die exemplarische Erörterung nur einer der alternativen Traditionen, die verdrängt worden sind, beschränken werde, nämlich die Tradition, die ich hier kurz als befreiungsphilosophische bezeichnen möchte, um mit dem Titel jene Tradition abendländischer Philosophie zu bestimmen, die aus ihrer Verpflichtung zur integral-humanen Vernunft als Quelle und Ideal historisch-kritischer Rationalität die Mitte für das Engagement gegen Unterdrückung und Fremdbestimmung, Täuschung und Selbsttäuschung, gegen Verdinglichung und Zerstörung der Humanität des Menschen macht.

Am Leitfaden dieser alternativen Tradition soll also in dieser Arbeit versucht werden, eine der möglichen "Kehrseiten" europäischer Philosophiegeschichte aufzuzeichnen. Genauer gesagt: Diese als befreiungsphilosophisch bezeichnete Tradition soll hier anhand exemplarischer Momente rekonstruiert werden, und zwar so, dass durch ihre Rekonstruktion eine historisch dokumentierte Perspektive zur Reperspektivierung philosophischer Reflexion gewonnen werden soll. Philosophie soll damit nicht auf Befreiungsphilosophie reduziert werden. Wohl aber soll aus dieser Sicht gezeigt werden können, dass Befreiungsphilosophie – in der oben vermerkten, breiten Bedeutung, die allerdings im Laufe meiner Untersuchungen differenziert werden soll – immer schon Perspektive und Tradition europäischer Philosophie gewesen ist und dass sie als solche in Europas Geschichte der Philosophie eine "gefährliche Erinnerung" darstellt. Als Perspektive und Tradition ist sie ja Medium der Zukunft in der europäischen Philosophie oder, wenn man so will, eine Alternative zur Konfiguration künftiger Philosophie in der Geschichte. Kurzum: Es geht nicht um Reduktion,

---

7 Walter Benjamin, "Über den Begriff der Geschichte", in: *Gesammelte Schriften*, Bd. I-2, Frankfurt/M. 1980, S. 695.

sondern um Erweiterung; denn es handelt sich doch um die Freilegung einer durch die sanktionierte Geschichtsschreibung oft verdrängte und marginalisierte Art, Philosophie in Europa zu bestreiten.

Die zugestandene Beschränkung ist als Option zu verstehen. Ich optiere für die Rekonstruktion jener alternativen Tradition, die die europäische Philosophie als eine ihrer möglichen Konfigurationen gegründet hat, indem sie die Sache des unterdrückten und bedrückten, des in seiner Humanität verhinderten Menschen, mit einem Wort, des "beschädigten Lebens"[8] zu ihrem eigenen Geschäft macht und so ihre Reflexion in den Dienst der Befreiung menschlichen Lebens stellt. Diese Option ergibt sich aus dem Philosophieverständnis, das ich meinem Beitrag zur alternativen Rekonstruktion europäischer Philosophiegeschichte zu Grunde lege, und mit dessen Explikation ich die Arbeit beginnen werde.

In der Einleitung soll aber noch auf einen anderen Aspekt hingewiesen werden. Bewusst habe ich stets betont, dass die europäische Philosophiegeschichte Gegenstand meiner Untersuchung ist. Damit soll ausdrücklich die Regionalität und Kontextualität der Philosophie, um die es mir hier geht, zur Sprache gebracht werden. Europas Geschichte der Philosophie soll also nicht – wie es leider immer noch oft geschieht – mit der Geschichte der Philosophie überhaupt identifiziert werden. Sie ist nicht mehr, aber auch nicht weniger, als eine Geschichte der Philosophie oder, vielleicht deutlicher, die Geschichte einer Konstellation von Philosophie. Denn in Afrika, China, Indien, Japan und Südamerika treffen wir ebenfalls auf Konstellationen von Philosophie, die ihre eigene, spezifische Geschichte geschrieben haben und immer noch – trotz Kulturkolonialismus seitens Europas – ihre Traditionen bewahren und lebendig halten.

Vor diesem Hintergrund – darauf sei hier auch hingewiesen – könnte die alternative Rekonstruktion europäischer Philosophiegeschichte einen spezifischen Beitrag zur Illustrierung der Tatsache liefern, dass das Europa, das sich zivilisatorisch durchgesetzt hat – das eben nicht jenes eines Jakob Böhme oder einer Teresa de Avila ist – nicht nur

---

[8] Theodor W. Adorno, *Eine Auswahl*, Stuttgart 1971, S. 7ff.

nach Außen, sondern ebenso nach Innen kolonisiert hat. Ohne diesen Prozess interner Kolonisierung ist doch letztendlich die Marginalisierung und Unterdrückung alternativer Konfigurationen philosophischen Denkens in Europa nicht zu erklären. Und diese Erkenntnis könnte wiederum den Dialog europäischer Philosophen mit Philosophen aus anderen Regionen der Welt erleichtern. Denn zu dem Bewusstsein über die eigene Kontextualität würde sich dadurch die Erfahrung der Unterdrückung und Marginalisierung gesellen; eine Erfahrung, die insofern solidaritätsbildend wirken kann, als sie beim europäischen Philosophen weniger zur Frage etwa nach der Rezeption von Hume in Japan als vielmehr dazu motivieren würde, sich beispielsweise über die befreiende Funktion japanischer Philosophietraditionen auszutauschen.

Dass die vorliegende Arbeit auch zu diesem Prozess interkulturellen Austauschs zwischen den Philosophen der verschiedenen Kulturräume beitragen möge, gehört jedenfalls zu den Motiven, die mich veranlasst haben, sie zu unternehmen.

1. Zum Philosophieverständnis, das die vorliegende Arbeit als Voraussetzung impliziert

Weil ich davon ausgehe, dass derjenige, der sich als Philosoph bzw. philosophisch mit Fragen aus der Philosophiegeschichte – in welcher kontextueller Konfiguration auch immer – beschäftigt, selber mit einer Theorie der Philosophiegeschichte operieren muss, die ihrerseits auf ein bestimmtes Verständnis von Philosophie zurückzuführen ist[1], erachte ich es für notwendig, die Arbeit mit der Explikation des von mir hier vorausgesetzten Philosophieverständnisses zu beginnen. (Im folgenden zweiten Abschnitt werde ich dann meine Theorie der Philosophiegeschichte darstellen.)

Bevor ich mit der Erläuterung meines Philosophieverständnisses beginne, möchte ich – um einem möglichen Missverständnis vorzugreifen – vermerken, dass dieses in meiner Untersuchung implizit wirkende Philosophieverständnis keine der erörterten Tradition abendländischer Philosophie fremde Definition von Philosophie ist. Es ist zwar die Auffassung von Philosophie, die ich vertrete und in dieser Arbeit (auf freilich je differenzierten Weisen) geschichtlich zu dokumentieren versuche; aber es stellt ein Verständnis dar, das ich anderen Traditionen nicht oktroyiere, weil es eben im Dialog mit der Tradition gewonnen worden ist. In diesem Sinne ist es ein "traditionelles" Philosophieverständnis, auch wenn es sich andererseits von der Tradition abgrenzt. Deshalb verstehe ich es als ein Philosophieverständnis, das – wahrscheinlich wie jedes andere – mit Tradition gegen *die* Tradition denkt.

---

[1] Dies hat bereits Johan Jakob Brucker, der eigentliche Vater philosophiegeschichtlicher Forschung im modernen Sinn, gesehen. Er schrieb nämlich in der "Introductio" seiner *Institutiones Historiae Philosophicae* (Leipzig ²1756) Folgendes: "Wer die Geschichte der Philosophie erforschen will, muß zuerst definieren, was Philosophie ist, und nach welchem Kriterium sie von der Gelehrsamkeit im allgemeinen sich unterscheidet, damit die Aufmerksamkeit nicht in sachfremdes Gebiet abschweife oder in Verwirrung gerate." Hier zitiert nach dem Anhang in: Franz Wimmer, *Interkulturelle Philosophie. Geschichte und Theorie*, Bd. 1, Wien 1990, S. 255.

Zusammenfassend lässt sich mein Philosophieverständnis anhand folgender drei Grundzüge darstellen:

A. Philosophie in Europa kennt nicht nur die Möglichkeit des Anfangs, die Plato und Aristoteles sanktioniert haben und die seitdem als der quasi absolute Anfang des Philosophierens überhaupt wiederholt wird.

Vergegenwärtigen wir uns die berühmten Stellen. Bei Plato heißt es in Theaitetos: "Denn gar sehr ist dies der Zustand eines Freundes der Weisheit, die Verwunderung; ja es gibt keinen anderen Anfang der Philosophie als diesen ..."[2] Und bei Aristoteles lesen wir in seiner Metaphysik: "Denn Verwunderung war den Menschen jetzt wie vormals der Anfang des Philosophierens ..."[3]

Ich setze mich in kritischer Absicht von dieser Traditionslinie ab und vertrete nunmehr die Auffassung, dass für europäische Philosophietraditionen ebenso das Prinzip gilt: "Nicht nur Verwunderung, sondern genauso Betroffenheit war den Menschen jetzt wie vormals der Anfang des Philosophierens." Damit meine ich, dass die Gründungsstunde philosophischer Traditionen in Europa sich nicht nur der Fähigkeit theorie- bzw. wissenstheoretischorientierter Verwunderung verdankt. Genau so ursprünglich findet sie doch ihre Bedingung der Möglichkeit auch darin, dass Menschen die Erfahrung von Sklaverei und Rassismus, von Unterdrückung und Repression, vom Konflikt zwischen human legitimen Forderungen und legal sanktionierter politischer Ordnung machen und aus der Betroffenheit durch diese soziale Realität heraus das Geschäft philosophischen Denkens mit praktischen, ethischen Fragen anfangen lassen. Soziale, politische Probleme wie etwa die von Unfreiheit und Ungleichheit stehen also auch am Anfang philosophischer Reflexion in Europa – wie später dokumentiert werden soll. Deshalb betone ich: Zum Anfang europäischer Philosophietraditionen gehört doch die Einsicht, dass Philosophie in dem Sinne befreiungsphilosophisch zu praktizieren ist, als sie auf die Frage antworten

---

2 Platon, *Theaitetos* (155d); zitiert wird nach: *Werke in acht Bänden*, Bd. VI, Darmstadt 1970, S. 44.
3 Aristoteles, *Metaphysik* 2 (982b), zitiert wird nach: Philosophische Bibliothek CCCVII, Hamburg 1978, S. 12.

will: Wie können Freiheit und Gleichheit, Gerechtigkeit und Frieden in der historischen Welt der Menschen geschaffen werden? Am Leitfaden dieser Frage gründet sich Philosophie als eine Denktradition, die, gerade weil sie aus der Betroffenheit heraus denkt, sich in der spezifischen Figur dessen konfiguriert, was ich die responsive Figur philosophischen Denkens nennen möchte. Ich nenne es so, weil mit dieser Bezeichnung – so meine ich – die vierschichtige Qualität dieser Figur philosophischen Denkens am Besten wiedergegeben werden kann: 1) Dass es ein Denken ist, das sich als Ant-wort auf ... konstituiert und artikuliert; 2) dass die Re-Flexion, die im Prozess des Antwortens zustande kommt, dieses responsive Denken als Organ des Wider-Sprechens versteht, und nicht als Vehikel des Ent-Sprechens; 3) dass es sich folglich um ein Denken handelt, das auf Replik aus ist; es geht ihm weder um geistige Assimilation von Realität noch um bloße entsprechende Rekonstruktion von Geschichte, sondern darum, die geltenden Konstruktionen von Realität und Geschichte in ihrer angeblichen metaphysischen Notwendigkeit zu de-konstruieren; sie zu wider-legen und auf eine Alternative als historisch mögliche Dimensionen zu anderer Form, Realität und Geschichte zu konstellieren, hinzuweisen; und 4) dass das responsive Denken sich dadurch auszeichnet, dass es historische Verantwortung nicht nachträglich entdeckt, sondern sie als Kernstück im Prozess philosophischer Reflexion wahrnimmt.

B. Aus der Bestimmung der Philosophie von der Erfahrung historischer Betroffenheit her ergibt sich für mich der zweite Grundzug, der dem hier zu Grunde liegenden Philosophieverständnis charakteristisch ist. Dieses Charakteristikum kann folgendermaßen formuliert werden: Philosophie ist nicht nur Textkritik, d.h. Auseinandersetzung mit Texten, sondern ebenso Realitäts- und Zeitkritik, d.h. kritische Auseinandersetzung mit Geschichte und Wirklichkeit. Oder noch schärfer formuliert: Vielleicht formiert und konfiguriert sich Philosophie nur in kritischer Konfrontation mit Wirklichkeit und Geschichte.

In diesem Zusammenhang ist nämlich zu bedenken, dass philosophische Texte Reaktionen auf Kontexte sind. Die schriftlich fixierten theoretischen Traditionen, die Gegenstand exegetischer Forschung werden – vor allem im Bereich der akademischen Philosophie –, sind doch kein Resultat isolierter, sich selbstbeschäftigender, sich selbstgenügender Spekulation; sie fallen eben nicht vom Himmel herab, sondern gehen auf Kontexte zurück, die durch sozio-kulturelle Prozesse problematisiert und thematisiert werden und somit auch ihre "Erfassung" im Verfassen von Texten ermöglichen. Aus dieser Dialektik zwischen Kontexten und Texten entstehen meiner Meinung nach schriftliche Theorietraditionen in Philosophie. Ortega y Gasset bringt diesen Sachverhalt auf den Begriff, wenn er schreibt: "Keine Idee ist nur das, was sie allein durch ihre eigene Erscheinung darstellt. Jede Idee gewinnt ihre Gestalt erst vor dem Hintergrund anderer Ideen und sie beinhaltet in sich selbst den Bezug zu diesen anderen Ideen. Zudem sind die Idee und der Ideenkomplex, zu dem eine Idee immer gehört, nicht nur Ideen; d.h. sie sind nicht nur rein abstrakter «Sinn», der sich selbst hält und etwas vollständiger repräsentiert. Vielmehr ist eine Idee immer die Reaktion eines Menschen auf eine bestimmte Lebenssituation. Das will bedeuten, dass wir die Realität einer Idee – das, was sie wirklich ist – nur dann haben können, wenn wir sie als konkrete Reaktion auf eine konkrete Situation verstehen. Sie ist von der Situation untrennbar. Vielleicht ist es deutlicher, dies so auszudrükken: Denken heißt, sich mit den Lebensumständen auseinanderzusetzen. Ob wir es wollen oder nicht, wir haben unsere Lebenssituation stets gegenwärtig; deshalb verstehen wir uns. Um das Denken eines anderen verstehen zu können, müssen wir uns aber seine Lebenssituation vergegenwärtigen. Würde das fehlen, wäre es so, als würden wir von einem Dialog nur das, was einer der Gesprächspartner sagt, hören." ("Ninguna idea es solo lo que ella por su exclusiva apariencia es. Toda idea se singulariza sobre el fondo de otras ideas y contiene dentro de sí la referencia a éstas. Pero además ella y la textura o complexo de ideas a que pertenece, no son sólo ideas, esto es, no son puro «sentido» abstracto y exento que se sostenga a sí mismo y represente algo completo, sino que una idea es siempre reacción de un hombre a una determinada situación de su vida. Es decir, que sólo poseemos la realidad de una idea, lo que ella íntegramente es, si se la toma como concreta reacción a una situación concreta. Es, pues, inseparable de esta. Tal vez resulte más claro decir esto: pensar es dialogar con la circunstancia. Nosotros tenemos siempre, queramos o no, presente y patente nuestra circunstancia; por eso nos entendemos. Mas para entender el pensamiento de otro tenemos que hacernos presente su circunstancia. Sin esto, fuera como si de un diálogo poseyésemos sólo lo que dice uno de los interlocutores.")[4]

Aus dieser Sicht muss also darauf insistiert werden, dass schriftliche philosophische Denktraditionen Texte mit Kontexten sind; aber nicht nur deshalb, weil sie in einem Zusammenhang stehen, sei dieser sozialer oder ideengeschichtlicher Natur, sondern auch und vor allem deshalb, weil Texte Kontexte sind; d.h. als kritisch-reflexive Auseinandersetzung mit Wirklichkeit und Geschichte, mit der Situation, in der Menschen je stehen – wie Ortega y Gasset sagt –, stellen philosophische Texte kritische Konstruktionen und Interpretationen dar, zu deren inneren Konstitutionsgeschichte Kontexte gehören, und zwar als wesentliche Bestandteile ihrer Textualität. Texte haben, wenn man so will, eine zweidimensionale Textur: Text und Kontext.

Die Konsequenz daraus liegt auf der Hand: Wer Philosophie auf Textkritik reduziert und dabei nur Exegese der Texte im Hinblick auf das Verstehen ihrer reinen Textualität betreibt, verfehlt die eine andere Dimension philosophischer Texte und verkürzt den Sinn von Philosophie. Man kann auch sagen: Philosophie als bloß exegetische Textkritik ist Karikatur von Philosophie und im Grunde philosophisch disqualifiziert, da philosophische Texte zweidimensionale Kompositionen sind, mit denen man sich nicht beschäftigen kann, ohne auf das ihre Textur ausmachende Zusammenspiel von Denken und Situation verwiesen zu werden. Wer also mit philosophischen Texten philosophisch umgeht, wird mit Modellen kritischer Realitätskonstruktionen konfrontiert, die ihn weniger zur Texthermeneutik als vielmehr zum Selbstdenken, zum Philosophieren motivieren; d.h. er wird selber zu einem eigenen Vollzug kritischer Reflexion angeregt.

Vielleicht aus dieser Erfahrung heraus – erlaubt sei hier dieser Hinweis – hat Kant davor gewarnt, "Philosophie in Philodoxie zu ver-

---

4 José Ortega y Gasset, *a.a.O.*, S. 390-391. Übersetzung des Verfassers.

wandeln"5, und konsequenterweise mit Entschiedenheit für Philosophie als Selbstdenken plädiert: "Es kann sich überhaupt keiner einen
Philosophen nennen, der nicht philosophieren kann. Philosophieren
läßt sich aber nur durch Übung und selbsteigenen Gebrauch der Vernunft lernen ... Der philosophieren lernen will, darf dagegen alle Systeme der Philosophie nur als Geschichte des Gebrauchs der Vernunft
ansehen und als Objekte der Übung seines philosophischen Talents."6
Kants Perspektive – und deshalb ist sie auch in diesem Zusammenhang ausdrücklich erwähnt – hilft uns, die Einsicht zu verdeutlichen,
dass derjenige, der Philosophie machen will, nicht an der Hermeneutik
von Werken, wie wichtig sie für die Bildung des Philosophen und dessen Kenntnisse um die Herkunft der Positionen auch immer sein mag,
stehen bleiben kann, sondern darüber hinaus gehen muss, und zwar
auf das hinaus, was in diesem Werk vorexerziert worden ist, nämlich
die Auseinandersetzung mit Wirklichkeit und Geschichte. Gewiss sind
philosophische Texte in der Regel Theorien, die interpretiert werden
müssen, und zwar vor allem dann, wenn wir Interpreten nicht mehr
auf einer Kontinuitätslinie zu ihnen stehen.7 Entscheidend ist aber,
dass es sich um Theorien handelt, die nicht selbstreferenziell, in absoluter Selbsterschaffung entstehen, sondern vielmehr ihre mögliche in-
tratextuelle theoretische Referenzialität sowie ihre mögliche interdis-
kursive Struktur, d.h. ihre strikte Theoriebezogenheit auf andere Theorien sich erst "erarbeiten" müssen, eben durch die Arbeit am Gegenstand, an Kontexten und Situationen.

Dieses zweite Charakteristikum des hier von mir vorausgesetzten
Philosophieverständnisses – so darf schließlich vermerkt werden –
darf auf keinen Fall als sozial-politische Reduktion missverstanden
werden. Denn wenn hier von Wirklichkeit und Geschichte, von historischen Kontexten als von Situationen gesprochen wird, die der Philosophie das ver-mitteln, worüber sie zu er-mitteln und worauf sie refle-

---

5 I. Kant, *a.a.O.*, S. 37.

6 I. Kant, *Logik*, in: *Werke in zwölf Bänden*, Bd. VI, Frankfurt/M. 1968, S. 448-
449.

7 Vgl. Hans-Georg Gadamer, *Wahrheit und Methode*, Tübingen 1975, u.a., S.
XXX und 508.

xiv-kritisch zu reagieren hat, wird doch nicht nur eine im engeren Sinne verstandene sozio-politische Kontextualität gemeint. Im Mittelpunkt steht vielmehr die kontextuelle Gesamtstruktur, die aus den verschiedensten Situationen herausgebildet wird, in denen menschliches Leben sich befinden kann und in denen es je nach dem Lebensplan einer Person versuchen muss zu glücken.

Deshalb darf ich zur Verdeutlichung dieses zweiten Grundzugs meines Philosophieverständnisses noch ein Zitat bringen, das eine andere Dimension der Kontextualität, auf die Philosophie ursprünglich reagiert, auf sehr einsichtige Weise dokumentiert: "Die Philosophie ist ursprünglich so etwas wie eine Reaktion oder Gegenbewegung des Menschen auf bestimmte Lebenssituationen, die durch den Verlust von vorgegebenen Selbstverständlichkeiten und eine eben dadurch ausgelöste Krise der Orientierung gekennzeichnet sind. Diese Situationen zeigen auf den ersten Blick keineswegs ein einheitliches Bild ... Immer aber entspringt die Philosophie aus einer Beirrung an der eigenen Lebensführung und aus der damit – als Grund oder als Folge – aufs Engste verknüpften Entdeckung ganz anders gearteter ('alternativer') Lebensmöglichkeiten. Am Anfang der Philosophie steht die beunruhigende Feststellung, dass sich das Leben offenbar auch anders einrichten lässt. Die Philosophie ist dementsprechend in ihrem Ursprung Suche nach der richtigen, der sachgerechten, der dem Einzelnen und dem Menschen überhaupt angemessenen Lebensführung."[8]

Vor dem Hintergrund der komplementären Perspektive dieses Zitates könnte man also als Fazit sagen, dass Philosophie als spezifische Tradition von Zeitkritik sich stets als Konfrontation mit Fragen aus der Geschichtlichkeit, Sozialität und Individualität des sich als humanes Wesen wollenden Menschen entfaltet.

C. Der dritte Grundzug des Philosophieverständnisses, mit dem ich hier arbeite, ergibt sich aus den beiden anderen. Er ist in dem vorher Gesagten als dessen logische Konsequenz impliziert. Dennoch möchte ich hier diesen dritten Grundzug ausdrücklich erläutern, weil seine Explikation mir doch notwendig erscheint, um ein wichtiges Element

---

8 Norbert Hinske, *Lebenserfahrung und Philosophie*, Stuttgart-Bad Cannstatt 1986, S. 137.

meines Philosophieverständnisses, das bis jetzt eben nur implizit angedeutet worden ist, in seinen wesentlichen Aspekten darstellen zu können.

Gemeint ist mit dem dritten Grundzug die kritisch-praktische Orientierung, die meiner Meinung nach zum fundamentalen Kern philosophischer Reflexion gehört und die – in Ergänzung nun zu dem bereits Gesagten über die Philosophie als Zeitkritik – konsequenterweise zur Präzisierung meiner Auffassung von Philosophie insofern führt, als damit verdeutlicht werden soll, dass Philosophie aktive und effektive Kritik der Verhältnisse zu sein hat. Man kann es auch so formulieren: Philosophie soll als kritisches, in die Wirklichkeit der Menschen eingreifendes Wissen vollzogen und praktiziert werden. Oder noch anders: Philosophie soll zum Element im Prozess der Transformation von Geschichte und Welt werden, indem sie sich kritisch-konstruktiv am realen Gang der Geschichte beteiligt und die daraus resultierenden Optionen für das Humanum begleitet und fördert.

Mit diesem dritten Grundzug will ich mein Verständnis der Philosophie in Opposition zu dem Hegels setzen. Bekanntlich ging Hegel davon aus, dass Philosophie für die Arbeit bei der Mitgestaltung der historischen Welt der Menschen immer zu spät kommt. Man erinnert sich jener berühmten Stelle, in der Hegel nämlich die Einsicht äußerte: "Um noch über das *Belehren,* wie die Welt sein soll, ein Wort zu sagen, so kommt dazu ohnehin die Philosophie immer zu spät. Als der *Gedanke* der Welt erscheint sie erst in der Zeit, nachdem die Wirklichkeit ihren Bildungsprozeß vollendet und sich fertig gemacht hat. Dies, was der Begriff lehrt, zeigt notwendig ebenso die Geschichte, daß erst in der Reife der Wirklichkeit das Ideale dem Realen gegenüber erscheint und jenes sich dieselbe Welt, in ihrer Substanz erfaßt, in Gestalt eines intellektuellen Reichs erbaut. Wenn die Philosophie ihr Grau in Grau malt, dann ist eine Gestalt des Lebens alt geworden, und mit Grau in Grau läßt sie sich nicht verjüngen, sondern nur erkennen; die Eule der Minerva beginnt erst mit der einbrechenden Dämmerung ihren Flug."9

9 G.W.F. Hegel, *Grundlinien der Philosophie des Rechts,* in: *Werke in zwanzig Bänden,* Bd. 7, Frankfurt/M. 1970, S. 27-28. Hervorhebungen im Original. Aber

Philosophie als Zeitkritik zu verstehen bedeutet, dass sie nicht bloß als "der Gedanke der Welt" erscheint; dass von ihr nicht gesagt werden kann: "... so ist ... die Philosophie *ihre Zeit in Gedanken erfaßt*"[10], und zwar gerade dann nicht, wenn damit die Einsicht ausgesprochen werden soll, dass Philosophie weniger die Rolle eines Mitgestalters als vielmehr die eines abwartenden, "aufgeklärten" Beobachters im "Bildungsprozess" der Wirklichkeit hat. Im Gegenteil, es bedeutet, sich der Implikation bewusst zu werden, dass Philosophie recht-zeitige Kritik ist; dass sie weder zu früh noch zu spät kommt, sondern immer schon in ihrer Zeit steht. Sie gehört doch zur historischen Formation ihrer Zeit, zugleich aber ist sie die kritische Tradition, in der sich die Erinnerung an die in der geltenden Formation der Zeit nicht erfüllten Hoffnungen bzw. unterdrückten Optionen verdichtet, und erscheint so als historisch fundiertes kritisches Urteil ihrer Zeit. Mit anderen Worten: Philosophie als Zeitkritik ist Teil und Urteil ihrer Zeit. Deshalb bleibt sie nicht in einer abwartenden Haltung, um als der "Gedanke der Welt" in der Gestalt einer mit der Geschichte versöhnten Vernunft erscheinen zu können, sondern versucht, sich als Praxis von Geschichte und Welt zu konstituieren, indem sie eben recht-zeitig ihre Zeitkritik artikuliert und ihre Option für die Humanität des Menschen als eine reale historische notwendige Option für die zeitige Berichtigung der Zeit durch die Allianz mit den "beschädigten" Menschen operativ macht.

Philosophie ist also meiner Meinung nach nicht nur eine "geistige Übung" zum Begreifen von Zeit und Welt, sondern auch praktische Tätigkeit zur Transformation der Zeit. Daraus geht weiter hervor, dass Philosophie sich am Entwerfen und an der "Planung" humaner Zukunft kreativ beteiligen muss. Und in dem Maße, in dem sie sich die-

---

auch diese andere Stelle ist aufschlussreich: "... die Philosophie ist in dieser Beziehung ein abgesondertes Heiligtum, und ihre Diener bilden einen isolierten Priesterstand, der mit der Welt nicht zusammengehen darf und das Besitztum der Wahrheit zu hüten hat. Wie sich die zeitliche, empirische Gegenwart aus ihrem Zwiespalt herausfinde, wie sie sich gestalte, ist ihr zu überlassen und ist nicht die *unmittelbare* praktische Sache und Angelegenheit der Philosophie." *a.a.O.*, Bd. 17, Frankfurt/M. 1969, S. 343-344. Hervorhebung im Original.

[10] G.W.F. Hegel, *ebenda*, S. 26. Hervorhebung im Original.

ser Aufgabe widmet, vollzieht Philosophie eine Transformation ihrer selbst. Denn dadurch hört sie auf, nachträgliche Rekonstruktion vergangener Geschichte zu sein, und beginnt damit, sich als innovative Kraft in der Geschichte zu verstehen, bzw. sie verwandelt sich in eine stets recht-zeitig kommende kritische Reflexion, zu deren Funktion wesentlich die Unterstützung humaner Pläne zur Transformation der Welt gehört. Deshalb kann ich in Rekurs auf die Marxsche Tradition mit Althusser sagen, dass es in diesem dritten Grundzug meiner Auffassung der Philosophie darum geht zu betonen, dass die darin implizierte "nouvelle pratique de la philosophie"[11] eine Selbsttransformation der Philosophie meint, die allerdings zugleich als Bedingung der Möglichkeit dafür zu sehen ist, dass Philosophie sich selbst in die Lage versetzt, bei der praktisch-historischen Transformation der Welt mitzuhelfen.[12] Die Transformation der Welt der Philosophie steht doch immer im Zusammenhang mit der Transformation der historischen Welt.

Andererseits muss jedoch berücksichtigt werden, dass die Beteiligung der Philosophie an der Transformation der historischen Welt der Menschen eine strikt theoretische Herausforderung für die philosophische Kritik der Zeit darstellt. Denn die Übernahme dieser Aufgabe setzt doch voraus, dass Philosophie – wie oben angedeutet – nicht nur Vergangenheit kritisch bewältigt, sondern darüber hinaus sich auf Möglichkeiten humaner Zukunft versteht. Sie muss "Urteile über die Zukunft"[13] fällen können. Mit anderen Worten: Die Herausforderung auf der Ebene der philosophischen Theoriebildung besteht darin, dass Philosophie – und das ist der eigentliche Aspekt meines Philosophieverständnisses, der hier expliziert werden sollte – sich als eine kritische Reflexion konstituieren soll, zu deren Konstitutionsprozess wesenhaft die Konfiguration der Kritik als Suchbewegung nach der möglichen humanen Zukunft der Menschen gehört. Philosophische Kritik bzw. Philosophie als Zeitkritik muss so zur Konfiguration der Philosophie als Funktion jenes Denkens beitragen, das nicht auf die Abenddämme-

---

[11] Louis Althusser, *Lénine et la philosophie*, Paris 1969, S. 57.
[12] Vgl. Louis Althusser, *ebenda*, S. 57.
[13] Arturo A. Roig, *Rostro y filosofía de América Latina*, Mendoza 1993, S. 111ff.

rung wartet, sondern vielmehr das Einbrechen der Morgenröte vorbereitet. Es geht also – mit Nietzsche gesprochen – um die Konfiguration der *"Philosophie des Vormittages"*.[14] Und dies besagt für mich vor allem Folgendes: Die Herausforderung, die im dritten Grundzug meines Philosophieverständnisses impliziert ist, ist im Grunde keine andere als die der schöpferischen Fort-Führung der Tradition, die "Denker der Morgenröte"[15] wie Ernst Bloch, José Carlos Mariátegui oder Sartre, um nur eine wenige zu nennen, im Rekurs auf die Tradition "Marx" initiierten.

Zur Abrundung der Explikation der Philosophieauffassung, die ich bei meiner vorliegenden Arbeit voraussetze, darf ich abschließend noch eines erwähnen. Da Philosophie offensichtlich nicht nur mit "Zeit" zu tun hat; d.h. sie setzt sich nicht mit einer kontextlosen Zeit bzw. mit einer ortlosen Geschichte auseinander, sondern da ihr Geschäft der Zeitkritik auch Kontextkritik ist, kann Philosophie doch die räumlichen, kontextuellen Bedingungen nicht überspringen und unmittelbar mit der Prätension auftreten, "universelle" Philosophie zu sein. Ihre kritische Reflexion ist kontextgebunden; sie ist orthafte Perspektive, die nur durch komplexe Vermittlungen in kommunikativer Absicht und in Auseinandersetzung mit anderen Perspektiven ihre mögliche Universalisierbarkeit ermitteln kann.

Dieser Hinweis soll hier genügen, um auf die Fragwürdigkeit jeder Philosophie, die sich allzu schnell als universale Philosophie präsentiert, aufmerksam zu machen. Oder anders ausgedrückt: Die Kontextualität philosophischer Reflexion sowie die darin aufkommende Opposition zwischen den Perspektiven der Philosophie zeigen – wie bereits Schelling erkannt hat –, "daß diejenige Philosophie, in der sich die Menschheit selbst zu erkennen vermöchte, die wahrhaft allgemeine Philosophie, bis jetzt doch nicht existiert. Die wahrhaft allgemeine Philosophie kann unmöglich das Eigentum einer einzelnen Nation sein, und solange irgendeine Philosophie nicht über die Grenzen eines

---

14 Friedrich Nietzsche, *Menschliches, Allzumenschliches*, in: *Sämtliche Werke in zwölf Bänden*, Band III, Stuttgart 1964, S. 357. Hervorhebung im Original.
15 Beat Dietschy, "Die Inkorporation der Häresie ins Dogma. José Carlos Mariátegui und Ernst Bloch", in: *Concordia* 11 (1987) S. 24.

einzelnen Volkes hinausgeht, darf man mit Zuversicht annehmen, daß sie noch nicht die wahre sei, wenn vielleicht auch auf dem Weg dazu."[16]

Vor dem Hintergrund dieser Problematik setzt mein Philosophieverständnis darauf, ein Programm zur Herausbildung einer "wahrhaft allgemeinen Philosophie" zu entwickeln, und zwar in dem Sinne einer philosophischen Suchbewegung, die auf der Basis der Kontextualität des Denkens die Kommunikation zwischen den orthaften Perspektiven in Gang setze und den Ausgleich zwischen ihnen fördere. Nur so können doch regionale Einseitigkeiten überwunden und Herrschaftsansprüche partieller Perspektiven demontiert werden. So wäre man in Philosophie vielleicht auf dem Weg zur "wahren" Philosophie, deren Gestalt allerdings nicht eine "allgemeine" Philosophie, sondern vielmehr jene wäre, die Scheler mit dem Namen "kosmopolitische Weltphilosophie"[17] bezeichnet hat, und für welche ich den Titel "interkulturelle Philosophie"[18] bevorzugen würde.

---

[16] F.W.J. Schelling, *Zur Geschichte der neueren Philosophie*, Darmstadt 1975, S. 170.

[17] Max Scheler, *Philosophische Weltanschauung*, Bern 1954, S. 106.

[18] Vgl. Ram Adhar Mall, *Philosophie im Vergleich der Kulturen. Eine Einführung in die interkulturelle Philosophie*, Bremen 1992; Raúl Fornet-Betancourt, *Filosofía intercultural*, México 1994, und ders., *Lateinamerikanische Philosophie zwischen Inkulturation und Interkulturalität*, Frankfurt 1997.

2. Zur Theorie der Philosophiegeschichte, die der vorliegenden Arbeit zu Grunde liegt

2.1 Vorbemerkung

Bekanntlich haben sich Philosophen seit den frühesten Zeiten abendländischer Philosophie mit der Geschichte ihres Fachs bzw. Wissens beschäftigt, wie unter anderem die in dieser Hinsicht berühmt gewordene Stelle aus der Metaphysik des Aristoteles[1] oder das Werk des Diogenes Laertius[2] dokumentieren. Zwar sind aus heutiger Sicht diese Zeugnisse nichts anderes als Vorformen dessen, was heute unter Philosophiegeschichte verstanden wird – nämlich die systematische Herausarbeitung der Entwicklung philosophischen Denkens unter besonderer Berücksichtigung der sich darin abzeichnenden Denkstruktur sowie der inneren Zusammenhänge der Systeme –; sie dürfen aber nicht einfach übergangen werden, und zwar gerade dann nicht, wenn es darum geht, den Weg, den die Geschichte der Philosophie von ihren anfänglichen rein historiographischen und doxographischen Vorformen bis hin zur modernen systematischen Form einer wissenschaftlichen Disziplin beschreitet, historisch adäquat zu rekonstruieren.

Würde im vorliegenden Abschnitt dieser Arbeit eine historische Rekonstruktion der Entstehungsgeschichte und Entwicklung der Philosophiegeschichte als Disziplin intendiert, so müsste doch nicht nur beim bereits erwähnten Johan Jakob Brucker als "Vater" moderner philosophischer Geschichtsschreibung angesetzt, sondern bis in die Antike zurückgegangen werden, um so diese Forschungstradition vom ersten Stadium der Sammlung philosophischer Lebensläufe und Lehrmeinungen an darstellen zu können. Aber nicht dem historischen Entwicklungsgang der Geschichte der Philosophie im europäischen Kulturraum, sondern deren philosophischer Problematisierung gilt mein Interesse in diesem Abschnitt. Bewusst spreche ich deshalb im Titel

---

[1] Vgl. Aristoteles, *Metaphysik*, 983a, ff.
[2] Diogenes Laertius, *Leben und Meinungen berühmter Philosophen*, Hamburg 1967.

von "Theorie der Philosophiegeschichte". Damit will ich ja von vornherein Folgendes klarstellen:
Im Unterschied zu anderen Arbeiten, die ausdrücklich als Beitrag zur Geschichte der Geschichte der Philosophie konzipiert werden und die somit die angesprochene historische Rekonstruktion der Philosophiegeschichte als Disziplin in den Mittelpunkt stellen müssen[3], verstehe ich meine Aufgabe hier als Versuch, die tradierte Philosophiegeschichte sowie die in dieser Philosophiegeschichte tradierte Philosophie zu problematisieren. In den Mittelpunkt meines Anliegens rückt somit die philosophische Frage nach der Möglichkeit philosophiegeschichtlicher Konstruktionen und Interpretationen. Anders formuliert: Das Interesse gilt nicht Problemen der Philosophiegeschichte als Disziplin, sondern vielmehr der Philosophiegeschichte als philosophisches Problem. Aus diesem Grund kann hier wohl auf die historische Rekonstruktion der Entwicklung der Geschichte der Philosophie als Disziplin verzichtet werden. Für die hier aufgeworfene Fragestellung ist sie in der Tat nicht notwendig. Als notwendig erweist sich hingegen der historische Rekurs auf jene Tradition europäischer Philosophie, die von der begründeten Erkenntnis ausgeht, dass Philosophie ihre Geschichte nicht als eine Erbschaft, die sie problemlos übernehmen und verwalten würde, betrachten kann, und zwar deswegen nicht, weil es Geschichte der Philosophie für die Philosophie nur im Horizont einer lebendigen philosophischen Position geben kann; d.h. Philosophie kann sich auf ihre sogenannte Geschichte nur auf problematisierende Weise beziehen. Oder um es mit den Worten Martin Heideggers, den ich zu dieser Tradition rechne, zu sagen: "Das Historische der Philosophie wird nur im Philosophieren selbst ergriffen."[4] Und an einer anderen Stelle sagt er: "Die Geschichte der Philosophie kommt für eine Gegenwart jeweils so zu Gesicht und jeweils soweit zu Ver-

---

[3] Vgl. Lucien Braun, *Histoire de l'histoire de la philosophie*, Paris 1972; Johannes Freyer, *Geschichte der Geschichte der Philosophie im achtzehnten Jahrhundert*, Leipzig 1912; José María Ripalda, "Philosophiegeschichtsschreibung seit der Neuzeit - Problematik und Genese", in: *Dialektik* 18 (1989) 179-196; und Francisco Romero, *Sobre la historia de la filosofía*, Tucumán 1943.
[4] Martin Heidegger, *Phänomenologische Interpretationen zu Aristoteles*, in: *Gesamtausgabe*, Bd. 61, Frankfurt/M. 1985, S. 1. Hervorhebungen im Original.

ständnis und jeweils so stark zur Aneignung und aufgrund davon jeweils so entscheidend zur Kritik, als die Philosophie, für die und in
der die Geschichte da ist und in der lebend jemand sich zur Geschichte
verhält, Philosophie *ist* ..."[5]
Die angesprochene Tradition, für die – wie Heideggers zitierte Stellen
verdeutlichen – Philosophiegeschichte zugleich Problem und Aufgabe
philosophischer Reflexion ist, hat ihren Beginn bei Kant. Hegel ist
aber derjenige, der diese Tradition reflexiv begründet und sie somit zu
der Tradition macht, mit deren Ansatz für einen endgültigen Übergang
von der philosophischen Historiographie zur Theorie der Philosophiegeschichte plädiert wird. Hegel steht so für Explikation und Systematisierung der Frage nach dem philosophischen Sinn von Philosophiegeschichte. Diese wird ja bei ihm nicht nur zum philosophischen Problem, sondern auch zum Gegenstand einer philosophischen Theorie,
die sie finalisierend interpretiert.[6] Deshalb wird Hegel völlig zu Recht
als der radikale Höhepunkt der von Kant initiierten Tradition gesehen
und seine Theorie der Philosophiegeschichte bis heute zum Dreh- und
Angelpunkt der Diskussion um den philosophisch problematisieren-
den Zugang zur Geschichte der Philosophie gemacht. In diesem Sinne
ist Klaus Düsing zuzustimmen, wenn er schreibt: "Die erste philosophisch grundlegende Theorie der Geschichte der Philosophie und eine
ihr angemessene Durchführung, die auch das geschichtliche Eigen-
recht früherer philosophischer Positionen würdigt, ist zweifellos von
Hegel entwickelt worden. Jede gegenwärtige Bemühung um den phi-

---

5 Martin Heidegger, *ebenda*, S. 3. Hervorhebung im Original. Hierzu vgl. ferner
Klaus Held, *Heraklit, Parmenides und der Anfang von Philosophie und Wissenschaft*, Berlin/New York 1980; insbesondere das 1. Kapitel "Das philosophische
Interesse an der Philosophiegeschichte", S. 13ff.
6 Vgl. Juan Carlos Torchia Estrada, "El concepto de la historia de la filosofía en
Francisco Romero", in: Francisco Romero, *La estructura de la historia de la filosofía*, Buenos Aires 1967, S. 46ff.; und ders., "Romero y Brentano: la estructura
de la historia de la filosofía", in: Sociedad Interamericana de Filosofía (Hrsg.),
Francisco Romero. Maestro de la filosofía latinoamericana, Caracas 1983, S.
159ff.

losophischen Sinn von Philosophiegeschichtsschreibung muß sich damit auseinandersetzen."[7]

Wegen der wirkungsgeschichtlichen Bedeutung, vor allem aber wegen der philosophischen Radikalität soll also Hegels Theorie der Philosophiegeschichte im Mittelpunkt des vorliegenden Abschnitts stehen. In exemplarischer Auseinandersetzung mit ihr soll nämlich versucht werden, die Grundzüge der Theorie der Philosophiegeschichte darzustellen, die der vorliegenden Untersuchung zu Grunde liegt und von der aus folglich in ihr die tradierte Philosophiegeschichte problematisiert wird. Bevor ich aber damit beginne, darf ich noch im Rahmen der Vorbemerkung auf einige Aspekte hinweisen, deren Theoriezusammenhang allerdings erst aus der kritischen Auseinandersetzung mit Hegel gewonnen werden kann, die hier jedoch insofern vorläufig zu erwähnen sind, als sie einerseits weitere Motive meiner Option für die Auseinandersetzung mit Hegel ersichtlich machen können und andererseits die Grundposition der Theorie skizzieren, von der aus die Kritik an Hegels Theorie der Philosophiegeschichte unternommen wird.

Es geht zunächst um die Einsicht, dass Philosophiegeschichtsschreibung – auch in ihrer, von vielen irrtümlicherweise theoretisch und methodologisch für unproblematisch gehaltenen Form der Historiographie – theorieabhängig ist, weil es keinen anderen philosophischen Zugang zur Geschichte der Philosophie gibt als den, welcher aus der aktuellen und kontextuellen Geschichte der Philosophie resultiert, die durch die Dynamik der Selbstvergewisserung und Rückversicherung der eigenen philosophischen Position gezeitigt wird. Der Philosoph steht eigentlich immer schon auf dem Boden der Philosophiegeschichte. Nur: Dieses Stehen wird als ein Verhältnis vollzogen, das in der Qualität sowohl seiner Finalität als auch seiner Intensität und Funktion gänzlich durch das eigene Verständnis von Philosophie bestimmt wird. Dieses Stehen ist also kein passives Empfangen, sondern ein aktives kritisches Verhalten gegenüber philosophischer Überlieferung

---

[7] Klaus Düsing, *Hegel und die Geschichte der Philosophie*, Darmstadt 1983, S. 1; vgl. ferner: Vittorio Hösle, *Wahrheit und Geschichte. Studien zur Struktur der Philosophiegeschichte unter paradigmatischer Analyse der Entwicklung von Parmenides bis Platon*, Stuttgart 1984, S. 70ff.

und setzt somit voraus, dass der "Empfänger" die Tradition, also die Geschichte der Philosophie, als eine solche überhaupt sehen kann. Freilich ist diese Situation des Stehens in der Geschichte der Philosophie für jede Philosophie ein dialektisches Zusammenspiel, ein Dialog zwischen Tradition und eigener Perspektive. Entscheidend dabei ist aber die Tatsache, dass die eigene Perspektive, auch wenn sie ohne Bezug auf Tradition nicht zu erklären wäre, es ist, die der Tradition der Philosophiegeschichte einen philosophischen Sinn geben kann und so den Zugang freilegt, von dem aus Geschichte der Philosophie als rekonstruierbare Linie oder, genauer gesagt, als "geschichtliche Erinnerung"[8], die durch Rückgang und Neuaneignung innovativ rekuperiert werden soll, erscheinen kann.

Weil also der Zugang zur Philosophiegeschichte jeweils durch Philosophie belastet ist, muss jene doch in allen ihren Darstellungsformen sich ihrer Theoriemomente bewusst werden und sie explizieren. Der Name für den Prozess dieser Bewusstwerdung und Explikation der philosophischen Voraussetzungen ist eben Theorie der Philosophiegeschichte. Und diese erscheint heute um so notwendiger als "... bei kritischer Prüfung des Umstands, daß es nicht ein einziges verbindliches Modell der Philosophiegeschichtsschreibung gibt, sondern Historiographien sich in Konkurrenzen zueinander verhalten, ergibt sich der Befund, der ein zu identifizierendes und zu lösendes Problem ausmacht: Die Arten und Weisen, Geschichte der Philosophie zu schrei-

---

[8] Martin Heidegger, *Metaphysische Anfangsgründe der Logik*, in: *Gesamtausgabe*, Bd. 26, Frankfurt/M. 1978, S. 10. Vgl. auch José Ortega y Gasset, *a.a.O.*, S. 402-403, sowie sein Vorwort zu Vorländers Philosophiegeschichte, in dem es heißt: "Diese Beteiligung der Denker aus der Vergangenheit an der Arbeit des heutigen Denkers ist genau das, was die Geschichte der Philosophie zur philosophischen Arbeit der Gegenwart beiträgt. Philosophie muss man mit dem eigenen Kopf betreiben, plus den Kopf aller vergangenen Philosophen ... die philosophische Vergangenheit ist nie endgültig vergangen, sondern sie bleibt doch lebendig und wirksam in der gegenwärtigen wissenschaftlichen Arbeit." ("Esta colaboración de los pensadores antepasados en el trabajo del pensador de hoy, es lo que trae la historia de la filosofía a la ciencia filosófica actual ... La filosofía ha de hacerse con la propia cabeza, más la de todos los filósofos sidos ... el pasado filosófico no es nunca definitivamente pasado, sino que perdura vivaz y activo en

ben sind theoriegeladen; mit anderen Worten: sie hängen ab von systematisch miteinander verbundenen ontologischen, epistemologischen und methodologischen Voraussetzungen. Diese meist impliziten Voraussetzungen explizit zu machen, ist eine der wesentlichen Aufgaben einer Wissenschaftstheorie der Philosophiegeschichte, deren nicht seltene narrativistische Unbefangenheit in keinem Verhältnis steht zum entwickelten Problembewußtsein systematischer Philosophie und Wissenschaftstheorie."[9]

Die Einsicht, Geschichte der Philosophie ist philosophieabhängig, lässt sich durch eine Umwandlung des vielzitierten Satzes von Fichte ("Was für eine Philosophie man wähle, hängt sonach davon ab, was man für ein Mensch ist: denn ein philosophisches System ist nicht ein todter Hausrath, den man ablegen oder annehmen könnte, wie es uns beliebe, sondern ist beseelt durch die Seele des Menschen, der es hat."[10]) resumierend so formulieren: Was für eine Philosophiegeschichte man wähle, hängt davon ab, was man für eine Philosophie vertrete. Nicolai Hartmann drückt dies so aus: "Was man für echte Geschichte der Philosophie hält, das hängt davon ab, was man eigentlich für Philosophie hält."[11]

Diese Formulierung darf allerdings – genauso wenig wie Fichtes Satz – subjektivistisch verstanden werden, so dass man aus ihr die Preisgabe der Philosophie und ihrer möglichen Geschichte an die persönliche Willkür des einzelnen und isolierten Philosophen ableiten zu können glaubt. Diesem möglichen Missverständnis möchte ich vorgreifen, indem ich nun einen weiteren Aspekt erläutere, der mit dem vorherigen inhaltlich zusammenhängt und dessen Erläuterung so ein komplementäres Moment zum richtigen Verständnis des ersten darstellt.

---

la ciencia presente."), in: "A <<Historia de la filosofía>>, de Karl Vorländer", *Obras Completas*, Bd. 6, a.a.O. S. 294-295.

[9] Hans Jörg Sandkühler, "Vorbemerkung", in: Hans Jörg Sandkühler (Hrsg.), *Geschichtlichkeit der Philosophie*, Frankfurt/Bern/New York/Paris 1991, S. 9.

[10] Johann Gottlieb Fichte, *Erste Einleitung in die Wissenschaftslehre*, in: *Werke*, Bd. I, Berlin 1971, S. 434.

[11] Nicolai Hartmann, *Der philosophische Gedanke und seine Geschichte*, Stuttgart 1977, S. 19.

Ich sagte: Philosophiegeschichte wird philosophisch erst dadurch zugänglich, dass man selber seiner philosophischen Position die Qualität von Philosophiegeschichte gibt, wobei Philosophiegeschichte den Vollzug des eigenen Philosophierens im Dialog mit wirkenden Traditionen und im Kontext einer herausfordernden Gegenwart meint. Dem ist nun als weiterer Aspekt Folgendes hinzuzufügen: Die eigene Position bzw. das eigene Philosophieren wird hier als philosophiegeschichtlich qualifizierte Philosophie charakterisiert, um damit den Umstand zur Sprache zu bringen, dass es sich um eine Gegenwart der Philosophie handelt, in der gerade das versucht wird, was Philosophie in ihrer Geschichte versucht hat, nämlich Realität zu verstehen und zu verändern. Es geht also um eine Philosophie, für die Geschichte der Philosophie kein abgeschlossenes zu reproduzierendes Ganzes, sondern ein offener Bund von Traditionen ist, zu der sie sich eben nur kreativ verhalten kann; mit anderen Worten: Sie muss selber Philosophie werden und Geschichte der Philosophie selber schreiben, und zwar gerade indem sie sich den Problemen ihrer Zeit und ihres Kontextes im Horizont von Traditionen stellt, die sie wiederum nur im Horizont ihrer historischen Gegenwart neu deuten kann. So wird eigenes Philosophieren zur Gegenwart der Philosophie; es ist eine Form, in der Philosophie Gegenwart wird und einen Neuanfang riskiert. Und wohl aus diesem Grund, weil sie sich eben als Philosophie einer historischen Gegenwart konstituiert, ist sie auch Geschichte der Philosophie, genauer, deren Gegenwart; die Gegenwart, von der aus die aneignende Erinnerung an frühere Traditionen zu vollziehen ist und in der die Frage neu entschieden werden muss, ob und wie frühere Geschichte der Philosophie einen Sinn für die Aufgabe gegenwärtiger Philosophie hat. Eine ähnlich gelagerte Perspektive – so darf hier en passant vermerkt werden – kann man meines Erachtens bei Jaspers finden, wenn dieser im Zusammenhang seiner Unterscheidung zwischen historischem Anfang und ursprünglicher Quelle von Philosophie sagt: Erst aus dem Antrieb zum eigenen Philosophieren, der aus dem Ursprung (Quelle) kommt, "... wird die je gegenwärtige Philosophie wesentlich, die frühere Philosophie verstanden".[12]

---

12 Karl Jaspers, *Einführung in die Philosophie*, München 1971, S. 16.

Interpretiert wird also hier das eigene Philosophieren auf der Traditionslinie von Kants Verständnis der Philosophie als Selbstdenken. Wer philosophiert, muss eigentlich versuchen, seine Reflexion als Gegenwart der Philosophie zu qualifizieren. Und dass dieser Versuch keineswegs das willkürliche Unterfangen eines isolierten Subjektes bedeuten kann, dürfte nun ebenfalls ersichtlich sein. Denn das eben Gesagte macht doch deutlich, wie die Herausbildung einer eigenen Perspektive in der Philosophie einen Prozess meint, der in doppelter Hinsicht historisch, also nicht bloß subjektiv biographisch, ist; zum einen weil dieser Prozess im Fluss der Geschichte der Philosophie steht, und zum anderen weil er, sofern es eben Prozess philosophischer Reflexion ist, im Zusammenhang mit der historischen kontextuellen Gegenwart zu sehen ist, der den Philosophen im Sinne der zu denkenden Realität herausfordert und ihn somit auf keine andere Philosophie als seine mögliche eigene Philosophie verweist.

Als Implikation der doppelten Historizität, durch die sich meines Erachtens originäre Philosophie in ihrem Konstitutionsprozess auszeichnen sollte, ergibt sich weiter ein anderer Aspekt, der konkrete Konsequenzen für die Betrachtung von und für die Beschäftigung mit Philosophiegeschichte hat. Dieser Aspekt soll hier deshalb ebenfalls ausdrücklich genannt werden. Ich meine dies: Die Geschichtlichkeit der Philosophie – sowohl ihre spezifische, also jene, die sie durch den Rückgang von ihrer jeweiligen Gegenwart auf ihre frühere Traditionen zeitigt, als auch jene, die als Konstellation realer Weltkonstruktion die historische Situation bestimmt, in der je philosophische Gegenwart steht und sich reflexiv-kritisch zu verhalten hat – dokumentiert in ihrem Gang, dass Philosophie nicht Produktion abstrakter, kontextloser Ideen ist und dass folglich ihre Geschichte sich keineswegs als bloß chronologische Reproduktionen von selbstreferenziellen Denksystemen rekonstruieren lässt. Es bedeutet daher, die geschichtliche Natur philosophischer Reflexion zu verkennen, wenn man Philosophie auf "Ideen" und ihre Geschichte auf zeitlose Ideengeschichte reduziert.[13]

---

[13] Vgl. José Ortega y Gasset, *a.a.O.*, S. 395.

Weil Philosophie also ihren Weg kritischer Reflexion nicht nur im Rahmen kontextueller Geschichte gehen, sondern das Nachdenken über geschichtliche Probleme als die Mitte dieses ihres Weges betrachten muss, darf die Auseinandersetzung mit ihrer Geschichte nicht allein im Sinne einer reinen "Argumentationsforschung"[14] verstanden werden. Freilich ist Geschichte der Philosophie "Argumentationsgeschichte"[15], aber es darf dabei nicht übersehen werden, dass es diese Argumentationsgeschichte nur deshalb gibt, weil es eine Geschichte realer Probleme gibt, innerhalb derer Philosophen als Betroffene ihrem Geschäft der Reflexion nachgehen und so, eben indem sie ihre Experimente und Pläne für die Lösung der Probleme realer Geschichte zu begründen suchen, eine Argumentationsgeschichte in Gang setzen bzw. fortsetzen. Geschichte der Philosophie muss daher – will man sie doch als Argumentationsgeschichte verstehen und darstellen – als eine Geschichte erörtert werden, in der die Entwicklung möglicher Argumentationsmodelle zugleich Entwicklung möglicher Realitätsmodelle bedeutet und aus deren Forschung nicht nur gelernt werden kann, wie Philosophen theoretisch gedacht bzw. wie sie in ihren Texten argumentiert haben, sondern darüber hinaus, wie sie Welt und Geschichte argumentativ konstruiert und – vor allem – für welche Formation von Welt und Geschichte sie argumentiert haben.

Dies wäre die erste Konsequenz, die sich aus der doppelten Historizität der Philosophie für den Umgang mit Philosophiegeschichte ergibt. Die zweite, die in einem Komplementaritätsverhältnis zur ersten steht, besagt, dass Geschichte der Philosophie immer mehr als nur "textorientierte Forschung"[16] sein muss. Zwar gilt es: "In der philosophiegeschichtlichen Forschung werden Intentionen und Handlungen der Philosophen sowie historische Ereignisse immer in Beziehung gesetzt zu Theorien und Bedeutungen philosophischer Werke."[17] Auf der Ba-

---

14 Jürgen Mittelstraß, „Geschichtlichkeit und Geschichte der Philosophie", in: Hans Jörg Sandkühler (Hrsg.), *Geschichtlichkeit der Philosophie*, a.a.O., S. 24.

15 Jürgen Mittelstraß, *ebenda*, S. 25.

16 Gerhard Pasternack, "Diskurshermeneutik und Wahrheit – Zum Problem philosophiegeschichtlicher Rekonstruktionen", in: *Dialektik* 18 (1989) 28.

17 Gerhard Pasternack, *ebenda*, S. 28-29.

sis der im ersten Abschnitt dargelegten Dialektik zwischen Text und Kontext muss aber ebenso gelten, dass philosophische Texte als Ort philosophischer Theorien, die Kontexte reflektieren und interpretierend konstruieren, ihrerseits in Beziehung zu Kontexten gesetzt werden müssen; d.h. es muss gleichfalls nach der Funktion philosophischer Theorien und Werke, nach deren Funktion im gesamthistorischen Kontext gefragt werden. Philosophiegeschichtliche Forschung muss sich also dieser Frage annehmen, will sie der doppelten Historizität der Philosophie sowie der Zweidimensionalität philosophischer Texte Rechnung tragen.

Die dritte Konsequenz besteht für mich in einer Absage an den Versuch, Philosophie allein aus dem Interesse philosophischer Vernunft zu definieren bzw. Philosophiegeschichte allein aus dem Begriff einer bestimmten Philosophie ableiten zu wollen.[18] Zwar kann man diesem Versuch gewisse spekulative Vorzüge nicht abstreiten, aus der Perspektive der doppelten Historizität der Philosophie erscheint dieser Versuch aber als ein Interpretationsmodell, dem es an historischer Dialektik und begrifflicher Flexibilität, aber ebenso an geschichtlicher Offenheit mangelt, um die Mehrdimensionalität, durch die sich der doch offene Bildungsprozess von Philosophie im Ausgang offener kontextueller Geschichte auszeichnet, adäquat verstehen und rekonstruieren zu können.

Als vierte Konsequenz verstehe ich die Implikation der Interdisziplinarität. Weil die Geschichtlichkeit der Philosophie nicht nur – und vielleicht auch nicht primär – eine philosophische ist, impliziert sie als Verpflichtung für ihre historische Forschung die Bereitschaft zur interdisziplinären Kooperation. Mehr noch: Europäische Philosophiegeschichte – wie jede andere Philosophiegeschichte auch – ist eigentlich auf Interdisziplinarität angewiesen, da die Geschichte, die die Philosophen mit ihren Argumenten und Theorien schreiben, eine Geschichte bildet, deren Konturen und Profile in ihrer Spezifizität erst dann erfasst werden können, wenn man sie im Gesamtkontext der sozial-historischen und kulturgeschichtlichen Bemühungen einer Epoche

---

18 Vgl. Vittorio Hösle, *a.a.O.*, S. 61ff.

um Explikation und Verwirklichung ihrer Möglichkeiten betrachtet. Diese Überschreitung der Grenzen dessen, was man fachspezifisch Philosophie nennt, hat bereits Friedrich Ueberweg als eine wesentliche Komponente philosophiegeschichtlicher Forschung angesehen. So schrieb er: "Wichtig für die *Methode* der Philosophiegeschichte ist der enge Zusammenhang der Philosophie mit dem gesamten Geistesleben einer Nation oder Epoche, wie es sich besonders in der Literatur widerspiegelt."[19] Auch Dilthey hat für einen ähnlichen Ansatz argumentiert. Hier eine wichtige Stelle: "Die philosophischen Systeme sind aus dem Ganzen der Kultur entstanden und haben auf dasselbe zurückgewirkt. ... Es ist immer bemerkt worden, daß die philosophischen Systeme in einem gewissen Verstande die Kultur eines Volkes und einer Zeit repräsentieren. ... Je größer das Lebenswerk eines Menschen ist, desto tiefer reichen die Wurzeln seiner geistigen Arbeit in das Erdreich von Wirtschaft, Sitte und Recht seiner Zeit, und in desto mannigfaltigerem, lebendigerem Austausch mit Luft und Licht umher atmet und wächst sie."[20]

Philosophiegeschichte, auch wenn sie spezifisch philosophisch zu schreiben ist, impliziert demnach ein Programm, das nur auf der Basis interdisziplinärer Forschung und Kooperation zu bewältigen ist; d.h. auch dann, wenn man sie philosophisch rekonstruieren will, muss man doch über rein intra-philosophische, ja sogar über rein inter-philosophische Interpretationskriterien hinausgehen; es muss auch versucht werden, den philosophischen Zugang zur Philosophiegeschichte durch die Konsultation der Erkenntnisse anderer einschlägiger Disziplinen wie etwa Sozialgeschichte oder Kulturgeschichte zu komplementieren, wobei keine bloß informative Bereicherung, sondern eine wissenschaftstheoretische Erweiterung des Gesichtspunktes des philosophischen Zugangs gemeint ist.[21]

---

[19] Friedrich Ueberweg, *Die Philosophie des Altertums*, Tübingen [13]1953. Hervorhebung im Original.

[20] Wilhelm Dilthey, "Archive der Literatur in ihrer Bedeutung für das Studium der Geschichte der Philosophie", in: *Gesammelte Schriften*, IV. Band, Stuttgart 1969, S. 558-560, und 561-562.

[21] Zur Problematik der interdisziplinären Forschung vgl.: Raúl Fornet-Betancourt, "Zur interdisziplinären und interkulturellen Forschung in der Theologie.

Zum Schluss der Vorbemerkung darf ich noch auf den Aspekt hinweisen, dass die von mir vertretene These, nach welcher die philosophische Beschäftigung mit Philosophiegeschichte eine Theorie derselben voraussetzt, hier im Sinne einer Option für die Befreiung philosophischer Reflexion von der in der Disziplin "Geschichte der Philosophie" disziplinierten und kontrollierten Philosophiegeschichte verstanden wird. Ich gehe in der Tat davon aus – und dies soll im Laufe der Arbeit argumentativ gezeigt werden –, dass eine Theorie der Philosophiegeschichte, die nicht irgendeinem beliebigen, subjektivisch-psychologisierenden Verständnis von Philosophie entspringt, sondern im Anschluss an die dargelegte, geschichtlich-kontextuell qualifizierte Auffassung von Philosophie als responsives Denken[22] entwickelt wird, also eine solche Theorie der Philosophiegeschichte, die geeignete Perspektive freilegt, um in methodologischer wie in systematischer Hinsicht einen freien, und darum auch befreienden Zugang zur Philosophiegeschichte zu finden und zu entwickeln. Denn erst durch den freien Blick, den uns die Theorie der Philosophiegeschichte ermöglicht, werden wir doch in die Lage versetzt, mit den Traditionen der Philosophiegeschichte so umzugehen, dass diese für uns womöglich noch offene, d.h. reperspektivierungsfähige Wege bedeuten können, und nicht fertige Denkgebäude, vor denen wir stehen, entweder als Gefängnisse, in denen unser eigenes Denken abzudanken hat, oder als Museumsstücke, die nichts anderes dokumentieren als die "Irrtü-

---

Skizzierung einiger Grundvoraussetzungen des Themas aus hermeneutisch-epistemologischer Perspektive", in: R. Fornet-Betancourt (Hrsg.), *Theologien in der Sozial- und Kulturgeschichte Lateinamerikas*, Bd. 1, Eichstätt 1992, S. 13-28; sowie die dort angegebene Literatur.

[22] Zur zusätzlichen Verdeutlichung des im ersten Abschnitt über den responsiven Charakter philosophischer Reflexion Gesagten, darf in diesem Zusammenhang hinzugefügt werden, dass es um eine Auffassung philosophischen Denkens geht, für die dieses Wort Blochs besondere Gültigkeit hat: "Denken kann, nachdem die Not es erweckt hat, tief werden. Jedoch steht trotzdem und auf langhin fest: Not lehrte zuerst denken, es geht kein Tanz vorm Essen, und das Denken vergisst das nicht. Damit es in dasjenige, was nottut, zurückzukehren verstehe und sich nicht versteige." Ernst Bloch, *Tübinger Einleitung in die Philosophie I*, Frankfurt 1963, S. 15.

mer der Philosophie"[23] und mit denen nichts mehr anzufangen ist – sieht man ab vom, allerdings philosophisch völlig irrelevanten, antiquarischen Interesse eines Sammlers.

Befreiung philosophischer Reflexion von der in der Disziplin "Geschichte der Philosophie" sanktionierten Philosophiegeschichte darf also keineswegs mit Entlastung je gegenwärtigen Philosophierens von den Traditionen der Philosophie gleichgesetzt werden. Im Ausgang der hier vorausgesetzten Theorie der Philosophiegeschichte steht Befreiung vielmehr für das Programm eines alternativen Umgangs mit philosophischen Traditionen. Die jeweilige Gegenwart der Philosophie, von der aus die Theorie der Philosophiegeschichte entworfen wird, dispensiert sich nicht von der Auseinandersetzung mit philosophischer "Vergangenheit". Aber sie vollzieht diese Auseinandersetzung als kritischen Dialog; d.h. philosophische Traditionen sind für sie *Stationen* des Denkens, nicht Orte absoluter Offenbarung, zu denen philosophische Gegenwart sich zu bekennen hat und sich höchstens interpretierend bzw. reproduzierend verhalten soll. Es geht um Reperspektivierung von Traditionen im Ausgang einer bestimmten Gegenwart der Philosophie, die eben den Horizont, vor dessen Hintergrund latente Möglichkeiten in den Traditionen erst noch ans Licht gebracht werden können, darstellt.

Zur Verdeutlichung darf ich vielleicht noch hinzufügen, dass Befreiung hier Haltung und Praxis jener Einsicht meint, die Heidegger bezüglich der Tradition der abendländischen Metaphysik geltend machen wollte: "Wenn wir uns von dieser Tradition in einer Hinsicht befreien wollen, so heißt das nicht, sie gewissermaßen abstoßen und hinter sich lassen, sondern alle Befreiung von etwas ist nur dann eine echte, wenn sie das, wovon sie sich befreit, beherrscht, sich aneignet. *Die Befreiung von der Tradition ist Immerneuaneignung ihrer wiedererkannten Kräfte.*"[24]

Es liegt andererseits auf der Hand, dass eine so verstandene Befreiung gegenwärtiger Philosophie von der disziplinierten Philosophiege-

---

[23] Nicolai Hartmann, *a.a.O.*, S. 12.
[24] Martin Heidegger, *Die Grundbegriffe der Metaphysik*, in: *Gesamtausgabe*, Bd. 29/30, Frankfurt/M. 1983, S. 511. Hervorhebung im Original.

schichte gleichzeitig eine Befreiung der Geschichte der Philosophie zur Folge haben muss. Diese ist sozusagen die andere, notwendigere Seite jener. Indem die von der offiziell sanktionierten Philosophiegeschichte befreite Philosophie in ihrem eigenen Konstitutionsprozess als lebendige Philosophie ihre Herkunft neu bedenkt und fundiert, wird durch sie nämlich ein freier Umgang mit philosophischen Traditionen potenziert, aus dessen Vollzug seinerseits sich eine Befreiung der Philosophiegeschichte insofern ergibt, als in der darin stattfindenden Auseinandersetzung die tradierte Philosophiegeschichte von einseitigen Festlegungen, dogmatischen Verhärtungen oder Verfälschungen ihrer Traditionen befreit wird. Philosophiegeschichte wird dadurch von der Struktur einer Geschichte befreit, die sie vornehmlich in nur einer ihrer möglichen logischen Sequenzen und Formationen tradiert und die in ihrer Entwicklung daher nur *eine* Geschichte zulässt. Aber ich darf nun zum Hauptanliegen dieses Abschnitts kommen, nämlich die Auseinandersetzung mit Hegels Theorie der Philosophiegeschichte, in deren Rahmen ja die angesprochenen Momente meiner Position weiter erörtert werden sollen.

2.2 Zur Auseinandersetzung mit Hegels Theorie der Philosophiegeschichte

Hegels Theorie der Philosophiegeschichte – ich sagte es bereits – stellt die Fortführung und Systematisierung der kantischen Forderung nach einer *philosophischen* Geschichte der Philosophie dar. Daher darf ich hier zuerst Kants Forderung kurz in Erinnerung rufen.

Konsequent mit seinem Ansatz – auf den im ersten Abschnitt hingewiesen wurde –, dass Philosophie Selbstdenken bzw. Philosophieren ist, will Kant Geschichte der Philosophie zum Ort lebendigen Vollzugs philosophischer Reflexion machen. Geschichte der Philosophie darf deshalb nach ihm nicht das Geschäft jener Gelehrten sein, "denen die Geschichte der Philosophie [der alten sowohl als neuen] selbst ihre Philosophie ist"[1], sondern sie soll vielmehr die Aufgabe derer sein, "die aus den Quellen der Vernunft selbst zu schöpfen bemühet sind".[2] Weil also derjenige, der Philosophie treibt, Geschichte der Philosophie weder als repetitive Rekonstruktion dogmatischer Sätze, die ihn vom Selbstdenken dispensiert, noch als zufällig zusammengewachsene Sammlung von Meinungen, die keinen Erkenntnisgewinn enthält, betrachten darf, setzt sich Kant für eine *philosophische* Beschäftigung mit der Philosophiegeschichte ein. Durch den *philosophischen* Umgang mit der Philosophiegeschichte soll der Philosoph ja beide eben genannten Extreme des Dogmatismus und des Kontingentismus vermeiden können, und zwar indem er Geschichte der Philosophie so interpretiert, dass sie dabei einerseits von der Herrschaft "der Verwaltung der Dogmatiker"[3] befreit, andererseits aber ihr Weg nicht als "ein bloßes Herumtappen"[4] disqualifiziert werde. *Philosophisch* interpretiert demnach für Kant die Geschichte der Philosophie nur derjenige, "der eine Geschichte der Philosophie, nicht nach der Zeitfolge der Bü-

---

1 Immanuel Kant, *Prolegomena zu einer jeden künftigen Metaphysik, die als Wissenschaft wird auftreten können*, in: *Werke in zwölf Bänden*, Bd. V/1, Frankfurt/M. 1968, S. 113.
2 Immanuel Kant, *ebenda*, S. 113.
3 Immanuel Kant, *Kritik der reinen Vernunft, a.a.O.*, S. 12.
4 Immanuel Kant, *ebenda*, S. 20.

cher, die darin geschrieben worden, sondern nach der natürlichen Gedankenfolge, wie sie sich nach und nach aus der menschlichen Vernunft hat entwickeln müssen, abzufassen im Stande ist ..."[5] Und Kant wird noch deutlicher bei seiner Forderung nach "einer philosophierenden Geschichte der Philosophie"[6], wenn er selber den Unterschied zur Historiographie und Doxographie mit den Worten hervorhebt: "Alle historische Erkenntnis ist empirisch und also Erkenntnis der Dinge wie sie sind; nicht daß sie nothwendig so seyn müssen. – Das rationale stellt sie nach ihrer Nothwendigkeit vor. Eine historische Vorstellung der Philosophie erzählt also wie man und in welcher Ordnung bisher philosophiert hat. Aber das Philosophieren ist eine allmälige Entwikkelung der menschlichen Vernunft und diese kann nicht auf dem empirischen Wege fortgegangen seyn oder auch angefangen haben ... Eine philosophische Geschichte der Philosophie ist selber nicht historisch oder empirisch sondern rational d.i. a priori möglich. Denn ob sie gleich Facta der Vernunft aufstellt so entlehnt sie solche nicht von der Geschichtserzählung sondern sie zieht sie aus der Natur der menschlichen Vernunft als philosophische Archäologie."[7]

Als "philosophische Archäologie" muss Philosophiegeschichte der rationalen Notwendigkeit philosophischer Erkenntnis sein; mit anderen Worten, sie muss die Notwendigkeit erklären können, mit der sich menschliche Vernunft entwickelt und eben in der Philosophie bzw. in den Philosophien die Entwicklung anerkennt, die zu ihrer Fundierung als kritische Vernunft führt. Freilich kann Geschichte der Philosophie eine derartige Rekonstruktion der logischen Notwendigkeit der Entwicklung philosophischer Vernunft nur dann leisten, wenn "Geschichte der Philosophie selbst ein Teil der Philosophie"[8] ist; wenn sie also ihr Selbstverständnis von einer Theorie bzw. Philosophie her ab-

[5] Immanuel Kant, "An Karl Morgenstern", in: *Kant's gesammelte Schriften*, herausgegeben von der Preußischen Akademie der Wissenschaften, Band XII, Berlin und Leipzig 1922, S. 36.

[6] Immanuel Kant, "Lose Blätter zu den Fortschritten der Metaphysik", in: *Kant's gesammelte Schriften*, herausgegeben von der Preußischen Akademie der Wissenschaften, Band XX, Berlin 1942, S. 340.

[7] Immanuel Kant, *ebenda*, S. 340-341.

[8] Immanuel Kant, *ebenda*, S. 343.

leitet und somit ihre Aufgabe a priori erfassen kann. Genau dies fordert Kant mit seinem Plädoyer für eine philosophische Geschichte der Philosophie. Daher fasst er sein Programm folgendermaßen zusammen: "Eine Geschichte der Philosophie ist von so besonderer Art, daß darin nichts von dem erzählt werden kann was geschehen ist ohne vorher zu wissen was hätte geschehen sollen mithin auch was geschehen kann. ... Denn es ist nicht die Geschichte der Meinungen die zufällig hier oder da aufsteigen sondern der sich aus Begriffen entwickkelnden Vernunft."[9]

Mit der Forderung, Geschichte der Philosophie soll Geschichte "der sich aus Begriffen entwickelnden Vernunft" sein, legt Kant die Grundperspektive, von der aus Geschichte der Philosophie nur im Rahmen einer Theorie derselben konzipierbar wird.[10] Mehr noch: Kants Grundperspektive ist zugleich die These, in der seine Theorie der Philosophiegeschichte als Dokumentation der logischen Entwicklung der Vernunft zusammengefasst wird. Entwicklung und systematische Ausarbeitung dieser Theorie ist allerdings Hegels Werk gewesen, wobei andererseits der kantische Ansatz stark radikalisiert wird. Ich darf also zur eigentlichen Intention dieses Abschnitts kommen, der Auseinandersetzung mit Hegels Theorie der Philosophiegeschichte.

Als Überleitung möchte ich eine Stelle aus Hegels Gutachten "Über den Unterricht in der Philosophie auf Gymnasien" zitieren, die mit besonderer Deutlichkeit zeigt, wie stark Hegel Kants Forderung nach einer *philosophischen* Geschichte der Philosophie unterstreicht und die zugleich den Punkt zusammenfasst, worauf es Hegel eigens ankommt. Hier die Stelle: "In betreff des bestimmteren Kreises der Kenntnisse, auf den der Gymnasialunterricht in dieser Rücksicht zu beschränken wären, möchte ich zunächst ausdrücklich die *Geschichte der Philosophie* ausschließen, ob sie sich gleich häufig zunächst als passend dafür darbietet. Ohne die spekulative Idee aber vorauszusetzen, wird sie wohl nichts anderes als nur eine Erzählung zufälliger,

---

9 Immanuel Kant, *ebenda*, S. 343.
10 Zur Darstellung des kantischen Grundansatzes vgl. Hermann Lübbe, "Philosophiegeschichte als Philosophie. Zu Kants Philosophiegeschichtsphilosophie", in: *Einsichten. Gerhard Krüger zum 60. Geburtstag*, Frankfurt/M. 1962, S. 204-229.

müßiger Meinungen und führt leicht dahin – und zuweilen möchte man eine solche Wirkung als Zweck derselben und ihrer Empfehlung ansehen –, eine nachteilige, verächtliche Meinung von der Philosophie, insbesondere auch die Vorstellung hervorzubringen, daß mit dieser Wissenschaft alles nur vergebliche Mühe gewesen und es für die studierende Jugend noch mehr vergebliche Mühe sein würde, sich mit ihr abzugeben."[11]

Die bloß historische Darstellung der Geschichte der Philosophie hält Hegel also für bedeutungslos. Mehr noch: Eine derartige Vermittlung der Philosophiegeschichte ist seines Erachtens eher von Nachteil für die Sache der Philosophie, weil sie eben Philosophie zur zufälligen Reihenfolge "müßiger Meinungen" degradiert. Wie für Kant soll daher auch für Hegel Geschichte der Philosophie nur, und nur dann, ein Teil der Philosophie sein, wenn sie in die Vollzugsdynamik philosophischer Vernunft inkorporiert wird. Allerdings heißt das für Hegel, die Geschichte der Philosophie nicht nur am Leitfaden der logisch notwendigen Entwicklung der Vernunft zu rekonstruieren, sondern sie vor allem als den Ort auszuweisen, an dem die spekulative Idee der Philosophie (d.h. Hegels Begriff von Philosophie) ihre dialektische "Konkretion" erlangt. Dieses sein spezifisches Anliegen hat Hegel exemplarisch in den Vorlesungen über die Geschichte der Philosophie herausgearbeitet. Deshalb werde ich mich im Folgenden auf diesen Text beschränken, genauer, auf dessen "Einleitung", die ja so etwas wie Hegels eigene Zusammenfassung seiner Theorie der Philosophiegeschichte darstellt. Diese Einschränkung macht also deutlich: Hier geht es nicht um Hegels Rekonstruktion der Geschichte der Philosophie bzw. um deren Kritik, sondern lediglich um die Theorie, die eben dieser Rekonstruktion zu Grunde liegt.

Hegels "Einleitung" setzt mit einer "Bestimmung der Geschichte der Philosophie" an, in der bereits direkt zu Anfang der Grundgedanke seiner Theorie ausgesprochen und hervorgehoben wird. So wird zu Beginn festgestellt: "Was die Geschichte der Philosophie uns darstellt, ist die Reihe der edlen Geister, die Galerie der Heroen der *denkenden*

---

[11] G.W.F. Hegel, *Berliner Schriften 1818-1831*, in: *Werke in zwanzig Bänden*, Bd. 11, Frankfurt/M. 1970, S. 35-36. Hervorhebung im Original.

Vernunft, welche kraft dieser Vernunft in das Wesen der Dinge, der Natur und des Geistes, in das *Wesen Gottes* eingedrungen sind und uns den höchsten Schatz, den Schatz der Vernunfterkenntnis erarbeitet haben. Die Begebenheiten und Handlungen dieser Geschichte sind deswegen zugleich von der Art, dass in deren Inhalt und Gestalt nicht sowohl die Persönlichkeit und der individuelle Charakter eingeht – wie dagegen in der politischen Geschichte ... –, als hier vielmehr die Hervorbringungen um so vortrefflicher sind, je weniger auf das besondere Individuum die Zurechnung und das Verdienst fällt, je mehr sie dagegen dem freien Denken, ... je mehr dies eigentümlichkeitslose Denken selbst das produzierende Subjekt ist."[12]

In dieser Stelle wird für mich der Grundgedanke der Hegelschen Theorie der Philosophiegeschichte insofern ausgedrückt, als sie unmissverständlich die Idee artikuliert, dass das Subjekt der Philosophiegeschichte im strengeren Sinne nicht der einzelne, konkrete Philosoph bzw. keine konkrete Philosophie, sondern die "denkende Vernunft" ist. Philosophen und Philosophien sind nur Ausdrucksformen der philosophischen Vernunft. Diese schreibt eben *ihre* Geschichte, indem sie sich in Philosophien manifestiert; und deshalb müssen diese Philosophien nicht von ihren kontingenten Momenten her erklärt werden, sondern ihre Erörterung muss allein am Leitfaden der Frage nach ihrem Beitrag zur Entwicklung, noch genauer, zur Förderung der Selbstexplikation der Vernunft erfolgen. Es muss also darum gehen, in der Geschichte der Philosophie den Gang der Vernunft zu erkennen und nachzuzeichnen, und zwar als einen Gang, in dem stets Zufälligkeiten und Irrwege ausgeschlossen bleiben, weil als Gang der Vernunft dieser Gang in der Geschichte weder planlose Suche noch offenes Experimentieren bedeuten kann. Gang in der Geschichte meint hier Durchgang der Vernunft durch die Geschichte. Es ist der Prozess der Selbstexplikation einer Vernunft, die sich seines absoluten Inhalts bewusst ist, und nicht erst danach suchen muss. Diese, auf ihre Selbstexplikation hin sich entwickelnde Vernunft, also keine *experimentierende* (menschliche) Vernunft, ist die Vernunft, die in der Geschichte der

---

12 G.W.F. Hegel, *Vorlesungen über die Geschichte der Philosophie*, in: *Werke in zwanzig Bänden*, Bd. 18, Frankfurt/M. 1971, S. 20. Hervorhebung im Original.

Philosophie *ihren* Gang geht. Darum ist der Gang in der Geschichte der Philosophie frei von Kontingenz; oder, wie Hegel betont, dieser Gang muss "ein notwendiger Zusammenhang"[13] sein.

Ausgehend von diesem Grundgedanken wehrt sich dann Hegel konsequenterweise gegen "gewöhnliche Vorstellungen über die Geschichte der Philosophie"[14], die diese für einen "Vorrat von Meinungen"[15] halten und in ihr deswegen nicht den Gang einer objektiven "Wissenschaft der Wahrheit"[16] erkennen können, sondern darin nur einen zufälligen akkumulativen Ablauf subjektiver Gedanken sehen, deren Kenntnisnahme bzw. Studium höchstens ein bloßes "Interesse der Gelehrsamkeit"[17] sein kann. Eine solche Geschichte der Philosophie ist für Hegel aber nicht nur langweilig; sie ist zudem überflüssig: "Wenn die Geschichte der Philosophie nur eine Galerie von Meinungen – obzwar über Gott, über das Wesen der natürlichen und geistigen Dinge – aufstellte, so würde sie eine sehr überflüssige und langweilige Wissenschaft sein, man möge auch noch so viele Nutzen, die man von solcher Gedankenbewegung und Gelehrsamkeit ziehen solle, herbeibringen. Was kann unnützer sein, als eine Reihe bloßer Meinungen kennenzulernen, was langweiliger?"[18] Für Hegel ist doch evident: Indem die gewöhnliche Vorstellung in der Philosophiegeschichte nur Meinungen zu erkennen vermag, geht sie am Wesen der Philosophie vorbei und macht Philosophiegeschichte absurd. Denn: "Die Philosophie ... enthält keine Meinungen; es gibt keine philosophische Meinungen ... Die Philosophie ist objektive Wissenschaft der Wahrheit, Wissenschaft ihrer Notwendigkeit ..."[19] Gerade diese Erkenntnis wird in der gewöhnlichen Vorstellung über die Philosophiegeschichte geradezu negiert bzw. ignoriert. Und wohl deshalb – wie Hegel nochmals betont – degradiert sie Geschichte der Philosophie zur bedeutungslo-

---

[13] G.W.F. Hegel, *ebenda*, S. 15.
[14] G.W.F. Hegel, *ebenda*, S. 28.
[15] G.W.F. Hegel, *ebenda*, S. 28.
[16] G.W.F. Hegel, *ebenda*, S. 30.
[17] G.W.F. Hegel, *ebenda*, S. 29.
[18] G.W.F. Hegel, *ebenda*, S. 30.
[19] G.W.F. Hegel, *ebenda*, S. 30.

sen historiographischen Beschäftigung: "Wenn man bei der Geschichte der Philosophie von diesem Standpunkt ausgeht, so wäre dies ihre ganze Bedeutung, nur Partikularitäten anderer, deren jeder eine andere hat, kennenzulernen, – Eigentümlichkeiten, die mir also ein Fremdes sind und wobei meine denkende Vernunft nicht frei, nicht dabei ist, die mir nur ein äußerer, toter, historischer Stoff sind, eine Masse in sich selbst eitlen Inhalts."[20]

Genauso entschieden richtet sich aber Hegels Kritik gegen die Konsequenz, zu der die gewöhnliche Vorstellung über die Geschichte der Philosophie führt, indem sie die Verschiedenheit der philosophischen Meinungen so interpretiert, dass in der Geschichte der Philosophie gerade der "Erweis der Nichtigkeit der philosophischen Erkenntnis"[21] gesehen wird. Mit anderen Worten: Weil die gewöhnliche Vorstellung vom "Gegensatz zwischen Meinung und Wahrheit"[22] ausgeht und dabei zudem unterstellt, dass Philosophie nicht über subjektive Meinungen hinauskommen kann und so unfähig zur Erkenntnis der Wahrheit ist, macht sie aus der Geschichte der Philosophie ein Argument gegen die Philosophie als Wissenschaft bzw. gegen die wissenschaftliche Zweckmäßigkeit, sich mit der Philosophie zu beschäftigen. Es gibt ja für die gewöhnliche Vorstellung keine eindeutigere Dokumentation der "Vergeblichkeit des Versuchs, die philosophische Erkenntnis der Wahrheit erreichen zu wollen"[23], als eben die Geschichte der Philosophie mit ihrer Folge verschiedener, sich gegenseitig widersprechender und widerlegender Systeme! Oder wie Hegel es auch ausdrückt: "Das Ganze der Geschichte der Philosophie ist ein Reich vergangener, nicht nur leiblich verstorbener Individuen, sondern widerlegter, geistig vergangener Systeme, deren jedes das andere tot gemacht, begraben hat."[24]

Indem die gewöhnliche Vorstellung so argumentiert, übersieht sie allerdings Hegel zufolge den philosophisch entscheidenden Aspekt,

---

[20] G.W.F. Hegel, *ebenda*, S. 33.
[21] G.W.F. Hegel, *ebenda*, S. 34.
[22] G.W.F. Hegel, *ebenda*, S. 32.
[23] G.W.F. Hegel, *ebenda*, S. 34.
[24] G.W.F. Hegel, *ebenda*, S. 35.

nämlich den inneren Zusammenhang zwischen der Verschiedenheit bzw. Mannigfaltigkeit philosophischer Systeme und *der* Entwicklung der Philosophie selbst. Wenn man Einsicht in diesen Zusammenhang erlangt, erscheint die Pluralität der Philosophien "in einem ganz anderen Sinne ... als nach dem abstrakten Gegensatze von Wahrheit und Irrtum"[25], und zwar deshalb, weil die Philosophien *philosophisch* qualifiziert und somit als notwendige Momente *der* Philosophie in ihrem wissenschaftlichen Gang erkannt werden. Gegen die isolierte, abstrakte Betrachtungsweise der gewöhnlichen Vorstellung macht Hegel daher eine geschichtliche, dialektische Perspektive geltend, die begreiflich machen soll, "daß diese Mannigfaltigkeit der vielen Philosophien nicht nur der Philosophie selbst – der Möglichkeit der Philosophie – keinen Eintrag tut, sondern daß sie zur Existenz der Wissenschaft der Philosophie schlechterdings notwendig ist und gewesen ist, – dies ihr wesentlich ist".[26]

Ganz im Sinne Kants kommt es also für Hegel auch darauf an zu begreifen, "daß wir es in der Geschichte der Philosophie mit der Philosophie selbst zu tun haben".[27] Diese Einsicht bedeutet aber nichts anderes als die Option, Geschichte der Philosophie von einer Theorie aus zu interpretieren, die uns in die Lage versetzt, die Mannigfaltigkeit der Philosophien eben als Manifestation des notwendigen Gangs der Vernunft auf dem Weg ihrer Selbstexplikation zu verstehen. Die Pluralität der Philosophien soll somit kein Argument gegen die Philosophie als "Wissenschaft der Wahrheit" sein; d.h. sie soll nicht mehr als Ergebnis zufälliger und willkürlicher Einfälle von Individuen gedeutet werden, sondern sie soll nunmehr von dem inneren Zusammenhang her der sich entfaltenden Vernunft begriffen werden, und zwar als die notwendige Gestalt ihrer geschichtlichen Entwicklung. So stellt Hegel fest: "Die Taten der Geschichte der Philosophie sind keine Abenteuer – sowenig die Weltgeschichte nur romantisch ist –, nicht nur eine Sammlung von zufälligen Begebenheiten, Fahrten irrender Ritter, die sich für sich herumschlagen, absichtslos abmühen und deren Wirk-

---

[25] G.W.F. Hegel, *ebenda*, S. 37.
[26] G.W.F. Hegel, *ebenda*, S. 37.
[27] G.W.F. Hegel, *ebenda*, S. 38.

samkeit spurlos verschwunden ist. Ebenso wenig hat sich hier einer etwas ausgeklügelt, dort ein anderer nach Willkür, sondern in der Bewegung des denkenden Geistes ist wesentlich Zusammenhang. Es geht vernünftig zu. Mit diesem Glauben an den Weltgeist müssen wir an die Geschichte und insbesondere an die Geschichte der Philosophie gehen."[28]

Geschichte der Philosophie kann daher nicht bloß historisch rekonstruiert werden. Ihre Rekonstruktion als zielgerichtete Entwicklung der Vernunft kann nur vom spekulativen Gedanken der Philosophie selbst unternommen werden. Und dieser ist für Hegel – wie er selbst an einer anderen Stelle zusammengefasst hat – "der einfache Gedanke der *Vernunft*, daß die Vernunft die Welt beherrsche ..."[29]

Der "Glaube an den Weltgeist" bzw. an den Selbstvollzug der Vernunft in der Geschichte und insbesondere in der Geschichte der Philosophie ist in Hegels Theorie deswegen so zentral, weil der damit verbundene spekulative Gedanke, dass es "vernünftig zugeht", es ist, der die Rekonstruktion der Geschichte der Philosophie in dem Sinne ermöglicht, dass in ihrer Mitte der Begriff der "Entwicklung" stehen kann und sie somit eben als den Weg des linearen Fortschreitens in Selbsterkenntnis der Vernunft dargestellt werden kann. Zurecht – so meine ich – hat Feuerbach in seiner Rezension zu Hegels Geschichte der Philosophie gerade diesen Aspekt hervorgehoben, indem er anmerkte: "... die Geschichte der Philosophie ist nichts weiter als die zeitliche Exposition von den unterschiedenen Bestimmungen, die zusammen den Inhalt der Wahrheit selbst ausmachen. Die wahre, objektive Kategorie, in der sie angeschaut werden muss, ist die Idee der *Entwicklung*. Sie ist ein in sich vernünftiger, notwendiger Fortgang, ein ununterbrochen fortlaufender Erkenntnisakt der Wahrheit."[30]

---

[28] G.W.F. Hegel, *ebenda*, S. 38.
[29] G.W.F. Hegel, *Vorlesungen über die Philosophie der Geschichte*, in: *Werke in zwanzig Bänden*, Bd. 12, Frankfurt/M. 1970, S. 20. Hervorhebung im Original.
[30] Ludwig Feuerbach, "Hegels Vorlesungen über die Geschichte der Philosophie", in: *Werke in sechs Bänden*, Bd. 2, Frankfurt 1975, S. 50. Hervorhebung im Original.

Die Idee der Entwicklung ist in der Tat das ordnende Prinzip in Hegels Theorie zur Rekonstruktion der Geschichte der Philosophie. Sie reflektiert selbst die Ordnung der Logik der Vernunft in ihrem historischen Prozess zu sich selbst als selbstbewusster Vernunft. Deshalb ist Entwicklung die Idee, von der aus die Mannigfaltigkeit der Philosophien in einem notwendigen Zusammenhang gesehen werden kann und soll. Durch die Idee der Entwicklung wird also in der Philosophie so etwas wie lebendige Tradition erst möglich. Denn der notwendige Zusammenhang, der durch die Idee der Entwicklung fundiert wird, ist insofern Stiftung von Tradition, als er die Bedingung dafür schafft, dass die Philosophien nicht bloß in Beziehung zueinander gesetzt werden, sondern dass sie in ihrer inneren gegenseitigen Abhängigkeit vom Gang der Wahrheit in der Geschichte und so aber auch in ihrer spezifischen Notwendigkeit für die absolute Selbstexplikation der Vernunft erkannt werden.

Als Stiftung von Tradition bedeutet demnach Entwicklung die Idee, die die Philosophiegeschichte im Sinne einer Bewegung dialektischer Rekuperation konzipieren lässt, in der es allerdings nicht um die Revitalisierung vergangener Systeme geht. Es geht vielmehr darum, das in jeder Formation der Philosophie latente und wirkende Vernunftprinzip in der Notwendigkeit seiner Entwicklung anzuerkennen und es als die "Tradition" zu rekuperieren, die durch die "Taten des Denkens" – d.h. durch die konkreten Philosophien als notwendige Formen der Selbstexplikation der Vernunft – gebildet wird und "sich als, wie sie *Herder* genannt hat, eine *heilige Kette* schlingt".[31] Entscheidend für Hegels Theorie der Philosophiegeschichte ist jedoch der Gedanke, dass die "heilige Kette" der Tradition keinen in der Vergangenheit abgeschlossenen Vorgang darstellt. Zwar gilt es zu beachten: "... was *wir* sind, sind wir zugleich geschichtlich ... Der Besitz an selbstbewußter Vernünftigkeit ... ist nicht unmittelbar entstanden und nur aus dem Boden der Gegenwart gewachsen, sondern es ist dies wesentlich in ihm, eine Erbschaft und näher das *Resultat* der Arbeit, und zwar der Arbeit aller vorhergegangenen Generationen des Menschenge-

---

[31] G.W.F. Hegel, *Vorlesungen über die Geschichte der Philosophie*, S. 21. Hervorhebung im Original.

schlechts zu sein."[32] Zugleich muss dennoch auch dies berücksichtigt werden: "Diese Tradition ist aber nicht nur eine Haushälterin, die nur Empfangenes treu verwahrt und es so den Nachkommen unverändert überliefert. Sie ist nicht ein unbewegtes Steinbild, sondern lebendig und schwillt als ein mächtiger Strom, der sich vergrößert, je weiter er von seinem Ursprunge aus vorgedrungen ist."[33]

Die Bewegung dialektischer Rekuperation der "Tradition" des Vernunftprinzips kann daher keine Archäologie sein – in welcher Absicht auch immer. Sie hat ja nicht mit einem Vergangenen zu tun, sondern sie ist vielmehr der Fluss einer sich immer noch im Wachstum befindenden "Tradition". Sie rekuperiert die Gegenwärtigkeit ihres eigenen Inhalts. Denn: "Der Gang der Entwicklung ist auch der Inhalt, die Idee selber."[34] Rekuperation ist das Werden der philosophischen Idee; d.h. Philosophiegeschichte als Vollzugsort dieser rekuperativen Bewegung bzw. der Entwicklung der Vernunft soll so die Progression in Erkenntnis des Fortgangs der Idee auf ihre eigene konkrete Realität hin dokumentieren.

Von seinem Grundgedanken her begreift also Hegel Philosophiegeschichte als den Ort, an dem gezeigt werden muss, dass die Idee "eine Totalität, welche einen Reichtum von Stufen und Momenten in sich enthält"[35], ist. Und da diese Entwicklung der Idee "nicht eine Zerstreuung und Auseinanderfallen, sondern ebenso ein Zusammenhalt"[36] ist, soll weiter Philosophiegeschichte den notwendigen Zusammenhang der Expansion der Idee reflektieren, indem sie eben selber philosophisch wird und sich als "System der Entwicklung der Idee"[37] darstellt.

Aus dem so verstandenen Leitgedanken der Hegelschen Theorie der Philosophiegeschichte folgt dann die Hauptthese derselben: "Nach dieser Idee behaupte ich nun, daß die Aufeinanderfolge der Systeme

---

32 G.W.F. Hegel, *ebenda*, S. 21. Hervorhebung im Original.
33 G.W.F. Hegel, *ebenda*, S. 21.
34 G.W.F. Hegel, *ebenda*, S. 43.
35 G.W.F. Hegel, *ebenda*, S. 46.
36 G.W.F. Hegel, *ebenda*, S. 47.
37 G.W.F. Hegel, *ebenda*, S. 50.

der Philosophie in der Geschichte dieselbe ist als die Aufeinanderfolge in der logischen Ableitung der Begriffsbestimmungen der Idee. Ich behaupte, daß, wenn man die Grundbegriffe der in der Geschichte der Philosophie erschienenen Systeme rein dessen entkleidet, was ihre äußerliche Gestaltung, ihre Anwendung auf das Besondere und dergleichen betrifft, so erhält man die verschiedenen Stufen der Bestimmung der Idee selbst in ihrem logischen Begriffe."[38]

Spätestens bei der Formulierung dieser These wird klar, dass Hegels Theorie der Philosophiegeschichte nicht nur die Konsequenz der Deutung der Geschichte der Philosophie von *einer* Philosophie her impliziert. Sie bedeutet darüber hinaus – und dies ist meines Erachtens der springende Punkt in Hegels Theorie der Philosophiegeschichte – eine radikale vollständige Indienstnahme der geschichtlichen Entwicklung der Philosophie für *eine* Idee der Philosophie. Denn nach der Hegelschen Theorie muss doch Philosophiegeschichte in erster Linie dazu dienen, eben "die verschiedenen Stufen der Bestimmung der Idee selbst in ihrem logischen Begriffe" zu erkennen bzw. die Entwicklung der Philosophie als "Entwicklung der Idee"[39] zu dokumentieren. Geschichte der Philosophie ist somit Instrument einer Philosophie, die ihre geschichtliche Entwicklung freilich nicht für irrelevant hält, die sich aber dessen bewusst ist, dass in ihren Formen die Idee bzw. die Vernunft waltet und sich deswegen vor allem am Prinzip orientiert, "daß, sosehr ihre eigene Erscheinung Geschichte ist, sie nur durch die Idee bestimmt ist".[40]

Konsequent mit dem Grundgedanken und mit der Hauptthese seiner Theorie der Philosophiegeschichte hebt Hegel daher als erste Folge für die Behandlung der Geschichte der Philosophie hervor, "daß das Ganze der Geschichte der Philosophie ein in sich notwendiger, konsequenter Fortgang ist; er ist in sich vernünftig, durch seine Idee bestimmt. Die Zufälligkeit muß man mit dem Eintritt in die Philosophie aufgeben".[41] Geschichte der Philosophie muss also vom Prinzip der

---

[38] G.W.F. Hegel, *ebenda*, S. 49.
[39] G.W.F. Hegel, *ebenda*, S. 49.
[40] G.W.F. Hegel, *ebenda*, S. 50.
[41] G.W.F. Hegel, *ebenda*, S. 55.

sich entwickelnden Vernunft aus betrachtet werden, und zwar so, dass an ihr der Gang der Entwicklung der Idee als linearer Fortschritt in Richtung auf ihre vollendete Bestimmung erkennbar wird. Denn nur durch diese Behandlung wird sie wohl als der "Tempel der selbstbewußten Vernunft"[42] konstituiert werden können.

Ist Philosophiegeschichte als ein "notwendiger Fortgang" zu behandeln, so folgt daraus zweitens, "dass jede Philosophie notwendig gewesen ist und noch ist, keine also untergegangen, sondern alle als Momente *eines* Ganzen affirmativ in der Philosophie erhalten sind".[43] Jede Form der Philosophie, d.h. die Mannigfaltigkeit der Philosophie ist für die Bestimmung der Idee notwendig, aber nicht als Prozess isolierter, statischer Formen, sondern im Gegenteil als Prozess der Bewegung der Entwicklung, in dem eben die Formen der Philosophie Formationen eines dialektischen Fortschreitens der Vernunft sind und sich deswegen nicht nur im Flusse befinden, sondern darüber hinaus zielgerichtet auf die Bestimmung der Idee als wahres Ganzes hinschreiten. Hegel sagt hierzu: "... die Formen integrieren sich zur Ganzen Form."[44]

Jede Form der Philosophie ist also notwendig, weil mit jeder Form der Philosophie eine besondere Stufe in der explikativen Entwicklung des Prinzips der Idee konsolidiert wird. Im Prozess der Formen der Philosophie kann es daher nicht zur Widerlegung einer Philosophie durch eine andere kommen. Dass jede Philosophie notwendig ist, bedeutet doch, dass sie in die Sequenz der weiteren Entwicklung inkorporiert werden muss, und zwar als ein Moment, das zur konkreten Wahrheit des Ganzen wesentlich gehört. Unter diesem Aspekt – d.h. sofern jede Philosophie das Prinzip der Idee auf ihre spezifische Weise reflektiert und darstellt – ist jede Form der Philosophie "wahr", und darum – wie Hegel betont – "ist keine Philosophie widerlegt worden. Was widerlegt worden ist, ist nicht das Prinzip dieser Philosophie, sondern nur

---

[42] G.W.F. Hegel, *ebenda*, S. 54.
[43] G.W.F. Hegel, *ebenda*, S. 56. Hervorhebung im Original.
[44] G.W.F. Hegel, *ebenda*, S. 53-54.

dies, dass dies Prinzip das Letzte, die absolute Bestimmung sei".[45] Mit anderen Worten: Eine Philosophie wird nicht in dem, was sie als Moment der Idee ausdrückt, widerlegt, sondern nur in dem, was in ihrer Form das Resultat der Einseitigkeit und Beschränktheit ihrer Epoche ist. Denn Einseitigkeit und Beschränktheit der Zeit führen zur Verabsolutierung einer endlichen Form der Philosophie; sie isolieren diese Form vom Prozess der Entwicklung und erheben sie für die absolute Bestimmung der Idee. Aber gerade in dieser den Fluss der Entwicklung oder – wie Hegel sagt – "die innere Dialektik der Gestaltungen"[46] unterbrechenden einseitigen Verabsolutierung einer endlichen Form der Philosophie liegt das Widerlegbare in Philosophie.

Vor dem Hintergrund dieser Trennung zwischen dem zeitenthobenen Prinzip der Idee, das sich in den Philosophien realisiert, und der zeitabhängigen Mannigfaltigkeit der Philosophie, ergänzt Hegel die zweite Konsequenz aus seiner Theorie mit folgender Empfehlung: "Das Verhalten gegen eine Philosophie muß also eine affirmative und eine negative Seite enthalten; dann erst lassen wir einer Philosophie Gerechtigkeit widerfahren."[47]

Hegels Ansicht über die Notwendigkeit einer jeden Philosophie will vor allem die wesentliche Zugehörigkeit jeder Form der Philosophie zur Dynamik der Entwicklung der Idee artikulieren. Sie meint also weniger die einmalige, unwiederholbare Beschaffenheit der Konstellation, die jede Formation der Philosophie aus Denken und Erfahrung hervorruft, als vielmehr die notwendige Stellung, die jeder Philosophie in der Rekonstruktion der begrifflichen Entwicklung der Idee zu-

---

[45] G.W.F. Hegel, *ebenda*, S. 56. Nietzsche wird eine geradezu konträre Ansicht vertreten. Für ihn besteht ja das Unwiderlegbare einer Philosophie eben darin, dass sie eine *Persönlichkeit* vermittelt. So schreibt Nietzsche: "Ich erzähle die Geschichte jener Philosophen vereinfacht: ich will nur den Punkt aus jedem System herausheben, der ein Stück *Persönlichkeit* ist und zu jenem Unwiderleglichen, Undiskutierbaren gehört, das die Geschichte aufzubewahren hat ... denn an Systemen, die widerlegt sind, kann uns eben nur noch das Persönliche interessieren, denn dies ist das ewig Unwiderlegbare." *Die Philosophie im tragischen Zeitalter der Griechen*, in: *Sämtliche Werke in zwölf Bänden*, Bd. 1, Stuttgart 1964, S. 259-261. Hervorhebung im Original.

[46] G.W.F. Hegel, *ebenda*, S. 56.

[47] G.W.F. Hegel, *ebenda*, S. 56-57.

kommt. Hegels These über die Notwendigkeit der Philosophien ergibt sich eigentlich aus der spekulativen Erkenntnis der Ordnung der Begriffe und hat die Funktion, die notwendige Integration der Formen der Philosophie in *der* Philosophie, d.h. in Hegels eigener Philosophie spekulativ abzusichern. Die Philosophien sind zwar notwendig, wohl aber nur als Glieder in der "heiligen Kette", die in der Hegelschen Philosophie ihre Vollendung findet. Deshalb können sie doch in ihrer Eigenart widerlegt und auf der Basis des Prinzips der Entwicklung der Idee miteinander verglichen und assumptiv aufgehoben werden.

In diesem Zusammenhang darf ich auf Heidegger hinweisen, der ebenfalls von der Notwendigkeit der philosophischen Epochen in der Geschichte der Metaphysik spricht. Im Gegensatz zu Hegel versteht Heidegger jedoch die Notwendigkeit einer Philosophie im Sinne ihrer Einmaligkeit und Abgeschlossenheit. Die Notwendigkeit der Philosophien ist so für Heidegger gerade der Grund dafür, dass die Geschichte der Philosophie bzw. der Metaphysik keinen Maßstab für das vergleichende Studium oder für die Zuordnung der Philosophien hinsichtlich eines bevorzugten Typus bieten kann. In diesem Sinne stellt Heidegger fest: "Uns fehlt nicht nur jeder Maßstab, der es erlaubte, die Vollkommenheit einer Epoche der Metaphysik gegen eine andere abzuschätzen. Es besteht überhaupt kein Recht, in dieser Weise zu schätzen. Platons Denken ist nicht vollkommener als das des Parmenides. Hegels Philosophie ist nicht vollkommener als diejenige Kants. Jede Epoche der Philosophie hat ihre eigene Notwendigkeit. Daß eine Philosophie ist, wie sie ist, müssen wir einfach anerkennen. Es steht uns jedoch nicht zu, eine gegenüber der anderen vorzuziehen, wie solches hinsichtlich der verschiedenen Weltanschauungen möglich ist."[48] Aber zurück zu Hegel.

Als dritte Folge für die Behandlung der Geschichte der Philosophie nennt Hegel die Konzentrierung "auf die Betrachtung der Prinzipien".[49] Von seiner Theorie her muss es ja für Hegel beim Studium der

---

[48] M. Heidegger, "Das Ende der Philosophie und die Aufgabe des Denkens", in: *Zur Sache des Denkens*, Tübingen 1969, S. 62-63.
[49] G.W.F. Hegel, *Vorlesungen über die Geschichte der Philosophie*, a.a.O., S. 57.

Philosophien vornehmlich darum gehen, ihre jeweiligen Gestaltungen als Verdichtungsmomente von Prinzipien zu betrachten, die ihrerseits daraufhin geprüft werden sollen, in welcher Form sie zur Realisierung der Konkretion der Idee beitragen und wie sie in die absolute Bestimmung derselben zu inkorporieren sind. Die Konzentration auf die Prinzipien soll so die Differenzierung des Bleibenden im Fluss der Formen der Philosophie erleichtern. Denn dadurch soll gezeigt werden, wie die Prinzipien der Philosophien Ausdrucksformen der Idee sind, die einzeln zwar die Idee nicht absolut ausdrücken können, die aber erhalten bleiben müssen, weil sie Momente ihrer realisierenden Konkretion sind; und dies will nichts anderes besagen, als dass durch die Konzentration auf die Prinzipien der Philosophien das Zeitlose *der* Philosophie herausgestellt werden soll.

Dass es Hegel in der Tat um die Rekonstruktion der Entwicklung des Unvergänglichen in der Philosophie geht, verdeutlicht zusätzlich die vierte Konsequenz für die Behandlung der Geschichte der Philosophie, die er aus seinem Standpunkt folgern lässt. Er formuliert sie so: "Es ergibt sich daraus die Ansicht für die Geschichte der Philosophie, daß wir in ihr, ob sie gleich Geschichte ist, es doch nicht mit Vergangenem zu tun haben. Der Inhalt dieser Geschichte sind die wissenschaftlichen Produkte der Vernünftigkeit, und diese sind nicht ein Vergängliches. Was in diesem Felde erarbeitet worden, ist das Wahre, und dieses ist ewig, existiert nicht zu einer Zeit und nicht mehr zu einer anderen ... die Geschichte der Philosophie hat es mit dem nicht Alternden, gegenwärtig Lebendigen zu tun."[50]

Aus den von Hegel explizierten Konsequenzen wird ersichtlich, wie seine Theorie Philosophiegeschichte zu dem Ort macht, an dem die fortschreitende Systematisierung der Entwicklung der Vernunft vollzogen wird. Philosophiegeschichte muss Hegel zufolge dem System der Philosophie notwendig entsprechen. Sie muss selber – wie bereits angedeutet – System werden. Anders ausgedrückt, Philosophiegeschichte muss ein Ganzes bilden, das man als System der Entwicklung *der* Philosophie als Wissenschaft der Wahrheit auf der Ebene jeder

---

[50] G.W.F. Hegel, *ebenda*, S. 57-58.

seiner Stufen erkennen und identifizieren kann. Im Grunde also muss Philosophiegeschichte in ihrem historischen Prozess exakt der logischen Ordnung der sich auf ihrem Selbstbewusstsein hin entwickelnden Vernunft entsprechen.

Wesentlich in Hegels Theorie der Philosophiegeschichte ist demnach die als notwendig angesehene Korrespondenz zwischen der historischen Entwicklung philosophischer Systeme und der Ordnung der Begriffe in der logischen Dynamik der Idee bzw. des Geistes. Im Zentrum der Hegelschen Theorie steht die Affirmation der Entsprechung zwischen Geschichte der Philosophie und Logik. Zu Recht – wie mir scheint – spricht V. Hösle, wenn er sich auf diesen Aspekt der Hegelschen Philosophiegeschichte bezieht, von "Korrespondenztheorie".[51] Allerdings stellt für Hösle gerade dieser Aspekt eine fundamentale Inkonsistenz in der Hegelschen Theorie der Philosophiegeschichte dar, weil nämlich die Korrespondenztheorie die Fortschrittsthese in der Entwicklung philosophischen Denkens so präsentiert, dass aus ihr die Entwicklung der Philosophie nach Hegel zu einem wahren Dilemma wird. Denn entweder kulminiert alle philosophische Entwicklung in Hegels eigener Philosophie, d.h. diese ist die Vollendung aller Philosophie – und dann wäre die nachhegelsche Philosophie sinnlos und überflüssig –; oder der Hegelsche Gedanke der fortschreitenden Entwicklung wird im Sinne eines offenen Prozesses verstanden, in dessen Verlauf Hegels Philosophie insofern relativiert wird, als darin "spätere" Philosophien vorkommen, die nach dem Hegelschen Entwicklungsgedanken eine vollkommenere Stufe im Bewusstsein des Geistes darstellen müssten und so eine "Aufhebung" der Hegelschen Philosophie bedeuten würden.[52] Diese Alternative – so darf ich nebenbei bemerken – ist übrigens für Hösle um so problematischer, als er sich das erklärte Ziel vornimmt, die Hegelsche Theorie der Philosophiegeschichte weiterzuführen. Da dieses nicht mein Ziel ist, interessiert mich hier nicht sosehr dieses Dilemma der Anwendung der Hegelschen Korrespondenztheorie als vielmehr die Tatsache, dass für Hegel die Theorie der Entsprechung zwischen logisch-kategorialer Entwick-

---

[51] V. Hösle, *a.a.O.*, S. 85.
[52] Vgl. V. Hösle, *ebenda*, S. 90ff.

lung der Idee und philosophiegeschichtlicher Entfaltung der Systeme das theoretische Fundament darstellt, von dem aus er nicht nur die gesamte Entwicklung der Philosophie begrifflich "beurteilen", klassifizieren und systematisieren, sondern darüber hinaus die Frage nach dem Ort des geschichtlichen Anfangs von Philosophie kulturgeographisch eindeutig entscheiden kann. Meine Aufmerksamkeit gilt also den Konsequenzen, die Hegels Korrespondenztheorie für die Grundlegung der inneren Struktur der organischen Entwicklung der Philosophie einerseits und andererseits für die Festlegung des Anfangs der Philosophie an nur *einem* bestimmten Ort impliziert.

Was den ersten Punkt betrifft, so ist zunächst zu vermerken, dass die von Hegel postulierte Korrespondenztheorie insofern die Voraussetzung für die systematische Finalisierung der Entwicklung der Philosophie darstellt, als sie sich doch im Grunde aus der logischen Artikulation des "Glaubens an den Weltgeist" ergibt und somit die Erkenntnis a priori stiftet, die notwendig ist, um in der Entwicklung der Philosophie nicht das chaotische Schauspiel zufälliger Meinungen, sondern eben die organisch werdende Ordnung der Idee zu erkennen. Denn wie Hegel selber betont: "Aber um in der empirischen Gestalt und Erscheinung, in der die Philosophie geschichtlich auftritt, ihren Fortgang als Entwicklung der Idee zu erkennen, muß man freilich die Erkenntnis der Idee schon mitbringen ... Sonst, wie wir dies in so vielen Geschichten der Philosophie sehen, bietet sich dem ideenlosen Auge freilich nur ein unordentlicher Haufen von Meinungen dar."[53]

Diese a priori spekulative Erkenntnis der Idee bzw. der spekulative Begriff der Philosophie als Wissenschaft von der Erkenntnis und Selbsterkenntnis der Idee ist es, der Hegel dann die strukturierte Organisierung der Entfaltung philosophischer Systeme ermöglicht, und zwar in der Weise einer finalisierten Bewegung, die von den abstraktesten Formen des Denkens zur konkreten absoluten Form der Formen dialektisch fortschreitet. Hegels eigene Bestimmung der Philosophie finalisiert also die philosophische Entwicklung auf die Realisierung des in dieser Bestimmung postulierten Begriffes der Philosophie. Da-

---

[53] G.W.F. Hegel, *a.a.O.*, S. 49.

her ist Hegels Begriff der Philosophie die Instanz für die Beurteilung des *Ideengehaltes* anderer Philosophien. Vom Standpunkt dieses Begriffes aus kann deshalb konstatiert werden, "daß die ersten Philosophien die ärmsten und abstraktesten sind ... daß – indem der Fortgang der Entwicklung weiteres Bestimmen und dies ein Vertiefen und Erfassen der Idee in sich selbst ist – somit die späteste, jüngste, neueste Philosophie die entwickeltste, reichste und tiefste ist".[54]

Andererseits muss hier dies berücksichtigt werden: Diese Diagnose ist für Hegel "keine Präsumtion"[55], weil nach seinem Selbstverständnis seine Philosophie als die späteste eben jene Gestalt darstellen muss, die aus der gesamten Entwicklung hervorgeht – "Resultat der vorhergehenden Arbeiten des denkenden Geistes ist"[56] – und in der folglich die Bewegung der Konkretion der Idee kulminiert. Hegels Begriff der Philosophie ist also auch deshalb Instanz, weil er sich als Resultat der Geschichte der Idee voraussetzt. Von der Hegelschen Philosophie muss so mit Hegel gesagt werden: "In ihr muß alles, was zunächst als ein Vergangenes erscheint, aufbewahrt und enthalten, sie muß selbst ein Spiegel der ganzen Geschichte sein."[57]

Hegels "mitgebrachte" Erkenntnis der Idee bedeutet weiter die Voraussetzung zur definitiven Klassifizierung der Philosophien je nach der Entwicklungsstufe, die sie reflektieren. Zum einen will dies besagen, dass Hegel die Zeitabhängigkeit der Philosophien und deren damit zusammenhängende Beschränktheit in der Fähigkeit, die Idee absolut ausdrücken zu können, genau bestimmen kann. Geschichte der Philosophie soll so Bestimmung der Besonderheit der Bestimmungen der Idee in den verschiedenen Philosophien sein. Sie soll also zeigen, wie im Gang der Entwicklung der Idee die Philosophien besondere Entfaltungsstufen markieren, über deren jeweilige zeitliche Möglichkeiten sie allerdings nicht hinausgehen können. Oder, um es mit Hegels Worten zu sagen, Geschichte der Philosophie muss folgende Einsicht dokumentieren: "Jede Philosophie ist Philosophie ihrer Zeit, sie

---

[54] G.W.F. Hegel, *ebenda*, S. 60-61.
[55] G.W.F. Hegel, *ebenda*, S. 61.
[56] G.W.F. Hegel, *ebenda*, S. 61.
[57] G.W.F. Hegel, *ebenda*, S. 61.

ist Glied in der ganzen Kette der geistigen Entwicklung; sie kann also nur Befriedigung für die Interessen gewähren, die ihrer Zeit angemessen sind."[58]

Zum anderen bedeutet die Festlegung der Philosophien an eine bestimmte historische Entwicklungsstufe ein Urteil über ihre internen Entwicklungsmöglichkeiten. Für Hegel nämlich stehen die Philosophien im Fluss der Entwicklung der Idee; aber in ihrer je eigenen Besonderheit sind für ihn die Philosophien keineswegs entwicklungsfähig. Sie repräsentieren ja eine bestimmte Stufe der Entwicklung, und als solche werden sie auch im Fluss der weiteren Entfaltung der Idee erhalten bzw. ewig gegenwärtig bleiben. Ihre im Fluss der Entwicklung der Idee "aufgehobene" Gegenwart kann jedoch weder transformiert noch als eine noch mögliche Perspektive angeeignet werden. Ihre Gegenwart wird zwar durch keine neue Gegenwart der Philosophie widerlegt; aber für die je gegenwärtige Philosophie kann die "aufgehobene" Gegenwart früherer Philosophie keine entwicklungsfähige, lebendige Referenz mehr sein. Frühere Philosophien "können nicht wiedererweckt werden".[59] Und Hegel fährt fort: "Es kann deswegen heutigentags keine Platoniker, Aristoteliker, Stoiker, Epikureer mehr geben. Sie wiedererwecken hieße, den gebildeten, tiefer in sich gegangenen Geist auf eine frühere Stufe zurückbringen zu wollen. Das läßt er sich aber nicht gefallen ... Ein solches Aufwärmen ist daher nur als der Durchgangspunkt des Sich-Einlernens in bedingende, vorausgehende Formen, als ein nachgeholtes Durchwandern durch notwendige Bildungsstufen anzusehen."[60]

Hegels spekulativer Begriff der Philosophie muss ferner meines Erachtens als die Voraussetzung für die Reduktion der Philosophiegeschichte auf die Systematisierung der Entwicklung jener Gedanken gesehen werden, die explizit als Gedanken des absoluten Inhalts der Idee herausgearbeitet worden sind. Weil Philosophie "begreifendes Denken dieses Inhalts"[61] ist, kann ihre Geschichte nur jene Formen

---

[58] G.W.F. Hegel, *ebenda*, S. 65.
[59] G.W.F. Hegel, *ebenda*, S. 65.
[60] G.W.F. Hegel, *ebenda*, S. 65-66.
[61] G.W.F. Hegel, *ebenda*, S. 101.

des Denkens reflektieren, welche die Form des Inhalts absolut wiedergeben können, nämlich Gedanken. "Die absolute Form der Idee ist nur der Gedanke."[62] Ist Philosophiegeschichte also Geschichte nur jener Gedanken, in denen der Inhalt der Idee zum Bewusstsein kommt, so muss aus ihr nicht nur die Religion ausgeschlossen bleiben; denn sie hat zwar den absoluten Inhalt der Idee zum Gegenstand, kann ihn aber nur über die "Vorstellung" vermitteln.[63] Ebenso muss aus der Geschichte der Philosophie "die allgemeine wissenschaftliche Bildung"[64] ausgeschlossen werden, weil ihre Form des Wissens nicht die des Absoluten, sondern bloß die des Endlichen ist.[65]
Aus dem selben Grund muss nach Hegel aber auch eine Form der Philosophie von der Philosophiegeschichte ausscheiden. Er nennt sie die "Populärphilosophie"[66], und meint damit vor allem die zu seiner Zeit immer noch wirkende popularphilosophische Bewegung der deutschen Aufklärung, auch wenn er hier deren Anfang bereits auf Cicero zurückführt. Im 3. Kapitel werde ich diese alternative Tradition ausführlich behandeln, wobei auch Hegels Kritik berücksichtigt wird. Deshalb soll also hier folgender Hinweis genügen:
Obwohl – wie Hegel zugibt – diese Form von Philosophie das Selbstdenken fordert, muss man sie doch "gleichfalls aus der Philosophie ausschließen".[67] Sie vermag den Inhalt der Idee nicht in der Absolutheit des Gedankens zu denken, weil sie aus menschlichen Quellen wie dem Gefühl schöpft und so ein subjektives Moment ins Zentrum ihrer Reflexion stellt; womit sie nach Hegel aus der Bewegung der Philosophie und ihrer Geschichte ausscheiden muss, da Philosophie objektive Wissenschaft der Idee bzw. der Wahrheit zu sein hat. In kritischer Absicht werde ich noch auf diese These Hegels zurückkommen. Nun aber darf ich zum zweiten Punkt meines Interesses an den Konsequenzen der Hegelschen Korrespondenztheorie übergehen.

---

62 G.W.F. Hegel, *ebenda*, S. 104.
63 Vgl. G.W.F. Hegel, *ebenda*, S. 81ff. und S. 104ff.
64 G.W.F. Hegel, *ebenda*, S. 77.
65 Vgl. G.W.F. Hegel, *ebenda*, S. 81.
66 G.W.F. Hegel, *ebenda*, S. 113.
67 G.W.F. Hegel, *ebenda*, S. 115.

Wie ich bereits angedeutet habe, besteht für mich ein direkter Zusammenhang zwischen Hegels Korrespondenztheorie, genauer, dem ihr zugrundeliegenden spekulativen Begriff von Philosophie und der geographischen Festlegung des Anfangs der Philosophie, die er in seiner Geschichte der Philosophie vornimmt, um die Limitierung der *Welt*geschichte der Philosophie auf deren Entwicklung im Abendland als theoretisch gerechtfertigt anzusehen. Verortung des Anfangs und Limitierung der Entwicklung der Philosophie innerhalb der Grenzen der abendländischen, d.h. der griechisch-christlich-germanischen Kulturwelt ist bei Hegel – so meine Interpretationsthese – eine Konsequenz, die sich aus dessen Philosophiebegriff ergibt. Hegel selber spricht diesen Sachverhalt an, wenn er die Erörterung über den "Anfang der Philosophie und ihrer Geschichte"[68] mit folgendem Hinweis einleitet: "In der Philosophie ist der Gedanke, das Allgemeine als Inhalt, der alles Sein ist. Dieser allgemeine Inhalt muß bestimmt werden; es wird sich zeigen, wie die Bestimmungen an diesem Inhalt nach und nach in der Geschichte der Philosophie hervortreten ... Indem wir den Begriff der Philosophie so bestimmt haben, so fragt sich, wo fängt die Philosophie und ihre Geschichte an."[69]

Dass Hegels "mitgebrachter" Begriff von Philosophie in der Tat die Bestimmung des Ortes des Anfangs philosophischen Denkens vorbestimmt, wird durch seine eigene Erörterung eindeutig belegt. Denn Hegels Antwort auf die Frage, "wo fängt die Philosophie und ihre Geschichte an", lässt doch keinen Zweifel daran, dass Hegel den Ort des Anfangs der Philosophie von den Voraussetzungen des eigenen Philosophiebegriffes her sucht und bestimmt. Mit anderen Worten: Die spekulative Voraussetzung, dass Philosophie da anfängt, wo das Denken "in seiner Freiheit zur Existenz kommt ... wo das Absolute nicht als Vorstellung mehr ist, sondern der freie Gedanke nicht bloß das Absolute denkt, [sondern] die Idee derselben erfasst"[70], fungiert hier als die Erkenntnis der Idee, *deren* historischer Anfang gesucht werden soll. Für die Bestimmung des historischen Anfangs der Philosophie kann

---

[68] G.W.F. Hegel, *ebenda*, S. 115.

[69] G.W.F. Hegel, *ebenda*, S. 115.

[70] G.W.F. Hegel, *ebenda*, S. 116.

daher nur ein Ort in Frage kommen, an dem die Voraussetzung aus der Erkenntnis der Idee, also die Freiheit des Denkens, geschichtlich erfüllt wird. Und so führt der spekulative Begriff der Philosophie bei Hegel zur historischen Welt der Griechen: "Die Philosophie beginnt in der griechischen Welt."[71] Hegels Begriff der Philosophie findet allerdings Griechenland als den Ort des historischen Anfangs, weil erst da die historische Bedingung für die spekulative Freiheit des Denkens geschaffen wird, nämlich die Praxis politischer Freiheit. Die eigentliche historische Bedingung für das "Hervortreten der Freiheit des Gedankens"[72] ist nach Hegel das praktische Aufblühen politischer Freiheit, und zwar in der Form einer institutionalisierten Ordnung, in deren Rahmen das Selbstbewusstsein des Menschen als Individuum sich als "wissendes, erkennendes Verhältnis zu dem Allgemeinen"[73] realisiert. Seine Option für Griechenland präzisiert Hegel daher folgendermaßen: "In der Geschichte tritt daher die Philosophie nur da auf, wo und insofern freie Verfassungen sich bilden."[74]

Hegels Ortung des Anfangs der Philosophie in Griechenland bedeutet also eine Option für die Freiheit des Subjektes: "Der wahrhaft objektive Boden des Denkens wurzelt in der wirklichen Freiheit des Subjektes."[75] Und dies bedeutet wiederum, dass Hegel den Ort des Anfangs der Philosophie nicht nur von den Voraussetzungen seines Philosophiebegriffes her identifiziert. Seine Ortsbestimmung des Anfangs der Philosophie ist darüber hinaus eine Finalisierung des Anfangs auf die Konkretion bzw. Realisierung seines Philosophiebegriffes. Denn das Prinzip der Freiheit des Subjektes ist das Element der realisierenden Entwicklung der Idee. Freiheit des Subjektes ist Stiftung der anfänglichen Trennung im Geist; zugleich aber das Prinzip, aus dem die selbstbewusst rekuperierende Versöhnung und damit auch die absolute Bestimmung der Idee erfolgen kann. Freiheit des Subjektes konsti-

---

[71] G.W.F. Hegel, *ebenda*, S. 117.
[72] G.W.F. Hegel, *ebenda*, S. 117.
[73] G.W.F. Hegel, *ebenda*, S. 117.
[74] G.W.F. Hegel, *ebenda*, S. 117.
[75] G.W.F. Hegel, *ebenda*, S. 169.

tuiert so den Anfang der Philosophie und gibt deren Entwicklung gleichzeitig das Element für ihren teleologischen Fortgang.

Für die Intention meiner Arbeit ist aber aus Hegels Bestimmung des historischen Anfangs der Philosophie vor allem die Folgerung hervorzuheben, die er konsequenterweise daraus zieht und mit aller Radikalität in der These der Exklusion "des Orients und seiner Philosophie"[76] aus dem Bereich der Philosophiegeschichte zusammenfasst. Der in Griechenland als wahrhafter Boden der Philosophie lokalisierte Zusammenhang der politischen Freiheit mit der Freiheit des Denkens bedeutet für Hegel in der Tat die Erkenntnis, dass im Orient Philosophie nicht entstehen kann, weil dort eben das Prinzip subjektiver Freiheit nicht zum Bewusstsein kommt. So konstatiert Hegel: "Der Geist geht wohl im Orient auf, aber das Verhältnis ist noch ein solches, daß das Subjekt nicht als Person ist, sondern im objektiven Substantiellen (welches teils übersinnlich, teils auch wohl mehr materiell vorgestellt wird) als negativ und untergehend erscheint ... Die Folge davon ist, daß hier kein philosophisches Erkennen stattfinden kann ... Das Orientalische ist so aus der Geschichte der Philosophie auszuschließen."[77] Die aus dem Hegelschen Philosophiebegriff erfolgte Bestimmung des historischen Anfangs der Philosophie hat also zur Folge die Limitierung philosophischer Denkmöglichkeiten auf die historischen Möglichkeiten, die im Abendland durch den finalisierten Anfang der Freiheit eines sich selbst absolut begreifenden Subjektes hervorgebracht werden. Der historische Anfang ist so zugleich ein logisch notwendiger, und eben darum impliziert dieser historische Anfang die Konsequenz, dass Philosophie notwendig nur die okzidentale Konfiguration präsentieren kann. In ihrem Anfang, aber auch in ihrer Entwicklung bleibt Philosophie eine okzidentale Formation des Denkens. Damit übrigens antizipiert Hegel eine Position, die später Heidegger vertreten und weiterentwickeln wird. Besonders aufschlussreich für diesen Zusammenhang scheint mir folgende Stelle bei Heidegger zu sein: "Das Wort φιλοσοφία sagt uns, daß die Philosophie etwas ist, was erstmals die Existenz des Griechentums bestimmt. Nicht nur das – die

---

[76] G.W.F. Hegel, *ebenda*, S. 118.
[77] G.W.F. Hegel, *ebenda*, S. 119-121.

φιλοσοφία bestimmt auch den innersten Grundzug unserer abendländisch-europäischen Geschichte. Die oft gehörte Redeweise von der 'abendländisch-europäischen Philosophie' ist in Wahrheit eine Tautologie. Warum? Weil die 'Philosophie' in ihrem Wesen griechisch ist –, griechisch heißt hier: die Philosophie ist im Ursprung ihres Wesens von der Art, daß sie zuerst das Griechentum, und nur dieses, in Anspruch genommen hat, um sich zu entfalten."[78] Ebenso deutlich zeigt sich diese punktuelle Nähe Heideggers zu Hegel in der Bestimmung der Philosophie als "die eigentliche Verwalterin der Ratio"[79] sowie in der damit zusammenhängenden Ausschließung der Gefühle aus der Philosophie. Mit Worten, die an Hegels Argumente gegen die "Populärphilosophie" erinnern, sagt Heidegger lapidar: "Gefühle, auch die schönsten, gehören nicht in die Philosophie."[80] Die Frage um die Hegelsche Herkunft von Heideggers Konzeption über die Philosophiegeschichte kann im Rahmen vorliegender Arbeit nicht weiter verfolgt werden.

Ich darf nun mit meinen kritischen Anmerkungen zur Hegelschen Theorie der Philosophiegeschichte beginnen. Durch die Auseinandersetzung mit Hegel soll – wie bereits gesagt – meine eigene Position präzisere Konturen gewinnen. Dies soll allerdings nicht so verstanden werden, als würde ich erst jetzt meine kritische Distanz zu Hegels Theorie der Philosophiegeschichte artikulieren. Meine Darstellung der Hegelschen Position zeigt doch eindeutig, dass ich mich dabei nicht bloß auf das neutrale Referieren derselben beschränkt, sondern sie zugleich vom Hintergrund der von mir vertretenen Position aus hinterfragt habe; d.h. bei meiner Darstellung der Hegelschen Theorie habe ich Anfragen bzw. Vorbehalte angemeldet, die sich aus der Konfrontation der Hegelschen Thesen mit meiner eigenen Position ergeben und somit bereits einen Teil meiner kritischen Auseinandersetzung mit Hegel vorwegnehmen. Und dies bedeutet: Die kritischen Momente, die in meiner Darstellung der Hegelschen Theorie der Philosophiege-

---

[78] M. Heidegger, *Was ist das – Die Philosophie?*, Pfullingen 1956, S. 12-13.

[79] M. Heidegger, *ebenda*, S. 9.

[80] M. Heidegger, *ebenda*, S. 9. Vgl. auch G.W.F. Hegel, *Vorlesungen über die Geschichte der Philosophie*, a.a.O., S. 114ff.

schichte eingeflossen sind, stehen hier eigentlich für Momente, die meine eigene Position konturieren.

Aus diesem Grund soll im Folgenden – um eben Wiederholungen zu vermeiden – die Kritik an Hegels Theorie der Philosophiegeschichte sich darauf konzentrieren, jene Kernthesen, die in meinen bisherigen Anfragen entweder nur implizit vorausgesetzt oder nur potenziell artikuliert wurden, zu explizieren, und zwar gerade in Hinblick auf die Erörterung ihrer Konsequenzen als Theoriemomente eines anderen Verständnisses der Geschichte der Philosophie.

Zunächst darf ich aber nochmals darauf hinweisen, dass ich in meiner eigenen Theorie insofern von einer grundsätzlichen Übereinstimmung mit Hegel ausgehe, als ich seiner Position, in dem, was sie für die Artikulation und Fortführung des Kantschen Ansatzes bedeutet, vollkommen zustimme. Mit Kant *und* Hegel vertrete ich nämlich den Anspruch, dass Geschichte der Philosophie weder Historiographie philosophischer Werke noch Doxographie berühmter Philosophen sein kann. Sie muss – wie bereits dargelegt – *philosophisch* ans Werk gehen; d.h. sie muss nicht nur den Weg vergangener Philosophien am Leitfaden der Entwicklungsgeschichte kritischer Vernunft rekonstruieren können, sondern ebenso versuchen, die vergangenen Stationen im Zusammenhang heutiger Denkkonstellationen zu reperspektivieren und so zur Bildung *unserer* philosophischen Gegenwart beizutragen. *Philosophische* Philosophiegeschichte ist somit wesentlicher Teil des Prozesses, durch den wir versuchen, die *Gegenwart* der Philosophie zu konstituieren. Deshalb muss Philosophiegeschichte – wie Kant und Hegel fordern – von einer Theorie her in Angriff genommen werden.

Für mich allerdings kann diese Theorie keine abstrakte Konstruktion sein noch soll sie die Funktion haben, Geschichte der Philosophie auf die spekulative Bewegung der Selbstexplikation und Rechtfertigung der Vernunft hin zu finalisieren. Sie ergibt sich vielmehr – und gerade hierin zeigt sich die Grenze meiner Übereinstimmung mit Hegel – aus dem inneren Duktus, den philosophisches Denken bildet, indem es sich eben als responsives, kritisch-befreiendes Denken in jeder Zeit und Situation zu artikulieren versucht. Dieser Duktus philosophischer Reflexion ist zugleich die Sicht (Theorie), von der aus wir Philosophie in ihrer Geschichte philosophisch rekonstruieren können; und dies besagt nun: aus der Sicht ein Gesicht zu formen und zwar der Art, dass dieses Gesicht nicht zur Maske wird, mit der die im inneren Duktus philosophischer Reflexion latente Form von Philosophie verdeckt werden soll, sondern diese zum Ausdruck bringt und sie uns als die Form vermittelt, in der Philosophie sich konstituiert als historisch offene Tradition der Zeitkritik, also als die Tradition, deren Studium und Aneignung für uns die Hypothek der Fortführung bedeutet.

Dieser Duktus bzw. diese Sicht, die meines Erachtens die zentrale philosophiegeschichtliche Traditionslinie für die Reperspektivierung der europäischen Philosophiegeschichte darstellt, ist keine andere als die in der Einleitung explizierte befreiungsphilosophische Perspektive. Wichtig für die Kritik an der Hegelschen Theorie der Philosophiegeschichte ist nun aber die Tatsache, dass in der von mir betonten Perspektive der Philosophiegeschichte die Faktoren Zeit, Kontext und reale Geschichte keine der Entwicklung der Philosophie externen Bedingungen sind. Sie sind wesentliche Momente der Dynamik philosophischer Reflexion. Sie gehören nicht bloß zum äußeren Rahmen der Philosophie, sondern bilden vielmehr ihren Kern und innere Struktur mit. Und deshalb finde ich in dieser Perspektive die Dokumentation dafür, dass Philosophie und Zeit bzw. philosophisches Denken und reale Geschichte von jeher in einer anderen Beziehung als der stehen, die Hegel in seiner Theorie der Philosophiegeschichte postuliert hat, indem er den Gedanken zur Voraussetzung seiner Theorie machte, dass die Geschichte der Philosophie allein durch die logische Dynamik der Selbstexplikation der Idee bestimmt wird.

Vor dem Hintergrund dieser Voraussetzung nimmt also kein Wunder, dass für Hegel das Verhältnis zwischen Philosophie und Geschichte nichts anderes als ein problematisches Verhältnis sein muss; ein Verhältnis, das aus der Sicht seines eigenen Philosophieverständnisses derart problematisch ist, dass er es ausdrücklich thematisieren muss. Und so ist in der Tat seine Theorie der Philosophiegeschichte ein systematischer Versuch zur Beantwortung eben dieser Frage: "Wie kommt es, dass die Philosophie eine Geschichte hat?"[81] Oder, wie es an einer anderen Stelle formuliert wird: "... die Frage, wie es kommt, dass die Philosophie als eine Entwicklung in der Zeit erscheint und eine Geschichte hat."[82]

Mit der Thematisierung dieser Frage – wir wissen es bereits – will Hegel die geschichtliche Entwicklung des inneren Inhalts der Philosophie unter dem Diktat der logischen Selbstexplikation der Idee stellen; d.h. Geschichte *der* Philosophie soll die logische Ordnung der Idee reproduzieren und so die *philosophische* Entwicklung des Inhalts der Philosophie von der äußeren Geschichte unabhängig machen. Auf diese Problematik soll hier nicht weiter eingegangen werden. In kritischer Absicht soll lediglich nun hervorgehoben werden, dass Hegels Thematisierung der Frage, wie Philosophie zu einer Geschichte kommt, vom Gedanken einer zeitlosen Philosophie lebt. Zwar verkennt Hegel nicht zeitliche, kontextgebundene Bedingungen der Philosophie, aber er interpretiert sie als Momente einer äußeren Geschichte, die letztlich ohne signifikante Bedeutung für den Inhalt der Philosophie bleiben, und zwar deshalb nicht, weil diese geschichtlichen, kontextuellen Bedingungen höchstens den Rahmen für das geschichtliche Erscheinen der Idee darstellen. Sie sind also nicht der Stoff, aus dem Philosophie ihre Ideen formt. Wenn man so will, operiert Hegel mit einem Verständnis von Philosophie und folglich auch von der Philosophiegeschichte, das Geschichte zum äußeren Rahmen für das entfaltende Erscheinen der absoluten Idee aus der logischen Notwendigkeit ihrer selbst heraus degradiert.

Demgegenüber – und so darf ich meine Kritik an Hegel in diesem Punkt zusammenfassen – optiere ich für ein Verständnis von Philosophie, das Geschichte zum Erprobungsfeld von Philosophie in dem Sinne macht, dass Geschichte der Ort ist, aus dem Philosophie kommt – indem sie sich als kritisches Nachdenken über historische Situationen konstituiert – und zugleich der Ort, den Philosophie nie verlässt, weil sie ihre Ideen bzw. Pläne zur Transformation gegebener Wirk-

---

[81] G.W.F. Hegel, *Vorlesungen über die Geschichte der Philosophie*, a.a.O., S. 15.
[82] G.W.F. Hegel, *ebenda*, S. 51.

lichkeit in der Geschichte zu erproben hat. Eine zeitlose Philosophie, deren "Geschichte" bloß die Selbstexplikation einer postulierten absoluten Idee ist, gibt es daher nicht. Philosophie gibt es auch nicht in der Form einer Vernunftreflexion, die Geschichte nur als Feld für die Expansion und Rechtfertigung zeitenthobener Begriffe kennt und die in der Geschichte nur dann Sinn erkennen kann, wenn diese durch den Begriff der Philosophie vollständig "befriedet" ist und so eigentlich nur die zeitliche Seite des Inhalts der Philosophie darstellt.

Philosophie kann und darf die Geschichte der Menschen, die ja ihre ureigene Geschichte ist, nicht zur Bühne, auf der sie ihr eigenes Schauspiel darstellt, machen. Sie steht auf der Bühne der Geschichte, aber nicht um Selbstdarstellung zu betreiben, sondern um sich der Geschichte zu stellen und in den historischen Entwicklungen stets die kritische Funktion des Denkens zu fordern.

In Verbindung mit dem Gesagten steht für mich ein weiterer Punkt meiner Kritik an der Hegelschen Theorie der Philosophiegeschichte, nämlich der, der sich daraus ergibt, dass Hegel die "denkende Vernunft" als das eigentliche Subjekt der Philosophiegeschichte betrachtet. Damit will Hegel die Philosophiegeschichte sozusagen unter Kontrolle bringen. Denn als Geschichte einer sich selbst explizierenden Vernunft wird Geschichte der Philosophie zu einer a priori disziplinierten Wissenschaft, in der keine Überraschungen möglich sind. Persönlich-subjektive "Einfälle" einzelner Philosophen und/oder kontextuell-historische "Zufälligkeiten" haben in ihr keinen Platz. Sie hat einzig und allein den Gang der denkenden Vernunft zu dokumentieren, und zwar in der Ordnung ihrer inneren Logik. Geschichte der Philosophie ist somit Dokumentation der Logik bzw. der begrifflichen Entwicklung der Idee. Deshalb kann Hegel sie als "Tempel der selbstbewussten Vernunft"[83] betrachten. Dies bedeutet – wie gesagt – Disziplinierung der Geschichte der Philosophie; wobei hinzugefügt werden muss, dass die Kontrolle der Entwicklung der Philosophiegeschichte durch die logische Ordnung der Vernunft die Gewährleistung der Kontinuität der Fortschrittslinie im historischen Gang der Philosophie

---

[83] G.W.F. Hegel, *ebenda*, S. 54.

bedeutet. Radikale Brüche, neue Anfänge, Rückschritte sind also von der Philosophiegeschichte ausgeschlossen. Geht man allerdings von der Sicht aus, dass Philosophie nicht das Werk einer spekulativen Vernunft, sondern einer menschlichen, d.h. historischen Rationalitätsform ist, die Wahrheit und Kohärenz ihrer Argumentation gerade durch das geschichtsbezogene Experimentieren und das diskursive Streiten mit anderen Positionen artikulieren kann, so erscheint doch Hegels disziplinierende Verpflichtung der Philosophiegeschichte auf die Entwicklung der absoluten Vernunft geradezu als Negation der philosophischen Streitkultur, aus der historische Philosophie lebt und wichtige Impulse für weitere innovative Schritte in der Differenzierung ihrer Rationalitätsform erhält. Der Preis der Hegelschen Disziplinierung der Philosophiegeschichte ist doch die Nivellierung des philosophischen Streits zwischen den Positionen und den Systemen auf einen Konflikt der Formen, in denen sich der eine Inhalt manifestieren kann. Da historische Philosophie ihre Inhalte erst ermitteln und dies zudem durch den diskursiven Streit tun muss, kennt sie nicht die *eine* Vernunft mit dem Status ihres einzigen Subjekts, sondern vielmehr die vielen Subjekte, die am Programm der philosophischen Vernunft arbeiten.

Mit Dilthey kann man also in dieser Hinsicht gegen Hegel sagen: "In Wirklichkeit aber zeigt jedes Zeitalter den Streit der Systeme untereinander ... die Geschichte der Philosophie ist der Schauplatz dieses Kampfes ... Jedes Blatt der Geschichte der Philosophie bestätigt diese Tatsache. Jedes dieser Blätter widerlegt Hegels Glaube an einen Zusammenhang der Zeitalter in repräsentativen Personen. Wir gewinnen festen Fuß, indem wir uns mitten in diese Kämpfe versetzen. An ihnen selber muß also die Entwicklung sich vollziehen."[84]

Hegels Erhöhung der absoluten Vernunft zum wirklichen Subjekt der Philosophiegeschichte hat meines Erachtens noch die Konsequenz,

---

[84] W. Dilthey, *Weltanschauungslehre*, in: *Gesammelte Schriften*, Bd. VIII, Stuttgart 1960, S. 131-132. Auch für Brentano ist der Streit der Systeme in der Philosophiegeschichte eine unwiderlegbare Tatsache, die zwar Tradition und Kontinuität nicht gänzlich unmöglich machen, sie aber nur in mangelhafter Form in der Geschichte der Philosophie belegen lässt. Vgl. F. Brentano, *Geschichte der Philosophie der Neuzeit*, Hamburg 1987, S. 7.

dass seine Theorie philosophischer Denktradition sich auf die Tradition der sich explizierenden Vernunft reduziert. Dies wäre aber ein weiterer Punkt meiner Kritik an der Hegelschen Theorie der Philosophiegeschichte. Denn aus der Sicht der Theorie Hegels gibt es doch in der Geschichte der Philosophie nur die eine Vernunfttradition. Mit anderen Worten: Hegels Theorie subsumiert die Traditionen philosophischer Reflexion unter der Tradition der spekulativen Vernunft, und zwar derart, dass Philosophie in ihrer Geschichte nur den Gang der Entwicklung der absoluten Idee zu tradieren hat. Tradition ist hier Fortschritt der Vernunft auf dem Weg zu ihrer absoluten Selbstexplikation. Man kann auch sagen: Tradition stellt den finalisierten Prozess der zunehmenden Selbstsicherheit philosophischer Reflexion über den Gedanken der Weltherrschaft der Vernunft dar. In Hegels Theorie vollzieht sich so eine uniformierende Interpretation der Geschichte der Philosophie, die philosophische Denktraditionen – gerade weil sie diese in ihrer theoretischen Eigenständigkeit nicht respektiert – in ein bloßes Instrument für die geschichtliche Dokumentation der progressiven Selbstbewusstwerdung der eigenen Philosophie verwandelt. Geschichte der Philosophie soll ja die Wahrheit der Philosophie bestätigen, wohlbemerkt aber nur derjenigen Philosophie, die den Glauben an den Weltgeist verkörpert und auf den Begriff bringt.

Hegels Reduktion philosophischer Denktraditionen auf nur die Traditionslinie der Selbstexplikation der absoluten Idee muss aber auch im Zusammenhang mit seiner bereits angesprochenen Korrespondenztheorie gesehen werden. Denn diese Reduktion resultiert letztlich aus dem Hegelschen Postulat der Entsprechung zwischen der historischen Entwicklung der Philosophie und der logischen Ordnung der Begriffe in der Entfaltung der Idee. Die Konsequenz der Hegelschen Korrespondenztheorie für die Klassifizierung philosophischer Positionen bzw. Traditionen als abgeschlossene Stufen der finalisierten Entwicklung der Idee ist bereits kritisch erörtert worden. Dem soll allerdings noch Folgendes hinzugefügt werden: Die Reduktion philosophischer Traditionen auf *die* Tradition der spekulativen absoluten Vernunft geht insofern über die zuordnende Klassifizierung der philosophischen Systeme hinaus, als sie in den Philosophien nur als philosophisch bzw.

als überlieferungswürdig gelten lässt, was zur organischen Strukturie-
rung und explikativen Artikulation der Philosophie eben im Sinne der
objektiven Wissenschaft der Idee beiträgt. Und daraus folgt nach meiner Interpretation der philosophischen Traditionen eine Uniformierung, welche ihrerseits nichts anderes als die Exklusion einer ganzen
Reihe von Gestalten der Philosophie aus der Philosophiegeschichte
bedeuten muss. Denn nicht alle Traditionen lassen sich doch auf die
Entwicklungslinie der absoluten Idee bringen! Daher ist Hegels
Schweigen über wichtige Autoren der abendländischen Philosophie so
aufschlussreich ..., genauso wie seine Ablehnung der Denktradition,
die er bezeichnenderweise als "Populärphilosophie" disqualifiziert.
Hegels Reduktion der Philosophiegeschichte auf die geistige Entfaltung der Idee – gleich ob ihre Konsequenz die Klassifikation oder die
Exklusion anderer Philosophien ist – führt in Wirklichkeit zur Verwandlung der Geschichte der Philosophie in den Schauplatz einer monologischen Entwicklung, deren innere logische Dynamik – gerade
weil sie nur Hegels Idee der Philosophie reproduziert und expliziert –
notwendig die Ursprünglichkeit der Stimme anderer Philosophien als
mögliche Grundlage alternativer Konstellationen der Philosophie und
ihrer Entwicklung negieren muss. Philosophien – sagte Hegel – leben
in der Geschichte der Philosophie bloß als aufgehobene Stufen der *einen* Philosophie weiter. Sie sind also in ihrer Selbständigkeit negierte
Philosophien. Daher kann die Geschichte der Philosophie sie uns nicht
mehr als Philosophien zeigen, die noch nicht vollkommen realisierte
Perspektiven, auf die wir uns bzw. andere Philosophien sich jederzeit
lebendig beziehen können, enthalten und die so für die Offenheit der
Traditionen in sich selbst als auch im Verhältnis zueinander sprechen.
Die Philosophien der Philosophiegeschichte auf diese Weise sehen zu
können, bedeutet allerdings sie aus der monologischen Denkstruktur
der Hegelschen Theorie befreit zu haben und sie vor dem Hintergrund
einer Auffassung der Philosophie sowie einer Theorie der Philosophiegeschichte zu verstehen, in deren Horizont diese Philosophien ihr
ureigenes Wort nochmals zu artikulieren haben, um eben das Streitge-
spräch zwischen den von ihnen fundierten Traditionen zu ermöglichen, und zwar als die Form, in der sich Philosophiegeschichte als ei-

nen interphilosophischen Dialog gestalten kann, in dessen Verlauf jede Philosophie mit einer Außensicht konfrontiert wird, die sie jedoch als eine ihrer möglichen Innensichten erfahren kann und so einsehen muss, dass sie – wie jede andere der Philosophien der Geschichte der Philosophie – ihre eigenen Perspektiven und Denkmöglichkeiten erst im Lauf des dialogischen Prozesses wirklich entdecken kann.

Dem monologischen Modell Hegels setze ich also ein Programm zur Rekonstruktion der Philosophiegeschichte gegenüber, dessen fundamentale Voraussetzung darin liegt, die Philosophien – zumal die vergangenen – als noch offene und folglich auch als noch entwicklungsfähige Denktraditionen zu betrachten. Es geht um die Fundierung einer anderen Kultur des Umgangs mit den Traditionen der Philosophiegeschichte; damit wir lernen, dass diese Traditionen weder Momente der "Geschichte der Idee an sich der Philosophie"[85] sind, noch als "durch einen gemeinsamen Gegenstand zur Einheit eines Erkenntnisvorgangs"[86] verbundene Positionen betrachtet werden sollten; und dass wir mit ihnen konsequenterweise als mit Traditionen umzugehen haben, die im Gespräch miteinander ihre je eigene Geschichte noch schreiben und so Philosophiegeschichte zu einem unendlichen Prozess gegenseitiger Reperspektivierung und Neufundierung philosophischer Positionen machen.

Dieses Programm bedeutet andererseits sich von der Vorstellung der Möglichkeit einer "philosophia perennis" zu verabschieden – wie auch immer die Entwicklung der "philosophia perennis" verstanden werden mag. Denn aus der Sicht meines programmatischen Ansatzes kann Philosophiegeschichte – um hier nur diese zwei Beispiele zu nennen –

---

[85] X. Zubiri, *Naturaleza, Historia, Dios*, Madrid 1963, S. 121.

[86] W. Dilthey, *Weltanschauungslehre*, a.a.O., S. 140. In diesem Zusammenhang scheint mir wichtig zu vermerken, dass ich mit meinem Ansatz nicht nur Hegels Theorie der Philosophiegeschichte, sondern ebenfalls der marxistisch-leninistischen Konzeption widerspreche, und zwar vor allem dann, wenn man die Philosophiegeschichte auf dem Kampf zwischen Materialismus und Idealismus reduzieren will und diesen Kampf folglich zum Leitfaden der gesamten philosophischen Entwicklung erhebt. Vgl. dazu: T.I. Oiserman, "Die marxistische Konzeption der Geschichte der Philosophie", in: H.J. Sandkühler (Hrsg.), *Europäische Enzyklopädie zu Philosophie und Wissenschaften*, Band 3, Hamburg 1990, S. 701-710.

weder das Depositorium der aristotelischen scholastischen Tradition[87] noch die Dokumentationsstelle für die von Hartmann in Anschluss an Leibnitz entwickelte Auffassung des Erkenntnisfortschritts in Philosophie sein.[88] Es geht ja um die Rekonstruktion der Philosophiegeschichte als ein unendlicher Prozess von Argumentationen, in dem jede Erkenntnis bzw. jede Bestimmung philosophischer "Wahrheit" ipso facto vorläufig ist und bleibt.

Ein weiterer Punkt meiner Kritik an der Hegelschen Theorie der Philosophiegeschichte bezieht sich auf die Konsequenz, die Hegel hinsichtlich der Bestimmung des historischen Anfangs der Philosophie aus seiner Theorie zieht. Im Okzident – so sagte Hegel – fängt die

---

[87] Vgl. L. Salcedo/A. Iturrioz, *Philosophiae Scholasticae Summa*, Bd. I, Madrid 1957, S. 26, wo es heißt: "Intelligimus vero hac voce "Philosophiae perennis" illam complexum veritatum fundamentalium, legum cogitandi et agendi, qui generatim a magnis philosophis antiquitatis graecae et latinae, per sanctos Patres ac doctores Ecclesiae, per Philosophiam scholasticum usque ad modernam Philosophiam neoscholasticum et christianam incipit, augetur et confirmatur."

[88] Vgl. N. Hartmann, *a.a.O.*, S. 33-34, wo es heißt: "Was man aber immer wieder darüber vergißt, ist die Tatsache, daß vor der Grenzüberschreitung Einsichten zugrunde lagen, die unabhängig von ihr zu recht bestehen... Und dann wird es klar, daß die Geschichte der Philosophie an echter Erkenntnis keineswegs so arm ist, wie sie einem erscheint, solange man in ihr nicht als metaphysische Systeme zu sehen vermag. Damit rechtfertigt sich die oben gestellte Aufgabe, die Fäden der >>Wahrheit<< aus dem Gewirr der Irrtümer herauszulösen und für das eigene Denken wiederzugewinnen.

Leibniz ist es, der diese Sachlage grundsätzlich erkannt und aus ihr die Konsequenz eines groß angelegten Arbeitsprogramms gezogen hat. >>Die Wahrheit ist verbreiteter als man denkt, aber sie ist oft geschminkt, sehr oft auch verhüllt und gar geschwächt, verunstaltet, verdorben durch Hinzufügungen, die sie beflecken und unfruchtbar machen. Wenn man diese Spuren der Wahrheit bei den Alten oder, allgemeiner gesprochen, bei den Vorgängern sichtbar machte, man würde das Gold aus dem Staube heben, den Diamant aus dem Gestein, das Licht aus der Finsternis, das wäre dann wirklich eine Art perennis philosophia.<< Die Forderung, die Leibniz hier erhebt, trifft aufs genaueste den Kern der Sache. Es ist das Schicksal der meisten philosophischen Erkenntnisse, dass willkürliche >>Hinzufügungen<< sie entstellen, so daß sie dem Epigonen unkenntlich werden. Es verlohnt sich aber sehr wohl, ihnen nachzuspüren; denn im Resultat wird man so auf eine nicht abreißende Kette von Errungenschaften hingeführt, die sich durch die Jahrhunderte zieht und als Ganzes den >>sicheren Gang<< fortschreitenden Eindringens zeigt, der dem flüchtigen Gaukelspiel der Systeme fehlt."

Philosophie, ja die *eigentliche* Philosophie an. Hierzu habe ich auch schon einiges vermerkt. Betont werden darf aber noch die geographische Limitierung, die Hegels Theorie impliziert. Denn Hegel spricht nicht vom Anfang der *abendländischen* Philosophie, sondern vom Anfang der Philosophie überhaupt. Und bedenklich dabei ist eben die Tatsache, dass die Ortung des Anfangs der Philosophie in der griechischen Welt eine logische Notwendigkeit der Hegelschen Theorie der Philosophiegeschichte darstellt. Andere Geburtsorte der Philosophie kann es daher nicht geben. Die Logik der Idee findet ihre historische Bedingung nur in Griechenland vor, und nur von da aus kann sie ihre geschichtliche und logische Entfaltung beginnen. Der thematisch monologischen Struktur der Hegelschen Philosophiegeschichte entspricht somit auf dieser Ebene die geographisch monokulturelle Entwicklung der Philosophie in ihrer Geschichte. Hegels Bestimmung des Okzidents als Ort des Anfangs der Philosophie überhaupt ist eigentlich ein imperiales Diktat, das Philosophiegeschichte in der Gestalt einer wirklichen *Welt*geschichte der Philosophie von vornherein unmöglich macht. Aus der Sicht seiner Theorie kann Philosophie ja in ihrer Geschichte sich doch nur aus dem einzigen Anfang heraus entwickeln. Ihre Geschichte muss genau und ausschließlich den Anfang in Griechenland und die darin festgelegte Grundrichtung für die absolute Rekuperation des Geistes reflektieren. Geschichte der Philosophie kann daher nur Geschichte dieser abendländischen Gestalt philosophischen Denkens sein.

Da die Theorie also andere Anfänge grundsätzlich ausschließt, kann es in der (Welt-)Geschichte der Philosophie nur die Reproduktion des Modells dieses einzigen abendländischen Anfangs geben. Oder anders gesagt: Nach Hegels Selbstverständnis kann es *Welt*geschichte der Philosophie eigentlich nur in der Gestalt der Expansion der mit dem griechischen Anfang ansetzenden Dynamik der Selbstexplikation der Idee geben. Genauer müsste also nach Hegel von einer abendländlichen Geschichte der Philosophie gesprochen werden, die "universal" nur insofern wird, als sie ihren Anfang zur Norm von Philosophie überhaupt erhebt und somit den anderen Regionen der Welt höchstens die Aufgabe der reproduktiven Rezeption ihrer logischen Entwicklung zuschreibt. "Weltgeschichte" der Philosophie wäre hier eigentlich nur die durch Expansion des griechischen Logos erreichte Repetition abendländischer Philosophie in den anderen Kulturen. Expansion und Repetition eines Anfangs – auch dann nicht, wenn sie über die passive Imitation hinausgehen und kontextuelle Modifikationen im rezipierten Muster hervorbringen – reichen jedoch nicht aus, um von wirklicher Universalität der Philosophie zu sprechen; d.h. von einem einzigen Anfang her kann keine *Welt*geschichte der Philosophie entstehen. Soll sie kein imperiales Geschehen reflektieren, so muss sie Resultat eines Prozesses gegenseitiger Kenntnisnahme, Anerkennung und Achtung zwischen den verschiedenen kulturellen Anfängen der Philosophie sein.

*Welt*geschichte der Philosophie kann daher nicht von der Bevorzugung einer Tradition ausgehen, die in alle anderen Kulturen eindringt und deren Denktraditionen zur Wortlosigkeit verurteilt bzw. ihre Weltansicht und Lebensform verdrängt. Denn durch diese Kreuzzug mäßige Haltung verlieren die Kulturtraditionen der Menschheit ihre ursprüngliche Bedeutung als Orte, in denen Philosophie – in welcher Denk- und Ausdruckform auch immer – am Werke ist, aber eben nicht im Sinne einer abstrakten Reflexion, sondern gerade als ein Nachdenken, das aus und auf einem kultur- und kontextbedingten *Grund* entsteht und sich somit nicht anders als pluriform manifestieren kann. Diese pluriforme Erscheinung von Philosophie, weil sie die unzurückführbare Ursprünglichkeit und Gleichwertigkeit der Kulturen als gründende Orte philosophischen Nachdenkens widerspiegelt, ist zugleich Manifestation der pluralen Orthaftigkeit der Philosophie, d.h. Evidenz ihrer gleichursprünglichen Anfänge.

Die Entscheidung dafür, Philosophiegeschichte zum Instrument für die Tradierung der in *einem* Anfang ermöglichten Tradition zu machen führt daher zu einer Entwicklungsdynamik, die wirkliche *Welt*geschichte der Philosophie geradezu unmöglich macht; und zwar deshalb, weil diese Entscheidung den Ausschluss der Pluralität aus dem Ursprungsbereich von Philosophie bedeutet und so – wie gesagt – die philosophische Entwicklung uniformiert, indem sie diese nur als Expansionsgeschichte der abendländischen Idee der Philosophie verste-

hen kann. Wer diese Option trifft, der muss auch wissen, dass die aus-
geschlossene, negierte Pluralität der Anfänge sich nachträglich nicht
zurückgewinnen lässt. Der Verlust ist definitiv und lässt sich durch
"Ergänzungen" oder "Anhänge" nicht kompensieren. Die subsumie-
rende Dialektik dieser Perspektive kann man doch nur dadurch brechen, dass man vom Postulat der Pluralität der Geburtsorte der Philosophie ausgeht. So wird eine Sicht für die Philosophie freigelegt, die
ihre Entwicklung von Anfang an als offenen Prozess interkommuni-
kativer Aktion zwischen den verschiedenen Traditionen der Menschheit begreifen lässt. *Welt*geschichte der Philosophie wird zum Programm interkulturellen Austauschs. Sie ist – anders ausgedrückt – die
Aufgabe, die im Gespräch der Philosophien ermittelt werden soll, und
zwar als Verpflichtung zur polyphonischen Vernetzung der philosophischen Traditionen.

Andererseits ist klar, dass die Freilegung der interkulturellen Perspektiven für die Rekonstruktion der Philosophiegeschichte die endgültige
Überwindung des Hegelschen Vorurteils, das Geistige in anderen
Kulturen sei "nur der Widerhall der Alten Welt"[89] zur unbedingten
Voraussetzung hat. In selbstkritischer Absicht – das sei hier noch nebenbei vermerkt – könnte die europäische Philosophie einen wichtigen
Beitrag zum Ausgleich der Konsequenzen ihrer eurozentrischen Expansion leisten, indem sie sich auf die kulturkritischen Traditionen in
ihrer eigenen Geschichte zurückbesinnt und der Tradition "Hegel" mit
alternativen Traditionen wie etwa der eines Herders oder eines Blochs
widerspricht.[90]

---

[89] G.W.F. Hegel, *Philosophie der Geschichte*, a.a.O., S. 114.

[90] Als Kostprobe der Kritik dieser europäischen alternativen Denktraditionen am
eurozentrischen Vorurteil in der Philosophie und Kultur Europas darf ich hier
folgende Stellen zitieren: "Nicht der weise, sondern der *anmaßende, zudringli-
che, übervorteilende* Teil der Erde muss unser Weltteil heißen; er hat nicht kulti-
viert, sondern die Keime eigener Kultur der Völker, wo und wie er nur konnte,
zerstört. Was ist überhaupt eine aufgedrungene, fremde Kultur? Eine Bildung,
die nicht aus eigenen Anlagen und Bedürfnissen hervorgeht? Sie unterdrückt und
missgestaltet, oder sie stürzt gerade in den Abgrund." J.G. Herder, *Briefe zu Beförderung der Humanität*, in: *Herders Werke*, Bd. 5, Berlin/Weimar 1982, S.
178, Hervorhebung im Original. Und bei Bloch ist zu lesen: "Der Fortschrittsbe-
griff duldet keine >>Kulturkreise<<, worin die Zeit reaktionär auf den Raum ge-

Schließlich darf ich noch gegen Hegels Theorie der Philosophiegeschichte den Einwand vortragen, dass sie nicht nur – wie eben gesehen
– die Perspektive der Interkulturalität, sondern ebenso die der Inter-
disziplinität als methodologischen Ansatz philosophiegeschichtlicher
Forschung von vornherein ausschließt. Denn für Hegel hat Geschichte
der Philosophie im engeren Sinne nur mit der Entwicklung der begrifflichen Selbstexplikation der Vernunft zu tun; und da für ihn die
Reflexion dieser Entwicklung allein das Geschäft der Philosophie
(d.h. der "objektiven Wissenschaft der Wahrheit") ist, so ergibt sich
daraus, dass für die Rekonstruktion der Philosophiegeschichte überhaupt kein Anlass besteht, über die Grenzen dieser Wissenschaft hinauszugehen. Sie allein ist ja die Wissenschaft der Idee und sie allein
genügt, um die geschichtliche Entwicklung der Idee und folglich auch
ihre eigene Geschichte als Geschichte der Wissenschaft der Idee darzustellen. Die Folge ist also Philosophiegeschichte als monodiszipli-
näre Aufgabe, als rein intraphilosophisches Unternehmen. Gerade dies
sollte allerdings Philosophiegeschichte nicht sein! Wie ich bereits gezeigt habe, wird Philosophie durch eine doppelte Historizität geprägt,
die ihr wesentlich ist und die eben deshalb für die Aufgabe philosophiegeschichtlicher Forschung die Herausforderung bedeutet, die traditionell anerkannten fachspezifischen Grenzen stets zu überschreiten.

---

nagelt ist, aber er braucht statt der Einlinigkeit ein breites, elastisches, völlig dy-
namisches Multiversum, einen währenden und oft verschlungenen Kontrapunkt
der historischen Stimmen. So läßt sich, um dem riesigen außereuropäischen Material gerecht zu werden, nicht mehr einlinig arbeiten, nicht mehr ohne Ausbuch-
tungen der Reihe, nicht mehr ohne komplizierte neue Zeit-Mannigfaltigkeit ... Zu
dem herauszuprozessierenden Humanum, als dem letzten, wichtigsten Zurech-
nungspunkt des Fortschritts, sind sämtliche Kulturen auf der Erde, samt ihrem
Erdsubstrat, Experimente und variant bedeutsame Zeugnisse. Sie konvergieren
auch deshalb in keiner irgendwo bereits vorhandenen Kultur, gar als einer
>>herrschenden<<, überragend >>klassischen<<, die in ihrem – doch selber nur
experimentellen – Sosein bereits >>kanonisch<< wäre. Die vergangenen wie lebenden wie künftigen Kulturen konvergieren einzig in einem noch nirgends zureichend manifesten, wohl aber zureichend antizipierbaren Humanum." E. Bloch,
Tübinger Einleitung in die Philosophie I, a.a.O., S. 201-202. Vgl. ferner Th. Lessing, "Die >Kulturmission< der abendländischen Völker", in: ders., *Wortmeldun-
gen eines Unerschrockenen*, Leipzig/Weimar 1987, S. 248-259.

Kurz: Die doppelte Historizität der Philosophie verpflichtet die philosophiehistorische Forschung auf Interdisziplinarität.

Es muss daher auch über diesen programmatischen Hinweis hinausgegangen werden: "Die Geschichte der Philosophie konstituiert sich nicht durch das Einheitskonzept dessen, der sie schreibt, sondern in der faktischen Bezugnahme der Philosophie untereinander und auf ihre historischen Probleme, also im pro und contra der Theorien, Ideen und Ideologien. Jede philosophische Theorie ist immer schon integriert in die Geschichte der Philosophie, ihre Probleme, denen sie ihre Entstehung verdankt, erwachsen aus vorgegebenen, philosophisch relevanten Mythen, Anschauungen, Ideologien, gesellschaftlichen Verhältnissen; ... dass eine Geschichte der Philosophie die Bezüge freizulegen hat, in denen sich die einzelnen Theorien selbst geschichtlich integrieren und so die Philosophiegeschichte stiften."[91] Denn – wie ich dargelegt habe – es muss darüber hinaus um wirkliche interdisziplinäre Kooperation gehen; und dies vor allem als methodologische Option für eine Neugestaltung der Philosophiegeschichte auf der Grundlage eines anderen, breiteren Zugangs zu den einzelnen Philosophien, durch den eben einsichtig gemacht werden soll, dass in ihrer eigenen Konstitutionsgeschichte jede Philosophie mehr als nur "Philosophie" ist und dass sie so die interdisziplinäre Reinterpretation schon durch ihre interne Disposition verlangt.

Ich darf an diesem Punkt der Erörterung meiner Theorie der Philosophiegeschichte abbrechen. Das Gesagte in der Anmerkung dieses Abschnitts, vor allem aber die Darstellung und Kritik der Hegelschen Thesen haben – so darf ich wohl annehmen – die Position hinreichend geklärt, die ich bezüglich der Behandlung der Philosophiegeschichte im Allgemeinen vertrete und die ich daher als meine eigene Theorie in der vorliegenden Arbeit voraussetze bzw. der Analyse der hier ausgewählten Modelle zu Grunde lege. Freilich hätten manche der erläuterten Aspekte noch vertieft oder gar andere behandelt werden können, die ich nicht angesprochen habe und die durchaus für die Grundlegung

---

[91] R. Brandt, *Die Interpretation philosophischer Werke. Eine Einführung in das Studium antiker und neuzeitlicher Philosophie*, Stuttgart-Bad Cannstatt 1984, S. 30-31.

einer Theorie der Philosophiegeschichte wichtig sind. Aber für die Intention vorliegender Arbeit muss die dargelegte Skizzierung meiner Position reichen, da es mir hier – ähnlich wie im vorigen Abschnitt über das Philosophieverständnis, das der Arbeit zu Grunde liegt – lediglich darum gehen kann, meine Theorie der Philosophiegeschichte eben nur als Teil des theoretischen Hintergrunds zu explizieren, vor dem die eigentliche Aufgabe der Arbeit, nämlich die alternative Rekonstruktion europäischer Philosophiegeschichte aus befreiungsphilosophischer Sicht, gesehen und verstanden werden soll. Mit dieser Aufgabe soll nun begonnen werden.

3. Darstellung ausgewählter Modelle befreiender Theorie in der europäischen Philosophiegeschichte

3.1 Vorbemerkung

Wie ich in der Einleitung vermerkt habe, verstehe ich die vorliegende Arbeit als Beitrag zur alternativen Rekonstruktion europäischer Philosophiegeschichte, womit jedoch nicht die Intention verbunden wird, die in den gängigen Handbüchern des Fachs[1] vertretene Lesart einfach durch andere zu ersetzen bzw. diese Lesart durch eine andere, ihr konträre Interpretation zu widerlegen. Die hier vorgeschlagenen Momente zur alternativen Rekonstruktion wollen weder ersetzen noch widerlegen, denn ihre Präsentation lässt sich vielmehr von der Idee der Komplementarität insofern leiten, als sie philosophischen Denk- und Handlungstraditionen bzw. Perspektiven, die in der gängigen europäischen Philosophiegeschichte entweder verkannt oder verdrängt oder als unselbständige Teilaspekte anderer "zentraler" Traditionen interpretiert werden, in den Vordergrund stellt, um eben dadurch zur Anerkennung des philosophiegeschichtlichen Eigengewichts und der humanen Bedeutung dieser "vergessenen" und/oder "missverstandenen" Ansätze beizutragen.

Es geht mir also darum, diese "anderen" Traditionen der europäischen Philosophiegeschichte nicht bloß "in Erinnerung zu bringen", sondern sie als das zu präsentieren, was sie eigentlich sind, nämlich Traditionen bzw. Ansätze, die ein Verständnis und eine Praxis der Philosophie

---

[1] Exemplarisch hierzu vgl. N. Abbagnano, *Storia della Filosofia*, Torino 1946-1950; E. Bréhier, *La Philosophie et son passé. Histoire de la Philosophie*, Paris 1926-1932; Fr. Copleston, *A History of Philosophy*, London 1950-1951; G. Fraile, *Historia de la filosofia*, Madrid 1956-1966; H. Glockner, *Die europäische Philosophie von den Anfängen bis zur Gegenwart*, Stuttgart 1958; J. Hirschberger, *Geschichte der Philosophie*, Freiburg 1949; K. Joël, *Geschichte der antiken Philosophie*, Tübingen 1921; M. Sciacca, *Storia della Filosofia*, Roma 1950; W. Totok, *Handbuch der Geschichte der Philosophie*, I, *Altertum*, Frankfurt 1964; Fr. Ueberweg, *Grundriß der Geschichte der Philosophie*, Reinbek bei Hamburg 1963.

gegründet haben, von denen aus Philosophie je eine andere theoretische und praktische Konfiguration hätte erhalten können. Wohl deshalb sind sie als Traditionen anzuerkennen, die komplementäre alternative Geschichten in der europäischen Philosophiegeschichte möglich machen bzw. dokumentieren und die somit zugleich die Kontingenz, aber ebenso die Einseitigkeit der am Leitfaden dominanten Traditionen – wie etwa Platonismus oder Aristotelismus – konstruierten Philosophiegeschichte offen legen.

Der leitende Gedanke der Komplementarität will demnach auch dies besagen: Es geht nicht nur um die Erweiterung des Horizonts dominanter Traditionen der europäischen Philosophie, sondern – genauer und tiefer – um die exemplarische Dokumentation von anderen Denkhorizonten, die sich nicht unter die uns bekannten Welten der Philosophie subsumieren lassen und die deshalb für eine grundlegende, aber verdeckt gehaltene Pluriperspektivität in der europäischen Philosophiegeschichte sprechen.

In der Einleitung habe ich ebenfalls bereits darauf hingewiesen, dass die in dieser Arbeit versuchte exemplarische Darstellung alternativer Perspektiven der Philosophie sich auf die Analyse jener Traditionen bzw. Denkansätze beschränkt, die nach meiner Beurteilung Dokumente kritischer, befreiender Reflexion darstellen und die eine "befreiungsphilosophische" Konnotation insofern haben, als sie eben – aller Unterschiedlichkeit in Intention und Methode zum Trotz – Punkte dessen sind, was man mit Ernst Bloch die "Lichtlinie"[2] der europäischen Geschichte der Philosophie nennen könnte.

Im Unterschied zu Ernst Bloch repräsentiert für mich allerdings diese "Lichtlinie" weder primär noch ausschließlich die Entwicklungslinie jener kritisch-dialektischen Tradition, die zu Karl Marx führt und in seinem Werk den Höhepunkt ihrer Entfaltung erfährt. Vielmehr betrachte ich diese "Lichtlinie" als ein Spektrum, in dem philosophische Vernunft als ein buntes Lichtband reflektiert wird. Ich darf nochmals Folgendes betonen: Auch wenn ich die vorliegende Arbeit als Beitrag

---

[2] Ernst Bloch, "Über den gegenwärtigen Stand der Philosophie", in: ders., *Gesamtausgabe*, Bd. 10, Frankfurt 1977, S. 299.

zur alternativen Rekonstruktion der europäischen Philosophiegeschichte aus einer "befreiungsphilosophischen" Sicht verstehe, also Traditionen darstellen möchte, die für einen Vollzug philosophischer Reflexion in kritisch-befreiender Absicht stehen und die gerade deswegen als philosophische Ausdrucksformen bezeichnet werden, die – um im Bild von Ernst Bloch zu bleiben – in die "Lichtlinie" europäischer Philosophiegeschichte gehören, so würde man doch die Intention der Arbeit missverstehen, wenn man damit die Annahme verbinden wollte, es handelt sich um den Versuch, *eine* "befreiungsphilosophische" Linie zu rekonstruieren bzw. die ausgewählten Traditionen als Stadien einer monolinearen, eindeutigen Entwicklung zu interpretieren.

"Befreiungsphilosophisch" meint hier keinen Schulbegriff, aber auch nicht das Programm oder die Richtung einer bestimmten Philosophie. Ich verwende diesen Terminus – wie ich in der Einleitung bereits gesagt habe – im Sinne jener paradigmatischen Tradition, in der Philosophie, d.h. kontextuelles philosophisches Denken, die Beförderung der Humanität des Menschen in einer freien Sozialität als ihre eigene Sache wahrnimmt und somit eine theoretisch-praktische Orientierung freilegt, an der methodologisch und inhaltlich recht unterschiedlich gearbeitet werden kann. Es geht also um eine Tradition, die weder an eine Schule noch an ein System der Philosophie gebunden ist; es ist eine offene Tradition, die streng genommen die Matrix darstellt, auf deren Grundlage verschiedene Traditionen wachsen können; Traditionen, die ihrerseits je auf ihre eigene Weise zur Begründung und Entfaltung der paradigmatischen Denkmatrix beitragen.[3]

Meine Option für eine Rekonstruktion aus "befreiungsphilosophischer" Sicht bedeutet deshalb keine Privilegierung eines bestimmten Philosophiemodells der europäischen Philosophie. Noch liegt ihr eine reduktionistische Absicht zugrunde, weil diese Option – wie bereits

---

3 Zur Unterscheidung zwischen Matrix und Tradition vgl. meinen Beitrag "Zur neuen theoretisch-methodologischen Abgrenzung", in: Raúl Fornet-Betancourt (Hrsg.), *Befreiungstheologie: Kritischer Rückblick und Perspektiven für die Zukunft*, Band 2: *Kritische Auswertung und neue Herausforderung*, Mainz 1997, S. 364.

gesagt – weder die europäische Philosophiegeschichte aus der Optik der Befreiungsphilosophie lesen noch aus der europäischen "befreiungsphilosophischen" Tradition eine homogene, sich geradlinig entwickelnde Strömung machen will. Als Option für die Rekonstruktion einer offenen Tradition, die meist nicht so sehr eine Schule als vielmehr eine paradigmatische Orientierung für Denken und Handeln gründet, weiß sich doch die hier versuchte Darstellung der Offenheit und Vielfalt dieser Tradition verpflichtet.

Aus dieser Einsicht heraus soll durch die Analyse von Positionen, die zwar das Anliegen der Artikulation von Philosophie als Theorie und Praxis menschlicher Befreiung teilen, diese Orientierung jedoch je anders konkretisieren und sich somit als eigenständige Positionen im Horizont einer Tradition konstituieren, gezeigt werden, dass es sich eben um eine Tradition bzw. Matrix handelt, die nicht im Singular als *die* Befreiungstradition fortgesetzt, sondern in der Pluralität eines offenen Prozesses vielschichtig geformt wird, in dem – gerade weil darin vielfältige Wege zur Befreiung des Menschen versucht wurden – sie fortwährend mit neuen Perspektiven der Begründung und der Entfaltung konfrontiert wird.

Die "befreiungsphilosophische" Tradition/Matrix, von der hier gesprochen wird, meint demnach einen paradigmatischen Denk- und Handlungshorizont, der in einer Pluralität von Positionen reflektiert wird.

Bevor ich aber mit der Darstellung der zur exemplarischen Dokumentation dieser pluralen "befreiungsphilosophischen" Tradition in der europäischen Philosophiegeschichte ausgewählten Modelle beginne, möchte ich auf eine Eigenschaft "befreiungsphilosophischer" Denkart kurz eingehen, die mir von besonderer Bedeutung deshalb erscheint, weil sie mit der Qualität dieser Denktradition als *politische* Philosophie zu tun hat. Ich meine die Eigenschaft, die die Modelle dieser Tradition dadurch auszeichnet, dass sie die historische Öffentlichkeit, in der sie jeweils stehen, als den Ort anerkennen, an dem sie ihre Praxis der Philosophie durchzuführen haben, und zwar nicht nur indem sie die Öffentlichkeit als äußeren Anlass zum Denken wahrnehmen, sondern auch, und vor allem, indem sie versuchen, öffentlich relevante Philosophie zu sein. "Befreiungsphilosophische" Tradition fördert in der Tat die Entwicklung von Philosophiemodellen, für die die (politische) Öffentlichkeit den Raum darstellt, an dem philosophische Vernunft ermittelt und vermittelt werden soll und an dem konsequenterweise die Frage nach dem Wozu Philosophie mitentschieden wird. Es geht also nicht nur um Philosophie *über* die Öffentlichkeit. Es geht um viel mehr, nämlich um öffentliche Praxis philosophischer Vernunft.[4] Dieses besondere Verhältnis zur Öffentlichkeit als Ort, an dem Philosophie im Sinne einer öffentlichen Praxis der Vernunft betrieben werden soll, verdeutlicht zudem den Charakter der "befreiungsphilosophischen" Matrix als fundamentale Gegentendenz zu jenen Philosophietypen, bei denen konstant – wie etwa die Linie, die von der platonischen Diskreditierung der Sophistik über die Intimisierung der Philosophie bei Augustinus bis hin zum elitären Verständnis der Philosophie von M. Heidegger und X. Zubiri gezogen werden kann, zeigt – Öffentlichkeit diffamiert wird, und sei es als Ort des Scheins, der Täuschung und Selbsttäuschung, der Kunst des bloßen Überredens [5]; oder als Ort, der vermieden werden soll, wenn es um die Suche nach der Wahrheit geht [6]; oder als Ort, an dem das "Man" seine Diktatur übt [7];

---

4 Vgl. Raúl Fornet-Betancourt, "Einführung", in: ders. (Hrsg.), *Armut im Spannungsfeld zwischen Globalisierung und dem Recht auf eigene Kultur*, Frankfurt 1998, S. 13ff.

5 Vgl. Plato, *Gorgias*, 459ff. und 465b, und *Der Sophist*, insbesondere 231d ff. und 234d ff.

6 Vgl. Augustinus, *De Civitate Dei*, in: *Obras de San Agustín*, zweisprachige Gesamtausgabe, Bd. XVI-XVII, Madrid 1958, insbesondere S. 515ff.; sowie *De vera Religione*, a.a.O., Bd. IV, Madrid 1947, insbesondere S. 39ff.

7 Vgl. Martin Heidegger, *Sein und Zeit*, in: *Gesamtausgabe*, Bd. 2, Frankfurt/M. 1977, insbesondere S. 169ff.; und S. 184, wo ausdrücklich "die Öffentlichkeit als die Seinsart des Man ..." definiert wird. Daher konnte vorher dekretiert werden: "Die Öffentlichkeit verdunkelt alles und gibt das so Verdeckte als das Bekannte und jedem Zugängliche aus." (S. 170) Hier muss auch in Erinnerung gebracht werden, dass für Heidegger Philosophie notwendigerweise "unzeitgemäß" bleiben muss. "Die Philosophie ist wesenhaft unzeitgemäß, weil sie zu jenen wenigen Dingen gehört, deren Schicksal es bleibt, nie einen unmittelbaren Widerklang in ihrem jeweiligen Heute finden zu können und auch nie finden zu dürfen. Wo solches scheinbar eintritt, wo eine Philosophie Mode wird, da ist entweder keine wirkliche Philosophie oder diese wird mißdeutet und nach irgendwelchen ihr fremden Absichten für Tagesbedürfnisse vernutzt." Martin Heidegger, *Einführung in die Metaphysik*, Tübingen 1953, S. 6.

oder auch als situative Dimension, die die Dinge eigentlich nicht trifft.[8]

Vor diesem Hintergrund sind die Modelle befreiender Theorie, die im Folgenden dargelegt werden, auch als konkrete Beispiele dafür zu sehen, wie "befreiungsphilosophisch" orientierte Philosophie, weil sie ihre jeweilige historische Kontextualität als Resultat eines sie umfassenden öffentlichen Prozesses begreift, Öffentlichkeit zu einem "locus philosophicus" macht, an dem sie über jede Art von "Öffentlichkeitsarbeit" hinauszugehen hat, um an der Öffentlichkeit selbst zu arbeiten. Kurz: Es sind auch Beispiele für die Art und Weise, wie Philosophie in der Auseinandersetzung mit der Öffentlichkeit bzw. mit öffentlich relevanten Angelegenheiten auf die Welt, aber auch auf sich selbst wirken kann.[9]

---

[8] Vgl. Xavier Zubiri, *Sobre el hombre*, Madrid 1986, S. 240ff.

[9] Für die in diesem Zusammenhang angesprochene Frage von Philosophie und Öffentlichkeit vgl. Peter L. Oesterreich, *Philosophen als politische Lehrer. Beispiele öffentlichen Vernunftgebrauchs*, Darmstadt 1994; sowie Jürgen Habermas, *Strukturwandel der Öffentlichkeit*, Neuwied/Berlin 1962; ders., *Theorie und Praxis*, Frankfurt 1971; ders., *Kultur und Kritik*, Frankfurt 1973; ders., *Philosophisch-politische Profile*, Frankfurt 1987; Detlef Horster, *Politik als Pflicht*, Frankfurt 1993; Vittorio Hösle, *La legittimità del politico*, Napoli 1990; Carlos M. Rama (Hrsg.), *Los intelectuales y la política*, Montevideo 1962; Jean-Paul Sartre, "Plaidoyer pour les intelectuels", in: *Situations, VIII*, Paris 1972, S. 375-455; ders., "L'ami du peuple", in: *Situations, VIII*, a.a.O. S. 456-476; und Martin Schraven, *Philosophie und Revolution*, Stuttgart 1989.

3.2 Aspasia von Milet (ca. 470-401 v.Chr.) oder die diskreditierte Tradition

In seinem dokumentierten Buch *Grosse Frauen des Altertums* schrieb 1941 der anerkannte Althistoriker Ernst Kornemann über Aspasia: "Es bedarf keiner Ehrenrettung, um der Welt klarzumachen, dass Aspasia wie geistig so auch moralisch eine hervorragende Frau war, die nur das Unglück hatte, an der exponiertesten Stelle des attischen Reiches zu stehen und neben dem stark angefochtenen >>Olympier<< die Zielscheibe aller missgünstigen Zungen besonders der Frauenwelt und der satirischen Pfeile der Komödiendichter zu sein."[1] Und noch viel früher hatte bereits Adolf Schmidt überzeugend zeigen können, dass die in der dominanten Geschichtsschreibung tradierte Auffassung, Aspasia sei nur eine Hetäre gewesen, die allerdings das Glück hatte, vom großen Staatsmann Perikles um 450 v. Chr. als Geliebte bzw. Konkubine ausgewählt worden zu sein, historisch nicht zu halten ist.[2]

Trotz dieses Befunds, sieht man von punktuellen Versuchen in der neueren feministischen philosophischen Frauenforschung ab[3], wird die Tochter des Axiochus aus Milet immer noch als eine Frau gesehen, die einem zweifelhaften Beruf nachging und die im besten Fall nur im Schatten ihres Mannes dargestellt werden kann, so wie sie in Plutarch in Anlehnung an das in den antiken zeitgenössischen Komödien – hier ist besonders an Aristophanes' *Acharner* [4] zu denken – ver-

---

[1] Ernst Kornemann, *Grosse Frauen des Altertums*, Bremen [4]1958, S. 73.

[2] Vgl. Adolf Schmidt, *Das perikleische Zeitalter*, I, Leipzig 1877, S. 288ff.

[3] Vgl. Marit Rullmann u.a., *Philosophinnen. Von der Antike bis zur Aufklärung*, Zürich-Dortmund 1993, S. 42-48; und Maria Nühlen, "Aspasia von Milet", in: Ursula I. Meyer/Heidemarie Bennent-Vahle (Hrsg.), *Philosophinnen-Lexikon*, Leipzig 1997, S. 50-53. Nicht uninteressant in vorliegendem Zusammenhang ist der Vermerk, dass noch für Simone de Beauvoir Aspasia eigentlich auf der Stufe der modernen "Dame der Gesellschaft" steht. Vgl. Simone de Beauvoir, *Das andere Geschlecht. Sitte und Sexus der Frau*, Reinbek bei Hamburg 1951, S. 94.

[4] Vgl. Aristophanes, *Acharner*, 527. Die antiken Quellen der Zeugnisse über Aspasia werden hier nach der von José Solana Dueso besorgten kritischen Edition, die die zur Zeit vollständigste Anthologie der Originaldokumente darstellt, zitiert: Aspasia de Mileto, *Testimonios y Discursos*, zweisprachige Edition von José Solana Dueso, Barcelona 1994.

mittelte Bild in seiner Biographie des Perikles schon beschrieben hatte.[5]

Andererseits muss in diesem Zusammenhang ebenfalls festgehalten werden, dass Plutarch auch derjenige ist, der die bis in unsere Gegenwart wirkende Diskriminierung von Aspasia in der europäischen Philosophiegeschichte noch unbegreiflicher macht bzw. uns auf die Spur des begründeten Verdachts setzt, dass Aspasias philosophische Diskriminierung sich weniger aus der Unkenntnis über ihre wirkliche Bedeutung als selbständige geistige Größe mit einem öffentlichen Wirkungskreis als vielmehr aus einem sozialhistorisch bedingten "ideologischen" Interesse erklären lässt.

Denn Plutarch ist es auch, der – diesmal aber in Rückgriff auf die andere historische Quelle, die neben den erwähnten Komödien Auskunft über die Person und das Wirken von Aspasia in Athen geben, nämlich die philosophischen Dialoge der Sokratiker[6] – Einblick in die philosophische Tätigkeit von Aspasia gibt, wobei er nicht nur ihre soziale und kulturelle Relevanz als Lehrerin der Rhetorik hervorhebt, sondern darüber hinaus die Tatsache betont, dass sie zu ihrer Lebzeit ein ernsthaftes und breites Interesse bei den Philosophen geweckt hat.[7] Es mag sein, dass mit der Bedeutung der philosophischen Tätigkeit von Aspasia als – wie wir heute sagen würden – "Forschungsgegenstand" der damaligen zeitgenössischen Philosophie Plutarch einfach die Rechtfertigung für den Exkurs über die Milesierin in seiner Biographie des Perikles, nicht aber die Erweiterung philosophischer Geschichtsschreibung intendiert hat. Es ist doch bekannt, dass "zu Plutarchs Zeiten und besonders in seiner unmittelbaren Umwelt es einen ideologischen Druck gegen die Hervorhebung der Bedeutsamkeit von Frauen in der Biographie großer Männer gab."[8] Wohl deshalb gibt Plutarch selber

---

[5] Vgl. Plutarchus, *Perikles*, 24-25, 32, 37.

[6] Vgl. u.a. die erhaltenen Fragmente des Dialogs *Aspasia* von Antisthenes, den Dialog *Aspasia* von Aischines und Platons *Menexenos*. Vgl. ferner Plutarch, *a.a.O.*, 24, 5-10; sowie zum literarischen Bild der Aspasia: Barbara Ehlers, *Eine vorplatonische Deutung des sokratischen Eros. Der Dialog Aspasia des Sokratikers Aischines*, München 1966; und die dort angegebene Literatur.

[7] Vgl. Plutarch, *a.a.O.*, 24, 2.

[8] José Solana Dueso, *a.a.O.*, S. 6-7 (Fußnote 5).

eine Begründung für seine Berücksichtigung der Aspasia an, indem er ausdrücklich darauf hinweist, dass es menschenunwürdig wäre, das Geschilderte über Aspasia zu unterschätzen und zu übergehen.[9] Wie dem es auch sein mag, wichtig ist allein die Tatsache, dass Plutarch eine Aspasia-Rezeption in der zeitgenössischen Kultur dokumentiert, und zwar eine philosophische Rezeption. Zugegeben: In der Schilderung des Plutarchs wird diese Rezeption als Beschäftigung mit einer Gestalt überliefert, die – entsprechend den beiden Quellen – sowohl in ihrer Person als auch in ihrem Wirken umstritten ist. Genauso deutlich wird jedoch darin das Profil einer Frau konturiert, die sich weder ihre Freiheit noch ihr Recht auf Denken nehmen ließ und konsequent danach in ihrer Stadt handelte.

Als Erklärung der philosophischen Diskriminierung liegt daher die Vermutung doch nahe, dass Aspasia hauptsächlich aus "ideologischen" Gründen bewusst angegriffen, verspottet und diskreditiert wurde. Für diese ideologisch motivierte Diskriminierung sprechen in der Tat mehrere Faktoren. Da ist zunächst die einfache, aber entscheidende Tatsache, dass Aspasia eben eine Frau war; eine Frau, die sowohl über den rechtlichen Status ihrer Ehe (sie lebte in einer gesetzlich nicht anerkannten Ehe mit Perikles[10]) als auch über ihre Situation als

---

[9] Vgl. Plutarch, *a.a.O.*, 24,12. Man muss in der Tat anerkennen, dass Plutarch – obwohl er Aspasia im Schatten des Perikles beschreibt – sich darum bemüht, unter kritischer Berücksichtigung der verschiedenen Quellen ein differenziertes Bild von Aspasia zu vermitteln. Ich betone diese Haltung deshalb, weil sie die oben angesprochene philosophische Rezeption der Aspasia möglich gemacht hat, und weil ich hierzu noch anmerken möchte, dass diese Rezeption eigentlich in einem offenkundigen Widerspruch zur bis heute anhaltenden Diskriminierung, mit der die philosophische Nachwelt sie bestraft hat, steht. Wahrscheinlich – wie José Solana Dueso darlegt – erklärt sich dies daraus, dass während ein antiker Schriftsteller wie zum Beispiel Plutarch noch unter dem Eindruck der massiven Evidenz der historischen und praktischen Daten schreibt, ein späterer dagegen diese Evidenz verloren hat, weil er zunächst mit einer ideologisch belasteten Überlieferung konfrontiert wird. Vgl. José Solana Dueso, *a.a.O.*, S. VIII ("Prólogo").

[10] Um 451 v. Chr. hatte Perikles selber noch ein Gesetz durchgesetzt, das zum Schutz der attischen Demokratie als Vollbürger nur die Nachkommen attischer Bürger anerkannte und in diesem Sinne der Ehe mit "Fremden" die staatsrechtliche Legitimation entzog. Vgl. Walter Judeich, "Aspasia", in: *Paulys Realency-*

Ausländerin stand und sich nicht daran hindern ließ, sich an der "politischen" Öffentlichkeit Attikas zu beteiligen. Hier ist deshalb weiter an ihr öffentliches Wirken zu denken, das der konservativ stabilisierenden Tendenz in Athen widersprach. Aspasia ist nämlich Gründerin und Mittelpunkt des ersten philosophischen Gesprächskreises, den Athen kannte und aus dessen Mitte sich eine emanzipatorische Frauenbewegung entwickelte.[11] Ferner wäre noch konkret an ihre Tätigkeit als Lehrerin der Philosophie zu erinnern. Viele antike Quellen belegen nicht nur Aspasias Fähigkeit als Dialektikerin. Sie bezeugen darüber hinaus die Achtung und Anerkennung, die sie sich im Kreis um Perikles erworben hatte. Belegt ist auch, dass Sokrates ihr Schüler war. Für ihn war sie auch die beste Lehrerin für den Weg der ethischen Selbstverbesserung, und als solche hat er sie empfohlen.[12]

Hält man sich also den öffentlichen Widerhall ihres philosophischen Wirkens vor Augen, so wird daraus ersichtlich, dass Aspasia in Athen

---

clopädie der classischen Altertumswissenschaft, 2. Bd., Stuttgart, 1896, Sp. 1717; Ernst Kornemann, a.a.O., S. 71; und Plutarch, a.a.O., 24, 8; 37, 5.

[11] Dies wird unter anderem durch die Hintergründe des am Ende der dreißiger Jahre gegen Aspasia erhobenen Asebie-Anklage dokumentiert. Ich folge hier der Argumentation von José Solana Dueso (Vgl. a.a.O., S. XXXV ff.; und LXXXIV ff.), der die von Ivo Bruns 1905 aufgestellte These von der Entwicklung einer Frauenbewegung in Athen im 5. und 4. Jahrhundert vor Chr. weiter untermauert, indem er zeigt, wie diese Frauenbewegung eigentlich den sozialen Hintergrund für Werke wie Medea (431) von Euripides oder Lysistrate und Ekklesiazusen (beide 411) von Aristophanes bildet. Hierzu vgl. ferner: Ivo Bruns, "Frauenemanzipation in Athen. Ein Beitrag zur attischen Kulturgeschichte des 5. und 4. Jahrhunderts", in: ders., Vorträge und Aufsätze, München 1905, S. 154-193; Vittorio Citti, Tragedia e lotta di classe in Grecia, Neapel 1978; G.E.M. De Ste. Croix, The Class Struggle in the Ancient Greek World, London 1981; H.-J. Gehrke, "Zur Geschichte Milets in der Mitte des 5. Jahrhunderts v. Chr.", in: Historia 29 (1980) 17-31; L. Gil, Censura en el mundo antiguo, Madrid 1985; K.S. Rothwell, Politics and Persuasion in Aristophanes'Eclesiaznsae, Leiden 1990; E.E. Vardiman, Die Frau in der Antike, Düsseldorf/Wien 1982; und M.E. Waithe (Hrsgin), A History of Woman Philosophers, Dordrecht-Boston-Lancaster 1987.

[12] Vgl. Barbara Ehlers, a.a.O., S. 65ff; Plutarch, a.a.O., 24,5. Platon, Menexenos, 235e; ferner die angegebenen Quellen in: H. Dittmar, Aischines von Sphettos. Studien zur Literaturgeschichte der Sokratiker, Berlin 1912; P. Natorp, "Aischines' Aspasia", in: Philologus 51 (1890) 489-500; und die zusammengesetzten Zeugnisse in der zitierten Aspasia-Edition von José Solana Dueso.

zu einer "ungewöhnlichen" notorischen Erscheinung wurde, da sie ja "Philosophie" und "Frau" in ihrer Person verbunden hatte. Wie ungewöhnlich jedoch diese Verbindung war und wie sie eine Herausforderung für die Vorstellungskraft der Männer bedeuten musste, zeigt exemplarisch Plato, wenn er zum Schluss des Sokrates Vortrags der Rede von Aspasia Menexenos sagen lässt: "Beim Zeus, o Sokrates, glücklich ist Aspasia, wenn sie, eine Frau, solche Reden imstande ist auszuarbeiten!"[13] Hinzukommt die Verbundenheit Aspasias mit der "aufklärerischen" Philosophie ihrer Heirat. Daraus erklärt sich, dass "sie sich lebhaft an den Aufklärungsbestrebungen beteiligte"[14] und dass sie folglich – wie die erwähnte Anklage wegen "Gottlosigkeit" dokumentiert – für die Verteidiger der "göttlichen Ordnung" eine Gefahr wurde. Zu Recht behauptet Walter Judeich, dass durch ihr Wirken in Athen Aspasia "der gesamten Aufklärungsphilosophie neues Leben zugeführt"[15] hat.

Zusammenfassend darf ich festhalten: Die ideologisch motivierte Diskriminierung von Aspasia dürfte im Wesentlichen mit zwei bahnbrechenden Innovationen in Verbindung stehen, nämlich mit ihrer Verkörperung des Einbruchs der Frau in die (Männer-)Welt der Philosophie sowie mit dem Versuch, Philosophie im Kontext einer sozialen Bewegung zu praktizieren.

Weil andererseits die zweifellos subtil zugespitzte Form der ideologisch motivierten Diskriminierung von Aspasia in der Philosophie- und Literaturgeschichte in der Tendenz zum Ausdruck kommt, Aspasia für eine Erfindung der platonischen Ironie, für eine Legende oder gar für eine schöne Metapher[16] zu erklären, möchte ich aus den für die

---

[13] Plato, *Menexenos*, 249c.

[14] Walter Judeich, *a.a.O.*, Sp. 1719.

[15] Walter Judeich, *ebenda*, Sp. 1718-1719.

[16] Vgl. José Solana Dueso, *a.a.O.*, S. VIII ("Prólogo"). und S. LVIff. ("Estudio introductorio"); sowie E.F. Bloedow, "Aspasia and the 'mistery' of the Menexenus", in: *Wiener Studien* 9 (1975) 32-48; H. Dittmar, *a.a.O.*; L. Méridier, *Platon: Ion. Ménexène. Euthydème*, Paris 1978; J. Schwarze, *Die Beurteilung des Perikles durch die attische Komödie und ihre historische und historiographische Bedeutung*, München 1971; und P. Vidal-Naquet, *La démocratie grecque vue d'ailleurs*, Paris 1990.

Plausibilisierung meiner Interpretation der ideologisch motivierten Diskriminierung genannten Faktoren die Schlussfolgerung ziehen, dass an der Historizität der philosophischen Praxis der Aspasia ebenso wenig wie an der Realität der öffentlichen Relevanz derselben gezweifelt werden kann. Ich betone dies deshalb, weil – wie mir scheinen will – der bessere Weg, um der Diffamierung ihrer Person und der Diskreditierung ihres Wirkens ein Ende zu setzen, und so auch um die Bedingungen für die gerechte Integration in die europäische Philosophiegeschichte zu schaffen, kein anderer als der sein kann, der über die vorurteilslose Analyse des in den Quellen dokumentierten Materials zur Rekonstruktion ihrer philosophischen Position führt, und zwar so, dass dabei die kontextuelle Verankerung ihres Ansatzes deutlich werde. Denn die Diskriminierung von Aspasia in der Philosophiegeschichte kann doch letztlich als ideologisch motivierte Diskriminierung nur dann entlarvt werden, wenn man die kontextbezogene philosophische Pointe ihrer Position kennt und sie eben deshalb auch im Sinne einer Reflexion rezipiert, die nicht das Ergebnis einer fiktiven Erzählung, sondern die Artikulation der historischen Auseinandersetzung ist.

Wohl aus diesem Grund erklärt sich übrigens das "ideologische" Interesse an einer Diskriminierung bei allen denjenigen, die in der Position der Aspasia den Beginn einer alternativen Tradition visualisieren. Mit anderen Worten: Man muss den Blickwinkel umkehren und sagen, dass die Verspottung und die damit zusammenhängende philosophische Diskreditierung überhaupt erst einen Sinn machen, wenn man sie als den historisch bedingten Versuch versteht, die Praxis und Lehre der Aspasia, gerade weil sie eine historisch wirkende Kraft darstellen, als eine "Gefahr" für die traditionell gewachsene Ordnung zu denunzieren und als eine solche abzuwehren. Der Schlüssel zum Verständnis dessen, was ich das "ideologische" Interesse an der Diskriminierung nenne, liegt also in der Geschichtlichkeit und Kontextualität des Wirkens von Aspasia. Walter Judeich hat bereits darauf hingewiesen, als er feststellte: "Die Perikles bekämpfende Opposition der orthodoxen Priesterschaft und der Aristokratie, die bei der drohenden Nähe des Entscheidungskampfes mit Sparta mehr und mehr Boden gewann, hat aber nicht geruht, den Klatsch über Aspasia auszubeuten und zu nähren. Und als man gegen die Männer des perikleischen Kreises, zuerst gegen Pheidias, später gegen Anaxagoras vorzugehen begann, ist auch Aspasia belangt worden."[17]

Bei dem hier versuchten Interpretationsansatz geht es also konkret darum, auf der Grundlage der Erkenntnisse der von José Solana Dueso vorgelegten quellenkritischen Untersuchung der ideologisch motivierten Diskriminierung von Aspasia den Boden zu entziehen, indem die These, nach der die historische Aspasia eben auch die Autorin philosophischer Reden ist, durch die kontextuelle Analyse des ihr zugeschriebenen Materials verhärtet werden soll. Die kontextbezogene Rekonstruktion ihres philosophischen Ansatzes soll doch zeigen, dass nicht die Philosophin Aspasia, sondern ihre Mythologisierung ein Mythos ist, und zwar ein "ideologisch" motivierter.

Mit Solana Dueso gehe ich hier von der historischen Richtigkeit der Auskünfte über Aspasia aus, die Plato in seinem Dialog *Menexenos* gibt, wenn er Sokrates mitteilen lässt, dass Aspasia eine anerkannte Lehrerin der Rhetorik ist, dass sie bekannte Schüler hat bzw. gehabt hat – wie z.B. Sokrates selber oder Perikles – und dass sie die Autorin der Epitaphien bei Thukydides und in *Menexenos* ist.[18] Diese Voraussetzung, die übrigens Platos sprichwörtliche Ironie keineswegs ver-

---

[17] Walter Judeich, *a.a.O.*, Sp. 1720. Da diese Feststellung von Judeich im Kontext seiner Erklärung des Hintergrunds der Anklage wegen Asebie steht, darf ich hier noch anmerken, dass zwischen der Anklage gegen Anaxagoras und der gegen Aspasia nicht nur ein zeitlicher, sondern ebenfalls ein sachlicher Zusammenhang gesehen wird. Vgl. José Solana Dueso, *a.a.O.*, S. XXXVIff. ("Estudio introductorio"). Auch diese Anmerkung von Jacob Burckhardt ist hier aufschlussreich: "Freilich, wenn man einen Philosophen aus irgendwelchen politischen oder sozialen Gründen verderben wollte, so meldete sich der Asebie Prozess, bei dem die Gottlosigkeit aber eben immer nur Vorwand für einen sonstigen Hass war … ." Jacob Burckhardt, *Griechische Kulturgeschichte*, 3. Bd., in ders., *Gesammelte Werke*, Bd. VII, Darmstadt 1957, S. 297. Zu dieser Problematik vgl. ferner M. Ostwald, *From Popular Sovereignty to the Sovereignty of Law. Society and Politics in Fifth-Century Athens*, Los Angeles 1986.

[18] Vgl. Plato, *Menexenos*, 235e-236b. Für die Begründung der Plausibilität dieser Annahme vgl. José Solana Dueso, *a.a.O.*, S. XXVff. ("Estudio introductorio"); ferner Plutarchus, *a.a.O.*, 24,7; Suidas, 4502; Schol-Victorini in Cic., <<De inv.>>, I 31, 51; und Clemens Alexandrinus, *Strom.*, IV, Cap. XIX, 122,3.

kennt, soll den Leitfaden darstellen, an dem ich mich im Folgenden orientiere, um das spezifische philosophische Profil der Aspasia von Milet in seinen Grundzügen zu rekonstruieren. Für die Darstellung bedeutet dies, dass ich zunächst auf ihre Tätigkeit als Lehrerin der Rhetorik bzw. der Philosophie eingehen werde, wobei der Akzent auf den methodischen Ansatz gelegt wird. In einem zweiten Schritt sollen dann ihre Reden berücksichtigt werden, und zwar unter einem theoretischen Aspekt. Auf diese Weise soll das Bild der Aspasia als eine Philosophin, die sowohl einen methodischen als auch einen theoretischen Ansatz artikuliert hat, konturiert werden. Damit wäre zugleich – wie ich hoffen darf – ein Grundstein für die Anerkennung der mit ihrem Namen verbundenen Tradition gelegt.

In der griechischen Antike stellen Rhetorik und Philosophie zwei kulturelle Erscheinungen dar, die eng miteinander verbunden sind und die sich in ihrer Entwicklung nicht unwesentlich gegenseitig beeinflussen, wie unter anderem die Entfaltung der Sophistik dokumentiert. Auf diesen bekannten Zusammenhang braucht hier nicht eingegangen zu werden[19], zumal die intendierte Betonung der philosophischen Bedeutung von Aspasias Tätigkeit als Lehrerin vornehmlich darauf beschränkt wird, ihren Beitrag zur Herausbildung und Praxis eines bestimmten methodischen Ansatzes hervorzuheben.

Als Textgrundlage für diese Aufgabe soll das Gespräch, das Aspasia mit Xenophon und seiner Frau führte, dienen. In diesem Gespräch, das als Fragment des Dialogs des Aischines in der Überlieferung und Übersetzung von Cicero[20] erhalten ist, lässt Sokrates Aspasia als eine selbständige, anerkannte Lehrerin auftreten, die ihre Fähigkeiten auf

---

[19] Vgl. u.a. R. Barthes, "L'ancienne rhétorique. Aide-mémoire", in: *Communications* 16 (1970) 172-229; O.A. Baumhauer, *Die sophistische Rhetorik. Eine Theorie sprachlicher Kommunikation*, Stuttgart 1986; J. Burckhardt, *Kulturgeschichte Griechenlands*, Wien-Leipzig 1940; S. 474ff; W. Eisenhut, *Einführung in die antike Rhetorik und ihre Geschichte*, Darmstadt 1974; H.-G. Gadamer, "Rhetorik, Hermeneutik und Ideologiekritik", in: ders., *Kleine Schriften*, I, Tübingen 1967, S. 113-130; H. Gomperz, *Sophistik und Rhetorik*, Darmstadt 1965; S. Ijesseling, *Rhetorik und Philosophie*, Stuttgart 1988; W. Jaeger, *Paideia. Die Formung des griechischen Menschen*, insbesondere 3. Band, Berlin 1947, S. 255ff.; J. Martin, *Antike Rhetorik, Technik und Methode*, München 1974.

[20] Cicero, *De inv.*, I 31, 51ff.

dem Gebiet der philosophischen Gesprächsführung und Beratung jedoch vor allem dadurch unter Beweis stellt, dass sie ihr Wissen bzw. Ansichten nicht direkt mittels inhaltlicher Aussagen vermittelt, sondern hierfür sich vielmehr eines "Umwegs" insofern bedient, als sie ihre Gesprächspartner mit gezielten Fragen konfrontiert, damit sie sich durch ihre eigenen Antworten der Situation, in der sie sich befinden, sowie den damit zusammenhängenden Problemen bewusst werden. Auf diesem Weg sollen die Gesprächspartner ja zu jener Einsicht kommen können, die eine Verbesserung der Situation bewirken bzw. zur Lösung der eingesehenen Probleme führen kann.

Das Xenophongespräch vermittelt uns also ein Bild der Aspasia als Lehrerin, in dem mit aller Deutlichkeit gezeigt wird, wie sie eine "Weise" ist, die eine bestimmte Art hatte, ihre Weisheit zu vermitteln. Sie praktiziert nämlich eine Methode des Gesprächs, die zwar auf ihrer Erkenntnis des "Eros" im Sinne einer Triebkraft, die den Menschen stets zur Suche nach dem höheren Gut bewegt, basiert, diese Erkenntnis jedoch so anzuwenden versteht, dass sie als eine im Gespräch und durch die Leistung der Gesprächspartner gewonnene Einsicht erkannt wird.

Im Xenophongespräch wird zudem deutlich, dass Aspasia eine Methode praktiziert, der die Vermittlung der Selbsterkenntnis als ausdrückliche ethische Aufgabe ein wesentliches Anliegen ist. Die Erkenntnis der eigenen Wünsche und der Wünsche des Partners wird doch als grundlegende Voraussetzung dafür vermittelt, dass jeder an sich selbst arbeitet, um die eigenen Wünsche sowie die des Partners erfüllen zu können. Dieser Zusammenhang wird am Ende des Gesprächs besonders deutlich, wenn Aspasia als Schlussfolgerung des Gesprächsverlaufs festhält, dass Xenophon sich darum bemühen muss, der "beste" Ehemann für seine Frau zu sein sowie sie ihrerseits versuchen muss, die "beste" Ehefrau für Xenophon zu sein. Es geht also um das Bessersein der Partner.[21] Mit dieser Methode zeigt Aspasia ihren Gesprächspartnern einen Weg zur ethischen Verbesserung.

---

[21] Vgl. Cicero, *ebenda*. Vgl. auch Barbara Ehlers, *a.a.O.*, S. 88ff. Zu Recht betont sie den streng ethischen Sinn, den das im Gespräch angestrebte Gut bzw. der hier verwendete "optimus"-Begriff hat.

Im Zentrum der Methode von Aspasia erkennt man also genau das Anliegen, das die Mäeutik ausmacht, und zwar in enger Verbindung mit der ethischen Qualität der *epiméleia eautou* (cura sui, Selbstsorge). Und man kann nicht sagen, dass Aspasias Verdienst bei der Entwicklung dieser Methode völlig verkannt worden sei. Denn die Forschung hat schon lange darauf hingewiesen, dass auf Grund des angewandten methodischen Ansatzes Aspasia durchaus als ein "weiblicher Sokrates"[22] betrachtet werden kann. Nur – wie man der Formulierung "weiblicher Sokrates" bereits entnehmen kann – fungiert dabei nicht Aspasia, sondern eben Sokrates als Paradigma dieser Methode. Tatsache ist ferner, dass diese Methode in die Geschichte der Philosophie nur unter dem Namen "sokratische Methode" eingegangen ist. Deshalb muss noch heute für eine konsequente Anerkennung des methodischen Beitrags der Aspasia plädiert werden, wobei klar sein muss, dass es nicht darum geht, die Lage der Dinge einfach umzukehren und aus Sokrates eine "männliche Aspasia" zu machen. Konsequente Anerkennung meint hier vielmehr der Forderung, die bereits Adolf Schmidt zur Sprache brachte, nachzukommen, als er Sokrates' Umgang mit Aspasia als entscheidend für dessen philosophische Entwicklung charakterisierte und befand, dass die sogenannte "sokratische Methode" in Wirklichkeit Methode von Aspasia ist.[23] Es ginge demnach um die Forderung nach der Anerkennung von Aspasia als Mitgründerin einer philosophischen Tradition, die – wie etwa die Arbeiten von Michel Foucault zeigen[24] – noch in unserer Gegenwart aktiviert werden kann, und zwar als Weg zur ethischen Qualifizierung des Menschen bzw. zur Entwicklung der Person aus der dialogischen Mitte einer durch die Arbeit an sich selbst ethisch fundierten Subjektivität heraus.

---

22 Vgl. R. Hirzel, *Der Dialog. Ein literaturhistorischer Versuch*, I, Leipzig 1895, S. 80; H. Dittmar, *a.a.O.*, S. 51; und B. Ehlers, *a.a.O.*, S. 91.

23 Vgl. Adolf Schmidt, *a.a.O.*, S. 100.

24 Vgl. Michel Foucault, *Freiheit und Selbstsorge*, Frankfurt 1985; ders., "Herméneutique du sujet", in: *Concordia. Internationale Zeitschrift für Philosophie* 12 (1988) 44-68; "L'éthique du souci de soi comme pratique de liberté", in: *Concordia. Internationale Zeitschrift für Philosophie* 6 (1984) 99-116; und *Histoire de la sexualité*, 3. Band: *Le souci de soi*, Paris 1984.

Aber Aspasia – wie bereits angedeutet – hat nicht nur die Praxis einer Methode des Philosophierens vorexerziert. Sie hat darüber hinaus einen Beitrag zur philosophischen Reflexion über das "Politische" in ihrer Umwelt geleistet. Man kann sie daher gleichermaßen als Autorin eines Ansatzes zur politischen Philosophie bzw. politischen Theorie betrachten. Genau dieser Aspekt soll nun in dem zweiten Schritt der Darstellung erörtert werden. Die Intention dabei ist die, ihren Beitrag zur Philosophie des "Politischen" hervorzuheben und so die Ansicht, Aspasia muss auch in diesem Bereich als Philosophin anerkannt werden, zu verhärten.

Als Textgrundlage für die Analyse dienen hier – wie gesagt – die überlieferten Epitaphien bei Thukydides und in *Menexenos*. Denn beide Epitaphien enthalten eine Darstellung und Erörterung der griechischen Demokratie in ihren Grundsätzen und stellen somit die Grundlage dar, auf der die "Politeia" der Aspasia von Milet rekonstruiert werden kann. Im Rahmen der vorliegenden Arbeit muss ich mich allerdings auf die Hervorhebung der zentralen Gedanken der in beiden Epitaphien dargelegten politischen Theorie beschränken.[25]

Im Thukydides-Epitaph lässt Aspasia zunächst Perikles die Vorzüge der griechischen Demokratie rühmen. Das Epitaph ist in der Tat ein Lob der demokratischen Ordnung Athens, deren paradigmatischer Charakter zudem durch den Kontrast mit den bei anderen Völkern herrschenden politischen Verhältnissen betont wird. Bezeichnend für den theoretischen Ansatz von Aspasia ist aber die Argumentation, mit der sie dann versucht, den Vorzug der Demokratie zu begründen. Sie macht nämlich geltend, dass es sich um eine Regierungsform handelt, die in ihrer Legitimation deshalb anerkannt und respektiert wird, weil sie Ausdruck einer Verfassung, in der Freiheit und Gesetz harmonisiert werden, ist. Demokratie ist – wenn man so will – die politische Form, in der sich die Freiheit der Bürger eine Ordnung gibt. Als Ordnung der Freiheit der Bürger (Staatsverfassung) – so argumentiert Aspasia weiter – verkörpert die Demokratie eine politische Organisa-

---

25 Zur Bedeutung der Grabreden als Zeugnis griechischer "politischer" Kultur vgl. Jacob Burckhardt, *Griechische Kulturgeschichte*, 4. Band, Darmstadt 1957, S. 173ff.

tionsform, die letztlich auf einer *Seinsweise* gründet.[26] Die demokratische Sozialität setzt somit die Entwicklung einer Individualität voraus, die das Ideal der individuellen "Autarkie" nicht mit Unabhängigkeit von der Polis verwechselt, sondern es als Basis für die Praxis der Toleranz gegenüber der Freiheit anderer sowie für die Einsicht in die politische Ordnung als Ordnung der eigenen Freiheit versteht.

Ferner möchte ich aus dem Thukydides-Epitaph den Gedanken hervorheben, in dem Aspasia zum Ausdruck bringt, dass der Bürger der Polis jene Gesetze besonders achten muss, die "zum Schutz derer, die Unrecht leiden, erlassen worden sind."[27] Die Artikulation dieses Gedankens macht sie zur Vorreiterin des Prinzips der politischen Solidarität.

Im Menexenos-Epitaph wird diese Argumentation zur Verteidigung der Demokratie Attikas fortgesetzt und vertieft. Auch in dieser Rede steht die fundamentale Bedeutung der Staatsverfassung im Mittelpunkt, wobei jedoch der Akzent nun auf den Charakter der Verfassung als "Nahrung"[28] für die Menschen gelegt wird. Damit will Aspasia das Verhältnis zwischen Bürger und Polis als einen Prozess verdeutlichen, in dessen Verlauf sich erst die Qualität der politischen Ordnung insofern entscheidet, als er zur Herausbildung *guter* Menschen führen soll. Andererseits muss diese Charakterisierung der Staatsverfassung als Rahmenbedingung für die Entwicklung tugendhafter Bürger in Verbindung mit dem bereits rezipierten Gedanken über den Zusammenhang zwischen der "Politeia" und der "Seinsweise" eines Volkes gesehen werden. Der Prozess zwischen Polis und Bürger stellt daher eine wechselseitige Dynamik dar, in deren Entwicklung die Polis wohl die Bürger erzieht und "ernährt", zugleich aber die Bürger durch *freiwilli-*

---

[26] Vgl. Thukydides II, 41, 2.

[27] Thukydides, II, 37, 3.

[28] Plato, *Menexenos*, 238c. In der deutschen Übersetzung von Friedrich Schleiermacher steht "Erziehung". Vgl. Plato, *Werke in acht Bänden*, 2. Band, Darmstadt 1973, S. 235. Ich folge aber hier der Übersetzung von Solana Dueso. Seine spanische Übersetzung der Originalstelle würde im Deutschen lauten: "Denn eine Staatsverfassung ist Nahrung für die Menschen, die schöne für gute Menschen, die entgegengesetzte für schlechte Menschen."

ge Aneignung und Partizipation der Polis ihre demokratische Dignität verleihen.

Ein weiterer, hervorzuhebender Aspekt in der Argumentation von Aspasia bezieht sich auf die unmittelbare Verbindung, die sie zwischen der Besonderheit der griechischen Heimat und der demokratischen Ordnung herstellt: "Ihren Grund aber hat bei uns diese Verfassung in der Gleichheit der Geburt. Denn andere Staaten sind aus vielerlei und ungleichen Menschen gebildet, daher auch ihre Verfassungen die Ungleichheit darstellen in willkürlicher Herrschaft eines einzelnen oder weniger. Sie sind daher so eingerichtet, dass einige die anderen für Knechte und diese jene für Herren halten. Wir aber und die unsrigen, von einer Mutter alle als Brüder entsprossen, begehren nicht, Knechte oder Herren einer des anderen zu sein, sondern die natürliche Gleichbürtigkeit nötigt uns, auch Rechtsgleichheit gesetzlich zu suchen und um nichts anderen willen uns einander unterzuordnen als wegen des Rufes der Tugend und Einsicht."[29]

Es ist klar, dass mit der Herstellung dieser Verbindung Aspasia eine "natürliche" Grundlage für die politische Ordnung Athens gewinnen will. Denn sie macht doch die *Autochtonie* zum Garant der harmonischen Entwicklung demokratischer Verhältnisse in Athen. Es wäre meines Erachtens ein Missverständnis, wenn man nun daraus folgern wollte, Aspasia wolle damit die These eines automatischen Übergangs von der "natürlichen" zur "politischen" Ordnung, d.h. von der *Physis* zum *Nomos* vertreten. Denn – wie die weitere Argumentation zeigt – geht es Aspasia vielmehr darum, ein Verhältnis der Komplementarität zwischen *Physis* und *Nomos* zu skizzieren. Die Rechtsgleichheit (*isonomía*) ergibt sich nicht unmittelbar aus der natürlichen Gleichbürtigkeit; sie ist kein direktes Ergebnis der *Autochtonie* bzw. der *Isogo-*

---

29 Plato, *Menexenos*, 238e-239a. Und schon vorher hatte Aspasia die Vorzüge Attikas als "Mutterland", das wie eine gute Mutter die angemessene Nahrung für die Menschen hervorgebracht hat, gerühmt. Vgl. Plato, *Menexenos*, 237d ff. Die ausdrückliche "weibliche" Redensart in dieser Stelle des Epitaphs mit der Betonung der Mutterschaftssymbolik sowie des Gegensatzes zwischen Mutter und Stiefmutter hält übrigens Solana Dueso für einen Hinweis auf Aspasia als tatsächliche Autorin der Grabrede. Vgl. J. Solana Dueso, *a.a.O.*, S. LXXIV ("Estudio introductorio").

nia.[30] Dies wird bereits im oben angeführten Zitat klar, als Aspasia die Gleichbürtigkeit als eine Grundlage darstellt, die "nötigt uns, auch Rechtsgleichheit gesetzlich zu suchen ... ." Der Aufbau einer gerechten demokratischen politischen Ordnung verlangt in der Tat menschliches Handeln. Gerade deshalb betont Aspasia in ihrer weiteren Argumentation die Wichtigkeit der Erziehung, des Einsatzes jedes einzelnen und der richtigen Entscheidung. Ohne die *areté* der Bürger ist doch die gute *Politeia* nicht zu verwirklichen. Hinzu kommt noch – diesen Faktor möchte ich besonders hervorheben – die Bereitschaft eines jeden einzelnen, sich für die Freiheit und die Gleichheit aller einzusetzen, und zwar in der "Öffentlichkeit".[31] Denn es geht ja auch darum, mit Überzeugung öffentlich zu handeln und zu argumentieren, um einen immer breiteren Kreis von den Vorzügen der Demokratie zu überzeugen.[32]

Schließlich möchte ich noch auf einen weiteren Aspekt im theoretischen Ansatz von Aspasia hinweisen; ein Aspekt, der mir deshalb von besonderer Bedeutung erscheint, weil er nicht nur die kontextuelle Verankerung, sondern ebenso die ethische Funktion menschlicher Erkenntnis (und von Wissenschaft überhaupt) auf eine sehr eindeutige Weise herausstellt. Aspasia formuliert diesen Aspekt mit folgenden Worten: "Und jede Erkenntnis, wenn sie von Gerechtigkeit und den übrigen Tugenden getrennt ist, zeigt sich nur als Verschlagenheit, nicht als Weisheit."[33] Mit dieser Forderung steht Aspasia am Anfang der Tradition, die wir heute als Tradition des Primats der praktischen Vernunft kennen. Gerechtigkeit bzw. die Frage nach der Verwirklichung von Gerechtigkeit soll doch nach Aspasia keine Frage sein, mit der sich Philosophie "nachträglich" beschäftigt, sondern im Gegenteil die Frage darstellen, an der Philosophie das Interesse ihrer Erkenntnis

---

30 Auf den komplexen Zusammenhang zwischen Physis und Nomos in der griechischen Philosophie kann hier nicht eingegangen werden. Vgl. dazu Felix Heinimann, *Nomos und Physis. Herkunft und Bedeutung einer Antithese im griechischen Denken des 5. Jahrhunderts*, Basel 1975; sowie die dort angegebene Literatur.

31 Vgl. Plato, *Menexenos*, 239 bff; 240e.

32 Vgl. Plato, *Menexenos*, 246e.

33 Plato, *Menexenos*, 247a.

primär zu orientieren hat. Aspasia tritt damit für eine integrale Erkenntnis ein, die – weil sie Logos und Ethos synthetisiert – im Dienst der Beförderung der Humanität des Menschen im Rahmen einer gerechten politischen Ordnung steht.

Vor diesem Hintergrund wird übrigens auch klar, dass Aspasias Methode der *epiméleia eautou* keine Angelegenheit individualistischer Selbstbeschäftigung ist, sondern eine "politische" Praxis darstellt, die sich dem Ideal der Polis als Ort, an dem die Freiheit und Gleichheit aller Bürger verwirklicht werden, verpflichtet weiß.

Mit den bisherigen Ausführungen habe ich versucht, das Bild der *Philosophin* Aspasia zu konturieren. Wohl deshalb habe ich dabei den Akzent auf die Erörterung ihres Ansatzes im Sinne einer Denk- und Handlungsperspektive, die durchaus als Anfang einer philosophischen Tradition anerkannt werden kann, gelegt. Es bleibt zu hoffen, dass die vorgelegte Interpretation tatsächlich dazu anregen möge, Aspasia als philosophische Tradition anzuerkennen; genauer, sie als Referenz einer Tradition ernst zu nehmen, die auch heute unter den Bedingungen unserer Gegenwart befreiend wirken kann und die uns deshalb mit der Frage der möglichen Weiterentwicklung konfrontiert.

3.3 Der Kynismus oder die "ex-zentrische" Tradition

Im Unterschied zur "Tradition Aspasia", die als philosophisch selbstständige Größe in den gängigen Geschichten der Philosophie kaum beachtet wird, hat der Kynismus in jedem Handbuch der europäischen Philosophiegeschichte einen festen Platz sicher. Die Berücksichtigung des Kynismus stellt zudem bis heute eine wirkliche Konstante in den meisten philosophiegeschichtlichen Darstellungen dar. Es kann daher keine Rede davon sein, dass der Kynismus eine ignorierte Tradition ist. Wahr ist doch vielmehr das Gegenteil, wie die philosophische Rezeption des Kynismus eindeutig belegt.[1]

Die philosophiegeschichtlich belegte Tatsache, dass der Kynismus eine rezipierte, bekannte Tradition ist, soll also hier nicht in Frage gestellt werden. Problematisch ist für mich aber die Art und Weise, wie er rezipiert wird. Diese Rezeption soll daher als Dokumentationsgrundlage dienen, um am Beispiel des Kynismus zu verdeutlichen, wie Traditionen durch "interessiertes Missverstehen" auf subtile Weise marginalisiert werden; sei es, weil man sie auf eine einfache "Le-

---

[1] Vgl. u.a. Donald R. Dudley, *A History of Cynism from Diogenes to the 6th Century*, London 1937; S. Feliu, *Socrátios Menores*, Valencia 1977; J. Ferrater-Mora, "Cyniques et stoïciens", in: *Revue de métaphysique et de morale* 62 (1957) 20-36; J. Geffecken, *Kynika und Verwandtes*, Heidelberg 1909; H. Gomperz, *Die Lebensauffassung der griechischen Philosophen und das Ideal der inneren Freiheit*, Jena 1904; R. Helm, "Kynismus", in: *Pauly's Realencyklopädie der classischen Altertumswissenschaft*, Bd. 12 (1925) Sp. 3-24; L. Henrion, *La conception de la nature et du rôle de la femme chez les philosophes cyniques et stoïciens*, Liège (Diss.) 1942-43; R. Höistad, *Cynic Hero and Cynic King. Studies in the Cynic Conception of Man*, Uppsala (Diss.) 1948; J. Humpert, *Socrate et les petits socratiques*, Paris 1967; M.T. Iovchuk/T.L. Oizerman/I. Shchipanov, *Compendio de Historia de la Filosofía*, La Habana 1979; P. Natorp, "Diogenes", in: *Pauly's Realencyklopädie der classischen Altertumswissenschaft*, Bd. 5 (1905) Sp. 765-773; W. Nestle, *Griechische Studien*, Stuttgart 1948; ders., *Griechische Weltanschauung in ihrer Bedeutung für die Gegenwart*, Stuttgart 1946; B.R. Raffo Magnasco, "La filosofia moral en el cinismo", in: *Sapientia* 13 (1958) 21-35; R. Rahm, "Die Frömmigkeit der Kyniker", in: *Paideuma* 7 (1960) 280-292; F. Sayre, *The Greek Cynics*, Baltimore 1948; F. Überweg, *Die Philosophie des Altertums* (herausgegeben von Karl Praechter), Tübingen 1953; und E. Zeller, *Die Philosophie der Griechen*, Tübingen 1855-1868.

bensweise" ohne jegliche theoretische Grundlage reduziert; oder weil man sie bloß als eine übertriebene Reaktion, die sich in ihrer eigenen Negativität erschöpft, darstellt; oder auch weil man sie selbstgefällig als amüsantes Zwischenspiel, das philosophisch – weil es eben ja nur anekdotischen Wert hat – bedeutungslos ist, belächelt.

Vor dem Hintergrund der Intention der vorliegenden Arbeit ist also der Rekurs auf den Kynismus als exemplarisches Beispiel für die Illustrierung der "interessierten" Einseitigkeit[2], mit der viele alternative Denktraditionen in der dominanten Philosophiegeschichte "rezipiert" werden, zu verstehen. Dies soll hier allerdings weniger durch die kritische Rekonstruktion der Rezeptionsgeschichte des Kynismus, als vielmehr durch die Darlegung seines "befreiungsphilosophischen" Gehalts versucht werden, da es ja eigentlich um die Grundlegung der Rezeption des Kynismus als Modell befreiender Theorie und Praxis geht.

Beginnen möchte ich dennoch mit der kurzen Erläuterung einiger Beispiele aus der philosophischen Rezeption des Kynismus, um die oben erwähnte "interessierte" Einseitigkeit zu verdeutlichen. Denn sie gehört zum Hintergrund vor dem die in meiner Darstellung betonte oppositionelle Radikalität des Kynismus gegenüber den herrschenden Verhältnissen in allen Lebensbereichen gesehen werden soll.

Weil es ein ebenso besonders aufschlussreiches wie auch einflussreiches Beispiel darstellt, darf ich ein Zitat von Hegel als erstes Zeugnis der gemeinten philosophischen Rezeption des Kynismus anführen. In den *Vorlesungen über die Geschichte der Philosophie* fängt Hegel nämlich den Abschnitt über die Kynische Schule an mit dem lapidaren Satz: "Von derselben ist nichts Besonderes zu bemerken. Die Kyniker haben wenig philosophische Ausbildung und zu einem System, zu einer Wissenschaft haben sie es nicht gebracht."[3] Und weiter heißt es:

---

[2] Ich spreche in diesem Zusammenhang vom "interessierten" Verstehen bzw. von "interessierter" Einseitigkeit, um den Umstand zu betonen, dass es sich nicht um bloße Unwissenheit, sondern um eine Art der Rezeption handelt, bei der die Erkenntnisse selektiv tradiert werden. Man kann auch sagen, dass es um eine Interpretation geht, in der die interpretierte Tradition im Horizont des Erkenntnisinteresses einer anderen philosophischen Position erörtert und eingeordnet wird.

[3] G.W.F. Hegel, *Vorlesungen über die Geschichte der Philosophie* I, a.a.O., S. 551.

"Eine wissenschaftliche Wichtigkeit hat die Kynische Schule nicht; sie macht nur ein Moment aus, das notwendig im Bewußtsein des Allgemeinen vorkommen muß ...".[4]

Dass Hegels Urteil über den Kynismus in Wahrheit ein Vorurteil ausdrückt, das sowohl mit seinem eigenen Verständnis der Philosophie als auch mit seiner Theorie der Philosophiegeschichte zu tun hat, liegt meines Erachtens auf der Hand und braucht uns hier nicht weiter zu beschäftigen. Wichtig ist aber die Konsequenz dieses Urteils bzw. Vorurteils. Da für Hegel dem Kynismus keine philosophische Dignität zukommt, ist doch eine philosophische Auseinandersetzung mit ihm im Grunde völlig überflüssig. Er ist nichts weiter als eine Episode, deren Erscheinung sich aus der inneren Notwendigkeit einer anderen, ihm externen Entwicklung erklärt.

Man kann sich also damit begnügen, den Kynismus anekdotisch zu beschreiben, und zwar als eine "Lebensweise"[5], die uns mit keinerlei theoretischen Herausforderungen konfrontiert und die den Weg der Philosophie folglich nicht wesentlich tangieren kann. Der Kynismus wird so anekdotisch zur Kenntnis genommen; d.h. als Anekdote "rezipiert" und in der Philosophiegeschichte eben deshalb als ein Moment eingeordnet, auf das die philosophische Reflexion sich nicht einzulassen braucht. Im Interesse des *Ernstes* [6] der etablierten Wissenskonstellation, aber auch der bürgerlichen politischen Ordnung wird dann die beunruhigende Seite des Kynismus durch eine spontane Disqualifizierung als "unverschämte" Haltung abgewehrt. Man weiß doch um die kynische Pointe gegen den "esprit de sérieux" – darauf komme ich noch zurück – und ist daher daran "interessiert", vom Kynismus ein Bild zu vermitteln, in dem seine Vertreter "weiter nichts als schweinische unverschämte Bettler"[7] sind und logischerweise "in der Philoso-

---

[4] G.W.F. Hegel, *ebenda*, S. 553.

[5] G.W.F. Hegel, *ebenda*, S. 558.

[6] Ich verwende hier diesen Begriff im Sinne der Sartreschen Kategorie "esprit de sérieux". Vgl. Jean-Paul Sartre, *L'être et le néant*, Paris 1943, S. 721; und ders., *Cahiers pour une morale*, Paris 1983, S. 66, 218-219, 263 und 526.

[7] G.W.F. Hegel, *Vorlesungen über die Geschichte der Philosophie*, a.a.O., S. 560.

phie keine weitere Beachtung"[8] verdienen. Für die "ernste" Philosophie ist merkwürdigerweise die Sache mit einer Beschimpfung erle-
digt: "Sie verdienten den Namen Hunde, der dieser philosophischen
Schule beizeiten gegeben wurde, in vollem Sinne; denn der Hund ist
dies unverschämte Tier."[9]

Ein weiteres Beispiel darf ich der im spanischsprachigen Kulturbereich als Standardwerk geltenden Geschichte der Philosophie von
Guillermo Fraile entnehmen. Im Kapitel über die kynische Schule
wird hier zusammenfassend festgestellt: "Der Kynismus ist kein philosophisches System, denn es fehlt ihm ein positiver Lehrgehalt. Er ist
vielmehr eine wesentlich negative, subversive und zerstörende Bewegung, die im Widerspruch zu allen kulturellen und sozialen Werten
sowie zu den Bequemlichkeiten und komplizierten Sitten des bürgerlichen Lebens steht und die als Alternative nur die angebliche Einfachheit des "natürlichen" Lebens anzubieten hat."[10] Deshalb kommt man
auch hier zu dem Schluss, dass der Kynismus eine popularisierende
Karikatur der Philosophie darstellt, deren Vertreter in Wirklichkeit
keine Philosophen, sondern "Volksagitatoren"[11] waren; die übrigens
ihrer Verstiegenheit wegen nicht ernst genommen wurden.[12]

Aus dieser Beurteilung ist wieder eine Rezeption zu erkennen, die den
kulturkritischen, ja subversiven Charakter des Kynismus durchaus
wahrgenommen hat, ein "Interesse" jedoch daran hat, diese kultur-
und sozialkritische Radikalität als die lächerliche Angelegenheit selt-
samer Einzelgänger darzustellen.

Aber auch bei eher wohlwollenderen Interpreten wie etwa Karl Vorländer kann man die Tendenz feststellen, im Kynismus vor allem den
"sonderbaren" Charakter einer Lebensführung hervorzuheben, die auf
Grund ihrer alternativen Negativität am Ende nur zur Übertreibung
und schamlosen Rücksichtslosigkeit führt. So vermerkt Vorländer:

---

[8] G.W.F. Hegel, *ebenda*, S. 560.
[9] G.W.F. Hegel, *ebenda*, S. 560.
[10] Guillermo Fraile, *Historia de la Filosofía*, I, *Grecia y Roma*, Madrid 1956, S.
241.
[11] Guillermo Fraile, *ebenda*, S. 242.
[12] Vgl. Guillermo Fraile, *ebenda*, S. 242.

"Die Überspannung des Prinzips der Bedürfnislosigkeit führte die Kyniker bald zu einer Oppositionsstellung gegenüber aller Zivilisation, einer Verherrlichung des die Tiere und den Urmenschen zum Muster nehmenden *Naturzustandes* ... Mit der berechtigten Auflehnung gegen die Übel der Kultur, einer Art Umwertung aller Werte – Diogenes sprach vom >Umprägen der geltenden Münze< – verbindet sich bei den meisten dieser jüngeren Kyniker eine Verwerfung aller ihrer Segnungen, mit dem Dringen auf das Natürliche eine ins Rohe gehende Übertreibung ihres Grundsatzes >Nichts Natürliches bringt Schande<."[13]

Diese Akzentsetzung bei der Darstellung des Kynismus hat weiter zur Folge, dass man ihm eine gewisse philosophische Bedeutung doch zuschreibt, sie aber sozusagen als eine nachträgliche Leistung versteht, indem man sie eben auf das Wirken in der Stoa reduziert.[14]

Noch ein Beispiel sei hier angeführt: die in dem grundlegenden Werk von Eduard Zeller zur Geschichte der antiken Philosophie dargelegte Interpretation des Kynismus. Denn in Zellers Rezeption, die zweifellos als fundiert und durchaus auch als ausgewogen anerkannt werden kann, wird dennoch eine Argumentationslinie entwickelt, die auch ein "Interesse" daran hat, den negativen Charakter der kynischen Bewegung in den Mittelpunkt der Darstellung zu stellen.

Man merkt zwar, dass Zeller zumindest die Ambivalenz des Kynismus einsieht und sich darum bemüht, ihr Rechnung zu tragen. So z.B. wenn er festhält: "... und im allgemeinen läßt sich nicht annehmen, daß Männer, welche so viel und so gut geschrieben haben, aller Bildung den Krieg erklärt hätten."[15] Oder wenn, wie es anderer Stelle heißt, eingeräumt wird: "... daß wir kaum wissen, sollen wir ihre Geistesstärke mehr bewundern, oder ihre Sonderbarkeiten belächeln, erwecken sie unsere Achtung, unsern Widerwillen oder unser Mitleid."[16]

---

13 Karl Vorländer, *Philosophie des Altertums*, Reinbek bei Hamburg 1963, S. 73.
14 Karl Vorländer, *ebenda*, S. 74.
15 Eduard Zeller, *Die Philosophie der Griechen in ihrer geschichtlichen Entwicklung*, 2. Teil, *Sokrates und die Sokratiker*, Darmstadt 1963, S. 290.
16 Eduard Zeller, *ebenda*, S. 316.

Andererseits aber wird in Zellers Darstellung eine Argumentationslinie aufgebaut, die eindeutig nicht nur die Feindlichkeit des Kynismus gegenüber der etablierten Bildung, sondern auch – und vor allem – seine Verachtung, ja Zerstörung der Fundamente wissenschaftlichen Wissens hervorhebt. Bezeichnend hierfür ist die Interpretation des Argumentationstypus des Kynismus als reine "Polemik gegen die Begriffsphilosophie"[17], wobei noch hinzugefügt wird, dass es sich um eine polemische Strategie handelt, "welche gerade dazu dient, die Unmöglichkeit eines theoretischen Wissens darzuthun".[18] Und Zeller wird in dieser Hinsicht sogar noch deutlicher, wenn er auf der Basis der Analyse des zum Kynismus zugeschriebenen Nominalismus – und hier zeigt sich übrigens sein "Interesse" an einem bestimmten Wissenschaftsverständnis besonders deutlich – zu dieser lapidaren Schlussfolgerung kommt: "Die Lehre des Antisthenes zerstörte folgerichtig alle Wissenschaft und alles Urtheil."[19]

Aufschlussreich ist weiter Zellers Beurteilung der kynischen Sittenlehre als "Überspannung sokratischer Sätze"[20], bei der beispielsweise die sokratische Bedürfnislosigkeit zur rein destruktiven Weltentsagung entartet.[21] Aber auch der Gedanke des Kosmopolitismus, der ja oft als positiver Aspekt angesehen wird, ist bei den Kynikern laut Zeller primär negativ gemeint, denn "auch hier bewährt sich der verneinende, aller schöpferischen Kraft ermangelnde Geist ihrer Sittenlehre".[22]

Es ist also nicht verwunderlich, dass Zeller – trotz seiner Bemühung um Ausgewogenheit – am Ende seiner Argumentation die Ambivalenz des Kynismus doch entscheidet, und zwar zu Gunsten einer Interpretation, die aus der kynischen Schule eine "sonderbare" Bewegung

---

[17] Eduard Zeller, *ebenda*, S. 291.

[18] Eduard Zeller, *ebenda*, S. 291.

[19] Eduard Zeller, *ebenda*, S. 302.

[20] Eduard Zeller, *ebenda*, S. 313. Diese Einschätzung, die von vielen Interpreten geteilt wird, kann man übrigens als Beispiel der konstanten Nachwirkung der polemischen Aussage Platos über Diogenes (dieser sei ein tollgewordener Sokrates) betrachten.

[21] Vgl. Eduard Zeller, *ebenda*, S. 316ff.

[22] Eduard Zeller, *ebenda*, S. 326.

macht, die strenggenommen "einer wissenschaftlichen Entwicklung ...
unfähig (war)"[23] und von der konsequenterweise "die Wissenschaft ...
wenig zu erwarten (hatte)".[24]

Vor dem mit den angeführten Beispielen aus der philosophischen Rezeptionsgeschichte des Kynismus angezeigten Hintergrund soll nun
mit einer Interpretation begonnen werden, deren Grundanliegen es ist,
den Kynismus als eine "ex-zentrische" Denk- und Handelstradition,
die gerade auf Grund ihrer "Ex-zentrizität" – wie noch zu erläutern ist
– eine "befreiungsphilosophische" Perspektive freilegt, darzustellen.
Damit soll zugleich die "interessierte" Einseitigkeit der dominanten
Rezeption in den Philosophiegeschichten aufgedeckt werden.

Es geht mir also zunächst darum, die kynische Schule als ein *alterna-
tives* Philosophiemodell zu rezipieren, wobei ich vorweg betonen darf,
dass für mich der *alternative* Charakter des Zynikus kein Reflex der
angeblichen Dekadenz Athens ist. Der Kynismus – so darf ich von
vornherein klarstellen – ist nicht *alternativ*, weil er dekadent ist bzw.
weil er eine Situation geistiger und materieller Dekadenz reflektiert,
sondern weil er "ex-zentrisch" ist. Diese Klarstellung scheint mir um
so wichtiger zu sein, als man oft versucht hat, den Kynismus als eine
Entwicklung darzustellen, die nur als Produkt der Dekadenz des griechischen Geistes erklärbar ist und die folglich keine positive alternative Haltung zum Ausdruck bringen kann. Am Deutlichsten hat wohl R.
Helm diese Sicht formuliert: "Der Kynismus ist nur verständlich als
ein Erzeugnis des sinkenden griechischen Geistes, ein Bastard wie
sein Begründer Antisthenes ... Der Zerfall mit der Welt umher und die
innere Zerrissenheit hat zur Negierung aller bestehenden Verhältnisse
und fast des Lebens selber geführt ... Die Verelendung hat in den Wir-
ren der Zeiten seit dem Peloponnesischen Kriege zugenommen. Auch
das Interesse am Staatsleben tritt schon im 4. Jhdt. ... zurück, so dass

---

[23] Eduard Zeller, *ebenda*, S. 336.

[24] Eduard Zeller, *ebenda*, S. 335. Dieses Urteil bekräftigt R. Helm mit diesen
Worten: "Wissenschaftlich konnte diese Richtung nichts bieten; sie negiert die
Erkenntnislehre ebenso wie die Staatslehre, und diejenigen hatten meist nicht
Unrecht, die ... ihr die Berechtigung zur Bezeichnung als Philosophie aberkann-
ten." R. Helm, "Kynismus", in: *Pauly's Real-Encyclopädie der klassischen Alter-
tumswissenschaft* 12 (1925) Sp. 22.

die Abwendung davon die Betrachtung der eigenen Persönlichkeit fördert."[25]

Ohne die Bedeutung der in diesem Urteil zur Sprache gebrachten sozialhistorischen Situation völlig negieren zu wollen, möchte ich meinerseits die bereits angesprochene Perspektive der "Ex-zentrizität" als den besseren Zugang zur Erklärung des *alternativen* Charakters des Kynismus vorschlagen. Mit "Ex-zentrizität" wird hier nämlich jener ursprüngliche Vollzug der subjektkonstituierenden Freiheit gemeint, durch welchen Freiheit, indem sie sich als höchstes Gut setzt, die Entwicklung einer freien Subjektivität zu ihrer ureigenen Mitte macht und "ex-zentrisch" insofern wird, als sie eben damit auf Distanz zum geltenden Mittelpunkt geht, genauer, aus dem geltenden System ausbricht. Es geht also um den Ausbruch der Freiheit im Subjekt, und zwar im strikten Sinne einer subjektkonstituierenden Praxis der Befreiung. Deshalb kann die "Ex-zentrizität" auch als der Ausbruch der Subjektivität in der Praxis der Freiheit bezeichnet werden. Entscheidend ist aber in dem vorliegendem Zusammenhang der Umstand, dass die "Ex-zentrizität" (als Ausdruck eines praktischen Vollzugs der Freiheit) den Kern der "inneren Notwendigkeit"[26] des Kynismus bildet. Der Kynismus kann demnach als die philosophische Grundhaltung verstanden werden, in der die Subjektivität sich um ihre Verwirklichung als freie Existenz zentriert und somit die Qualität erlangt, Quelle eines Lebensplans zu sein, der seinerseits ihr die Möglichkeit eröffnet, die soziale Ordnung, die politischen Verhältnisse, die sittlichen Normen, die Rechtsordnung, die Religion, kurz, die "Welt" bzw. das "System" von einem *Außen* her zu betrachten. Als Befreiungspraxis einer sich frei entwerfenden Subjektivität ist die "Ex-zentrizität" der kynischen Freiheit die praktische Ausübung der Außenperspektive, von der aus sie die bestehende Welt beurteilt.

Aus meiner Sicht konkretisiert sich deshalb die "Exzentrizität" des Kynismus genau in der Forderung, die sein bekanntester Vertreter

---

[25] R. Helm, *a.a.O.*, Sp. 22.

[26] Jacob Burckhardt, *Griechische Kulturgeschichte*, 3. Bd., a.a.O., S. 361.

Diogenes von Sinope (404-323 v. Chr.)[27] formulierte, als er vom "Umprägen der geltenden Münze"[28] sprach, um damit die Veränderung der "politischen" Verhältnisse als eine notwendige Aufgabe zu betonen. Die "Ex-zentrizität" zielt also auf die Umwertung der "politischen" Wertordnung ab, und zwar von der Exteriorität einer Freiheit aus, die sich als Existenz will und als Weg der Befreiung die Rückkehr zur "Natur" positiv wählt.

Die kynische "Ex-zentrizität" impliziert in der Tat die Negation der bestehenden Ordnung. Dieses Moment der Negation ist aber eine Konsequenz der Positivität des Ausbruchs der Freiheit, und nicht das Prinzip, das die kynische Freiheit als bloß abstrakte, negative Freiheit bestimmen würde. Letzteres hat schon Hegel vertreten: "*Diogenes* in seiner ganzen zynischen Gestalt ist eigentlich nur ein Produkt des atheniensischen gesellschaftlichen Lebens, und was ihn determinierte, war die Meinung, gegen welche seine Weise überhaupt agierte. Sie ist daher nicht unabhängig, sondern nur durch dieses Gesellschaftliche entstanden und selbst ein unartiges Produkt des Luxus."[29]

Hegel übersieht allerdings eins. Von der kynischen Freiheit kann man in der Tat sagen, dass sie eine Befreiungspraxis verkörpert, bei der – um es mit einer bekannten Formulierung Sartres auszudrücken – "à l'origine de tout, il y a d'abord le refus".[30] Nur: Dabei muss gleichzeitig Folgendes betont werden. Die Verweigerung, die Negation, hat ihre Bedingung der Möglichkeit in der Selbstbestimmung der Freiheit als Befreiungsplan, d.h. als Programm für eine selbstbestimmte Praxis, in der sie sich als befreite Freiheit verwirklicht. Die positive alternative Selbstwahl der Freiheit macht die Verweigerung überhaupt erst möglich, denn sie markiert die "ex-zentrische" Positionierung einer Freiheit, die sich nicht mehr vom Horizont des geltenden Systems her

---

27 Aus der bereits zitierten Literatur vgl. zur Biografie des Diogenes den Artikel von P. Natorp, vor allem aber: Diogenes Laertius, *Leben und Meinungen berühmter Philosophen*, Buch I-X, Hamburg 1967, S. 304ff.

28 Diogenes Laertius, *a.a.O.*, S. 305. Bekanntlich bedeutet in der griechischen Sprache "nomisma" zugleich Münze und Ordnung/Wert.

29 G.W.F. Hegel, *Grundlinien der Philosophie des Rechts*, in: *a.a.O.*, S. 351.

30 Jean-Paul Sartre, "Avant-Propos", in: Paul Nizan, *aden arabie*, Paris 1965, S. 62.

versteht, sondern im Gegenteil das System vom "Ideal" ihrer Befreiung beurteilt und es als die Negation ihrer eigentlichen Realität (nämlich ihrer Verwirklichung als Praxis befreiter Freiheit) negiert. Mit einem Wort: Hegel übersieht, dass die Verweigerung nicht aus dem System, sondern aus der Exteriorität einer Freiheit kommt, die um sich selbst als die Alternative zum System weiß und die gerade deshalb die "Ordnung" des Systems mit all ihren Evidenzen und Konventionen ablehnt.

Die Verweigerung, zu der die "Ex-zentrizität" der kynischen Freiheit führt, darf deshalb nicht auf eine mechanische Reaktion auf das Bestehende reduziert werden. In dieser Verweigerung opponiert doch die Freiheit aus der Mitte ihrer Selbstwahl heraus, so dass ihre Reaktion auf die herrschenden Verhältnisse ein Zeichen ihrer Selbstbestimmung ist, und nicht – wie Hegel annimmt – der Beweis für ihre Abhängigkeit vom Gesellschaftlichen. Die kynische Freiheit lehnt die bestehende Wertordnung ab, weil sie die Alternative der "Umwertung aller Werte" als die Aufgabe der eigenen Befreiungspraxis gewählt hat. Es ist die Option der Freiheit für ein selbstbestimmtes Leben. Im Namen dieser Option widersteht die kynische Freiheit.

Verweigerung und Widerstand stellen so Momente einer grundlegenden Option der Freiheit dar. Es sind Momente des Plans, durch den die Freiheit ihre praktische Verwirklichung in der konkreten Gestalt autonomer Subjektivität in Angriff nimmt. Nicht Zweck, sondern Mittel für den Zweck der Freiheit ist die kynische Verweigerung. Sie ist, anders ausgedrückt, eine Strategie der Befreiungspraxis der Freiheit; eine Strategie, die im Dienst der Verwirklichung der ethischen Autarkie des Subjekts steht. Denn wie Antisthenes (444 - ca. 368 v. Chr.), der Begründer der kynischen Tradition, erklärte, kommt die Opposition zu den "Gesetzen" doch daher, dass der Mensch sich nur und allein nach der Tugend richten soll.[31]

---

31 Vgl. Diogenes Laertius, *a.a.O.*, S. 299-300; zum Leben und Werk von Antisthenes vgl. ferner P. Natorp, "Antisthenes", in: *Pauly's Realencyclopädie der classischen Altertumswissenschaft*, Bd. 1, Stuttgart 1894, Sp. 2538-2545; und die dort angegebene Literatur.

Der Plan der Freiheit, auf den alle Verweigerung und Opposition zurückgehen, hat also in der kynischen Tradition einen Eigennamen: ethische Autarkie. Sie ist im Grunde der positive Begriff für den Prozess, den ich mit der Kategorie der "Ex-zentrizität" beschrieben habe. Die oben angesprochene Konkretisierung der "Ex-zentrizität" der kynischen Freiheit in der Forderung nach der Umwertung der "politischen" Ordnung muss also letztlich als eine notwendige Implikation der ethischen Autarkie des Subjekts verstanden werden. Ich weise ausdrücklich darauf hin, weil gerade die Zurückführung dieser Forderung auf das Ideal der ethischen Autarkie des Subjekts normalerweise als das entscheidende Argument für den apolitischen Charakter der kynischen Haltung angeführt wird. Und diese Schlussfolgerung möchte ich in dem vorliegenden Zusammenhang problematisieren, zumal meine Betonung der "Ex-zentrizität" als Ausbruch der Freiheit im Subjekt individualistisch, d.h. als Flucht in eine selbstherrliche Innenwelt missverstanden werden könnte.

Problematisch bei der genannten Schlussfolgerung ist natürlich nicht die Voraussetzung des inneren Zusammenhangs zwischen dem kynischen Ideal der ethischen Autarkie und der Forderung nach einer Umwertung der geltenden Ordnung, sondern vielmehr die dabei ebenfalls zur Voraussetzung erhobene Annahme, dass die ethische Autarkie der Kyniker nichts anderes als die Absolutsetzung einer von der Welt völlig losgelösten Individualität bedeuten kann und dass daher die damit zusammenhängende Umwertung der geltenden Werte eher als apolitische Reaktion von ausgesprochenen Individualisten verstanden werden soll. So schreibt z.B. Werner Jaeger: "... es scheint, dass der Gedanke der Autarkie von Sokrates noch nicht im individualistischen Sinne auf die Spitze getrieben wurde, wie die Kyniker es später getan haben. Seiner Autarkie fehlt gänzlich die Wendung zum Apolitischen, zur Selbstabsonderung und betonten Gleichgültigkeit gegen alles von außen Kommende."[32]

Gegen diese Interpretation, welcher nach das kynische Ideal der ethischen Autarkie nur zum Abschied von der "Politik" führen kann,

---

[32] Werner Jaeger, *Paideia. Die Formung des griechischen Menschen*, 2. Band, Berlin 1944, S. 106.

möchte ich meinerseits eine andere "politische" Lesart geltend machen, die – übrigens wie gesagt – den möglicherweise entstandenen Verdacht der Überbetonung individualistischer Züge bei meinen bisherigen Ausführungen als ein Missverständnis aufklären soll.

Aus dem bereits Gesagten darf allerdings so viel klar stehen: Der Leitfaden meiner Interpretation ist kein anderer als der Gedanke der "Ex-zentrizität". Ich möchte nun diesen Gedanken wieder aufgreifen, um vor dem Hintergrund des bereits dazu Gesagten zu präzisieren, dass mit der Kategorie der "Ex-zentrizität" gerade die unterscheidende Qualität der ethischen Autarkie der Kyniker bezeichnet werden soll. Ich meine damit die Grunderfahrung menschlicher Freiheit als Mitte, die jenseits der etablierten Ordnung und außerhalb des Systems entsteht. Das kynische Ideal der ethischen Autarkie interpretiere ich daher als einen subjekthaft-historischen Prozess, in dem sich die Einsicht verdichtet, dass Freiheit aus dem System ausbrechen und "ex-zentrisch" werden kann; d.h., dass sie sich als Befreiungspraxis zu betätigen vermag, weil sie immer schon die Exteriorität darstellt. Sie lehnt sich gegen die herrschende Ordnung auf, sie richtet sich nicht nach der geltenden Rechtsordnung, weil sie der geltenden Legalität des Systems die Moralität einer sich befreit wollende Subjektivität entgegensetzt;[33] und sie vermag diesen Widerstand gerade deshalb zu leisten, weil sie über die bereits erwähnte Außenperspektive verfügt, wobei hier noch hinzuzufügen wäre, dass damit die ursprüngliche Erfahrung der Freiheit als Hort von Exteriorität genannt wird, da im Ideal der ethischen Autarkie des Kynismus der Ausbruch der Freiheit im Subjekt zugleich die Beurteilung der geltenden Ordnung bedeutet, und zwar vom Standpunkt einer Freiheit aus, die sich *anders* gewählt hat und sich nach dieser Andersheit historisch verwirklichen will.

Die Exteriorität der kynischen Freiheit – dies sei nochmals hier betont – bedeutet also nicht nur die Bewegung, in der das Subjekt ihre Nicht-zugehörigkeit zur herrschenden Ordnung negativ dokumentiert, sondern darüber hinaus – und vielleicht vor allem – die Aktion, mit welcher es seine Zugehörigkeit zu einer *anderen* Ordnung manifestiert

---

[33] Vgl. Arturo A. Roig, "El 'regreso a la naturaleza' como liberación en el mundo antiguo", in: *Revista Latinoamericana de Filosofía* 1 (1991) 97-115.

und somit zu einer lebendigen Antizipation *anderer* freier Welten wird. Man kann es auch so ausdrücken: Die Exteriorität der Freiheit deckt die "geltende Münze" als eine pervertierte Reduktion der Wirklichkeit auf; oder, um es positiver zu sagen, sie ist der Beweis dafür, dass Menschen anders und mehr sein können bzw. sein sollten, als das, was sie nach den Vorschriften der geltenden Ordnung sind oder die vorgeschriebene Realität für sie vorsieht.

Die Exteriorität der kynischen Freiheit *sieht* also anders und mehr. Ihr Ideal der ethischen Autarkie bedeutet daher nicht Flucht von der Welt, sondern Antizipation einer anderen Weltkonstellation. Der Ausbruch dieser Freiheit im Subjekt bedeutet deshalb weiter die Bedingung der Möglichkeit für das *alternative* Einbrechen in die historische Welt. Genau darin liegt für mich die "politische" Dimension der ethischen Autarkie des Kynismus. Es geht ja um die radikale Loslösung vom Geltenden, aber nach dem Plan einer Freiheit, die diese Befreiungspraxis als Weg der Neuzentrierung der Welt versteht.

Für die "politische" Dimension, die nach meiner Interpretation das kynische Ideal der ethischen Autarkie wesentlich auszeichnet, spricht andererseits auch der Aspekt, dass die Erfahrung der "Ex-zentrizität" bzw. der Exteriorität der Freiheit im Zusammenhang mit dem Erlebnis von Armut als Kehrseite der geltenden "politischen" Verhältnisse steht. Es mag übertrieben erscheinen, die Kyniker als "die eigentlichen Kapuziner des Alterthums"[34] zu bezeichnen oder sie zum Vertreter der

---

34 Eduard Zeller, *Die Philosophie der Griechen in ihrer geschichtlichen Entwicklung*, 2.Teil, *a.a.O.*, S.335. Dass die Kyniker tatsächlich die Entwicklung des christlichen Mönchtums und insbesondere der Bettelorden beeinflusst haben, ist eine ideengeschichtlich fundierte Erkenntnis. Dazu vermerkt E. Zeller: "Die Cyniker stehen auch wirklich mit den christlichen Mönchen in einem nachweisbaren geschichtlichen Zusammenhang; das Mittelglied zwischen beiden bildet der Cynismus der Kaiserzeit und die neupythagoreische Ascese, welche theils unmittelbar, theils und besonders durch den Essäismus einen so bedeutenden Beitrag zum Mönchsthum geliefert hat.", *a.a.O.*, S. 335. Vgl. ferner Jacob Bernays, *Lucian und die Kyniker*, Berlin 1879; und R. Helms, *a.a.O.*, Sp. 6 und Sp. 23. Zum Verhältnis zwischen Kynismus und Christentum vgl. weiter: Georg Luck, *Die Weisheit der Hunde. Texte der antiken Kyniker*, Darmstadt 1997, S. 30ff. und die dort angegebene Literatur.

"Philosophie des griechischen Proletariats"[35] zu machen. Auf keinen Fall darf man jedoch die Tatsache unterschätzen, dass die Philosophie der Kyniker in einem direkten Kontakt mit der Realität der Armut entstanden ist. Denn wir wissen, dass mit Ausnahme von Krates (ca. 360-280 v. Chr.) und Hipparchia (ca. 360-280 v. Chr.), die freiwillig das Leben in Armut wählten, die Hauptvertreter des Kynismus persönlich von der Wirklichkeit der Armut betroffen waren: "Antisthenes war zwar nicht ohne Bürgerrecht, aber doch durch Geburt und Vermögensverhältnisse Proletarier; Diogenes war aus Sinope verbannt, in Athen lebte er als Heimathloser; ... Monimus war ein Sklave, den sein Herr fortgejagt hatte."[36] Und Diogenes Laertius hebt sogar hervor, dass Diogenes "als armer Flüchtling so sparsam wie möglich leben"[37] musste.

Für das adäquate Verständnis der "politischen" Dimension des kynischen Ideals der ethischen Autarkie ist nun meines Erachtens diese Erfahrung der Armut um so wichtiger, als sie für die Kyniker nicht bloß die Situation bedeutet, in der sich ein Mensch befinden kann, und zwar im Sinne der "schlechten Lage", um deren praktische Überwindung er sich bemühen muss. Für sie bedeutet Armut vielmehr der Ort, von dem aus die "Politeia" in ihrer Außensicht gesehen und beurteilt werden kann. Die Armut ist Konkretion der Exteriorität, und ihre Erfahrung besagt somit, dass die alternative *andere* Sicht, in der sich die Exteriorität ausdrückt, eine Sicht darstellt, in der das Geltende als ein Ganzes "von unten" gesehen wird. Entscheidend dabei ist aber die Einsicht, dass die Sicht "von unten" nicht das Problem, sondern im Gegenteil der Weg zur Lösung des Problems ist. Daher erklärt sich eben die Notwendigkeit einer radikalen Umwertung der "politischen" Werte. Denn Armut soll nicht behoben werden, etwa durch die Integration der Armen ins System. Sie soll vielmehr als die *andere* mögliche Ordnung des Lebens begriffen und gepredigt werden. Mit anderen

---

[35] K.W. Göttling, "Diogenes der Cyniker, oder die Philosophie des griechischen Proletariats", in: ders., *Gesammelte Abhandlungen aus dem klassischen Altertum*, Bd.1, Halle 1851, S. 251; und Jacob Bernays, *a.a.O.*, S. 23ff.

[36] Eduard Zeller, *a.a.O.*, S. 325 (Fußnote 3).

[37] Diogenes Laertius, *a.a.O.*, S. 305.

Worten: Armut ist die Option einer Freiheit, die in der Welt als lebendiges Zeugnis der realen Möglichkeit einer *anderen* Welt bestehen will.

Es wäre allerdings ein Missverständnis, aus dem Gesagten doch noch ein Argument für eine individualistische Lösung zu sehen und mit Jacob Bernays behaupten zu wollen: "Sie (die kynische Schule, R. F.-B.) ist auch in ihren edelsten Vertretern nie etwas anderes gewesen als ein praktischer Protest einzelner gegen die Leiden, Torheiten und Sünden einer in entseelten Formen erstarrten, dem Untergang geweihten Zivilisation und ein Versuch, aus dem allgemeinen Schiffbruch die Freiheit des Individuums zu retten."[38] Denn es geht zwar um eine Entscheidung der Freiheit, ja sogar um die Entscheidung der individuellen Freiheit, aber doch als Weg für die Lösung der Probleme der bestehenden "Politeia". Die Option der Freiheit für die Armut trifft ein Subjekt; ein Subjekt, das in dieser seiner Entscheidung jedoch eine "politische" Alternative sieht. Daher geht es für den Kyniker nicht um die Rettung *seiner* Freiheit, sondern um die Befreiung der Freiheit aller Menschen, und zwar durch die Option für die Armut. Seine Option zeigt den *anderen* Weg. Nach dem heutigen Sprachgebrauch würden wir sagen, dass das kynische Ideal eine Option darstellt, die mit dem Anspruch auf Universalisierbarkeit auftritt. Mit dieser Option wird individuelle Freiheit "lebendige Kritik"[39] des Systems. Und wichtig bei dieser kritischen Funktion ist der Umstand, dass die Kritik zugleich der Plan, die Alternative ist. Denn die Option der Freiheit für die Armut ist nicht nur Anklage, sondern auch konkrete Antizipation einer alternativen Ordnung.

Dass die Option für die Armut, die auf der ethischen Autarkie des Subjekts gründet, eine eminente "politische" Dimension hat, also keine bloß private Angelegenheit darstellt, zeigt sich zudem in der Öffentlichkeit, mit der sie vertreten wird. Es muss nämlich berücksichtigt werden, dass die Option für die Armut, die den Weg zur Realisierung der ethischen Autarkie darstellt und die ich in letzter Instanz als einen anderen Namen für die berühmte kynische Forderung nach der

---

38 J. Bernays, *a.a.O.*, S. 25.
39 Jacob Burckhardt, *Griechische Kulturgeschichte*, 3. Band, *a.a.O.*, S. 354.

"Rückkehr zur Natur" (*Physis*) betrachte, keineswegs das Sich zurückziehen aus der "Stadt" zur Folge hat. Im Gegenteil, der Kyniker lebt
diese Option in der "Stadt" – er wohnt ja in der "Stadt" (die Legenden
umwobene Tonne von Diogenes etwa soll sich in einem zentralen Ort
Athens befunden haben[40]), er spricht die Leute an, er sucht die Konfrontation... – und macht sie im wörtlichen Sinne zu einem Zeichen
des Widerspruchs. In erster Linie will der Kyniker die Logik des Systems brechen. Der Logik der geltenden "politischen" Ordnung öffentlich zu widersprechen; das ist es, was er als seine eigentliche Aufgabe sieht, und deshalb bleibt er in der "Stadt", zumal sein Widerspruch ein positiver ist. Der Kyniker will doch seinen Mitmenschen
merken lassen, dass es *anders* geht. Es ist kein Anachoret, sondern
vielmehr Seher und Mahner. Zur Verdeutlichung dieser alternativen
Stellung in der "Stadt" darf ich hier folgende Stellen von Diogenes
anführen:
"Er ahme, sagte er, die Chormeister nach; denn auch diese gingen im
Tonangeben ein wenig über das eigentliche Maß hinaus, damit die übrigen den richtigen Ton träfen."[41]
"Er zündete bei Tage ein Licht an und sagte: >>Ich suche einen Men-
schen<<."[42]
"Oft schärfte er mit lauter Stimme den Menschen die Lehre ein, daß
ihnen das Leben von den Göttern an sich nicht schwer gemacht sei,
aber über dem Suchen nach Leckerbissen, Wohlgerüchen und was
dem ähnlich, sei das in Vergessenheit geraten."[43]
"Ins Theater ging er, wenn die andern ihm daraus entgegenströmten,
und, nach dem Grund gefragt, sagte er: >>So halte ich es grundsätzlich mit meiner ganzen Lebensführung<<."[44]
Wir sehen also, wie Diogenes nicht nur in der "Stadt" bleibt, sondern
die "Stadt" zum Ort von Philosophie macht; zum Ort, an dem er den

---

[40] Diogenes Laertius, *a.a.O.*, S. 306: "... nahm er das Faß im Metroon (Tempel
der Göttermutter Kybele und Staatsarchiv) zu seiner Wohnung ... ."
[41] Diogenes Laertius, *ebenda*, S. 311.
[42] Diogenes Laertius, *ebenda*, S. 315.
[43] Diogenes Laertius, *ebenda*, S. 316.
[44] Diogenes Laertius, *ebenda*, S. 327.

Bruch mit der Logik der herrschenden Ordnung am Beispiel der eigenen Person deutlich werden lassen muss. Er ist in der "Stadt", richtet sich aber nicht nach deren Logik. Auf diese Weise gewinnt seine Existenz, seine "Lebensführung", "politische" Bedeutung. Und, wie ich bereits sagte, diese "politische" Bedeutung besteht nicht nur darin, negativer Protest zu sein. Denn sie hat vor allem den Charakter einer Alternative, in der – wie ich jetzt ergänzend hinzufügen möchte – dem System die Logik der Exteriorität entgegengesetzt wird. Daher liegt die eigentliche "politische" Bedeutung der kynischen Lebensführung als Existenzweise, die sich nach der Option für die Armut richtet[45], in der Tat darin, dass sie eine andere Rationalitätsform für das Verstehen und die Organisation des Lebens der Menschen darstellt. Hierzu noch ein klärendes Wort.

In der Konkretion als Option für die Armut, d.h. als Praxis der Bedürfnislosigkeit, die ja ein Programm zur radikalen Reduktion der Bedürfnisse artikuliert, bedeutet die Rückkehr zur Natur die Entscheidung für eine von den "Gesetzen" befreiende und folglich "politisch" alternative Rationalitätsform. Der mit der philosophischen Praxis des Kynismus in aller Schärfe herausgestellte Gegensatz zwischen *Nomos* und *Physis* muss demnach als Konflikt zwischen zwei Formen von "politischer" Rationalität interpretiert werden.[46] Der Rekurs auf die *Physis* fungiert doch hier als Setzung einer ursprünglichen Legitimationsinstanz, von der aus die Geltung des *Nomisma* beurteilt und transzendiert werden kann. Die *Physis* wird so als einen anderen, jenseits des geltenden Systems liegenden Verstehens- und Handlungshorizont eingesetzt. Wohl deshalb ist aber der Rekurs auf die *Physis*, genauer, ihre Einsetzung als Rationalitätsquelle in Opposition zur Rationalität der geltenden "Münze", alles andere als eine einfache "natürliche" Reaktion. Es ist vielmehr eine Leistung der Freiheit und als solche eine primär anthropologische qualifizierte Option. Im Kontext einer durch Gesetz und Zivilisation bestimmten Ordnung ist wahrlich die Forde-

---

[45] Hier wird übrigens deutlich, weshalb der Kynismus eine Synthese von Leben und Denken verkörpert, die in ihrer Radikalität einzigartig ist und die in der europäischen Philosophiegeschichte bis heute als eine offene Herausforderung wirkt.
[46] Vgl. A.A. Roig, *a.a.O.*, S. 104ff.

rung nach der Rückkehr zur Natur nicht "natürlich", sondern Ausdruck der kritischen Wahl eines Menschen, der – wie von Diogenes berichtet wird – wirklich die geltende Wertordnung dadurch umkehrt, "dass er weniger Gewicht legte auf die Vorschriften des Gesetzes als auf die Natur".[47] Und entscheidend in diesem Zusammenhang ist die Erkenntnis, dass diese Umkehrung gerade deshalb notwendig wird, weil er – wie es weiter im Bericht heißt – als Vorbild für seine Lebensweise den Herakles ansah, "der nichts höher hielt als die Freiheit".[48] Weil der Mensch sich frei will, setzt er die *Physis* als die andere Instanz, nach der er sich richtet und die alternative Einrichtung des Lebens plant. Damit fungiert die *Physis* als Horizont für die Ordnung der Freiheit und so auch als ein Paradigma für eine andere Ebene sittlichen Lebens.

Die "politische" Dimension der kynischen Option lässt sich aber auch daran verdeutlichen, dass die Orientierung an der sittlichen Größe *Physis* und die damit zusammenhängende Praxis der Bedürfnislosigkeit eine bewusste soziale Komponente haben. Für die kynische Option für die Armut ist es nämlich ein Gebot, andere Menschen nicht zu instrumentalisieren. Die Reduktion der Bedürfnisse impliziert den Verzicht auf Bedienung und markiert somit eine wichtige Grundlage für die Entwicklung alternativer zwischenmenschlicher Beziehungen. Selbstgenügsamkeit führt also nicht nur zur Askese in rein privater Absicht, sondern auch zur Pflege einer Haltung der Achtung vor der Würde der Mitmenschen. Dies wird an dieser Stelle einleuchtend gezeigt: "Platon beobachtete ihn (Diogenes, R. F.-B.), wie er seinen Kohl abspülte; er trat an ihn heran und sagte leise zu ihm: "Hättest du dich dem Dionysios fügsam erwiesen, so brauchtest du keinen Kohl zu waschen." Dieser aber habe ebenso leise geantwortet: "Und hättest du dich zum Kohl abspülen herabgelassen, so hättest du dich nicht dem Dionysios dienstbar gemacht."[49]

Vor dem Hintergrund der verbreiteten Interpretation des Kynismus als Protest planloser Einzelgänger habe ich bisher vor allem versucht, die

---

[47] Diogenes Laertius, *a.a.O.*, S. 330.
[48] Diogenes Laertius, *ebenda*, S. 330.
[49] Diogenes Laertius, *ebenda*, S. 323.

"politische" Komponente der kynischen Option für ein Leben in Armut hervorzuheben. Es ist aber auch klar, dass die kynische Option, in der sich ja ein Verständnis und eine Praxis der Philosophie widerspiegeln, deutliche Konsequenzen für die Philosophie impliziert. Darauf soll nun kurz eingegangen werden.

Zunächst sei die Implikation der Neuordnung des philosophischen Wissens erwähnt.

Die (ethische) Option des Kynismus für die "Natur" macht in der Tat eine Neuordnung der Philosophie insofern notwendig, als sie eben eine ethische Finalisierung des philosophischen Wissens artikuliert. Philosophie wird auf Ethik konzentriert. Sicherlich steht der Kynismus damit auf dem Boden der sokratischen Tradition. Das Entscheidende dabei ist aber, dass der Kynismus doch eine Wendung in der sokratischen Tradition vollzieht, weil seine ethische Finalisierung der Philosophie den sokratischen Intellektualismus korrigiert. Wissen und Tugend hängen zwar zusammen, aber nicht das Wissen führt zur Tugend, sondern die Tugend ist es, die zum Wissen bzw. zur Weisheit führt. Philosophie – so könnte man sagen – ist Einsicht aus der Tugend. Antisthenes formulierte es so: "Die Tugend bestehe im Handeln und bedürfe weder vieler Worte noch Lehren."[50]

Philosophie muss deshalb vom tugendhaften Handeln her ihre Bestimmung erhalten. Mehr noch, sie muss um die durch die Praxis der Tugend offenkundig werdende Ordnung der *Physis* alternativ reorganisiert werden, und zwar als eine *Téchne* für die gute, schöne Gestaltung des Lebens. Philosophisches Wissen muss auf diese humane Zielsetzung hin finalisiert werden.

Weil andererseits jedoch dieser Prozess im Kontext der Ordnung der "Stadt" seinen Anfang nimmt und sich somit in deren Öffentlichkeit bewegt, bedeutet weiter für die Philosophie die kynische Option die Konsequenz, dass die (ethische) Praxis der Philosophie weitgehend als Therapie vollzogen werden soll. Es gilt ja, die Menschen von der "Krankheit" der "zivilisierten" Maßlosigkeit und der Arroganz des ihr eigenen "esprit de sérieux" zu heilen. Die Praxis der Philosophie als

---

[50] Diogenes Laertius, *ebenda*, S. 299.

Beispiel asketischen Lebens[51] soll zeigen, dass ein Leben nach der
"Natur" kein Selbstzweck ist, sondern ein Mittel für die Heilung des
Menschen vom Wahnsinn, in den ihn der "Ernst" der geltenden Welt-
ordnung getrieben hat und den dieser "künstliche" Mensch selber dann
konsolidiert, indem er nicht nur mitmacht, sondern sich sogar zum
Macher und Maß aller Dinge erhebt. In diesem Sinne muss die Praxis
der Philosophie auch zeigen, dass der Mensch, der diesen "esprit de
sérieux" der bürgerlichen Ordnung verinnerlicht hat, ein Teil des Problems ist. Philosophie soll also als Sorge um den zum Problem gewordenen Menschen praktiziert werden.

In Verbindung mit der Konsequenz der Praxis der Philosophie als
"Behandlungsmethode" steht für mich die dritte Implikation, die ich
hier betonen möchte. Denn es geht um die prophetische Funktion,
welche die Philosophie bzw. der Philosoph im Kontext der geltenden
Ordnung übernehmen soll. Der Kyniker – wie ich bereits sagte – versteht sich als Mahner und macht die Philosophie zu einer Waffe der
prophetischen Kritik an den herrschenden Verhältnissen. Und besonders bemerkenswert scheint mir in diesem Zusammenhang die Tatsache zu sein, dass die kynische Kritik in vielen Punkten an die bibli-
sche Tradition der Propheten Israels erinnert. Dies wird vor allem dort
deutlich, wo es um die Kritik am Mammon und an der Eitelkeit der
Macht geht. So wird von Diogenes folgende Erkenntnis überliefert:
"Die Habsucht nannte er die Mutterstadt allen Übels."[52]

Aus der ethischen Option des Kynismus für die Ordnung der *Physis*
ergeben sich noch zwei weitere Konsequenzen für die Philosophie, die
meines Erachtens das Selbstverständnis der Philosophie direkt betreffen und die ich nun zur Abrundung meiner Interpretation explizieren

---

[51] Interessant ist in diesem Zusammenhang folgende Bemerkung von J. Burckhardt: "Was den Kynismus überhaupt betrifft, so ist vor allem darauf zu achten,
daß hier die Askese auf kein Absterben des Leibes hinzielt und der Gesundheit
nicht Abbruch tun darf. Sie ist ferner ohne Zusammenhang mit dem Seelenwan-
derungsglauben, überhaupt, was anderswo ganz unerhört ist, ohne jedes religiöse
Motiv; sie ist nicht auf gänzliche Ertötung des Willens gerichtet und will nicht
nur ein Mittel zur Unabhängigkeit von der Tyche ... ." *Griechische Kulturgeschichte*, 3. Band, *a.a.O.*, S. 359.

[52] Diogenes Laertius, *a.a.O.*, S. 319. Vgl. auch S. 336.

darf. Die erste meint die Forderung, dass Philosophie als "fahrende" Philosophie verstanden werden soll, womit das Selbstverständnis einer Philosophie ausgedrückt wird, die sich nicht nur auf "Wanderschaft" versteht, sondern sich von der "Wanderschaft" her in ihrer Begrifflichkeit prägen lässt. Mit anderen Worten: Philosophie soll nicht dogmatisch an ihrem begrifflichen Gepäck festhalten, sondern ihr Reisegepäck so leicht wie möglich halten[53], um die Haltung der Lernfähigkeit zu kultivieren. "Fahrende" Philosophie muss doch lernfähige Philosophie bleiben. Dass diese Disposition zum Lernen auch die Bereitschaft meint, sich belehren zu lassen, und zwar insbesondere von jenen, welche die Exteriorität und Einfachheit der Ordnung der *Physis* am stärksten zum Ausdruck bringen, lässt sich auf beeindruckende Wiese anhand dieser Überlieferung von Diogenes belegen: "Als er einmal ein Kind sah, das aus den Händen trank, riß er seinen Becher aus seinem Ranzen heraus und warf ihn weg mit den Worten: >>Ein Kind ist mein Meister geworden in der Genügsamkeit<<. Auch seine Schüssel warf er weg, als er eine ähnliche Beobachtung an einem Knaben machte, der sein Geschirr zerbrochen hatte und nun seinen Linsenbrei in der Höhlung eines Brotstückes barg."[54]

Die zweite Konsequenz geht dahin, Philosophie als *freie* Reflexion zu verstehen. Komplementär zum Moment der befreienden Praxis des Subjekts, in dem Philosophie als Bewegung der Selbstlösung vom Geltenden vollzogen wird, meint nun das Verständnis der Philosophie als *freie* Reflexion das Moment der Artikulation eines kritischen Diskurses, für dessen Sprechen die Aussprache des offenen, direkten Wortes eine unabdingbare Verpflichtung ist. Ohne Rücksicht auf geltende Sprachregelungen, die ja Teil der zur Wahrung des sozialen gu-

---

53 Aufschlussreich in dieser Hinsicht ist für mich diese Stelle: "Man muß seinen Reisebedarf, sagte er, so einrichten, daß er sich auch mit dem schwimmenden Schiffbrüchigen retten kann." Diogenes Laertius, *a.a.O.*, S. 297.

54 Diogenes Laertius, *a.a.O.*, S. 312. Zum Vergleich der Intention dieser Stelle sowie der des kynischen Ideals einer Umwertung aller geltenden Werte überhaupt mit der im Matthäus-Evangelium formulierten Forderung ("Wenn ihr nicht umkehrt und wie die Kinder werdet, könnt ihr nicht in das Himmelreich kommen." Matth. 18,3) vgl. R. Helm, *a.a.O.*, Sp. 23; und Houston S. Chamberlain, *Die Grundlagen des neunzehnten Jahrhunderts*, I, München 1899, S. 200.

ten Tons getroffenen Konventionen sind, muss die Philosophie "das freie Wort"[55], das "direkt zur Sache geht" und die Missstände beim richtigen Namen nennt, potenzieren und sich so als Vehikel der Aufrichtigkeit im Diskurs gestalten lassen. Philosophie wird dadurch zum Kristallisationspunkt der Auseinandersetzung um alternative Rationalitätsformen. Als *freie* Reflexion, die auf das freie Wort reflektiert, erfüllt Philosophie also eine befreiende Funktion ad extra, indem sie eben den Verkehr des freien Wortes unter den Menschen in der "Stadt" fördert. Aber sie erfüllt zugleich damit eine befreiende Funktion ad intra, da die Bestimmung als *freie* Reflexion die Befreiung der Philosophie von der Logik des herrschenden Systems impliziert.

Hierzu noch eine Randbemerkung: Weil die Bestimmung der Philosophie als *freie* Reflexion eine Konsequenz darstellt, die im Grunde auf die Ex-zentrizität der kynischen Position zurückgeht, bedeutet sie ihrerseits für diejenigen, die sich für die Praxis der Philosophie entscheiden, die Konsequenz, dass sie aus der Philosophie keinen im System etablierten Beruf machen dürfen. Philosophie darf also keine "besoldete Philosophie"[56] werden. Der Figur des Philosophen als Beamter oder Angestellter eines Systems tritt hier daher die Figur des "Bettlerphilosophen" entgegen, und zwar als konkretes Zeichen dafür, dass wahre Philosophie die Ex-zentrizität als eine bleibende, sie stets auszeichnende Qualität zu erhalten hat.

Abschließend darf ich noch die Frage nach der möglichen Bedeutung der kynischen Tradition für die Philosophie unter den Bedingungen unserer Zeit kurz aufwerfen. Gemeint ist damit die Frage nach der Aneignung des Kynismus im Sinne einer offenen Tradition, die wir heute rekontextualisieren und so auch kreativ fortsetzen könnten. Dass auf diese Frage positiv geantwortet werden kann, scheint mir die vorgelegte Interpretation zumindest plausibel gemacht zu haben. Ich darf daher von dieser Annahme ausgehen, um – ohne die Frage weiter zu problematisieren – mich hier auf die Benennung von einigen Problemfeldern aus unserem Kontext zu beschränken, für deren Bewältigung

---

[55] Diogenes Laertius, *a.a.O.*, S. 329.
[56] Jacob Burckhardt, *Griechische Kulturgeschichte*, 3. Band, a.a.O., S. 343.

in "befreiungsphilosophischer" Absicht die kreative Aneignung der kynischen Tradition wichtige Orientierungspunkte anbieten könnte.

Aus einer philosophieinternen Perspektive wäre in diesem Sinne zuerst das Problem der Akademisierung und Institutionalisierung heutiger Philosophie zu nennen. Befreiend würde sich hier die kontextuelle Aneignung der kynischen Tradition insofern auswirken, als dadurch eine Perspektive zur Wiedergewinnung der "politischen" Öffentlichkeit als Ort philosophischer Praxis gewonnen werden könnte. Hinzu käme die Möglichkeit einer neuen Erfahrung der Ex-zentrizität gegenüber dem etablierten System und dessen Institutionen, so dass die Philosophie ihr Auftreten als Element des öffentlichen Lebens im Sinne einer radikalen Kritik des Bestehenden gestalten könnte. Auf diese Weise wäre es vielleicht auch möglich, die Erkenntnis zu erlangen, dass philosophische Reflexion sich der Dimension der Prophetie als einer ihrer Funktionen nicht verschließen darf.

Andererseits ist meines Erachtens die Rekontextualisierung der kynischen Tradition weiter von Bedeutung für die Artikulation eines Diskurses, dem daran gelegen ist, die Frage nach der Möglichkeit von Subjektivität unter den Bedingungen des die Kontexte der Menschen heute bestimmenden Phänomens der Globalisierung zu erörtern. Denn das kynische Ideal der Autarkie kann dabei eine grundlegende Orientierung für die Neubestimmung einer ethischen Auffassung von Subjektivität darstellen, die gerade deshalb, weil sie um die ethische Autonomie des Subjekts zentriert ist, als Leitfaden für eine alternative Antwort auf die durch das Phänomen der Globalisierung forcierte Tendenz zur Neutralisierung der Freiheit im Subjekt dienen kann. Konkret wäre hier etwa an eine Praxis der bewussten, auf die Behauptung der personalen Autonomie des Menschen hinzielende Lebensführung zu denken, da durch eine solche Praxis, die nichts anderes als die praktische Umsetzung des Rechts des Subjekts auf selbstbestimmte Biographie darstellt, das Subjekt die Dimensionen von Zeit und Raum von seinem eigenen Lebensplan her bestimmt, sie also von der Uniformierung in der Strategie der Globalisierung befreit, und sich somit als Fokus alternativer Weltgestaltung konstituiert.

In Verbindung mit diesem Ansatz zur Entwicklung einer ethischen Auffassung von Subjektivität im Kontext der Globalisierung steht für mich ein weiteres Problem, zu dessen Lösung der kreative Rekurs auf die kynische Tradition auch einen Beitrag leisten könnte. Ich meine das Problem eines im Räderwerk des Systems gefangenen Menschen, der sein Leben nach dem Gesetz des Marktes richtet und so das Haben zum Prinzip und Ziel menschlicher Existenz erhebt. Der Mensch des Systems symbolisiert die Herrschaft der Dinge über das Humanum, d.h. das Moment der Abdankung der Freiheit. Das kynische Ideal und die damit zusammenhängende Praxis der Askese könnten auch hier als Gegengewicht rekontextualisiert werden, indem man sie etwa als Elemente einer politisch motivierten Erziehung der Befreiung sowie zur Humanisierung des menschlichen Wollens im heutigen Kontext berücksichtigt. Denn jeder Ansatz zur Lösung des Problems "Mensch" – gleich welcher theoretischen Herkunft er auch sein mag – kann doch nicht davon absehen, dass es dabei auch auf die Art und Weise ankommen muss, wie der Mensch sich *praktisch will*, d.h. ob er sich in die Maßlosigkeit treiben lässt oder sich als Subjekt konstituiert, das seine Freiheit auch dadurch zum Ausdruck bringt, dass es sein Wollen *humanistisch* beschränkt.

Zu erwähnen ist schließlich noch ein Problem, das als der größere Zusammenhang der eben genannten Frage betrachtet werden kann: Die Entscheidung unserer Gegenwart für eine Weltzivilisation westlicher Prägung, die ohne Rücksicht auf die Substanz des Lebens eine künstliche, um den Überfluss zentrierte Lebensweise als die einzig mögliche Alternative expandiert. Im Kontext dieser Entwicklung könnte die Rekontextualisierung der kynischen Kultur- und Zivilisationskritik zur Einsicht beitragen, dass der Weg unserer kapitalistischen Zivilisation ein Irrweg ist, der weder durch Steigerung der Produktion noch durch Beschleunigung anderer interner Kräfte korrigiert werden kann, sondern nach einer radikalen Kurskorrektur in der eingeschlagenen Richtung verlangt. Und diese Wende als Ausweg ist heute noch möglich, sie ist es aber nur als Leistung einer ethischen Option aus der Exteriorität des Systems.

3.4 Peter Abailard oder die "gescheiterte" Tradition

Ähnlich wie beim Kynismus steht man auch bei der Denktradition, die den Namen Peter Abailard (1079-1142) trägt, zunächst vor dem Faktum einer starken und kontinuierlichen philosophiegeschichtlichen Rezeption, welche in diesem Fall allerdings viel differenzierter ausfällt. An dieser Rezeptionsgeschichte kann daher nicht nur erkannt werden, dass Peter Abailard – unabhängig von der berühmten Liebesgeschichte mit Heloisa (1100-1164)[1] – eine wohl bekannte Größe in der abendländischen Kulturgeschichte ist. Sondern es kann darüber hinaus insbesondere festgestellt werden, dass Abailards Theologie und Philosophie Anlass für die verschiedensten Interpretationen gegeben haben und heute noch geben. Letzteres stellt zudem für mein Dafürhalten eine Tatsache dar, die ihrerseits als Ergebnis des Zusammenspieles zwischen verschiedenen, aber eng miteinander verbundenen Faktoren erklärt werden kann. Ich meine Folgendes:

Einerseits kann Abailards philosophische bzw. theologische Rezeptionsgeschichte als Resultat einer durchaus Ideologie besetzten Rezeption gesehen werden, bei der je nach dem, welche Rezeptionspartei am Werke ist, es sich das Interesse daran durchsetzt, Peter Abailard zum Beispiel als Prototyp des Freidenkers[2] oder als orthodoxen christlichen Denker[3] oder auch als Systemkritiker und Reformator[4] hervorzuheben, ohne die Lesart jener zu vergessen, die Abailards Sensibilität für neue Herausforderungen und Fragestellungen im Kontext seiner

---

[1] Zu Heloisa, auf die ich hier nicht eingehen kann, vgl. Ch. Charrier, *Héloïse dans l'Histoire et dans la Légende*, Paris 1933; M. Fumagalli, *Heloise und Abälard*, München/Zürich 1986; E. Gilson, *Héloïse et Abélard*, Paris 1997; H.-W. Krautz, "Nachwort", in: Abaelard, *Der Briefwechsel mit Heloisa*, Stuttgart 1989, S. 377-419; und U. I. Meyer, "Héloïse", in U. I. Meyer/H. Bennent-Vahle (Hrsg.), *Philosophinnen-Lexikon*, Leipzig 1997, S. 263-266. Für die Originalausgabe der *Problemata Heloissae* vgl. die Minge-Ausgabe *PL* 178, 678-730; und für die Briefe, *PL* 178, 181, 191, 211, 379.

[2] Vgl. Ch. de Rémusat, *Abélard; sa vie, sa philosophie et sa théologie*, 2 Bde., Paris 1845; insbesondere den zweiten Band S. 354 ff.

[3] Vgl. E. Gilson, *La philosophie au moyen âge*, Paris 1925, S. 280 ff.

[4] Vgl. E. Bloch, *Zwischen Welten in der Philosophiegeschichte*, in: *Gesamtausgabe*, Bd. 16, Frankfurt 1977, S. 76 ff.

Epoche als journalistische Neugier und/oder Polemik deuten und aus ihm ein Museumsstück, dem man heute höchstens historisches Interesse entgegenbringen kann, machen.[5]

Andererseits aber muss die Tatsache dieser komplexen Rezeptionsgeschichte darauf zurückgeführt werden, dass mit seiner Lehrtätigkeit und seinen Werken Peter Abailard in der Tat "eine neue Seite in der Geschichte der Philosophie und der europäischen Kultur"[6] aufschlug. Mit Ernst Bloch kann man auch die sachliche Erklärung für dieses Phänomen darin sehen, dass Abailard eine dieser Gestalten ist, "... die man leicht über verschiedene Zeiten hinüber bewegen kann"[7], und zwar deshalb, weil er für die Verkörperung der "Unerschrockenheit des Denkens"[8] vor etablierten Machtstrukturen und konstituierten Wissensformen steht.

Mit Rücksicht auf die Konsequenz, die aus dieser Tatsache für das Anliegen meiner Arbeit folgt, nämlich dass Peter Abailard – aus welchen Gründen und Motiven auch immer – einen Autor darstellt, der

---

[5] Vgl. B. Geyer, *Die patristische und scholastische Philosophie, Überwegs Grundriß der Geschichte der Philosophie*, Bd. 2, Tübingen 1951, S. 216ff.; und J. Pieper, *»Scholastik«. Gestalten und Probleme der mittelalterlichen Philosophie*, München 1960, S. 108ff. Die Liste der Beispiele für die Vielfalt der Interpretationen könnte natürlich leicht fortgesetzt werden. Hierzu vgl. ferner: E. Bréhier, *La philosophie du moyen âge*, Paris 1937; F. Brentano, *Geschichte der mittelalterlichen Philosophie*, Hamburg 1980, S. 24ff.; V. Cousin, *Fragments de la philosophie du Moyen Âge*, Paris 1855, S. 1-242; W. Dilthey, *Grundriß der allgemeinen Geschichte der Philosophie*, Göttingen 1949, S. 125ff.; G. Fraile, *Historia de la filosofía: Judaismo, Cristianismo, Islam*, 2. Bd., Madrid 1965, S. 410ff.; G. Frascolla, *Abelardo umanista e razionalista*, Pesaro 1950; M. de Gandillac, "Sur quelques interprétations récentes d'Abélard", in: *Cahiers de Civilisation Médievale* IV (1961) 293-301; M. Grabmann, *Die Geschichte der scholastischen Methode*, 2. Bd., Darmstadt 1956, S. 168ff; F. Herr, *Aufgang Europas. Eine Studie zu den Zusammenhängen zwischen politischer Religiosität, Frömmigkeitsstil und dem Werden Europas im 12. Jahrhundert*, 2 Bde., Wien/Zürich 1949, 2. Bd., S. 235ff.; J. I. Saranyana, *Historia de la filosofía medieval*, Pamplona 1985, S. 135ff.; und K. Vorländer, *Philosophie des Mittelalters*, Reinbek 1964, S. 56ff.

[6] K. Flasch, *Einführung in die Philosophie des Mittelalters*, Darmstadt 1987, S. 83.

[7] E. Bloch, *a.a.O.*, S. 76.

[8] E. Bloch, *ebenda*, S. 84.

für eine am Leitfaden der befreienden Erinnerung der Menschheit rekonstruierte Philosophiegeschichte nicht erst jetzt entdeckt werden muss, darf ich die Intention dieses Abschnitts folgendermaßen präzisieren. Es geht nicht darum, die Geschichte der Rezeptionsgeschichte zu rekonstruieren, um auf der Grundlage der dadurch gewonnenen Erkenntnisse etwa die Frage entscheiden zu wollen, ob der *Peripateticus palatinus* – wie Johannes von Salisbury (ca. 1115-1180) Peter Abailard auf Grund seines Herkunftsortes in Le Pallet (Palatium) bei Nantes nannte[9] – mehr ein "chien" als ein "loup" oder umgekehrt war, um hier die etwas saloppe, aber für die Verdeutlichung der Gegensätze bei der Beurteilung von Abailard doch angebrachte Formulierung von Jean Jolivet aufzugreifen.[10] Es geht also nicht um eine kritische Revision der Würdigungen, die Abailard erfahren hat. Vielmehr geht es darum, anhand ausgewählter Denkansätze exemplarisch zu zeigen, wie Abailard aus den unterdrückenden Denkstrukturen seiner Zeit ausbricht und befreiend neue Perspektiven entwirft. Es soll also illustriert werden, wie Abailard tatsächlich wagte, "in ein neues Land vorzustoßen"[11], und wie mit seinem Auftreten "die Weltgeschichte einen Ruck"[12] machte. Diese Aufgabe – und genau darin besteht die eigentliche Pointe meines Anliegens bei der Berücksichtigung von Abailard – wird hier jedoch als notwendige Übung zum Verständnis der Denktradition "Peter Abailard" im Sinne einer Tradition verstanden, die gescheitert ist, weil sie nicht gelingen durfte; sie ist also nicht aus innerer Perspektivlosigkeit oder mangelndem "Realismus" gescheitert, sondern weil sie von den Interessen einer sakralisierten, soziale Macht legitimierenden Denktradition zur Strecke gebracht wurde. So ist sie ganz gewiss eine Tradition, die uns heute noch mit offen gebliebenen Möglichkeiten konfrontiert, aber ebenso mit der Tragik ihres Schicksals erschüttert.

---

9 Vgl. J. von Salisbury, *Metalogicus* II, 17: Minge-Ausgabe, *PL* 199, 874.

10 Vgl. J. Jolivet, "Abélard entre chien et loup", in: *Cahiers de Civilisation Médiévale* XX (1977) 307-322.

11 E. Bloch, *a.a.O.*, S. 84.

12 K. Flasch, *a.a.O.*, S. 93.

In Anspielung an einen berühmten Titel von Peter Abailard, der *Historia calamitatum* (1133), darf ich daher zusammenfassend sagen, dass es letztlich um die Verdeutlichung der Dialektik zwischen der *memoria passionis* und der *memoria liberationis* am Beispiel dieser Gestalt aus dem 12. Jahrhundert geht, und zwar im Hinblick auf die Betonung dieser – wie mir scheint – bleibenden Einsicht: Befreiungsgeschichte schreiben eigentlich nur jene Subjekte, die an ihrer Zeit leiden, worunter ich sowohl das Moment der kritischen Reaktion des Subjekts auf die Situation der Zeit als auch die darauf defensiv agierende Antwort der in Gesellschaft und Kultur vorherrschenden Traditionen verstehe.

Am Beginn meiner Aufgabe soll daher ein kurzer Hinweis auf Abailards Stellung in seiner Zeit stehen. Dies soll zugleich den ideengeschichtlichen Hintergrund der ausgewählten Schwerpunkte meiner Darstellung verdeutlichen. Die Behauptung, das Verhältnis zwischen Abailard und seiner Zeit lasse sich am besten mit dem Wort Provokation zusammenfassen, kann man heute als einen Gemeinplatz in der Fachliteratur betrachten. Von dieser Binsenweisheit möchte ich auch hier ausgehen, wobei ich jedoch sofort anmerken muss, dass sie einen wirklich interessanten Sachverhalt erst dann ausdrückt, wenn man sie nicht individualpsychologisch reduziert und Abailards Provokation allein als eine Konsequenz seines Charakters[13] erklärt. Genauso wenig kommt der wirkliche Gehalt bzw. der Sprengstoff dieses Sachverhalts zum Vorschein, wenn man Abailards Provokation auf das "Verhängnis seines Genies"[14] zurückführt. Denn es geht weniger um eine An-

---

[13] Vgl. G. Fraile, *a.a.O.*, S. 413ff.; und die dort angegebene Literatur. Und der anerkannte Mittelalterforscher M. Grabmann fasst zusammen: "In Abälards Schriften spiegeln sich aber auch die Schattenseiten, die Dissonanzen seines Geistes und Charakters: seine Vorliebe für neue, blendende Gedanken, seine Überspannung der Dialektik auf Kosten einer gründlichen patristischen Durchbildung, sein hochgradiges Selbstbewußtsein, sein unstetes, wandelbares Wesen, seine Zugänglichkeit für Schmeicheleien, sein Kritisieren und Nörgeln an den Leistungen der Lehrer und Fachgenossen". *Die Geschichte der scholastischen Methode*, 2. Bd., a.a.O., S. 173. Vgl. auch ders., *Die Geschichte der Katholischen Theologie*, Darmstadt 1961, S. 37ff.

[14] So schreibt etwa E. Gilson: "... Abélard poursuit la carrière tumultueuse que ne cesse d'inventer pour lui la fatalité de son génie. Il est de ceux qu'un infaillible

gelegenheit des Temperaments als vielmehr um eine – im wahrsten Sinne des Wortes – philosophische Haltung, die man zudem aus Einsicht in ihre Richtigkeit konsequent vertritt und in der Öffentlichkeit seiner Epoche zu artikulieren versucht. Dass Abailard für seine Zeit eine Provokation bedeutete, muss also daher als die Formel verstanden werden, in der sich der theoretische, aber auch soziale Kampf zwischen Traditionalismus und Erneuerung ausdrückt; ein Kampf, durch dessen Thematisierung und Radikalisierung Peter Abailard zum "Märtyrer seiner Überzeugungen"[15] gerade deshalb wird, weil die etablierte Tradition ihm öffentlich und mit aller Macht bekämpfen muss, da er nicht – wie immer wieder unter Berufung auf seine eigenen autobiographischen Zeugnisse in der *Historia calamitatum* unterstellt wird – aus privater Streitsucht oder Eitelkeit[16], sondern im öffentlichen Interesse und aus der Einsicht in die Notwendigkeit eines kulturellen Neubeginns heraus dem vorherrschenden "Zeitgeist" seiner Epoche widersprochen hatte.

Zwei zeitdiagnostische Urteile über die Philosophie bzw. die Kultur, in deren Rahmen Peter Abailard gelebt und gewirkt hat, sollen seine Provokation oder, besser gesagt, den sich darin manifestierenden Widerspruch noch verdeutlichen. Das erste Urteil, das die Philosophie des Mittelalters in ihrem allgemeinen Charakter betrifft, stammt von Hegel, und es lautet: "Der *Charakter der Philosophie im Mittelalter* ist ein Denken, ein Begreifen, ein Philosophieren mit einer Voraussetzung; es ist nicht die denkende Idee in ihrer Freiheit, sondern mit der Form einer Äußerlichkeit oder Voraussetzung behaftet."[17] Das hier Gemeinte hat Hegel selbst vorher folgendermaßen erläutert: "Bei den christlichen Kirchenvätern und später bei den Scholastikern hatte das

---

instinct conduit droit aux questions dangereuses et aux réponses provocantes, un aventurier de l'esprit, un découvreur de terres nouvelles qui ne s'engage sur aucune où ne l'invite son instinct de pionnier", *Héloïse et Abélard*, a.a.O., S. 131.

15 F. Hommel, "Einführung", in: *Nosce te ipsum. Die Ethik des Peter Abälard*, Wiesbaden 1947, S. 14.

16 Vgl. Abaelard, *Die Leidensgeschichte und der Briefwechsel mit Heloisa*, Heidelberg 1979, S. 10ff. und S. 18.

17 G.W.F. Hegel, *Vorlesungen über die Geschichte der Philosophie*, in: *Werke in zwanzig Bänden*, Bd. 19, Frankfurt 1975, S. 542. (Kursiv im Original).

Philosophieren denselben Charakter der Unselbständigkeit."[18] Oder, wie es vielleicht noch deutlicher an einer anderen Stelle heißt: "Das Wissen also ist innerhalb der Kirche eingeschränkt; aber auch bei diesem Wissen selbst liegt eine positive Autorität fest zugrunde, und sie ist ein Hauptzug dieser Philosophie, deren erste Bestimmung mithin die der Unfreiheit ist."[19]

Das zweite Urteil, das kulturgeschichtlicher Natur ist und das im vorliegenden Zusammenhang deshalb besonders relevant ist, weil es die Zäsur zwischen Mittelalter und Renaissance genau an der Problematik der Entdeckung bzw. Entwicklung der Individualität und Subjektivität festmacht, ist von Jacob Burckhardt, der es so formuliert: "Im Mittelalter lagen die beiden Seiten des Bewusstseins – nach der Welt hin und nach dem Innern des Menschen selbst – wie unter einem gemeinsamen Schleier träumend oder halbwach. Der Schleier war gewoben aus Glauben, Kindesbefangenheit und Wahn; durch ihn hindurchgesehen erschienen Welt und Geschichte wundersam gefärbt, der Mensch aber erkannte sich nur als Rasse, Volk, Partei, Korporation, Familie oder sonst in irgend einer Form des Allgemeinen. In Italien zuerst verweht dieser Schleier in die Lüfte; es erwacht eine *objektive* Betrachtung und Behandlung des Staates und der sämtlichen Dinge dieser Welt überhaupt; daneben aber erhebt sich mit voller Macht das *Subjektive*; der Mensch wird geistiges *Individuum* und erkennt sich als solches."[20]

---

[18] G.W.F. Hegel, *ebenda*, S. 524.

[19] G.W.F. Hegel, *ebenda*, S. 540.

[20] J. Burckhardt, *Die Kultur der Renaissance in Italien*, in: *Gesammelte Werke*, Bd. III, Darmstadt 1955, S. 89 (Kursiv im Original). Burckhardt illustriert auch die Zäsur konkret anhand des unterschiedlichen Charakters der Biographik, im Mittelalter und in der Renaissance: "Vieles, was sich dann bis zu Ende des Mittelalters als Biographie gibt, ist eigentlich nur Zeitgeschichte und ohne Sinn für das Individuelle des zu preisenden Menschen geschrieben. Bei den Italienern wird nun das Aufsuchen der charakteristischen Züge bedeutender Menschen eine herrschende Tendenz ... Diesen entwickelten Sinn für das Individuelle kann überhaupt nur derjenige haben, welcher selbst aus der Rasse herausgetreten und zum Individuum geworden ist." *a.a.O.*, S. 223. Vgl. auch S. 206, wo die Zäsur im Sinne der Entdeckung des Menschen als Subjekt noch betont wird.

Mir ist andererseits bewusst, dass Hegels Urteil, vor allem aber das Urteil von Burckhardt auf großen Widerstand in der späteren Forschung gestoßen sind. Man hat in der Tat zu Recht darauf hingewiesen, dass bei beiden wichtige Aspekte der komplexen Entwicklung der Philosophie und der Kultur im europäischen Mittelalter verkannt bzw. auf Grund eines zu starken Interesses an der Betonung der Diskontinuität nivelliert werden. So soll bei Hegel dieses Urteil die Plausibilität der Hervorhebung des Aufbruchs der Freiheit der philosophierenden Geister als Wendepunkt zur modernen Philosophie sichern, während es bei Burckhardt um das Interesse daran gehen soll, eine scharfe Trennungslinie zwischen Mittelalter und (italienischer) Renaissance als Kulturepochen zu ziehen. Der Streit hierüber – zumal sich Kritiker und Interpreten auf marginal gebliebene Anfänge humanistischer und rationalistischer Entwicklungstendenzen im frühen Mittelalter beziehen[21] – relativiert jedoch nicht die Aussagekraft dieser Urteile als Diagnose über den *allgemeinen* geistigen Ausdruck einer Epoche und

---

21 Ich spreche hier von "marginal gebliebenen Anfängen", weil man mit M. Grabmann von dieser Feststellung ausgehen kann: "Unter der Devise «Fides quaerens intellectum» eröffnete St. Anselm ... das Rittertum des Geistes ... In den nächstfolgenden Jahrzehnten bis gegen die Mitte des 12. Jahrhunderts breiteten sich diese Bestrebungen immer mehr aus. Gegenüber den naheliegenden Gefahren wurden sie durch den Heiligen Bernhard von Clairvaux ... in den rechten Bahnen gehalten und geleitet, durch tiefes Studium der heiligen Schrift, der Väter und der Liturgie unterstützt und befruchtet, so dass die sich vordrängenden rationalistischen und zersetzenden Elemente, Abaelard voran, in tapferem und siegreichem Kampfe bald überwunden wurden." *Die Geschichte der katholischen Theologie*, a.a.O., S. 29-30. Vgl. ferner E. Gilson, *L'Humanisme médiéval*, Paris 1955; und *Héloïse et Abélard*, a.a.O., S. 147ff.; Ch. H. Haskins, *The Renaissance of the Twelfth Century*, Cambridge 1927; J. Nordström, *Moyen Âge et Renaissance*, Paris 1933; R.W. Southern, *Gestaltende Kräfte des Mittelalters. Das Abendland im 11. und 12. Jahrhundert*, Stuttgart 1960; und *Medieval Humanism and Other Studies*, Oxford 1970; und ferner C. Bérube, *La connaissance de l'individuel au Moyen Âge*, Paris 1964; H.-P. Gerl, *Einführung in die Philosophie der Renaissance*, Darmstadt 1989, S. 6ff.; J. Pieper, »*Scholastik«. Gestalten und Probleme der mittelalterlichen Philosophie*, a.a.O., S. 18ff.; P. Renucci, *L' aventure de l' humanisme européen au Moyen Âge (IVe-XIVe siècles)*, Paris 1983; A. Sabetti, *Hegel e il problema della filosofia come historia*, Neapel 1967; und W.H. Walsh, *The Historiography of the History of Philosophy*, Gravenhage 1965, S. 67ff.

den ihr Selbstverständnis sowie ihr Welt- und Menschenbild bestimmenden Denkhorizont. Denn sie konzentrieren sich auf die Charakterisierung der Signatur, auf deren Grundlage das Denken und das Handeln einer Epoche ihre *zeitgemäße* Identität entwickeln und so eben zur Repräsentation *der* Entwicklung dieser Zeit werden. Und genau darauf kommt es hier an! Als Diagnose über den "Zeitgeist" vermitteln doch die angeführten Urteile einen Einblick in die allgemeine geistige Situation der Epoche, und zwar derart, dass dabei der Mangel an Freiheit und an individuierter Subjektivität als ein Grundzug der bestimmenden Signatur der Zeit festgestellt wird.

Für das Verständnis von Peter Abailard als "Provokation" für seine Zeit ist natürlich dieser Befund besonders relevant, weil er – wie gesagt – den Widerspruch Abailards zu seiner Zeit zusätzlich verdeutlicht. Vor dem Hintergrund dieses Befunds lässt sich nämlich besser verstehen, in welchem großen Maße Abailard ein Ärgernis für seine Zeit bedeuten und wie "unzeitgemäß" der etablierten Tradition und ihren Ordnungshütern sein Auftreten für die Rechte der (freien) Vernunft, für die Autonomie des Subjekts sowie für religiöse Toleranz vorkommen musste.

Bevor ich mit der Darstellung der Schwerpunkte beginne, an denen exemplarisch gezeigt werden soll, weshalb Abailard in die Entwicklungslinie der befreienden Erinnerung der Menschheit gehört, darf ich jedoch noch zwei Momente explizit ansprechen, die für das Verständnis dessen, was ich bei der Frage nach dem Verhältnis Abailards zu seiner Zeit – auf welche hier nicht näher eingegangen werden kann[22] – akzentuieren möchte, wichtig sind.

Ich meine erstens die Art und Weise, wie es in diesem Jahrhundert der Kreuzzüge und eines sich militant als Ideologie der Christenheit selbstbehauptenden Christentums die an einem theokratisch fundierten

---

[22] Vgl. A. Borst, *Lebensformen im Mittelalter*, Frankfurt/Berlin/Wien 1973; K. Flasch, *Mittelalter*, Stuttgart 1982, S. 220-279; und *Das philosophische Denken im Mittelalter*, Stuttgart 1986, S. 211-225; P. Lassere, *Un conflit religieux au XIIe siècle*, Paris 1930; N.A. Sidorova, "Abélard et son époque", in: *Cahiers d'histoire mondiale* 4 (1958) 541-552; und vor allem: *Abélard et son temps – Actes du Colloque International organisé à l'occasion du 9e centenaire de la naissance de Pierre Abélard*, Paris 1981.

"Ordo christianus" interessierten Kräften Abailard wahrnehmen. Eine deutliche Antwort darauf geben die erwirkten kirchlichen Verurteilungen auf den Konzilien von Soissons (1121) und von Sens (1140) – letzteres kam zustande auf Drängen von Bernhard von Clairvaux (1090/91-1153)[23], dem großen Widersacher Abailards. Denn sie zeigen unmissverständlich, dass für die Verteidiger des Bestehenden Abailard eine Gefahr für die Stabilität der herrschenden Verhältnisse schon deswegen geworden war, weil er seine Theologie als Theorie für die Formulierung einer neuen Interpretation des Christentums verstand und somit die eigentliche Grundlage der geltenden kirchlichen und sozialen Ordnung in Frage stellte.[24] Den Traditionalisten entging aber nicht, dass Abailards Versuch einer Neubestimmung des Christentums das Herz des Systems traf und dass es daher nicht bloß um den Begriff "Theologie", sondern um eine alternative Grundlegung der gesamten Ordnung ging. Abailard war in ihren Augen – wie die Anklagepunkte zeigen – weit mehr als nur ein theologischer Gegner. Er war auch eine öffentliche, soziale Bedrohung.[25]

---

[23] Interessant in diesem Zusammenhang ist dieses Urteil von Joseph Lortz über Bernhard von Clairvaux: "Zugleich sah es ... in seinem Gegner Abaelard die alte Gefahr des schrankenlosen Wissensstrebens ... Er ist nur der Vertreter des gläubigen Traditionalismus gegenüber einer irrgläubigen Theologie, die alles beweisen will. Auf sein Bestreben wurden denn auch verschiedene Sätze Abaelards verurteilt." J. Lortz, *Geschichte der Kirche*, Münster 1941, S. 76-77.

[24] In seiner *Historia calamitatum* schreibt Abailard dazu: "Ich befaßte mich nun zuerst damit, das Fundament unseres Glaubens selbst durch Analogien aus dem Bereich menschlicher Vernunft faßlich zu machen, und schrieb meine theologische Abhandlung *Über die göttliche Einheit und Dreiheit* für den Gebrauch meiner Schüler, die nach menschlichen und philosophischen Vernunftgründen verlangten und mehr solche forderten, die man versteht, als solche, die man nur aussprechen könne. Sie sagten, überflüssig sei ein Vortrag bloßer Worte, denen der Verstand nicht folge; man könne doch nichts glauben, was man nicht vorher verstanden habe; es sei lächerlich, wenn einer etwas predigen wolle, was weder er selbst noch jene, die er belehre, mit dem Verstand fassen könnten; das seien »die blinden Blindenleiter«, von denen der Herr spreche." Abaelard, *Die Leidensgeschichte und der Briefwechsel mit Heloisa*, a.a.O., S. 27-28.

[25] Vgl. W. von St. Thierry, *Epistola*, in: Minge-Ausgabe *PL* 182, 531A, wo die "Gefahr", die Abailard darstellt, als eine Frage "de re communis" dargelegt wird; ders., *Disputatio adversus Petrum Abaelardum*, in: Minge-Ausgabe *PL* 180, 249-282; und *Disputatio altera adversus Abaelardum*, in: Minge-Ausgabe *PL* 182,

Das zweite Moment betrifft sozusagen die Kehrseite des ersten, weil es sich auf die Selbstwahrnehmung Abailards als "erster moderner Mensch"[26] im Kontext einer Zeit, die diesen Durchbruch nicht wollte, bezieht. Es geht also um die Art und Weise, wie Abailard den Widerspruch, den er für seine Zeit bedeutet, wahrnimmt und wie er diesen Konflikt verinnerlicht. Hier geht es allerdings weniger um die Verteidigung Abailards gegen seine Kritiker, als vielmehr um die innere Haltung, in der sich sein Selbstverständnis reflektiert, sowie um die Zerrissenheit, die die Verinnerlichung des Konflikts in ihm hervorruft. Mit anderen Worten: Im Mittelpunkt steht dabei nicht die Apologie, sondern die Biographie, weil eben diese – um hier nur den Aspekt, der in diesem Zusammenhang von Bedeutung ist, zu erwähnen – die Selbstwahrnehmung des Konflikts als Prozess der individuierten Subjektivierung thematisiert. Exemplarisch für diesen Prozess ist zweifellos der Tenor von Abailards *Historia calamitatum*, der die Grundhaltung eines Subjektes zum Ausdruck bringt, das den Widerspruch zum Anlass macht, sich seines Weges durch Selbstbeobachtung nochmals zu versichern und – was vielleicht noch entscheidender ist – sich als fundierte Quelle vernünftiger Argumentation zu verstehen. Als Beispiel möge hier jene Stelle genügen, in der Abailard auf eine Frage, für deren Beantwortung man einen direkten Rekurs auf Autorität und Tradition erwartet, mit dem spontanen Satz antwortet: "»Ich bin doch bereit, hierüber Rechenschaft abzulegen, wenn Ihr wollt.«"[27]
Abailards Biographie zeigt aber auch den Preis, den der Mensch für seine Subjektivierung im Kontext des Konflikts mit geltender Tradition und totalitärer Macht zahlen muss: Diskriminierung, Verfolgung,

---

349-361; und K. Falsch, *Einführung in die Philosophie des Mittelalters*, a.a.O., S. 86 ff.

[26] Vgl. M.D. Chenu, *L'éveil de la conscience dans la civilisation médiévale*, Paris 1969, S.21ff.; und G. Wieland, "Rationalisierung und Verinnerlichung. Aspekte der geistigen Physiognomie des 12. Jahrhunderts", in: J.P. Beckmann/L. Honnefelder/G. Schrimpf/G. Wieland (Hrsg.), *Philosophie im Mittelalter. Entwicklungslinien und Paradigmen*, Hamburg 1987, S. 61-79.

[27] Abaelard, *Der Briefwechsel mit Heloisa*, a.a.O., S. 29. In der Edition von E. Brost lautet die Übersetzung: "»Ich werde das vernunftgemäß begründen, wenn Ihr es wollt«". Abaelard, *Die Leidensgeschichte und der Briefwechsel mit Heloisa*, a.a.O., S. 38.

Ausgrenzung, aber auch Einsamkeit und Verzweiflung. Dies gehört auch zu seiner Zeit. Beeindruckend wirkt heute noch die Stelle, in der er offen gesteht: "Ja oftmals – Gott weiß es – sank ich in solche Verzweiflung, dass ich plante, das Gebiet der Christenheit überhaupt zu verlassen und zu den Heiden überzulaufen, um bei den Feinden Christi in Ruhe christlich zu leben ..."[28] Und Heloisa schreibt er in seinem als "Confessio fidei ad Heloissam" bekannten letzten Brief an sie: "... um der Logik willen bin ich der Welt verhaßt. Die blinden Blindenleiter, deren Weisheit Verderben ist, behaupten nämlich, in der Logik sei ich zwar wohlbewandert, aber im Paulus – da hinke ich stark. Und während sie meinen Scharfsinn priesen, verdächtigen sie die Reinheit meines christlichen Glaubens. Denn, wie mir scheint, folgen sie nur ihrem Vorurteil, statt durch die Erfahrung sich leiten zu lassen."[29] Die Konsequenz aus diesem Konflikt mit der "Welt" ist die innere Zerrissenheit zwischen Philosophie und Glaube: "Ich will nicht in der Weise Philosoph sein, dass ich den Paulus zurückstoße, nicht so Aristoteles, dass ich von Christus getrennt würde."[30] In diesem Kampf – wie E. Gilson vermerkt hat – äußert sich zum ersten Mal der Zweifel eines christlichen Philosophen darüber, ob er der Wahrheit seiner Vernunft oder Gott folgen soll.[31] Und es ist richtig, dass Abailard sich für Gott entschied.[32] Nur: Es gilt zu bedenken, dass Abailard sich für den Gott *seines* Glaubens entschied. Man darf nämlich nicht übersehen, dass in seiner "Confessio fidei" Abailard gerade das Moment seines Gewissens festgehalten wissen will, und zwar als ein Gewissen, von dem *er weiß*, dass es gut begründet ist[33], und für das *er* folglich stehen kann.[34] Als Fazit der beiden angesprochenen Momente darf Folgendes festgehalten werden: Die "Welt" des Bestehenden wusste genau, worin die Provokation des Peter Abailards bestand und was auf dem Spiel stand.

---

[28] Abaelard, *Der Briefwechsel mit Heloisa*, a.a.O., S. 45.

[29] Abaelard, *ebenda*, S. 340.

[30] Abaelard, *ebenda*, S. 340.

[31] Vgl. E. Gilson, *Héloïse et Abélard*, a.a.O., S. 130.

[32] Vgl. Abaelard, *Der Briefwechsel mit Heloisa*, a.a.O., S. 340.

[33] Vgl. Abaelard, *ebenda*, S. 340.

[34] Vgl. Abaelard, *ebenda*, S, 341.

Aber Abailard wusste auch genau, warum er dieser "Welt" widersprechen musste.

Vor dem Hintergrund des bisher Gesagten soll nun der befreiende
humanistische Inhalt im Widersprechen Abailards dargelegt werden.
Ich komme also zur Darstellung der hierfür ausgewählten Schwerpunkte.

Da im Rahmen der vorliegenden Untersuchung nur eine erste, exemplarische Annäherung an Abailards "befreiungsphilosophischer" Erbschaft intendiert werden kann, muss ich jedoch vorwegschicken, dass
meine Darstellung sich auf nur drei Schwerpunkte bezieht, und dass
sie zudem auf die Erörterung philosophischer Aspekte beschränkt
bleibt.[35] Es sind die drei Folgenden: Der anthropologische Ansatz, die
Ethik und der Beitrag zur Interkulturalität der Denkart.

Bernhard von Clairvaux, der große Gegenspieler von Abailard, fasste
seine Kritik an Abailards Anthropologie in diesem prägnanten Satz
zusammen: "Homo est magnus in oculis suis."[36] Aus einem doppelten
Grund darf ich hier von diesem Satz ausgehen, um die philosophisch
innovative Dimension in Abailards anthropologischem Ansatz kurz zu
erläutern.

Denn Bernhards kritisches Urteil bringt einerseits die Grundfrage, um
die es hier geht, tatsächlich auf den Begriff, indem er eben zum Kernpunkt seiner Kritik das Vertrauen Abailards im menschlichen Wesen
und seinen Fähigkeiten macht. In der Tat "ist der Mensch groß" für
Abailard, weil er den Menschen nicht mehr als eine nur "gefallene
Kreatur", die als ihre höhere Bestimmung die Einsicht in die eigene
Ohnmacht und die Einübung in die Selbstleugnung zu akzeptieren hat,

---

[35] In diesem Zusammenhang darf daher als Anregung vermerkt werden, dass
eine "befreiungstheologische" Lektüre Abailards von großem Interesse sein dürfte. Sein Beitrag zur Entwicklung eines neuen Gottesbegriffes, der die feudale
Vorstellung des christlichen Gottes als thronende Machtinstanz und als strengen
Richter ("Rex tremendus") durch die Betonung der Güte im Mysterium Gottes
sowie durch die Interpretation der Trinität als Gemeinschaft der Liebe überwindet, wäre bei einem solchen Versuch sicherlich nicht nur von zentraler Relevanz,
sondern auch aktuell. Denn in Abailards Gottesbegriff findet eine pneumatologi-
sche Wende statt, die insbesondere von vielen Vertretern der evangelischen und
katholischen Befreiungstheologie heute stark gefordert wird.

[36] B. von Clairvaux, *Epistola ad Innocentium*, in: Minge-Ausgabe, *PL* 182, 357c.

sondern ihn als ein Wesen versteht, das mit Vernunft und Freiheit ausgestattet und das durch die Praxis dieser beiden ihn auszeichnenden Qualitäten sich eben als Subjekt aller seiner Handlungen konstituieren kann. Abailard tritt somit für eine "humanistische" Auffassung vom Menschen ein, bei der der moderne Gedanke der Autonomie des Menschen antizipiert wird. Für ihn ist der Mensch – wie bei der Darlegung seiner Ethik noch gezeigt werden soll – ein moralisches Individuum, das es sich als ein solches gerade dadurch qualifiziert, dass er sein Gewissen als die eigentliche Instanz für verantwortliches Handeln anerkennt. Abailard traut also dem Menschen zu, sich von der Herrschaft heteronomer Gesetze zu befreien und den Weg der Verwirklichung der Humanität des Menschen einzuschlagen. Und deshalb "ist der Mensch groß in seinen Augen"!

In diesem Zusammenhang dürfen noch zwei weitere Einsichten von Abailard in Erinnerung gerufen werden, die für die genauere Konturierung seiner Anthropologie sowie für die Verdeutlichung der Transformationskraft seines Ansatzes wichtig sein können. Die erste ist die Einsicht, die Abailard am Anfang seines berühmten Werkes *Sic et Non* so formuliert: "Dubitando enim ad inquisitionem venimus; inquirendo veritatem percipimus."[37] Dieser Satz, auf den man sich gern zum Nachweis einer (modernen) rationalistischen Forschungsmethodologie bei Abailard beruft, ist aber auch Ausdruck seiner Lehre vom Menschen, und zwar nicht deshalb, weil dadurch die Kraft menschlicher Vernunft anerkannt wird, sondern vor allem deshalb, weil dieser Satz das Verhältnis des Menschen zur Wahrheit als ein Verhältnis der Freiheit, genauer, des frei denkenden Subjektes denkt. Die zweite Einsicht bezieht sich auf die von Abailard im Kontext des Universalienstreites entwickelte "Status"-Theorie, mit der er zwischen den konträren Lösungen des Nominalismus und Realismus vermitteln wollte. Seiner Theorie zufolge bedeutet zum Beispiel "Menschheit" keinen Gattungsbegriff, sondern einen "Status", d.h. einen konkreten Zustand (status hominum)[38], in dem sich der Zusammenhang des Menschen im

---

37 P. Abaelardus, *Sic et Non*, in: Minge-Ausgabe, *PL* 178, 1349B.
38 P. Abaelardus, *Logica »Ingredientilius«*, in: Geyer-Ausgabe, Münster 1919, S. 322.

Sinne dessen, was in jedem einzelnen Menschen analog zu jedem anderen ist, ausdrückt. Und diese Betonung der (universalen) Menschheit als Qualität, die im "Status" konkret existierender Menschen real wird, lässt sich vor dem Hintergrund seiner Ethik als anthropologische Grundlage der Forderung nach Verwirklichung des Humanitätsanspruchs in jeder einzelnen Existenz interpretieren. Aus dem logischen Begriff des "Status" folgt so eine anthropologische Implikation: Als "Status" (der Menschheit) ist jeder einzelne Mensch dazu berufen und befähigt, sich aus der Analogiestruktur mit den anderen zu verstehen und seine konkrete Existenz in Verantwortung für die Erhaltung des Zusammenhangs aller Menschen zu verwirklichen.

Andererseits vermittelt Bernhards Urteil die Empörung der Zeit gegen die humanistische Wende, die Abailard mit seiner neuen Lehre vom Menschen einleitete. Denn in Bernhards kritischem Urteil ist ebenfalls die Ablehnung des Selbstwertgefühls, das Abailard jedem Menschen vermitteln will, abzulesen, und zwar als die Tendenz, die dem Geist der Epoche widerspricht und dessen etablierte Ordnung wirklich in Gefahr bringt. Die Subjektwerdung des Menschen bedeutet doch für jeden totalitären Traditionalismus – gleich welcher Herkunft – eben nicht nur geistigen Machtverlust, sondern auch Verlust an sozialer Kontrolle! In diesem Sinne entging es Abailards Gegnern nicht, dass seine autobiographische Wende auch eine Quelle für die praktische Opposition gegen die etablierte Ordnung war, wie in den Anklagepunkten dokumentiert wird.

Die Empörung der Epoche gegen die "humanistische" Transformation des Menschenbildes (und des ihm zu Grunde liegenden Verständnisses des Christentums überhaupt) ist allerdings um so verständlicher, als Abailards anthropologischer Ansatz sich in seiner Ethik konkretisierte, die die urteilsfähige Subjektivität des Menschen zum obersten Kriterium für moralische Entscheidungen erhob und die folglich eine Perspektive für die praktische Befreiung der Menschen von der Macht legaler Traditionalismen und Formalismen eröffnete. Abailards Ethik empörte in der Tat die Epoche, weil sie Ausdruck der Empörung des Individuums war, das Subjekt sein wollte und das deswegen gegen den Geist einer Epoche rebellierte, die in ihrer hierarchischen, feudalen Ordnung die Usurpation der Freiheit und damit auch der Innerlichkeit der Menschen verkörperte. Abailards Ethik legt einen weiteren Grundstein auf dem Weg der Menschen von der Heteronomie zur Autonomie, und genau deswegen musste sich seine Epoche, die an der Erhaltung einer auf Fremdbestimmung der Menschen basierenden Ordnung interessiert war, gegen diesen befreienden Versuch auflehnen.

Bereits der Titel, den Abailard seiner Ethik gibt, nämlich *Scito te ipsum*, lässt eindeutig das Grundanliegen erkennen: Die Revindikation der ethischen Autonomie des Menschen. Denn der Akzent geht auf das "te ipsum". Gegen die Uniformität einer heteronomen Ethik, die den Menschen zur unkritischen Erfüllung von Gesetzen und Werten verpflichtet, rückt Abailard das subjektive Moment ins Zentrum seiner Ethik. Nicht das Gesetz bzw. die Verpflichtung vor dem Gesetz bildet für ihn das Herzstück der Ethik, sondern vielmehr die Einsicht des Subjektes in seine eigene Innerlichkeit. Der Mensch soll sich als selbstständig handelndes Subjekt erkennen; und eben diese Erkenntnis soll im Zentrum der Ethik stehen. Mit diesem Ansatz verschärft Abailard den Gegensatz zur Wertethik und fördert entscheidend die Entwicklung in Richtung der neuzeitlichen Gesinnungsethik. Zu Recht vermerkt Ernst Bloch dazu: "Eine solche extreme Scheidung zwischen Wertethik und Gesinnungsethik war bisher nicht da gewesen und widerspricht dem Neuen Testament zum großen Teil. Das Neue Testament betont die Gesinnungsethik nicht so, wie Abälard, wie das später Luther getan haben. An ihren Früchten sollt ihr sie erkennen, ist ein Wort von Jesus, das auf Wertethik geht. Der Jakobusbrief ist typisch wertethisch. Dagegen mit der Gesinnungsethik geschieht neuzeitlich die Wendung zur Selbstständigkeit, zur Person, zu jenem Subjekt, das auch das des dubitare, des Zweifelns war. Hin zu dem sich emanzipierenden Individuum, das, wie es im Denken nichts auf Glauben an die Autorität hinnimmt, sondern alles erst über die Klinge der eigenen Prüfung springen lässt, auch nicht gewertet wird durch das Maß seiner äußeren Werke, sondern erst durch Selbstprüfung seiner Gesinnung."[39]

Diese Wendung zur Autonomie des Subjekts als Mitte der Ethik begründet Peter Abailard dadurch, dass er drei Momente, die Leistungen ("institutio") des Subjektes im Vollzug seiner Selbsterkenntnis sind, als Grundbegriffe der Ethik herausarbeitet. Es sind die Momente der Zustimmung ("consensus"), der Absicht ("intentio") und des Gewissens bzw. des sittlichen Bewusstseins ("conscientia"). Darauf baut Abailard seine Ethik, und zwar als Ethik eines konkreten Menschen, der um die Schwächen seines Charakters, d.h. um die Endlichkeit seines Wesens weiß, der aber auch darum weiß, dass er durch Selbstreflexion zur Einsicht gelangen kann, dass die Frage nach der Sittlichkeit eines Menschen auf der Ebene der Schwächen seines Charakters oder des ihm eigenen Hangs zum Bösen weder gestellt noch entschieden werden kann, sondern eine Frage ist, die allein im Inneren des Subjektes, d.h. im subjektiven Kampf des einzelnen Menschen um Umgang mit und um die Haltung vor seinen Schwächen ihren Sinn erhält. Sittlichkeit wird doch erst durch den freien Willensentschluss des Subjektes realisiert. So erklärt Abailard: "Schwäche ist etwas, wodurch wir zum Sündigen verleitet werden, d.h. wodurch wir verführt werden, unsere Zustimmung zu einer unziemlichen Sache zu geben, was natürlich soviel heißt, wie diese auszuführen oder sie zu lassen. Diese Zustimmung nun nennen wir im eigentlichen Sinne Sünde, d.h. eine Schuld der Seele ... ."[40] Denn für Abailard kommt es wesentlich darauf an, wie der Mensch vor sich selbst und vor Gott mit seiner Freiheit umgeht und wofür er sich freiwillig entscheidet. Deshalb hat er vorher bereits festgehalten: "Doch mögen jene Schwächen auch den Leib bezwingen: Solange der Sinn noch frei ist, ist nichts, was wahre

---

[39] E. Bloch, *Zwischenwelten in der Philosophiegeschichte*, a.a.O., S. 81-82. Vgl. auch J. Schiller, *Abälards Ethik im Vergleich zur Ethik seiner Zeit*, Münster 1906; G. Wieland, "Rationalisierung und Verinnerlichung. Aspekte der geistigen Physiognomie des 12. Jahrhunderts", *a.a.O.*, S. 73 ff.; und neuerdings: M. Chaves-Tannús, *A ética de Pedro Abelardo. Um modelo medieval de aplicação da lógica a moral*, Uberlândia 1996.

[40] *Nosce te ipsum. Die Ethik des Peter Abälard*, übersetzt und eingeleitet von F. Hommel, Wiesbaden 1947, S. 58.

Freiheit heißt, in Gefahr ... Denn nicht dem Menschen, sondern einer Schwäche zu dienen ist schimpflich; und nicht leibliche Knechtschaft, sondern Unterwerfung unter eigene Schwächen schändet die Seele."[41] Nicht das Wollen oder Wünschen einer als unerlaubt geltenden Tat ist nach Abailard schon eine moralische Verfehlung, sondern eine solche liegt erst dann vor, wenn der Mensch freiwillig seine Zustimmung dazu gibt. Diese Verlagerung der sittlichen Ordnung auf die Dimension des "liber arbitrium" bedeutet eine klare Entscheidung für die Verinnerlichung moralischer Vollzüge. Äußere Vorgänge vermögen weder die Schuld noch die Unschuld eines Subjektes zu vermehren: "Also hat jegliche Ausführung irgendwelcher Taten mit Vermehrung der Sünde nichts zu tun, und nichts schändet die Seele als das, was von ihr ausgeht."[42] Daher ist Abailard nur konsequent, wenn er auf dieser Linie die Absicht des Handelnden betont. Wenn über die sittliche Qualität erst durch die Zustimmung des Menschen zu einer Handlung entschieden wird, dann muss die Absicht des Subjekts ins Zentrum des moralischen Lebens gerückt werden. Und genau dies tut Abailard in seiner Ethik, indem er weiter ausführt: "Wenn es also heißt: „Du sollst dies oder jenes nicht tun", so bedeutet das natürlich: „Du sollst dieser oder jener Tat deine Zustimmung nicht geben", gleich als ob gesagt wäre: du sollst dies nicht mit Wissen tun ... Gott wägt ja nicht was, sondern wie etwas geschieht, und nicht in der Handlung, sondern in der Absicht des Handelnden besteht Verdienst oder Lob."[43]
Bei der moralischen Beurteilung eines Menschen darf man sich also nicht nach seinen Werken oder nach dem Endeffekt seiner Taten richten. Dieses Urteil hat sich allein nach der Absicht zu richten, weil die Werke eines Menschen nur im Zusammenhang mit seiner Absicht die Qualität gut oder böse erlangen können. Der Sinn der Tat bzw. die Gesinnung des Handelnden ist entscheidend, nicht der Ausgang. Deshalb kann Abailard zusammenfassend festhalten, "dass es allein die gute Absicht ist, die ein Werk gut sein lässt".[44]

---

[41] P. Abälard, *ebenda*, S. 57.
[42] P. Abälard, *ebenda*, S. 70.
[43] P. Abälard, *ebenda*, S. 73-74.
[44] P. Abälard, *ebenda*, S. 92.

Diese Begründung der sittlichen Qualität menschlicher Handlungen auf Zustimmung und Absicht des Subjektes hat weiter zur Folge, dass das Kriterium für die ethische grundlegende Unterscheidung zwischen Gut und Böse kein anderes als das Gewissen des einzelnen Menschen sein kann. Im Menschen selbst, genauer, in dem moralischen Bewusstsein, das er erlangt, indem er sich auf die Aufgabe des "Erkenne dich selbst" einlässt, liegt der eigentliche Maßstab für die moralische Existenz. Abailard formuliert die Sonderstellung des Gewissens mit dem markanten Satz: "Dass nur, was gegen das Gewissen geschieht, Sünde sein kann."[45]

Diese Einsicht stellt zweifellos den Höhepunkt von Abailards ethischem Ansatz dar. Sie reflektiert das Zusammenspiel der drei Grundbegriffe seiner Ethik und zeigt, wie der Weg der Selbstprüfung des Subjektes ein Weg ist, der zur moralischen Autonomie des Menschen führt, und zwar derart radikal, dass dabei der Mensch sich dessen *bewusst* wird, dass er Herr seiner eigenen Handlungen ist. Und bedenkt man noch die egalitäre Konnotation der Forderung "Erkenne dich selbst" – denn Abailard richtet diese Forderung an jeden Menschen, d.h. jeder Mensch soll sich als Praxis dieses Prinzips konstituieren können –, so wird die innovative Kraft seiner Ethik noch deutlicher. Sie steht im Widerspruch zu ihrer Zeit, weil sie eine Perspektive für die Befreiung des Subjektes von der Herrschaft des Gesetzes eröffnet hat. Aber genau deshalb bleibt sie für uns ein Dokument möglicher Befreiungspraxis.[46]

Abailards Beitrag zur Förderung der interkulturellen Kommunikation soll nun anhand seines Werkes *Collationes sive Dialogus inter Philo-*

---

[45] P. Abälard, *ebenda*, S. 94.

[46] Zur Vertiefung der angesprochenen Zusammenhänge vgl.: A. Gocco, "L'"homo ethicus" abelardiano et la sua frattura col mondo medievale", in: ders. (Hrsg.), *Abelardo: L'altro versante del medioevo*, Napoli 1979, S. 129-149; D.E. Luscombe, "Peter Abelard and Twelfth-Century Ethics", in: *Peter Abelards's Ethics*, Oxford 1971, S. XIII-XXXVII; ders., "The Manuscripts of the Ethica", *ebenda*, S. XXXVIII-LXI; ders., "The 'Ethics' of Abelard", in: E.M. Buytaert (Hrsg.), *Peter Abelard*, Leuven-The Hague 1974, S. 65-84; G. Verbeke, "Peter Abelard and the Concept of Subjectivity", in: E.M. Buytaert (Hrsg.), *a.a.O.*, S. 1-11; und ders., "Éthique et connaissance de soi chez Abélard", in: J.P. Beckmann/L. Honnefelder/G. Schrimpf/G. Wieland (Hgg.), *a.a.O.*, S. 81-101.

sophum, Judaeum et Christianum dargelegt werden. Mit diesem Spät-
werk aus dem Jahre 1141, das zunächst nur im begrenzten Kreis neu-
gieriger Klostermönche bekannt werden durfte, leistete Peter Abailard
eine wirkliche Pionierarbeit auf dem Gebiet des interreligiösen Dialogs und der interkulturellen Verständigung; eine Pionierarbeit, mit
der Abailard den Widerspruch zu seiner Zeit bis zur äußersten Grenze
treibt. Man muss sich doch die Tatsache vergegenwärtigen, dass Abailard diese Schrift im Kontext der Zeit der Kreuzzüge, d.h. im Kontext
eines Verständnisses und einer Praxis des Christentums schreibt, die
dieses zu einer militanten und intoleranten Religion machten. Mission
bedeutete in diesem Kontext Kriegführung gegen die "Heiden". Und
gerade dieser Zeit mutet Abailard das Wort "Dialog" zu. Mehr noch,
er provoziert die herrschende Ideologie mit dem "Skandal" eines konkreten Experiments, an dem eben gezeigt werden soll, dass die Entwicklung einer auf Vernunft basierenden Dialogkultur den Weg darstellt, auf dem der Streit zwischen den Wahrheitsansprüchen der Religionen in einer der Humanität des Menschen angemessenen Art ermittelt und ausgetragen werden soll.

Aus Abailards Beitrag zur interkulturellen Verständigung darf ich daher zunächst den Aspekt hervorheben, dass für ihn der Dialog der Religionen bzw. der Kulturen nur unter der Bedingung der Annahme der
Vernunft als schiedsrichterliche Instanz möglich ist. Diese Forderung
ist allerdings nicht rationalistisch zu verstehen. Ihre eigentliche Pointe
geht vielmehr dahin, die Einsicht zu begründen, dass der Dialog erst
dann beginnen kann, wenn jede Position oder Tradition auf den Standpunkt der Apologetik verzichtet und sich darauf einlässt, "... mit Vernunftgründen die Wahrheit zu erforschen und in allem nicht der Meinung der Menschen, sondern der Führung der Vernunft zu folgen".[47]
Abailard geht es also weniger um die Inthronisierung der Vernunft als
abstrakte Größe als vielmehr um die Betonung einer Haltung zur

---

[47] P. Abailard, *Gespräch eines Philosophen, eines Juden und eines Christen.*
Lateinisch und Deutsch. Herausgegeben und übertragen von Hans-Wolfgang
Krautz, Darmstadt 1995, S. 9. Zum erkenntnistheoretischen Hintergrund Abailards in diesem Werk vgl. ferner R. Thomas, *Der philosophisch-theologische Erkenntnisweg Peter Abailards im Dialogus inter Philosophum, Judaeum et Christianum*, Bonn 1966.

Wahrheit bzw. zum Wahrheitsanspruch der eigenen Religion bzw. Kultur, die sich gerade dadurch als vernünftig qualifiziert, dass sie zwischen ihrer eigenen Tradition und *der* Wahrheit zu unterscheiden vermag und somit zur Einsicht gelangt, dass die eigene Tradition je nur einen Ausgangspunkt für die Suche nach Wahrheit, niemals aber den absoluten Bezugspunkt für die Definition von Wahrheit darstellen kann. Die Glaubenstraditionen, auf deren Boden Menschen stehen, sind für die Menschen Wege und dürfen deshalb nicht als Herkunftsorte der Wahrheit sakralisiert werden. Mit anderen Worten: Die Tradition, die man die eigene nennt, darf nicht als der Maßstab betrachtet werden, auf den die Traditionen der anderen bezogen werden, um von diesem "sicheren" Standpunkt aus über deren Wahrheitsgehalt zu entscheiden.

Wenn Abailard seinen *Dialogus* mit der Beschreibung der Erscheinung der drei Gesprächspartner vor ihm beginnen lässt und dabei betont, dass der Philosoph (ein Moslem), der Jude und der Christ "auf unterschiedlichen Wegen kamen"[48], so bedeutet diese Aussage nicht nur einen geographischen Hinweis, sondern auch ein Bild für die Haltung jener Menschen, die aus der Bekenntnis zu einer Tradition nicht schon einen "Sitz in der Wahrheit" machen und die deshalb in ihrer jeweiligen Tradition vielmehr die je eigene Möglichkeit für die Suche nach der Wahrheit sehen. Eigentlich wird hier bildlich das Unterwegssein der Traditionen angesprochen oder, genauer, die Haltung, die (vernünftige) Menschen zu ihren Herkunftstraditionen unterhalten sollten, nämlich, nicht die des selbstgenügsamen Selbstbezugs, durch die Menschen dogmatisch auf ihren Traditionen "stehen", sondern eben jene des Unterwegsseins mit der eigenen Tradition, und zwar in dem Bewusstsein, dass die je eigene Tradition weder für die rationale Vergewisserung noch für die Legitimation ihrer Wahrheitsansprüche ausreicht. Es ist nicht die Haltung des Kreuzfahrers, der das Eigene verlässt, weil er in die Fremde zieht, um das Eigene durch dessen gewaltsame Expansion zu behaupten bzw. in der Fremde die Wahrheit des Eigenen durchzusetzen. Vielmehr stehen wir hier vor der Haltung

---

[48] P. Abailard, *ebenda*, S. 9.

des Pilgers, für den Auszug aus dem Bereich der Wahrheit des Eigenen Bedingung für die lernende Begegnung mit dem anderen ist. Er überschreitet die eigene Tradition und geht auf den Fremden zu und macht so eine gemeinsame Suche möglich. Durch diese Pilgererfahrung werden Traditionen Brücke zum anderen. Sie führen nicht zur Isolation, sondern im Gegenteil zur Kommunikation. Das Bild des Weges bzw. des Unterwegsseins bedeutet daher Suche durch Kommunikation. Dies wird ebenfalls von Anfang an sehr deutlich, denn Abailard stellt seine Gesprächsteilnehmer als Vertreter von drei unterschiedlichen Glaubensrichtungen vor, die "schon lange über die unterschiedlichen Richtungen unseres Glaubens miteinander Vergleiche anstellen und streiten"[49], also als Menschen, die bereits im Austausch miteinander stehen. Sie prüfen wechselseitig ihre Glaubensrichtungen, vergleichen sie und erörtern die Gründe, die sie für ihre jeweilige Glaubensentscheidung haben. Das Gespräch mit dem anderen, mehr noch, das Hören auf den anderen, wird somit zum wesentlichen Bestandteil der Selbstvergewisserung der eigenen Position bei jedem Teilnehmer. Diese Haltung ist gerade die Haltung, die Abailard hier als eine dialogische, also als eine vernünftige reflektiert. Die oben angesprochene Berufung auf die Vernunft als Bedingung für den Dialog der Religionen bzw. der Kulturen meint deshalb nichts anderes als diese Disposition zum Gespräch, und zwar aus der Einsicht in die Grenzen der eigenen Tradition heraus.

In diesem Zusammenhang muss ferner betont werden, dass die Anerkennung der Vernunft als Bedingung für die Möglichkeit eines sinnvollen Austausches eine Verpflichtung zur Argumentation bedeutet, durch welche die Gesprächsteilnehmer sich selbst darauf verpflichten, dem anderen die eigene Position nur auf der Grundlage von "Vernunftgründen" zu erschließen. Und dies will besagen, dass jeder Gesprächsteilnehmer die Vernunft als die Instanz anerkennt, vor der er seinen eigenen Standpunkt prüfen und die Gründe, die er für seine Begründung anführen kann, ermitteln soll. Die Vernunft wird also als Instanz anerkannt, die den eigenen Standpunkt vermittelt, und dies zudem als Voraussetzung für die Verständlichkeit vor dem anderen. Da-

---

[49] P. Abailard, *ebenda*, S. 9.

her kann sich jeder auf die Vernunft wie auf einen Dritten im Eigenen berufen. Aber auch deshalb kann Abailard sie als die Instanz fungieren lassen, die für alle Beteiligten ein Dritter bleibt und die eben deswegen zwischen ihren Positionen vermitteln kann.

Im eigentlichen Sinne ist diese doppelte Vermittlungsarbeit der Vernunft in Bezug sowohl auf das Eigene als auch auf das Fremde das, was die Bedingung für den echten Dialog schafft, denn erst dadurch werden die Positionen entpolarisiert und in die Lage versetzt, sich gegenseitig nicht als Dogmen, sondern als unterschiedliche Argumentationsformen zu begegnen. Anders ausgedrückt: Der Rekurs auf die Vernunft macht den Dialog zwischen Religionen und Kulturen möglich, weil dadurch diese zu offenen Traditionen werden, die sich als Wege für die Suche der Wahrheit verstehen und die sich deshalb auf einen gegenseitigen Lernprozess einlassen.

Wichtig ist andererseits zu vermerken, dass nach Abailard der Dialog, den die Vernunft ermöglicht, wesentlich für die Konstitution der Vernunft selbst ist. Für den Anfang des Dialogs ist Vernunft nötig, aber ebenso nötig für das Werden bzw. für die Verwirklichung der Vernunft ist der Prozess des Dialogs. Daher sagt Abailard zu den Gesprächspartnern, die von ihm das Schiedsgericht der "Vernunft" erwarten: "Ich aber bin eher begierig zu lernen als zu urteilen: ich antworte, zuvor die Vernunftgründe aller hören zu wollen, damit ich um so klüger beim Urteilen wäre, je weiser ich beim Zuhören werden könnte ... ."[50]

In Abailards Beitrag zur interkulturellen Verständigung möchte ich daher zweitens die Qualität der Vernunft, die hier zugleich als Bedingung und Bestandteil des Dialogs vorausgesetzt wird, betonen. Denn – wie das zuletzt angeführte Zitat dokumentiert – handelt es sich um eine lernende, zuhörende Vernunft. Zwar ist sie die Instanz, an der man sich für das kompetente Unterscheiden und Urteilen wendet, aber sie wird doch nicht als eine abgehobene Sphäre des Wissens, als eine zeitlose allwissende Größe hypostasiert. Für Abailard ist und bleibt die Vernunft ein humanes Vermögen, das als Praxis der Argumenta-

---

[50] P. Abailard, *ebenda*, S. 97.

tion entwickelt werden muss. Vernunft heißt Argumentation und aus dem Austausch von Argumenten lernen. Das Gespräch zwischen dem Philosophen, dem Juden und dem Christen kann man in diesem Sinne als eine Metapher für die Vernunft betrachten. Vernunft ist doch dieses Gespräch der Argumente, bei dem zugleich argumentiert und aus der Argumentation aller Teilnehmer gelernt wird. Der gesamte *Dialogus* verdeutlicht diese Praxis der Vernunft, indem er einen offenen Lernprozess dokumentiert, an dem alle gleichberechtigt beteiligt werden und sich zudem dessen bewusst sind, dass sie eine Lerngemeinschaft bilden. Abailards Vernunft ist – modern gesagt – eine kommunikative Vernunft, die nicht nur eine dialogische Dynamik in Gang setzt, sondern auch die Dialogik als Mitte ihrer Entfaltung und Praxis anerkennt.

Wichtig in unserem Zusammenhang ist weiter, dass Abailard diese Praxis der Vernunft, gerade weil sie im Dienste der Erforschung der vielen (unbekannten) Wege der Menschheit zur Wahrheit steht[51], mit der Einsicht verbindet, dass der Dialog der Religionen und Kulturen als ein Lerngespräch geführt werden soll, in dessen Verlauf jedem Teilnehmer die Freiheit gegeben wird, "... entweder die Auffassung völlig zu verändern oder sie zu berichtigen".[52] Diese Einsicht darf hier als ein weiterer Aspekt in Abailards Beitrag zur interkulturellen Verständigung hervorgehoben werden. Denn sie verdeutlicht die Tatsache, dass bei Abailard der Dialog der Religionen bzw. der Kulturen kein "Schaugefecht"[53] ist, weil es eben ein argumentativer Streit ist, in dem die Veränderung der eigenen Position nicht ausgeschlossen werden darf. Mehr noch: Diese Möglichkeit der Veränderung gehört zum Ethos des Dialogs. Und es spricht für die Toleranz des Peter Abailard, dass er in seinem *Dialogus* dem Vertreter des christlichen Glaubens kein Vorrecht gegenüber den anderen Gesprächsteilnehmern einräumt. Auch von dem Christ wird die Erfüllung dieser Voraussetzung eines gleichberechtigten Dialogs verlangt.

---

[51] P. Abailard, *ebenda*, S. 161.
[52] P. Abailard, *ebenda*, S. 147.
[53] P. Abailard, *ebenda*, S. 147.

Schließlich möchte ich noch Abailards Warnung vor der Dogmatisierung des eigenen Standpunktes hervorheben. Wer – wie er sich ausdrückt – die eigene Glaubensrichtung für die einzig selig machende hält und nur darauf bedacht ist, ihre Einzigartigkeit zu verteidigen, der wird blind und hochmütig[54] und blockiert somit den Dialog mit dem anderen. Denn es geht nicht darum, dem anderen "... meine eigenen Meinungen aufzudrängen"[55], sondern darum, zusammen mit ihm die Wahrheit zu suchen.

Aus den dargelegten Ausführungen wird ersichtlich, dass der Name Peter Abailard für eine Denk- und Handlungstradition steht, die aus dem durch Rezeptivität und Autorität bestimmten Horizont der Signatur der Zeit ausbricht, weil sie neue Wege für eine humanere Ordnung des Wissens und der Existenz der Menschen freizulegen versucht. In welchem Maße Abailards Versuch dem Traditionalismus und Dogmatismus seiner Zeit widersprach und wie innovativ sein Ansatz tatsächlich war, dies haben insbesondere die Ausführungen zur Anthropologie, zur Ethik sowie der Beitrag zur Entwicklung des interkulturellen Dialogs gezeigt. Eine Umorientierung der Geschichte wäre möglich gewesen, sie wurde aber durch die Übermacht der Orthodoxie verhindert. In ihrem Kontext "scheiterte" die Tradition "Peter Abailard". Und dennoch bleibt sie auf Grund ihres befreienden Inhalts Teil der Erinnerung, die jede an der Befreiung des Menschen interessierte historische Gegenwart lebendig erhalten und fortschreiben soll.

---

[54] Vgl. P. Abailard, *ebenda*, S. 19.
[55] P. Abailard, *ebenda*, S. 233.

3.5 Johann Benjamin Erhard oder die vergessene Tradition

Auch bei Johann Benjamin Erhard (1766-1827) gilt es – um es mit der bekannten Formulierung von Walter Benjamin zu sagen –, "die Geschichte gegen den Strich zu bürsten."[1] Nur, im Unterschied etwa zum Kynismus oder zu Peter Abailard, bei denen die Aufgabe der befreienden Rekonstruktion der Geschichte zu einem wesentlichen Teil darin bestehen musste, ihre Rezeptionsgeschichte ideologiekritisch zu analysieren und dadurch alternative verdrängte Interpretationsmöglichkeiten zur Geltung zu bringen, stellt sich bei Johann Benjamin Erhard diese Aufgabe insofern etwas anders dar, als man ihm kaum Aufmerksamkeit geschenkt hat. Er gehört also weniger zu den Autoren, die Gegenstand einer kontroversen und konfliktiven Rezeption werden, als vielmehr zu jenen, die – wie man zu sagen pflegt – "in Vergessenheit geraten".

Im Folgenden soll daher versucht werden, Erhards Theorieansatz im Kontext seiner Zeit sowie im Zusammenhang mit seiner politischen Tätigkeit zu analysieren, um auf diesem Weg – und sei es nur indirekt – eine mögliche Antwort auf die Frage zu finden, warum Erhard "in Vergessenheit" geraten ist oder, genauer ausgedrückt, weshalb er von der offiziellen Geschichtsschreibung in der Philosophiegeschichte kaum wahrgenommen wird. Und diese Frage scheint mir schon allein deshalb berechtigt zu sein, weil Erhard im engen Kontext mit den bedeutendsten Namen der deutschen Kultur seiner Zeit stand, so etwa mit Fichte, Kant, Herbert, Herder, Novalis, Reinhold und Schiller, u.a.[2] Man hätte also erwarten können, dass es zumindest im Rahmen der Rezeption der genannten Philosophen auch zur Berücksichtigung von Erhard gekommen wäre, zumal er sich ausführlich mit der politischen Philosophie von einigen dieser Philosophen auseinander setzte, wie seine Kritik an Fichtes Buch *Beitrag zur Berichtigung der Urteile des Publikums über die französische Revolution* exemplarisch doku-

---

[1] W. Benjamin, "Über den Begriff der Geschichte", *a.a.O.*, S. 697.
[2] Vgl. H.G. Haasis, "Nachwort", in: J.B. Erhard, *Über das Recht des Volkes zu einer Revolution und anderen Schriften*, Frankfurt 1976, S. 205 und 227.

mentiert.[3] Meine Hypothese ist es, dass das dominierte ideologische Interesse der offiziellen Geschichtsschreibung dies verhindert hat. Mit Helmut G. Haasis lässt sich aber auch Erhards Marginalisierung in der Philosophiegeschichte folgendermaßen erklären: "Da aber bürgerliche Historiker den Wert von Gedanken am Erfolg zu messen pflegen, an der idealistischen Nachahmung eines ökonomischen Modells also, nach dem private Kopfarbeit erst auf dem Markt der gedachten Waren sich im Tausch als gesellschaftlich notwendig zu beweisen und ihren Wert zu realisieren hat, der also desto größer sich herausstellt, je mehr sich das private Kopfprodukt eintauscht, waren sie mit Erhard schnell fertig."[4]

Diese Erklärung hat zweifellos ihre Berechtigung, da sie einen wichtigen Aspekt in der Methodik der herrschenden Geschichtsschreibung offen legt. Dennoch möchte ich – wie bereits angedeutet – die in meiner Hypothese implizierte Erklärung für Erhards Marginalisierung anders akzentuieren und sie werkimmanent interpretieren. Die Erörterung der Radikalität seines eigenen Ansatzes soll zeigen, weshalb eine akademische reduzierte Philosophiegeschichte ihn "vergessen" mußte. Beginnen darf ich aber diesen Versuch mit einem einleitenden Hinweis auf die biographische historische Erfahrung, die Erhard in seiner Heimatstadt Nürnberg durchmacht und die für die Kontextualität seines Denkansatzes meines Erachtens entscheidend ist. Selbstverständlich verbinde ich mit diesem Hinweis nicht die Absicht, einer materialistischen determinierten Interpretationstheorie das Wort zu reden. Es soll also nicht der Eindruck entstehen, ich wollte damit Erhards Ansatz von dieser kontextuellen Erfahrung her deterministisch erklären, so als ob seine Revolutionstheorie eben nur einen mechanischen Reflex der erlebten historischen Bedingungen darstellen würde. Mit diesem Hinweis will ich vielmehr dem kontextuellen Charakter seines Denkansatzes Rechnung tragen. D.h. es geht nur darum, die Kontextualität von Erhards Theorieansatz in den Vordergrund meiner Erörterung zu rücken, weil – wie die Darstellung freilich noch zeigen soll –

---

[3] Vgl. J.B. Erhard, "Rezension von Fichtes Revolutionsbuch", in: J.B. Erhard, *a.a.O.*, S. 135-164.

[4] H.G. Haasis, *a.a.O.*, S. 227-228.

seine Revolutionstheorie als ein Beispiel für kontextuelles Philosophieren interpretiert werden kann. Und dies tue ich gerade dadurch,
dass ich einleitend auf die historische Erfahrung aufmerksam mache,
die sein Denken prägt und eben damit insofern kontextualisiert, als sie
die Erfahrung darstellt, aus der sich die dieses Denken charakterisierende Betroffenheit durch die konkreten Nöte des einfachen Volkes
erklären lässt. Kontextualisierung des Denkens bedeutet also keine
Determination, sondern Verwurzelung der Reflexion in die jeweilige
historische Erfahrung, und zwar als Bedingung dafür, dass philosophische Reflexion nicht abgehobene, vom Leben und von der Geschichte
der Menschen abgeschnittene Abstraktion werde, sondern sich als re-
flexive Antwort auf die Probleme der Menschen entfalten kann. Kontextuelle Philosophie ist demnach jene Art von Philosophie, die sich
aus der praktisch-historischen Grundlage des Lebens heraus artikuliert
und die daher bei der Erfüllung ihrer "Denkaufgaben" der Materialität
nicht verlustigt wird.[5]

Bei Johann Benjamin Erhard wird die oben angesprochene Erfahrung
durch ein markantes Faktum in seiner Biographie bestimmt: Armut
und Handarbeit. Erhard, der am 8. Februar 1766 in Nürnberg geboren
wurde, stammt nämlich aus einer kleinen Handwerkerfamilie, die in
einem der ärmsten Stadtviertel von Nürnberg lebte und arbeitete. Sein
Vater war Drahtzieher, und in dessen Werkstatt arbeitete Erhard ebenfalls als Drahtzieher vom 11. bis zum 22. Lebensjahr.[6] Für die Kontextualisierung des Denkansatzes von Erhard ist diese biographische
Situation aus einem doppelten Grund wichtig. Zum einen deshalb,
weil sie bedeutet, dass Erhard die Wirklichkeit von Armut nicht aus
Berichten bzw. durch fremde Erfahrungen kennen lernt, sondern sie
als die harte Realität erlebt, welche die primären Beziehungen seiner

---

[5] Zur Frage des Verhältnisses zwischen philosophischer Vernunft und Kontextualität vgl. meinen Beitrag "Vernunft und Kontext. Überlegungen zu einer Vor-
frage im Dialog lateinamerikanischer und europäischer Philosophie", in: R. Fornet-Betancourt (Hrsg.), *Ethik und Befreiung*, Aachen 1990, S. 108ff.
[6] Bei den biographischen Daten orientiere ich mich hier an H.G. Haasis, "Nachwort", *a.a.O.*; sowie an Erhards Autobiographie: *Denkwürdigkeiten des Philosophen und Arztes Johann Benjamin Erhard*, herausgegeben von Karl A. Varnhagen von Ense, Stuttgart und Tübingen 1830.

Sozialisation in der Familie und in der Nachbarschaft prägt und so auch seine Wahrnehmung des Sozialen mitbestimmt. Die soziale Komponente dieser persönlichen Armutserfahrung bei Erhard tritt noch deutlicher in den Vordergrund, wenn man die Tatsache berücksichtigt, dass die vor Erhard erlebte Armut in erster Linie eine Folge der sozialen Verarmung der Handwerker und insbesondere der Drahtzieher in Nürnberg war. Zu Recht schreibt H.G. Haasis dazu: "Die allgemeine wirtschaftliche Kontraktion traf die selbständigen Drahtzieher mehr als die meisten anderen Gewerbe, während es den kapitalistischen Unternehmern gelang, ihre Positionen auszubauen. Als die Lebenshaltungskosten am Ende des 18. Jahrhunderts stark anstiegen und die Reallöhne ständig fielen, sanken die Drahtzieher zu den ärmsten Gewerben ab."[7]

Zum anderen ist diese Lebenserfahrung deshalb wichtig, weil sie die Grundlage für Erhards revolutionäre Politisierung darstellt. Nürnberg gehörte damals zu den Städten in Deutschland, wo die Ideale der nordamerikanischen und der französischen Revolution mit großer Begeisterung aufgenommen wurden, wobei noch betont werden muss, dass gerade die Handwerker von der Idee der sozialen Revolution geprägt wurden. Erhard stand also in einem Umfeld, das sehr günstige Bedingungen für die Entwicklung einer radikalen politischen Position bot. Mehr noch: Seine Revolutionstheorie kann eigentlich nur vor dem Hintergrund dieser kontextuellen Erfahrung richtig verstanden werden, wie insbesondere ihre Verortung im Jakobinismus eindeutig zeigt, der eben in Nürnberg einen großen Einfluss hatte und die unzufriedenen Volksmassen, aber auch Intellektuelle in seine Bahn schlug. Zur Verdeutlichung dieses Zusammenhangs noch ein Zitat von Haasis: "Die Wellen der Erschütterung. Die von Frankreich über das alte, feudale Europa hinweggingen, stießen in Nürnberg auf außerordentliche Sympathie. Diese fränkische Reichsstadt war unter den rechtsrheinischen, deutschen Städten diejenige mit der größten Produktion ille-

---

[7] H.G. Haasis, "Nachwort", *a.a.O.*, S. 204.

galer Jakobinerliteratur: Aufrufe zur Revolution, politische Parodien religiöser Literatur, Satiren, Lieder, Gedichte, Streuzettel, Plakate... ."[8] Wie stark die biographische Erfahrung von Armut und Handwerk Erhards Denken tatsächlich prägt, dokumentiert zudem die für seine Revolutionstheorie charakteristische Forderung nach einer wirklich empirischen Kenntnis des Volkes, und zwar als unerlässliche Bedingung für eine wahre Revolution aus dem Volk und für das Volk. Aber dazu später mehr. Bedenkt man andererseits, dass Erhard seine radikale Revolutionstheorie erst nach seinem sozialen Aufstieg verfasst, so wäre dem Gesagten über die Bedeutung seiner Erfahrung als Handwerker noch dies hinzuzufügen: Diese Erfahrung ist es, die zum Leitfaden seines ganzen Lebens wird und so die Konsequenz erklärt, mit der Erhard das Anliegen der Solidarität mit dem armen Volk zu einer bleibenden Aufgabe seines Tuns macht. Aber gerade diese Konsequenz in seiner Haltung machte aus ihm ein Zeichen des Widerspruchs bei vielen seiner Freunde aus dem deutschen Kulturleben. So war zum Beispiel Schiller entsetzt über Erhards theoretische und politische Position und schrieb ihm in einem Brief: "Vor allem folgen Sie meinem Rat, und lassen Sie vorhand die arme, unwürdige und unreife Menschheit für sich selbst sorgen. Bleiben Sie in der heitern und stillen Region der *Ideen*, und überlassen Sie es der Zeit, sie ins praktische Leben einzuführen."[9]

Zur Biographie von Erhard gehört also auch der erwähnte soziale Aufstieg. Hierzu noch ein kurzes Wort. Der wirtschaftliche Niedergang des Handwerks in Nürnberg, vor allem aber die damit zusammenhängenden Schwierigkeiten der Werkstatt des Vaters zwangen Erhard,

---

[8] H.G. Haasis, *Spuren der Besiegten*, Bd. 2: *Von den Erhebungen gegen den Absolutismus bis zu den republikanischen Freischärlern 1848/49*, Reinbek 1984, S. 600. Und im "Nachwort" wird hervorgehoben: "Erhard erlebte die entscheidende Zeit der Französischen Revolution in einer Stadt, deren herrschende Klasse sich von zahlreichen Aufstandsversuchen bedroht sah, die eine besonders starke jakobinische Agitation aufwies und zentrale Anlaufstelle französischer Emissäre war." (*a.a.O.*, S. 207) Vgl. ferner Scheel, H., *Süddeutsche Jakobiner. Klassenkämpfe und republikanische Bestrebungen im deutschen Süden Ende des 18. Jahrhunderts*, Berlin (DDR) 1962.

[9] Schiller, "Brief an Erhard", Jena 26.5.1794; hier zitiert nach H.G. Haasis, "Nachwort", *a.a.O.*, S. 217.

seine Ausbildung in der Lateinschule nach zwei Jahren abzubrechen. Er musste, wie gesagt, im Familienbetrieb mitarbeiten. Zugleich aber setzte er seine Weiterbildung autodidaktisch fort. Er lernte Lateinisch und interessierte sich insbesondere für Philosophie. Wolff, Baumgarten und Kant gehörten zu seinen weiterbildenden Lektüren. Der soziale Aufstieg setzte aber mit dem Beginn des Medizinstudiums im Jahre 1788 in Würzburg an, und zwar nicht zuletzt deshalb, weil dadurch Erhard leichteren Zugang zu höheren sozialen Kreisen seiner Heimatstadt gewann. So z.B. verlobte er sich in dieser Zeit mit der Tochter eines reichen Kaufmanns, der ihm das nötige Geld für eine lange Studienreise gab, auf der er seinem Interesse für die Philosophie nachgehen konnte und deren wichtigste Stationen ihn zum Kantianer Reinhold in Jena (Winter 1790/91), zu Kant in Königsberg (Sommer 1791) sowie nach Italien (Frühjahr 1792) führten.

Nach seiner Rückkehr aus Italien entschied sich Erhard jedoch für die Medizin und legte im Juli 1792 seine medizinische Doktorprüfung ab, womit er sich den sozialen Aufstieg endgültig sichern sollte. Denn, obwohl er bei seiner Niederlassung als Arzt zuerst Schwierigkeiten hatte, gelang es ihm doch vor allem in seiner Berliner Zeit (1799-1827) als praktizierender Arzt gesellschaftlich anerkannt zu werden, wie die bis zu seinem Tod geführte große Arztpraxis in Berlin belegt.

Vor dem Hintergrund dieser einleitenden Ausführungen zur biographischen Kontextualisierung soll nun Erhards Theorieansatz dargelegt werden. Dabei orientiere ich mich an dem Buch *Über das Recht des Volkes zu einer Revolution*, das Erhard 1794 in Nürnberg geschrieben hat. Das bedeutet, dass meine Darstellung seines Theorieansatzes sich auf die Analyse der in diesem Buch herausgearbeiteten Revolutionstheorie konzentriert. Wozu ich noch vorweg anmerken möchte, dass ich von "Theorieansatz" und "Revolutionstheorie" spreche, weil Erhard in der Tat eine theoretische Begründung der Rechtsmäßigkeit revolutionären Handelns entwickelt hat. Seine Theorie aber – dies muss betont werden – ist keine Abstraktion bzw. kein Ergebnis weltfremder Spekulation, sondern kontextuelle Reflexion und somit im Grunde auch eine Dimension des historischen Lebensprozesses der Menschen, in dem doch Theorie und Praxis, Denken und Handeln immer schon als sich gegenseitig vermittelnde Momente herauskristallisiert werden. Für Erhards "Revolutionstheorie" ist also Erfahrung Bedingung von Einsicht, aber wohl deshalb kann bei ihm Theorie ihrerseits Handlungshorizont konkreter Menschen werden. Genau diese Auffassung ist übrigens der Hintergrund für seinen lapidaren Einwand gegen die Revolutionstheorie von Fichte, in dem er geltend macht, dass die Herausarbeitung einer Theorie revolutionären kollektiven Handelns mehr als nur die "Kenntnis *der Menschen*, sondern auch *des Menschen*, folglich – Erfahrung" erfordert. Oder, wie es an einer anderen Stelle heißt: "... so kann keine Revolution zugunsten eines Volkes ohne empirische Kenntnis dieses Volkes unternommen werden."[10]

Auf der Grundlage der politischen Revolution der Moderne, zu deren Errungenschaften unter anderem die Erkenntnis der Zentralität der demokratischen Verfassung im Konstitutionsprozess des Staates und der Gesellschaft gehört, geht Erhard in seiner Argumentation von der These aus, dass das Recht des Volkes zu einer Revolution auf den Einfluss, "den das Volk auf die Staatsverfassung haben *soll*",[11] zurückzuführen ist. Diese Eingangsthese, die im Verlauf der Argumentation ihre Begründung erfahren soll, nimmt nach Erhard ein Recht in Anspruch, das zunächst einmal begründet werden muss, und zwar durch seine Erklärung "aus den Rechten des Menschen überhaupt und aus dem Recht, welches dem Volk besonders zukommt."[12] Und da andererseits zum Ausgangspunkt von Erhard weiter die Einsicht gehört, dass die Menschenrechte die ursprüngliche Quelle aller anderen Rechte des Menschen sind[13], bedeutet die Aufgabe der Begründung des Rechts des Volkes zu einer Revolution konkret die Bestimmung dieses Rechts als ein Menschenrecht. Um diese Begründung als eben eine menschenrechtliche Bestimmung durchführen zu können, muss Erhard jedoch zuerst die Menschenrechte als Grundquelle vom Recht

---

10 Johann Benjamin Erhard, "Rezension von Fichtes Revolutionsbuch", *a.a.O.*, S. 138. Hervorhebung im Original.

11 Johann Benjamin Erhard, *Über das Recht des Volkes zu einer Revolution*, a.a.O., S. 9.

12 Johann Benjamin Erhard, *ebenda*, S. 9.

13 Vgl. Johann Benjamin Erhard, *ebenda*, S. 9.

überhaupt bestimmen. Daher setzt seine Argumentation mit der "Deduktion der Menschenrechte" an: "Eine Deduktion derselben muss ... jeder Deduktion anderer Rechte vorhergehen."[14]

Charakteristisch für Erhards "Deduktion", genauer, für die Position, die er dadurch zu begründen versucht, ist nun in diesem ersten Schritt seiner Argumentation die auf dem "Sprachsinn" der deutschen Sprache basierende Unterscheidung zwischen "recht sein" und "recht haben", die in Ausdrücke wie "es ist recht" oder "er hat recht", "er tut recht" oder "er hat ein Recht"[15] usw. im Alltag der Menschen ständig (und buchstäblich) "zur Sprache" kommt, und zwar als Bewusstsein von der aus den Kontexten des praktischen Lebens bzw. Zusammenlebens gewonnenen Erkenntnis, dass zwischen Moral und Recht, Legitimität und Legalität unterschieden werden muss. Denn: "In der ersten Redensart: *es ist recht*, wird nicht allein gesagt, dass etwas geschehen dürfte, sondern es liegt auch noch der Nebenbegriff darin, dass es gut sei, dass es geschehe. In der zweiten: *er hat Recht*, bezieht sich der Nebenbegriff auf die Wahrheit des Rechtsgrundes und auf die Billigkeit, mit der etwas geschieht."[16]

Wichtig ist weiter die Wahrnehmung der Unterscheidung zwischen Moral und Recht als eine solche, in der nicht nur die Ausdifferenzierung zwei verschiedener, komplementärer Sphären zum Ausdruck kommt, sondern auch und vor allem ein Konfliktpotenzial thematisiert wird. In dieser Unterscheidung wird nämlich deutlich, dass Menschen zwischen dem, was sie für ein wirkliches (moralisches) Gebot halten, und dem, was für sie durch Gesetze erlaubt ist, also zwischen "recht sein" und gesetzlich "erlaubt sein", unterscheiden, wobei man sich eben dessen bewusst ist, dass positive Gesetze etwas erlauben können, was man doch für ungerecht hält. Diesen Konflikt verdeutlicht Erhard folgendermaßen: "... wie z.B. wenn man sagt: es ist nicht recht, dass der reiche Nachbarn seinem armen Nachbarn, der ihn wegen der vielen Unglücksfälle, die ihn treffen, nicht gleich bezahlen konnte, von Haus und Hof jagt. – Hier geben die Gesetze dem reichen Nachbarn

---

[14] Johann Benjamin Erhard, *ebenda*, S. 9.

[15] Johann Benjamin Erhard, *ebenda*, S. 11ff.

[16] Johann Benjamin Erhard, *ebenda*, S. 11.

das Recht, *unrecht* zu handeln."[17] Für Erhard folgt daher aus der Unterscheidung von Moral und Recht die Erkenntnis, dass die Moral genau jene Instanz darstellt, aus der allein bestimmt werden kann, was recht ist und somit auch die Grundlage, auf der vor jeder Aus- und Erteilung einzelner Rechte entschieden werden kann, dass diese Rechte an sich kein Unrecht sind. Erhard fasst diese Erkenntnis seiner Argumentation mit dem Satz zusammen: "Die Moral kommt daher, was recht ist, und die Rechtslehre, was ein Recht einer gewissen Person ist."[18]

Für den weiteren Gang von Erhards Argumentation ist diese Erkenntnis ihrerseits von entscheidenden Bedeutung. Daraus folgt nämlich die Kernidee für die intendierte Deduktion der Menschenrechte, und die besagt: Moral ist die Quelle, von der aus ein "Recht" erklärt werden kann, das man nicht missachten kann, ohne unmoralisch zu handeln; d.h. ein "Recht", welches als Bedingung für die moralische Gültigkeit positiver Rechte und so auch der Gesetzgebung fungiert. Dieses "Recht", das aus der Moral kommt und vor jeder gesetzlichen Sanktionierung sowohl für die Staatsverfassung als auch für die Bürger moralisch bindend ist; dieses "Recht", bei dem also "Moral" und "Recht" wieder konvergieren, und auf das man sich deshalb berufen kann, um die im konkreten Lauf der Geschichte festgestellte konfliktive Diskrepanz zwischen "recht" und "Recht" von einer höheren Instanz her kritisch zu beurteilen, stellt für Erhard den Bereich jener "Rechte" dar, die eben als *Menschenrechte* anerkannt werden, weil darin das "Recht" des Menschen auf Rechte entschieden wird, und dies zudem allein dadurch, dass der Mensch als Mensch anerkannt wird.

Um Erhards (moralische) Deduktion der Menschenrechte in ihrer inneren Logik besser verstehen zu können, muss man noch folgenden Aspekt berücksichtigen. Menschsein bedeutet für Erhard Personsein. Mit anderen Worten: Erhard geht hier von einer sittlichen Bestimmung des Menschen aus, bei der Menschsein ursprünglich die Qualität eines moralisch bestimmten Wesens ausdrückt. Der Mensch hat für

---

[17] Johann Benjamin Erhard, *ebenda*, S. 12. Hervorhebung im Original.
[18] Johann Benjamin Erhard, *ebenda*, S. 14.

ihn eine moralische Natur, genauer, die eigentliche Natur des Menschen ist die Moral.[19] Die Menschenrechte sind also die Rechte, die sich unmittelbar aus der sittlichen Natur des Menschen ableiten. Es sind streng genommen Rechte eines moralischen Wesens. Genau deshalb kann die Grundformel, unter der alle Menschenrechte begriffen werden können, für Erhard lauten: "Der Mensch muss als eine Person behandelt werden."[20]

Bei der sich darin anschließenden näheren Bestimmung der Menschenrechte hebt Erhard dann zuerst die Rechte hervor, die aus dem "Charakter" einer Person, der nach seiner Definition in der "Selbstbestimmung aus Einsicht"[21] besteht, deduziert werden und die sich demnach als Rechte der Selbstständigkeit darstellen lassen. Hier wird konkret an erster Stelle die Befolgung der Forderung des eigenen Gewissens genannt. Und so kann Erhard bestimmen: "Alles ist daher wider die Menschenrechte, was die Bestimmung durch fremde Willkür allein fordert."[22] Neben diesem Recht der Person auf Gewissensfreiheit zählt Erhard zu den Rechten der Selbstständigkeit auch das Recht auf Denkfreiheit sowie das Recht darauf, frei über den Gebrauch der eigenen Kräfte zu verfügen. Letzteres lässt meines Erachtens auf einer ganz besonderen Weise die emanzipatorische Intention seines Ansatzes ebenso wie die praktische Ausrichtung derselben erkennen. Denn die Forderung nach Anerkennung dieses Rechts auf "Selbstgebrauch der Kräfte"[23] begründet Erhard mit folgendem Argument: "Moralität soll aber nicht bloß in der Gesinnung bleiben, sondern in Handlungen dargestellt werden, und daraus entspringt ein Recht auf alles, was zur äußeren Darstellung der Moralität erfordert wird."[24] Dass einem Menschen die Mittel, die er braucht, um seine moralische Selbstbestimmung praktisch zu verwirklichen, nicht entzogen werden dürfen, ist eine Forderung, die nach Erhard als ein Menschenrecht anerkannt

---

[19] Vgl. Johann Benjamin Erhard, *ebenda*, S. 15ff.

[20] Johann Benjamin Erhard, *ebenda*, S. 17.

[21] Johann Benjamin Erhard, *ebenda*, S. 17.

[22] Johann Benjamin Erhard, *ebenda*, S. 17.

[23] Johann Benjamin Erhard, *ebenda*, S. 37.

[24] Johann Benjamin Erhard, *ebenda*, S. 27.

werden muss. Die reale Verwirklichung moralischer Überzeugungen gehört zur sittlichen Selbstständigkeit der Person. Die materiellen Bedingungen für die Praxis der Menschenrechte der Selbstständigkeit sind also selbst ein Menschenrecht: "Das Recht auf alles, was nötig ist, mich als moralisches Wesen zu zeigen, gehört daher zu den Menschenrechten."[25]

Ferner berücksichtigt Erhards nähere Bestimmung der Menschenrechte jene andere Rechte, die nicht direkt am "Charakter" der Person, d.h. an der individuellen sittlichen Selbstbestimmung haften, sondern dem Menschen als einem Wesen, das "*im Verhältnis mit anderen Menschen*"[26] steht, zukommen. Es sind die Rechte der Freiheit und der Gleichheit, auf die hier nicht näher eingegangen werden soll. Für unser Anliegen, nämlich die Darstellung von Erhards menschenrechtlicher Begründung der Rechtmäßigkeit einer Revolution des Volkes, genügt doch mit dem Hinweis, dass die Rechte der Freiheit und der Gleichheit die Bedeutung, die Erhard der faktischen Möglichkeit "zur äußeren Darstellung der Moralität" beimisst, noch zusätzlich verdeutlichen, weil sie bzw. deren Gebrauch die Notwendigkeit der öffentlichen, alltags mäßigen, sozialen Verankerung des Ethos der Menschenrechte mit Nachdruck vor Augen führen. Denn genau diese Dimension der faktischen Relevanz der Idee der Menschenrechte, konkreter, das Verständnis der Menschenrechte als Ethos einer weltverändernden Praxis – zu deren praktischen Vollzug jeder Mensch ein Menschenrecht hat! – wird für die Behandlung der Frage nach dem Recht des Volkes zu einer Revolution zentral sein. Damit komme ich aber zum zweiten Schritt von Erhards Argumentation.

Dieser zweite Schritt besteht nun in der Untersuchung der Frage, ob es ein Recht gibt, eine Revolution anzufangen, wobei – wie noch erläutert werden soll – Revolution die für die öffentliche Verwirklichung der Moralität der Menschenrechte notwendige Transformation meint. Aus der durch die Deduktion der Menschenrechte dargelegten moralischen Bestimmung derselben resultiert für die Behandlung der Frage nach dem Recht auf Revolution – die, wie bereits angedeutet, dieses

---

[25] Johann Benjamin Erhard, *ebenda*, S. 27.
[26] Johann Benjamin Erhard, *ebenda*, S. 31.

Recht als ein Menschenrecht demonstrieren will – die Konsequenz des moralischen Charakters der Frage. Mit anderen Worten: Für Erhard lässt seine Deduktion der Menschenrechte kein Zweifeln darüber aufkommen, dass wer nach dem Recht auf Revolution im Sinne eines Menschenrechtes fragt, eine moralische Frage stellt. Noch genauer: Für ihn handelt es sich um eine Gewissensfrage, da sie auch Frage nach der Ausübung eines Rechts ist; d.h. sie fragt ebenfalls nach der inneren Verpflichtung des Menschen, von diesem Recht Gebrauch zu machen oder nicht, und hierüber kann doch nur der Mensch selbst urteilen.[27] Konsequent ist daher Erhard, wenn er nun für den weiteren Gang der Argumentation kategorisch die Erkenntnis in den Vordergrund rückt, dass die Frage nach dem Recht zu einer Revolution keine Rechtsfrage ist. Der Ausgangspunkt für diesen zweiten Schritt seiner Argumentation fasst Erhard so zusammen: "Die Frage über das Recht, eine Revolution anzufangen, kann daher rechtlich gar nicht entschieden werden. Da man unter dem Ausdruck *das Recht haben* eine besondere Begünstigung, ein übrigens positiv anerkanntes Recht auszuüben, versteht, so ist die Frage selbst unrichtig gestellt, und es muss anstatt: *Wer hat das Recht, eine Revolution anzufangen*, gefragt werden: *Wer tut Recht, wenn er eine Revolution anfängt?* Die Frage gehört also einzig und allein vor den Gerichtshof der Moral, und das *Recht*, eine Revolution anzufangen, kann niemandem positiv weder gegeben noch genommen werden. Die Frage betrifft daher nicht *das Recht*, sondern nur *die Rechtmäßigkeit.*"[28]

Mit der im angeführten Zitat vorgenommenen Umformulierung der Frage ("Wer tut Recht, wenn er eine Revolution anfängt?") will Erhard allerdings nicht nur den angesprochenen moralischen Charakter der Frage betonen, indem er eben eine Formulierung bevorzugt, die ganz eindeutig zeigt, dass es auch um die innere Gesinnung des Handelnden geht. Mit dieser Formulierung will er sicher diesen Aspekt nochmals betonen und bekräftigen, dass diese Frage einzig und allein "vor den Richterstuhl der Moral"[29] gebracht werden kann. Damit will

---

[27] Johann Benjamin Erhard, *ebenda*, S. 13.

[28] Johann Benjamin Erhard, *ebenda*, S. 42. Hervorhebungen im Original.

[29] Johann Benjamin Erhard, *ebenda*, S. 42.

er aber auch auf die Auffassung der Revolution, auf deren Begründung hin seine Argumentation in diesem zweiten Schritt aufgebaut wird, hinweisen. Denn die neue Formulierung der Frage deutet bereits darauf hin, dass Erhard Revolution als eine Tat versteht, die ihre eigene Rechtmäßigkeit in sich trägt und die somit den Handlungshorizont darstellt, vor dem der Mensch, der sie bewirkt, die Gewissheit seiner eigenen moralischen Rechtfertigung gewinnen kann. Der Mensch, der eine Revolution anfängt, tut also deshalb Recht, weil er durch diese Tat Moral verwirklicht; d.h. weil durch die Revolution der Mensch sein moralisches Wesen affirmativ tätigt. Revolution wird also als Praxis der Moral bzw. als Affirmation der Moralität des Menschen verstanden. Für den Menschen, der in seinem moralischen Wesen, d.h. in seiner Humanität beleidigt wird, wird Revolution zur moralischen Pflicht.

Die moralische Bestimmung der Revolution ist demnach Bedingung für die Legitimation des Menschen, der sich dafür entscheidet, eine Revolution anzufangen. Für den Gang der Argumentation von Erhard bedeutet nun dies, dass die Begründung der Rechtmäßigkeit der Revolution vor der Behandlung der Frage nach dem Subjekt der Revolution ("*Wer* tut Recht ...?") geklärt werden soll. Deshalb konzentriert sich auch der zweite Schritt seiner Argumentation darauf, die Revolution als eine moralische, mehr noch, als eine für die Stiftung und Wiederherstellung von Moralität notwendige Tat zu begründen. Konkret geht es Erhard hier um den Nachweis der moralischen Legitimität von Revolution. Und er ist sich dessen bewusst, dass, gerade weil er mit diesem Anspruch die Frage auf einer Ebene gestellt hat, "... wo nicht bloß über äußere Tatsachen, sondern über die innere Gesinnung gerichtet wird, und wo es nicht darauf ankommt, uns nur von positiver Strafe zu befreien, sondern uns vor einer allwissenden Vernunft zu rechtfertigen ...",[30] er nun als Erstes den Begriff von Revolution ausdrücklich explizieren muss, und zwar so, dass der Mensch, der sich für

---

[30] Vgl. Johann Benjamin Erhard, *ebenda*, S. 42. Hier wird nochmals Erhards tiefe Verwurzelung in der Aufklärung sehr deutlich. Die Rechtfertigung vor der Vernunft gehört zu seinen Evidenzen als Aufklärer, da für ihn ja der Grundsatz gilt: "Die Vernunft ist und bleibt die einzig wahre Gesetzgeberin." (S. 16).

eine Revolution entscheidet, vor dem Gericht der Vernunft bestehen kann.

Die bisher eher nun implizit postulierte, von mir aber – Erhards Argumentation teilweise vorwegnehmend – um der Verständlichkeit willen der "Verschiebung" der Subjektfrage bereits betonte moralische Qualität der Revolution wird also jetzt von Erhard explizit untersucht. Durch genaue Abgrenzung von anderen sinnverwandten Begriffen wie z.b. "Befreiung eines Volkes", "Majestätsverbrechen", "Rebellion", "Hochverrat", "Reformation", "Insurrektion", und "Konspiration"[31] versucht Erhard zunächst, den Begriff von Revolution – wie er selber unterstreicht – "aufs schärfste zu bestimmen"[32], wobei er den durch die eigene Analyse gewonnenen gemeinsamen Zug bei diesen Begriffen, nämlich das Bemühen um eine Änderung der bestehenden Regierung, doch stark relativiert, um das Proprium der Revolution in aller Deutlichkeit gegenüber den anderen Versuchen der Regierungsänderung abgrenzen zu können. Denn das Entscheidende bei der Revolution ist nach Erhard der Versuch, eine totale Veränderung der Regierung hervorzurufen, und zwar auf der Basis der Umänderung der Grundgesetze und der darauf errichteten Verfassung des Landes.[33] Die Frage also lautet nun: Wie kann die Veränderung von Grundgesetzen und von der Konstitution eines Landes eine rechtmäßige Tat sein? Wie ist die Legitimität einer solchen politischen Umwälzung zu erklären? Worin kann die moralische Möglichkeit einer solchen Tat überhaupt liegen? Da es sich – wie Erhard wiederholt betont – um keine Rechtsfrage handelt, muss die Grundlegung der moralischen Möglichkeit einer Revolution auf einer Situation aufbauen, in der "der Mensch ohne Rücksicht auf äußeres Recht berechtigt oder gar verbunden ist, seinem bloßen Gewissen zu folgen, entstehe daraus, was da wolle. Der letzte Zusatz ist dagegen notwendig, weil sich wohl die Absicht, aber nie der Erfolg einer Revolution bestimmen lässt."[34] Entsprechend dem bisherigen Duktus seiner Argumentation gilt für Erhard nun, das

---

31 Johann Benjamin Erhard, *ebenda*, S. 42.
32 Johann Benjamin Erhard, *ebenda*, S. 42.
33 Vgl. Johann Benjamin Erhard, *ebenda*, S. 43.
34 Johann Benjamin Erhard, *ebenda*, S. 45.

"Recht" des Menschen auf moralische Selbstbestimmung als das höhere, moralische Interesse zu bestätigen, das dem Menschen erlaubt, in bestimmten Fällen sich der Befolgung positiven Rechts zu verweigern und "sich unabhängig von allen positiven Einrichtungen zu Handlungen, deren Folgen sich auf diese Einrichtungen erstrecken, zu bestimmen."[35] Aber wie lässt sich die Moralität dieser Handlungen, durch die der Mensch die geltende Legalität und deren Einrichtungen allein nach seinem Gewissen und – wie Erhard nun hervorhebt – "ohne einen äußeren Beruf dazu zu haben",[36] erklären? Anders gefragt: Wie ist die moralische Befugnis des Menschen zur Revolution zu erklären?

Für den Kantianer und Jakobiner Erhard, der diese Frage vor dem Hintergrund der Auseinandersetzungen zwischen Girondisten und Jakobinern im revolutionären Frankreich von 1793-1794 behandelt und so die historische Ambivalenz des Rechts des Volkes zu einer Revolution vor Augen hat, kann die Moralität einer Revolution nur dann begründet werden, wenn sie als eine Handlung aus Pflicht gedacht werden kann, weil die Revolution zu jener Art von Handlungen gehört, die sich nicht durch die Beurteilung ihrer Folgen rechtfertigen lässt. Nur die Absicht lässt sich bei einer Revolution bestimmen, hat Erhard bereits festgestellt, und nun fügt er hinzu: "Keine Handlung kann ohnstreitig weniger in ihren Folgen übersehen werden als eine Revolution. Der oder die, welche sie beginnen, sind in kurzem nicht mehr über den Gang derselben Herr und können sie unmöglich mehr nach ihren Absichten leiten; sie können daher unmöglich sich durch die Absichten, die sie hatten, rechtfertigen, weil es in der Natur der Sache liegt, dass die Erreichung dieser Absichten zufällig ist und ihr Unternehmen mehr Unglück bewirken kann, als je nach dem alten System, das sie umstießen, erfolgt wäre. Eine Revolution kann daher, wenn sie moralischer weise möglich sein soll, nur als eine Handlung aus Pflicht gedacht werden."[37] Damit hat Erhard allerdings eine bemerkenswerte Akzentverschiebung in der Fragestellung vorgenom-

---

[35] Johann Benjamin Erhard, *ebenda*, S. 45.
[36] Johann Benjamin Erhard, *ebenda*, S. 45.
[37] Johann Benjamin Erhard, *ebenda*, S. 46. Vgl. auch S. 48.

men. Denn: Lässt sich tatsächlich Revolution als eine Handlung aus Pflicht erklären, dann ist sie doch nicht nur moralisch möglich, sondern moralisch notwendig. Über das moralische Recht zu einer Revolution hinaus hätte Erhard somit auch die Pflicht zur Revolution begründet. Und dass es ihm tatsächlich um diese radikalere Variante (die Pflicht zur Revolution) geht, zeigt sich eindeutig an seiner Argumentation. Revolution soll aus einer Pflicht entstehen, deren Erfüllung für den Menschen eine moralische Notwendigkeit darstellt. Präzise formuliert nun Erhard die Frage folgendermaßen: "Kann ich je eine Pflicht haben, mich zu bemühen, die Grundgesetze des Staates, in dem ich lebe umzuändern?"[38] In der Tat!, antwortet Erhard, aber er insistiert darauf, dass die Moralität der Handlung – wie bereits gesagt – nicht durch die guten Absichten, eine größere Glückseligkeit bewirken zu wollen, rechtfertigt werden kann. Die (moralische) Rechtfertigung kann allein von Forderungen der Moral bzw. der Vernunft her gedacht werden, deren Erfüllung für den Menschen eben eine unbedingte Pflicht bedeuten. Erhard beschränkt sie auf zwei: "*Ungerechtigkeit abzustellen*" und "*Gerechtigkeit möglich zu machen.*"[39] In Fällen, in denen ich feststelle, dass ich und andere Menschen Unrecht leiden, und zwar als direkte Folge der bestehenden Grundgesetze eines Staates, bin ich also moralisch berechtigt, ja sogar moralisch verpflichtet, eine Revolution zu beginnen. Denn in solchen Situationen – wie Erhard kantianisch anmerkt – "leide nicht ich allein, sondern zugleich die Menschheit in meiner Person Unrecht."[40] Die Befugnis zu einer Revolution offenbart sich als eine Pflicht meines Gewissens, da in diesen Fällen, wo sich die Revolutionsfrage stellt, ich doch erkenne, dass diese Frage ... "nur von dem Gewissen abhängt und mein Gewissen mich verbindet, jedes Unrecht, das ich einsehe, zu verhüten und die Gerechtigkeit zu befördern, wenn ich kann"; und dass damit ... "jedermann recht tut, wenn er in diesen Fällen eine Revolution bewirkt."[41] Die moralische Legitimität der Revolution – um eine andere

---

[38] Johann Benjamin Erhard, *ebenda*, S. 48.
[39] Johann Benjamin Erhard, *ebenda*, S. 49. Hervorhebung im Original.
[40] Johann Benjamin Erhard, *ebenda*, S. 50.
[41] Johann Benjamin Erhard, *ebenda*, S. 51.

Formulierung von Erhard zu verwenden – hat ihre Begründung darin, dass "durch sie eine offenbare Beleidigung der Menschenrechte aufgehoben werden soll."[42] Und da der Mensch zur Verteidigung und Ausübung seiner Menschenrechte verpflichtet ist, ist er in Situationen der "Beleidigung der Menschenrechte" zu einer Revolution verpflichtet. Anders ausgedrückt: Revolution als Handlung, die die Aufhebung einer Situation der Missachtung der Menschenwürde intendiert, wird so zu einer Pflicht, die ich nicht unterlassen kann, ohne Schuld auf mich zu nehmen: "... Ich bin schuldig meine Menschenwürde zu behaupten, was auch der Erfolg sein mag."[43]

Auf der Grundlage dieser moralischen Bestimmung der Revolution, genauer, der moralischen Begründung der Pflicht zur Revolution wendet sich Erhard dann im dritten Schritt seiner Argumentation der Untersuchung der Frage nach dem Subjekt der Revolution zu. Für ihn ist es klar, dass weder ein Fürst noch eine Regierung großes Interesse daran haben dürften, eine Revolution zu bewirken, da dieses Interesse für die Revolution unmittelbar mit dem Leiden an der Missachtung der Menschenrechte sowie mit der Absicht, sie gegen die bestehenden Institutionen geltend zu machen, verbunden ist. Subjekt der Revolution kann daher eher das Volk sein. Aber wer ist das Volk? Für Erhard, der Volk programmatisch im Sinne einer sittlichen Gemeinschaft versteht, ist Volk keine bloße Ansammlung bzw. Menge von Menschen, noch darf Volk nach ihm mit einem bestimmten Staat verwechselt werden. Aber auch kulturelle Bestimmtheiten wie Sprache, Religion oder Sitten reichen für Erhard nicht aus, um ein Volk als eben dieses Volk zu charakterisieren. Hierfür ist vor allem die Entwicklung einer sittlichen Zusammengehörigkeit notwendig, die Erhard als Ergebnis eines historischen Prozesses versteht, durch den das gemeinsame Gefühl für das, was für tugendhaft gehalten wird, entsteht, und zwar als Norm für die Beurteilung sowohl des persönlichen als auch des öf-

---

[42] Johann Benjamin Erhard, *ebenda*, S. 52.
[43] Johann Benjamin Erhard, *ebenda*, S. 52-54.

fentlichen Verhaltens der Mitglieder.[44] So kann Erhard festhalten: "Ein Volk lässt sich also wohl am besten durch die Menge Menschen erklären, deren subjektive Begriffe von Tugend, insofern sie aufs Gefühl gegründet sind, übereinstimmen und zur Regel ihres Betragens und der Beurteilung des Werts eines Menschen, der unter und mit ihnen lebt, geworden sind und die sich deswegen besonders zusammenhalten."[45]

Entscheidend für den Charakter von Erhards Ansatz ist jedoch die Vermittlung der Ansicht, durch welche gezeigt werden soll, wie zu diesem historischen Prozess der Entstehung eines Volkes auch die Entwicklung einer "Klassengesellschaft", in der eben eine Teilung des Volkes stattfindet, gehört. Das Volk teilt sich in Fronten, die ihrerseits soziale, kulturelle und politische Gegensätze innerhalb des Volkes widerspiegeln; Gegensätze, an denen man tatsächlich feststellen kann, dass dieser Prozess weit mehr als nur eine Ausdifferenzierung innerhalb der Einheit "Volk" ist, weil diese Gegensätze eigentlich dazu führen, ein Teil des Volkes – wie Erhard sich ausdrückt – vom Volk wegzurechnen.[46] Das wird z.B. an den Gegensätzen zwischen den "Oberen" und "der gemeinen Leute" oder zwischen den "Gebildeten" und den "Laien" deutlich. Auf der Grundlage dieser historischen Entwicklung, deren Widersprüchlichkeit im Grunde die Spaltung einer Gesellschaft in "Volk" und "Nicht-Volk" reflektiert, definiert nun Erhard das Volk in Abgrenzung von jenem anderen Teil, den er als die "Vornehmen"[47] bezeichnet; Volk sind also die "Gemeinen".[48] Es sind die kleinen Leute, die von den "Vornehmen" zu unmündigen "Minorennen"[49] degradiert und so in ihrer Menschenwürde verletzt werden. Die Frage: Wer ist das Volk, das ein Recht auf Revolution hat?, kann daher für Erhard nur diese Antwort bekommen: Es ist jener Teil einer

---

[44] Es sei angemerkt, dass Erhard Tugend in der ursprünglichen Bedeutung von "Kraft aus Spontaneität" (S. 77) versteht und so diesen Begriff in Verbindung mit der Idee bzw. mit dem Menschenrecht auf Selbstbestimmung bringt.

[45] Johann Benjamin Erhard, *ebenda*, S. 79.

[46] Johann Benjamin Erhard, *ebenda*, S. 79ff.

[47] Johann Benjamin Erhard, *ebenda*, S. 80.

[48] Johann Benjamin Erhard, *ebenda*, S. 80.

[49] Johann Benjamin Erhard, *ebenda*, S. 80ff.

Gesellschaft, der Unrecht leidet, und zwar als Resultat einer *legalen* Situation, in der die "Beleidigung der Menschenrechte" dieses Teils (des Volkes) zur Normalität gehört.

Charakteristisch für Erhards Position ist andererseits auch die Einsicht, dass das Volk, um wirkliches Subjekt einer Revolution sein zu können, sich zum Träger einer "moralischen Kultur"[50] entwickeln muss. Für den "Volksaufklärer" Erhard steht nämlich fest, "daß Elend und Jammer allein nie eine Insurrektion hervorbringen ..., daß Elend und Despotismus allein nicht vermögend sind, eine Revolution hervorzubringen."[51] Denn es kommt letztlich darauf an, *wie* das Volk die Situation, in der es sich befindet, beurteilt: "Der Grund zu einer Insurrektion muss daher in etwas anderem gesucht und kann nicht in dem, was dem Volk geschieht, sondern in dem, was es über das, was ihm geschieht, urteilt, gefunden werden."[52] Dieses Vermögen zur kritischen Beurteilung der Verhältnisse kann für Erhard aber nichts anderes als der Ausdruck einer moralischen Kultur sein, durch die das Volk das Selbstbewusstsein seiner Menschenrechte bzw. die Bewusstwerdung seiner Personenwürde artikuliert und so die historische Situation, in der seine Menschenwürde verletzt wird, als eine Situation beurteilt, die moralisch unhaltbar ist und die deshalb zur Revolution berechtigt. Diese moralische Urteilsfähigkeit ist nach Erhard um so wichtiger, als sie die Grundlage darstellt, auf der man "eine *Revolution des Volkes* von einer *Revolution*, die nur *vermittelst des Volkes* durchgesetzt wird, unterscheiden"[53] kann und somit ein Kriterium für die Beantwortung der Frage hat, ob das Volk wirkliches Subjekt einer Revolution ist oder nicht. Denn gerade die moralische Kultur der Einsicht in die eigene Humanität ist es, die das Volk zum Subjekt, d.h. zum Herrn seines eigenen Schicksals macht und es so von der Instrumentalisierung durch andere Gruppen bzw. Interesse schützt.

Ist diese moralische Kultur also für die Gewährleistung der Revolution als *Revolution des Volkes*, d.h. der Subjektrolle des Volkes bei der

---

[50] Johann Benjamin Erhard, *ebenda*, S. 58.
[51] Johann Benjamin Erhard, *ebenda*, S. 55.
[52] Johann Benjamin Erhard, *ebenda*, S. 55.
[53] Johann Benjamin Erhard, *ebenda*, S. 91. Hervorhebung im Original.

Revolution unabdingbar, so folgt aber nach Erhard nicht daraus, dass Moralität allein die Revolution (des Volkes) hervorbringen kann.[54] Moralität ist zwar Bedingung der Möglichkeit für die Subjektwerdung des Volkes, und insofern ist sie eine notwendige Bedingung der *Revolution des Volkes*, aber sie allein reicht nicht aus, weil für Erhard die Praxis der Moralität ebenso notwendig wie die Einsicht darin ist. Mit anderen Worten: Revolution wird wirklich möglich, wenn der Einsicht in die Moralität der praktische Schritt folgt, die als unmoralisch beurteilte Situation praktisch zu überwinden. Ergänzend zur These der Notwendigkeit der moralischen Kultur stellt er nun fest: "Es kann lange unter vielen ausgemacht sein, dass etwas ungerecht sei; solange sie aber durch nichts über das, wie und wann diese Ungerechtigkeit abgestellt werden soll, bestimmt werden, bleibt es bei dem kalten Ausspruch: es ist ungerecht."[55]

Die *Revolution des Volkes* – so darf zusammenfassend festgehalten werden – ist nach Erhard eine Möglichkeit, deren historische Umsetzung das Zusammenspiel von moralischer Kultur und politischer Aktion, von Moralität und Politik voraussetzt. "Das Recht des Volkes zu einer Revolution" bedeutet also für Erhard nicht nur einen moralischen Anspruch darauf, die Menschenrechte zurückzufordern, sondern auch die praktische Befugnis dazu, politisch tätig zu werden, um die moralisch notwendige Transformation der bestehenden Verhältnisse tatsächlich hervorzubringen. Kurzum: Erhards Revolutionstheorie versteht Revolution als ein Programm zur praktischen Verwirklichung der Moral oder – moderner gesagt – der Ethik der Menschenrechte in der Geschichte. Genau darin liegt seine Radikalität und Aktualität.

Aus diesem Überblick – so darf ich hier einschieben – wird übrigens ersichtlich, warum eine akademische etablierte Philosophie, d.h. eine Philosophie, die ein Teil der herrschenden institutionalisierten Ordnung geworden ist, kein Interesse an der "Überlieferung" von Erhards Ansatz haben konnte und seine alternative Vision "vergessen" musste.

In kritischer Absicht müsste allerdings gefragt werden, ob Erhards Auffassung der Menschenrechte nicht insofern überholt sei, als sie of-

---

54 Johann Benjamin Erhard, *ebenda*, S. 58.
55 Johann Benjamin Erhard, *ebenda*, S. 58.

fensichtlich die durch die französische Revolution sanktionierte Sicht der Menschenrechte als Rechte eines (männlichen!) Individuums, also als Individualrechte, nicht zu überwinden vermag. Denn das einzige Menschenrecht, das Erhard dem Volk als Kollektiv zugesteht, ist doch das Recht auf Aufklärung. Lapidar stellt er hierzu fest: "Das Menschenrecht aber, das dem Volke kollektiv zukommt, ist kein anderes als das Recht zur Aufklärung."[56]

Und im Zusammenhang mit der Anerkennung dieses Kollektivrechts wäre noch kritisch zu fragen, ob Erhard selbst die revolutionäre Radikalität dieses Rechts auf Aufklärung nicht doch weitgehend neutralisiert, indem er nämlich kritiklos Kants berühmte Definition der Aufklärung als "Ausgang des Menschen aus seiner selbst verschuldeten Unmündigkeit"[57] übernimmt, um die kollektive Situation des Volkes zu charakterisieren. So schreibt er: "Die Unmündigkeit eines Volkes ist aber selbstverschuldet ... ."[58] Damit macht Erhard doch das Volk für seine Situation verantwortlich, und das ihm zugestandene Recht auf Aufklärung wird somit eigentlich zum Recht bzw. zur Pflicht der Wiedergutmachung der selbstverschuldeten Situation der Unmündigkeit. Mit dieser Wendung bei der Beurteilung der Lage des Volks trägt Erhard aber im Grunde dazu bei, die konfliktive soziale Frage, die er selbst in seiner Analyse der sozialen Verhältnisse hervorgehoben hat, zu minimalisieren bzw. sie in ihrer Sprengkraft zu schwächen. Die sozialen Gegensätze werden doch durch die nunmehr betonte "Verschuldung" und "Nachlässigkeit"[59] des Volkes verdunkelt.

Die kritischen Anfragen an Erhards Ansatz zu einer Philosophie der Revolution des Volkes ließen sich sicherlich leicht fortsetzen. Aber hier dürfen die zwei genannten Anfragen genügen, um zu illustrieren, welche Grenzen man heute in seiner Revolutionstheorie feststellen könnte; Grenzen, an denen übrigens deutlich wird, dass Erhard dem

---

56 Johann Benjamin Erhard, *ebenda*, S. 92.

57 Immanuel Kant, "Beantwortung der Frage: Was ist Aufklärung", in: *Werke in zwölf Bänden*, Band XI, Frankfurt 1968, S. 53.

58 Johann Benjamin Erhard, *Über das Recht des Volkes zu einer Revolution*, a.a.O., S. 92.

59 Johann Benjamin Erhard, *ebenda*, S. 92.

"Zeitgeist" der bürgerlichen Aufklärung doch Tribut gezollt hat. Dennoch sollten die Grenzen seines Ansatzes für uns kein Grund sein, Bedeutung und Aktualität seines Versuchs, eine Revolutionstheorie am Leitfaden der Leiderfahrung des Volkes zu begründen, weiterhin zu verdrängen. Denn gerade heute, wo dominante akademische Philosophie perplex vor der eigenen Zeit zu stehen scheint und sich auf das ruhigere Geschäft der Beschäftigung mit der eigenen Geschichte mit Vorliebe konzentriert, kann die Erinnerung an eine Denkperspektive wie die von Erhard die bequeme Etablierung der Philosophie im "Zeitgeist" ihrer Epoche erschüttern und die Philosophie sozusagen wachrütteln, da es sich – trotz aller Defizite – um eine Perspektive handelt, die Philosophie daran erinnert, dass die kritische Auseinandersetzung mit ihrer Zeit, die Kritik also am legalen "Lauf der Dinge" sowie an der etablierten "Rechtsordnung", und zwar aus der Sicht der Unterdrückten und Verlierer, für sie eine Aufgabe darstellt, die sie nicht ignorieren kann, ohne sich selbst als Philosophie aufzuheben und zu einem bloßen "Bildungselement" im herrschenden "Zeitgeist" der Epoche zu werden.

Darüber hinaus konfrontiert uns Erhards Denkansatz mit kritischen Perspektiven zur Zeitdiagnose, die wir heute zwar nicht mechanisch übernehmen bzw. übertragen dürfen, die uns aber eine wichtige Orientierung bei der Aufgabe der konkreten Kontextualisierung der zeitkritischen Funktion der Philosophie in unserer Zeit bedeuten können. Insbesondere denke ich dabei an drei punktuelle Aspekte seines Denkansatzes, die ich zum Abschluss kurz ansprechen möchte.

Erstens: Sein dezidiertes Plädoyer für eine Aufklärung von unten, die aus der egalitären Einsicht heraus, dass Aufklärung ein Grundrecht eines jeden Menschen ist und dass jeder Mensch fähig ist, sich selbst aufzuklären, eine Transformationsbewegung in Gang setzen will, die weit mehr als nur eine radikale Demokratisierung des Wissens und der Kultur der "Vornehmen", aber auch mehr als die gleichberechtigte Entwicklung alternativer Volkskulturen impliziert. Denn diese andere Aufklärung soll doch auch die Selbsttransformation des Menschen anzeigen. Sie ist der Prozess der Menschwerdung, d.h. der Verwirklichung des Menschen als ein moralisch bestimmtes Wesen, das ein be-

wusstes Leben in einer transparenten Gesellschaft der Gleichen führt.
Und – so darf rhetorisch gefragt werden – im Kontext einer Gesellschaft, die Menschen weitgehend entwürdigt, indem sie zu Adressaten
und Konsumenten von "Information" nivelliert werden, ist nicht Erhards Ideal des moralischen, bewusst lebenden Menschen geradezu
ein Impuls zur Kritik?

Zweitens: Seine Auffassung des Menschen als Person, d.h. als ein
Wesen, das dazu bestimmt ist, Persönlichkeit in allem, was es tut[60], zu
zeigen. Und da nach Erhard Persönlichkeit das Vermögen ist, "mich
nach ausgewählten Gesetzen zu Handlungen zu bestimmen oder nach
Maximen zu handeln"[61], folgt aus seiner Bestimmung des Menschen
als Person die politische Konsequenz, dass das Ziel der Entwicklung
menschlicher Gesellschaft und Geschichte nur darin liegen kann, freie
Menschen hervorzubringen; also Menschen, die ihr Leben als Praxis
der Freiheit vollziehen. Auch diese Einsicht könnte heute dazu beitragen, unser zeitkritisches Bewusstsein zu schärfen. Denn sie bringt ja
die gefährliche Erinnerung zur Sprache, dass der Maßstab für den
Fortschritt an Humanität nicht der "zivilisierte Bürger", sondern der
freie Mensch ist, und dass wir also über die Zivilität hinaus in Richtung auf die Sozialität freier, d.h. moralisch bestimmten Menschen
noch zu gehen haben.[62]

Drittens: Seine Verteidigung des Rechts des unterdrückten Menschen
auf Revolution, die uns mit der Ausgangsperspektive der etablierten,
"legalen" Ordnungen konfrontiert und uns daran erinnert, dass es auch
dort, wo gesagt wird, es gibt keine Alternativen zum Bestehenden,

---

[60] Vgl. Johann Benjamin Erhard, *ebenda*, S. 27.
[61] Johann Benjamin Erhard, *ebenda*, S. 17.
[62] In diesem Punkt könnte man Erhards Perspektive mit der Ethik des "souci de
soi" des späten Michel Foucault vergleichen, der für ein neues Subjekt plädierte,
das in der Lage ist, diesem Imperativ zu folgen: "Begründe dich in Freiheit durch
Selbstbemeisterung." Michel Foucault, *Freiheit und Selbstsorge*, Frankfurt 1985,
S. 28.

Alternativen gibt und dass Menschen also ein Recht darauf haben, zu widersprechen und neue Wege zu suchen.[63]

Diese abschließenden Hinweise – dies soll nochmals betont werden – wollen keiner akritischen Aneignung das Wort reden. Die Aufgabe der kritischen Auseinandersetzung mit unserer Zeit können wir nicht an Erhard delegieren, aber – und allein darum geht es – der Dialog mit ihm kann uns helfen, diese Aufgabe radikal wahrzunehmen.

---

[63] Auch hier lässt sich Erhards Ansatz mit einer neueren Revolutionstheorie in Verbindung bringen. Vgl. Jean-Paul Sartre, *On a raison de se révolter*, Paris 1974.

3.6 Die Popularphilosophie oder die zu rehabilitierende Tradition

In den 70iger Jahren gab es in Deutschland einen Versuch zur "Teil-Rehabilitierung" der vergessenen und aus der Geschichte der europäischen Philosophie als Dilettantismus verbannten Tradition der Popularphilosophen der deutschen Aufklärung.[1]

Mit diesem Versuch – wie der für diesen Abschnitt gewählte Titel bereits vermuten lässt – teile ich das Anliegen der Rehabilitierung der deutschen populärphilosophischen Tradition, ohne jedoch das Konzept der "arbeitsteiligen Philosophie", in dessen Rahmen dieser Versuch formuliert wird, zu teilen. Denn dieses Konzept hält doch an der traditionellen Trennung (im Inneren der Philosophie!) zwischen "Fachphilosophie" und "Popularphilosophie" fest. Es macht somit eine "Arbeitsteilung" in der Philosophie notwendig und kann konsequenterweise nicht über den Vorschlag zu einer "Teil-Rehabilitierung" hinausführen. Im Folgenden werde ich hingegen für eine Rehabilitierung (ohne Vorbehalt) *des Ansatzes* der Tradition "Popularphilosophie" plädieren, weil – wie noch gezeigt werden soll – sie für ein Verständnis und eine Praxis der Philosophie steht, deren Grundanliegen es ist, die "Arbeitsteilung" in der Philosophie zu überwinden.

Zu rehabilitieren wäre also die Popularphilosophie als ein Modell von Philosophie, an dem exemplarisch gezeigt werden kann, dass die "Arbeitsteilung" in der Philosophie im Grunde Resultat der Verschulung und der einseitigen Verankerung in der dominanten Wissenschaftstradition Europas ist und dass es daher nicht so sehr darauf ankommen sollte, eine arbeitsteilig arbeitende Philosophie, die doch durch die

---

[1] Vgl. Walther Ch. Zimmerli, "Philosophie in Gefahr. Zu ihrer Zukunft", in: *Volkshochschule* 1 (1974) 14-26; ders., "Esoterik und Exoterik in den Selbstdarstellungsbegriffen der Gegenwartsphilosophie", in: Helmut Holzhey und Walther Ch. Zimmerli (Hrsg.), *Esoterik und Exoterik der Philosophie. Beiträge zu Geschichte und Sinn philosophischer Selbstbestimmung*, Basel/Stuttgart 1977, S. 253-288; und ders., "Arbeitsteilige Philosophie? Gedanken zur Teil-Rehabilitierung der Popularphilosophie", in: Hermann Lübbe (Hrsg.), *Wozu Philosophie? Stellungnahmen eines Arbeitskreises*, Berlin/New York 1978, S. 181-212.

Akademisierung und Verwissenschaftlichung verursachte Deformation fortsetzen würde, zu entwickeln, sondern vielmehr darauf, die Philosophie in der historischen Welt der Menschen ohne Rücksicht auf die Funktionen und Kompetenzbereiche der geltenden Arbeitsteilung neu zu positionieren. Es ginge also um eine Philosophie, die aus ihrer Indienstnahme durch den sanktionierten Wissenschaftsbetrieb und so auch aus den arbeitsteiligen Strategien ihrer Verwalter an den Institutionen aufbricht, um sich als "Philosophie für die Welt" neu zu konstituieren, weil sie – um es mit Adorno und Horkheimer zu sagen – ein Denken sein will, das "vor der herrschenden Arbeitsteilung nicht kapituliert und seine Aufgaben von ihr sich nicht vorgeben läßt."[2]

Die Rehabilitierung der Popularphilosophie, für die ich hier argumentieren will, distanziert sich also vom Versuch, sie nur als "praktische" oder "angewandte" Philosophie zu rehabilitieren. Meine Interpretation will vielmehr zur Anerkennung der Popularphilosophie als Möglichkeit für eine alternative Paradigmatisierung der Philosophie im Ganzen beitragen.

Andererseits bin ich mir jedoch dessen bewusst, dass trotz der neueren Präzisierung des Begriffes und des Anliegens der Popularphilosophie, zu der zweifellos der erwähnte Versuch der "Teil-Rehabilitierung", aber auch die dezidiertere Parteinahme von Helmut Holzhey beigetragen haben,[3] die Rehabilitierung der Popularphilosophie heute nach wie vor mit den traditionellen, immer noch stark wirkenden Vorurteilen der dominanten Philosophie in Deutschland zu kämpfen hat. Denn die Popularphilosophie ist nicht nur eine vergessene, sondern ebenso – und vielleicht vor allem – eine diskriminierte, von den "Verwaltern" der (wissenschaftlichen) Philosophie verachtete Tradition.[4] Und wahr-

---

[2] Max Horkheimer/Theodor W. Adorno, *Dialektik der Aufklärung*, Frankfurt 1971, S. 217.

[3] Vgl. Helmut Holzhey, "Der Philosoph für die Welt – eine Chimäre der deutschen Aufklärung?", in: H. Holzhey/W. Ch. Zimmerli (Hrsg.), *a.a.O.*, S. 117-138; ders., "Philosophie als Eklektik", in: *Studia leibnitiana* 15 (1983) 19-29; und ders., "Popularphilosophie", in: Joachim Ritter/Karlfried Gründer (Hrsg.), *Historisches Wörterbuch der Philosophie*, Bd. 7, Basel/Stuttgart 1989, Sp. 1093-1100.

[4] Vgl. Lucien Braun, *a.a.O.*, S. 170.

scheinlich gehört die nachhaltige Wirkung dieser Vorurteile zu den Gründen, die erklären, weshalb die in den 70iger Jahren versuchte Rehabilitierung keine Resonanz fand[5] und heute schon wieder vergessen ist.

Es scheint mir daher angebracht, der hier versuchten rehabilitierenden Interpretation der Popularphilosophie aus dem eigenen Selbstverständnis der Bewegung heraus eine ideologiekritische Analyse der Reaktion der "professionellen" Philosophie voranzuschicken. Kontext, Motivation und Zielrichtung der Vorurteile, die für die bis heute mit dem Begriff "Popularphilosophie" fast spontan verbundene negative Konnotation verantwortlich sind, sollen dadurch zur Sprache gebracht werden, und zwar als Dokumentation einer Fremdwahrnehmung, die – auch wenn sie sicher mehr über sich selbst als über die als fremd wahrgenommene Sache aussagt – uns doch als Kontrastfolie helfen soll, Kontur und Position der Popularphilosophie als Versuch, Philosophie neu zu positionieren, zu verstehen. Ich beginne also ideologiekritisch mit der schulphilosophischen Wahrnehmung der Popularphilosophie und deren Folgen für die spätere Beurteilung derselben.

Aus der Sicht der Ende des 18. Jahrhunderts in Deutschland dominanten akademischen Philosophie, die sich am Modell der rationalistischen systematischen Schulphilosophie von Christian Wolff (1679-1754) – den Kant bezeichnenderweise den "Urheber des bisher noch nicht erloschenen Geistes der Gründlichkeit in Deutschland"[6] nennt – orientiert, wird die Popularphilosophie als ein Projekt wahrgenommen, das (gerade weil sie eine Alternative zur wolffischen Verschulung der Philosophie repräsentiert) dem Interesse der Philosophie, die sich eben entschieden hat, "den sicheren Weg der Wissenschaft ein-

---

[5] Vgl. Hans E. Bödeker, "Von der 'Magd der Theologie' zur "Leitwissenschaft". Vorüberlegungen zu einer Geschichte der Philosophie des 18. Jahrhunderts", in: *Das achtzehnte Jahrhundert* 14 (1990) 19-57.

[6] Immanuel Kant, *Kritik der reinen Vernunft*, in: *Werke*, Bd. III/1, Frankfurt 1968, S. 36. An dieser Stelle sagt Kant auch ausdrücklich, dass in der Ausführung des Plans der "Kritik" man "der strengen Methode des berühmten Wolff" zu folgen habe.

zuschlagen",[7] radikal widerspricht. Die Forderung der Popularphilosophie nach einer Neubestimmung der Grenzen zwischen Philosophie und Welt und nach einer konsequenten Öffnung der Philosophie hin zur alltäglichen Welt der Menschen war doch in den Augen der Schulphilosophie ein frontaler Angriff auf ihr Paradigma der Philosophie im Sinne einer "strengen Wissenschaft", da dieses Paradigma in erster Linie die Konstitution der Philosophie als Wissenschaft der reinen Vernunft, d.h. als System der Erkenntnis und so auch als Erkenntnis- und Wissenschaftstheorie verlangte.

Im Kontext der kantischen Wende zur "wissenschaftlichen" Philosophie bzw. der "Paradigmatisierung der 'Philosophie als Wissenschaft' durch Kant"[8] wird also die Popularphilosophie als ein Projekt wahrgenommen, von dem Philosophie sich abzugrenzen hat, weil sie eben Wissenschaft (in der oben angedeuteten verengten Bedeutung wohlbemerkt) zu sein hat. Damit wird zugleich gesagt, dass Motivation und Zielrichtung des Abgrenzungsdiskurses der Schulphilosophie gegenüber der Popularphilosophie sich einerseits aus dem Interesse an der Durchsetzung des Paradigmas der Philosophie als Wissenschaft und andererseits aus der damit verbundenen Strategie zur wissenschaftlichen Diskreditierung der popularphilosophischen Alternative ergeben.

Es nimmt daher kein Wunder, dass der Abgrenzungsdiskurs der Schulphilosophie gerade mit dem Werk ansetzt, mit dem das Paradigma der Philosophie als Wissenschaft seine Neufundierung und wohl auch seine endgültige Durchsetzung erfährt, nämlich mit Kants *Kritik der reinen Vernunft*, die im Jahre 1781 veröffentlicht wird. Bemerkenswert ist allerdings dabei, dass Kant sich verpflichtet fühlt, zu erklären, warum die *Kritik der reinen Vernunft* nicht "populär" geschrieben werden konnte. In seiner Argumentation lässt Kant zwar keinen Zweifel daran, dass für ihn "Popularität" eigentlich nicht zur Wis-

---

7 Immanuel Kant, *ebenda*, S. 21.

8 Leonie Koch-Schwarzer, *Populare Moralphilosophie und Volkskunde. Christian Garve (1742-1798) – Reflexionen zur Fachgeschichte*, Marburg 1998, S. 34.

senschaft gehört,[9] die Tatsache aber, dass er – wie gesagt – seine Methode vor dem Leser "rechtfertigen" muss, ist doch ein deutlicher Hinweis auf die Wirkung der damaligen Popularphilosophie. Dass Kant also noch 1781 Rücksicht auf die Forderung der Popularphilosophie nach Allgemeinverständlichkeit nehmen muss, zeigt doch dass sie eine obligatorische Referenz für die philosophische Kultur ihrer Zeit wurde, weil es ihr gelang, den Geist der Epoche zu formen.[10] Dazu aber später.

Weil Kant "Popularität" auf "Beispiele und Erläuterung" in der "Volkssprache" reduziert, zielt sein Abgrenzungsdiskurs darauf ab, die Forderung nach "Popularität" in der Philosophie wissenschaftlich zu disqualifizieren. So wird er zwischen "Philosophie nach dem Schulbegriffe" und "Philosophie nach dem Weltbegriffe" unterscheiden,[11] dabei aber betonen, dass die eigentliche wissenschaftliche Philosophie eben die "Philosophie nach dem Schulbegriffe" ist.

Diese Abgrenzung wird zwei Jahre später, 1783, noch deutlicher, als Kant sich auf die "Natur der Vernunft" beruft, um die Notwendigkeit einer philosophischen Methode zu verteidigen, die "nach den strengsten Regeln einer schulgerechten Pünktlichkeit" zu verfahren hat und für welche "Trockenheit und scholastische Pünktlichkeit"[12] unver-

---

9 So schreibt er in der "Vorrede zur ersten Auflage": "Ich bin fast beständig im Fortgange meiner Arbeit unschlüssig gewesen, wie ich es hiermit halten sollte. Beispiele und Erläuterungen schienen mir immer nötig ... Ich sah aber die Größe meiner Aufgabe ... gar bald ein und ... so fand ich es unratsam, es durch Beispiele und Erläuterungen, die nur in populärer Absicht notwendig sind, noch mehr anzuschwellen, zumal diese Arbeit keineswegs dem populären Gebrauche angemessen werden könnte und die eigentlichen Kenner der Wissenschaft diese Erleichterung nicht so nötig haben, ob sie zwar jeder Zeit angenehm ist, hier aber sogar etwas Zweckwidriges nach sich ziehen konnte." *Kritik der reinen Vernunft, a.a.O.*, S. 17.

10 Vgl. Lucien Braun, *a.a.O.*, S. 170.

11 Vgl. Immanuel Kant, *Kritik der reinen Vernunft, a.a.O.*, S. 700 ff; und ders., *Logik*, in: *Werke*, Bd. VI/2, Frankfurt 1968, S. 444 ff.

12 Immanuel Kant, *Prolegomena zu einer jeden künftigen Metaphysik, die als Wissenschaft wird auftreten können*, in: *Werke*, Bd. V/1, Frankfurt 1968, S. 120 ff.

meidliche Eigenschaften sind. Deshalb wird Kant in der "Vorrede zur zweiten Auflage" (1787) der *Kritik der reinen Vernunft* offen darlegen, dass die Philosophie, für die sein Werk steht, "niemals populär werden" kann, und es auch nicht nötig hat.[13] Ähnlich scharf wird Kant seine Abgrenzung zur Popularphilosophie zehn Jahre später in der *Metaphysik der Sitten* formulieren, als er im Vorwort direkt auf den "Vorwurf der Dunkelheit"[14] von Christian Garve, einem der bedeutendsten Popularphilosophen – von dem später die Rede sein wird –, eingeht, und dabei seine Position folgendermaßen präzisiert: "Der weise Mann fordert ... mit Recht, eine jede philosophische Lehre müsse ... zur Popularität ... gebracht werden können. Ich räume das gern ein, nur mit Ausnahme des Systems einer Kritik des Vernunftvermögens selbst und alles dessen, was nur durch dieser ihre Bestimmung beurkundet werden kann; weil es zur Unterscheidung des Sinnlichen in unserem Erkenntnis vom Übersinnlichen dennoch aber der Vernunft Zustehenden, gehört. Dieses kann nie populär werden, so wie überhaupt keine formelle Metaphysik."[15] Und Kant betont ausdrücklich noch mehr die von der "Natur der Vernunft" bzw. von der "Natur der Wissenschaft" her resultierende Notwendigkeit der Methode *seiner* Philosophie: "Hier ist an keine Popularität (Volkssprache) zu denken, sondern es muß auf scholastische Pünktlichkeit, wenn sie auch Peinlichkeit gescholten würde, gedrungen werden (denn es ist Schulsprache) ... ."[16]

Diese Stelle macht deutlich, dass Kant – auch wenn er großzügig Garves Forderung nach Popularität anerkennt – diese Forderung doch – wie bereits gesagt – wissenschaftlich disqualifiziert, indem er sie nur dort gelten lässt, wo Wissenschaft nicht am Werke ist. Popularität ist für Kant – wie er 1800 in der *Logik* erläutert – nur auf der Ebene eines

---

[13] Immanuel Kant, "Vorrede zur zweiten Auflage", *Kritik der reinen Vernunft*, *a.a.O.*, S. 35.

[14] Immanuel Kant, *Metaphysik der Sitten*, in: *Werke*, Bd. VIII/2, Frankfurt 1968, S. 310.

[15] Immanuel Kant, *ebenda*, S. 310.

[16] Immanuel Kant, *ebenda*, S. 310.

"Vortrags" möglich, der "zu den Fähigkeiten und Bedürfnissen derjenigen sich herabläßt, welche die Logik nicht als Wissenschaft studieren, sondern sie nur brauchen wollen, um ihren Verstand aufzuklären."[17] Und dieser "Vortrag" ist eben vom "scholastischen Vortrag" grundsätzlich zu unterscheiden, denn in diesem geht es ja um die wissenschaftliche Behandlung des Gegenstandes.[18] Kant verschärft zudem diesen Gegensatz, indem er in diesem Zusammenhang zwischen Methode und Vortrag unterscheidet. Als Weg zur Erkenntnis muss die Methode "aus der Natur der Wissenschaft selbst hergenommen werden und lässt sich also, als eine dadurch bestimmte und notwendige Ordnung des Denkens nicht ändern."[19] Vor dem Hintergrund dieser Unterscheidung wird also nochmals deutlich, dass es Kant um eine klare Trennung zwischen der Ebene seiner "wissenschaftlichen", kritischen Philosophie und der des "populären Vortrags" geht, und zwar deshalb, weil letzterer nicht die wissenschaftliche Notwendigkeit der philosophischen Methode hat und auch nicht haben kann. Denn: "Vortrag bedeutet nur die Manier, seine Gedanken andern mitzuteilen, um eine Doktrin verständlich zu machen."[20] Popularität ist so für Kant keine wissenschaftliche Qualität. Sie ergibt sich nicht aus der "Natur der Wissenschaft", sondern ist vielmehr eine Eigenschaft, die der Wissenschaft extern bleibt und die daher für den Gang der Wissenschaft im Grunde irrelevant ist. Für Kant gilt eher das Gegenteilige: Wissenschaft ist Bedingung der Möglichkeit von Popularität. Mit seinen eigenen Worten: "Der scholastische Vortrag ist das Fundament des popularen; denn nur derjenige kann etwas auf eine populare Weise vortragen, der es auch gründlicher vortragen könnte."[21]

---

17 Immanuel Kant, *Logik, a.a.O.*, S. 441.
18 Immanuel Kant, *ebenda*, S. 441 ff.
19 Immanuel Kant, *ebenda*, S. 442.
20 Immanuel Kant, *ebenda*, S. 442.
21 Immanuel Kant, *ebenda*, S. 442. Schon vorher, 1785, hatte Kant seine Position hierzu deutlich formuliert: "Diese Herablassung zu Volksbegriffen ist allerdings sehr rühmlich, wenn die Erhebung zu den Prinzipien der reinen Vernunft zuvor geschehen und zur völligen Befriedigung erreicht ist, und das würde heißen, die Lehre der Sitten zuvor auf Metaphysik gründen, ihr aber, wenn sie fest steht,

Mit der Darstellung des Ansatzes der Popularphilosophie wird sich zeigen, wie sehr Kant – trotz seiner Anerkennung der Berechtigung eines "popularen" Vortrags – doch das eigentliche Anliegen der Popularphilosophie "missverstanden" hat (spricht: sie nur aus der Sicht des Interesses, die kritische Philosophie als alleiniges Paradigma für Wissenschaftlichkeit in der Philosophie durchzusetzen, wahrgenommen hat). Der Kontrast seiner Auffassung zum Selbstverständnis der Popularphilosophie wird zudem evident werden lassen, dass Kant nicht nur Popularität reduktionistisch im Sinne der Verwendung von "Volksbegriffen" verstanden hat, um die kritische, "wissenschaftliche" Philosophie besser aus der Forderung der Popularität ausgrenzen zu können.[22] Evident wird dadurch ebenso, dass sein Ausgrenzungsdiskurs mit einer Diskreditierung des Anliegens der Popularphilosophie bzw. einer wissenschaftlichen Disqualifizierung derselben verbunden ist. Das soll aber – wie gesagt – durch Kontrast die Darstellung des Selbstverständnisses der Popualrphilosophie zeigen. Hier muss lediglich der Hinweis genügen, dass Kants Distanzierung von der Popularphilosophie durchaus als der Anfang der Geschichte der Diskreditierung der Popularphilosophie im Sinne der "Herablassung zu Volksbegriffen" betrachtet werden kann, weil in seinem Anfangsdiskurs die

---

nachher durch Popularität Eingang verschaffen. Es ist aber äußerst ungereimt, dieser in der ersten Untersuchung, worauf alle Richtigkeit der Grundsätze ankommt, schon willfahren zu wollen. Nicht allein. Daß dieses Verfahren auf das höchst seltene Verdienst einer wahren philosophischen Popularität niemals Anspruch machen kann, indem es gar keine Kunst ist, gemeinverständlich zu sein, wenn man dabei auf alle gründliche Einsicht Verzicht tut: so bringt es einen ekelhaften Mischmasch von zusammengestoppelten Beobachtungen und halbvernünftelnden Prinzipien zum Vorschein, daran sich schale Köpfe laben, weil es doch etwas gar Brauchbares fürs alltägliche Geschwätz ist, wo Einsehende aber Verwirrung fühlen, und unzufrieden, ohne sich doch helfen zu können, ihre Augen wegwenden ... ." *Grundlegung zur Metaphysik der Sitten*, in: *Werke*, Bd. VII/1, Frankfurt 1968, S. 31.

[22] Zum Verständnis der Popularität bei Kant im Kontext der Forderung der Popularphilosophie vgl. Leonie Koch-Schwarzer, *a.a.O.*, insbesondere S. 303 ff.; aber auch die Ausführungen Derridas zur Kant-Garve-Debatte, in: Derrida J./Borreil, J. u.a., *Les sauvages dans la cité. Auto-émancipation du peuple et instruction des prolétaires au XIXe siècle*, Paris 1985, S. 12-19.

Popularphilosophie "unzulässig in die Nähe der mit der 'Volkssprache' arbeitenden Volksaufklärung"[23] gerückt wird.

Kann man aber bei der kantischen Diskreditierung der Popularphilosophie noch eine gewisse Ambivalenz feststellen, so ändert sich dies grundlegend bei Kantianern der ersten Stunde wie Karl Leonhard Reinhold (1758-1821), der die Abgrenzung der Schulphilosophie von der Popularphilosophie als eine Frage der notwendigen Trennung zwischen Philosophie und Nicht-Philosophie versteht und der wohl deshalb als der eigentliche "Schuldige" für die bis heute wirkende Diskriminierung der Popularphilosophie betrachtet wird.[24]

Auf der Grundlage der Argumentation Kants – insbesondere in der "Vorrede zur zweiten Auflage" der *Kritik der reinen Vernunft* und in der *Grundlegung der Metaphysik der Sitten* – erklärt Reinhold nämlich die Popularphilosophie für die "Sekte" derer, die aus erkenntnistheoretischem Unvermögen die kritische Philosophie Kants nicht verstehen können. Die Kritik der Popularphilosophie an Kant ist für ihn sonach schlicht als Reaktion des Unverstandes abzuwerten.[25] Ein Fehlurteil, das Geschichte gemacht hat, denn "diese Identifikation von Popularphilosophie und Unverstand hat sich ... durchgehalten."[26]

Diese Art der Wahrnehmung der Popularphilosophie durch die dominante Schulphilosophie setzt sich zunächst mit Johann Gottlieb Fichte (1762-1814) fort. Es ist bekannt, dass Fichte populäre Vorlesungen gehalten und populäre Schriften geschrieben hat[27] und dass seine Be-

---

[23] Leonie Koch-Schwarzer, *a.a.O.*, S. 321.

[24] Vgl. Hartmut Holzhey, "Der Philosoph für die Welt – eine Chimäre der deutschen Aufklärung?", *a.a.O.*, S. 124-125; und ders., "Popularphilosophie", *a.a.O.*, Sp. 1097; und Walther Ch. Zimmerli, "Arbeitsteilige Philosophie? Gedanken zur Teil-Rehabilitierung der Popularphilosophie", *a.a.O.*, S. 199.

[25] Vgl. Karl Leonhard Reinhold, *Versuch einer neuen Theorie des menschlichen Vorstellungsvermögens*, Prag und Jena 1789, S. 18 ff; sowie die in Fußnote 24 zitierte Literatur.

[26] Walther Ch. Zimmerli, "Arbeitsteilige Philosophie? Gedanken zur Teil-Rehabilitierung der Popularphilosophie", *a.a.O.*, S. 199.

[27] Vgl. z.B. Johann Gottlieb Fichte, *Die Grundzüge des gegenwärtigen Zeitalters* (1804), in: *Werke*, Bd. VII, Berlin 1971; ders., *Über das Wesen des Gelehrten* (1805), in: *Werke*, Bd. VI, Berlin 1971; und ders., *Die Anweisung zum seligen*

urteilung des Stellenwertes des "populären Vortrags" vor allem in der Schrift *Die Anweisung zum seligen Leben* sich teilweise zum Positiven insofern gewandelt hat, als Fichte in dieser Schrift den "populären Vortrag" als Zugang zur Erkenntnis der Wahrheit – wenn auch nicht im wissenschaftlichen Sinne! – aufzuwerten scheint.[28] Entscheidend für seine Wahrnehmung des Anliegens der Popularphilosophie bleibt aber die Tatsache, dass Fichte – und zwar auch in seinen "populären" Schriften – ganz im Sinne Kants Popularität auf die Art des Vortragens reduziert, bei der "der Philosoph" das "Publikum" eben "auf dem Wege des populären Vortrags" zum Verständnis der Erkenntnis der Philosophie *erhebt* [29], also der kantischen "Arbeitsteilung" zustimmt und konsequent auf die Trennung von Popularität und Wissenschaft als sich ausschließende Dimensionen insistiert. Zwei Texte von 1801 sind in diesem Zusammenhang besonders aufschlussreich.

Zum einen ist es Fichtes Antwort auf Friedrich Nicolai (1733-1811), der die kritische, "neueste" Philosophie – mit direktem Bezug auf Fichte – u.a. in zwei seiner Romane heftig attackiert hatte.[30] Dezidiert,

---

Leben (1806), in: *Werke*, Bd. V, Berlin 1971. Vgl. ferner Christoph Asmuth, *Das Begreifen des Unbegreiflichen. Philosophie und Religion bei Johann Gottlieb Fichte 1800-1806*, Stuttgart-Bad Cannstatt 1999, insbesondere das 1. Kapitel ("Zwischen Geschwätz und spröder Gründlichkeit. Die Popularität in der Philosophie.") und Hartmut Traub, *J.G. Fichtes Popularphilosophie*, Stuttgart-Bad Cannstatt 1992.

[28] Vgl. Johann Gottlieb Fichte, *Die Anweisung zum seligen Leben*, a.a.O., insbesondere S. 416 ff.; aber auch S. 447 ff. Vgl. ferner Christoph Asmuth, *a.a.O.*, S. 42 ff.

[29] Vgl. Johann Gottlieb Fichte, *Die Anweisung zum seligen Leben*, a.a.O., S. 417

[30] Vgl. Friedrich Nicolai, *Leben und Meinungen des Herrn Magister Sebaldus Nothanker*, 3 Bd., Berlin/Stettin 1793-1796; und ders., *Leben und Meinungen Sempronius Gundibert's, eines deutschen Philosophen*, Berlin/Stettin 1798. Als Schriftsteller, Verleger, vor allem aber als spiritus rector der *Neue Allgemeine Deutsche Bibliothek* (1765-1806) wurde Friedrich Nicolai zu einer wichtigen Referenz in der Bewegung der Popularphilosophie. Zu seiner Bedeutung vgl. Bernhard Fabian (Hrsg.), *Friedrich Nicolai. 1733-1811. Essays zum 250. Geburtstag*, Berlin 1983; und zur Debatte Fichte-Nicolai vgl. Christoph Asmuth, "Fichte: Ein streitbarer Philosoph", in: ders. (Hrsg.), *Sein-Reflexion-Freiheit. Aspekte der Philosophie Johann Gottlieb Fichtes*, Amsterdam/Philadelphia 1997, S. 5-32; und Xavier Léon, *Fichte et son temps*, Bd. 2; *Fichte à Berlin*, Paris 1958, S. 302-331.

ja polemisch stellt Fichte in seiner Antwort dem "Geist der Leichtig-keit" den "Geist der Gründlichkeit"[31] entgegen und diffamiert am Bei-spiel Nicolais das popularphilosophische Anliegen als Dilettantismus in der Wissenschaft. Für Fichte hat "das elende Popularisieren" der wissenschaftlichen Kultur in Deutschland unendlichen Schaden zuge-fügt, weil dadurch "Popularität der Maßstab des Wahren, des Nützli-chen und des Wissenswürdigen" wurde.[32] In dieser eklektischen Atmosphäre des wissenschaftlichen Dilettantismus wird die Philoso-phie selbst dilettantisch; sie wird "schaale Wisserei und Stümperei"[33]; sie verkommt zum "leeren Geschwätz", zur "flachen breiten Schrei-berei."[34]

Zum anderen geht es um die Schrift *Sonnenklarer Bericht über das eigentliche Wesen der neuesten Philosophie*, der Fichte bezeichnen-derweise den Untertitel "Ein Versuch, die Leser zum Verstehen zu zwingen" gab. Auch hier lässt Fichte keinen Zweifel daran, dass aus *seiner* Sicht, d.h. aus der Sicht der wissenschaftlichen Philosophie Popularität und Philosophie sich grundsätzlich ausschließen. Das An-liegen der Popularphilosophen ist sonach einfach absurd. Philosophie ist und bleibt Schulphilosophie. D.h. das Geschäft einer Elite von Ex-perten, die sich durch fachspezifisches Studium und methodische Reflexion über die Sphäre des gemeinen Menschenverstandes erheben und so zu Erkenntnissen kommen, die der Mehrheit der Menschen wissenschaftlich unzugänglich bleiben und über die sie auch nicht kompetent urteilen kann.[35]

"Sonnenklar" ist also für Fichte, dass die "neueste" Philosophie, die ja für die wissenschaftliche, genauer, für die einzig mögliche wahre Phi-

Nicolais *Neue Allgemeine Deutsche Bibliothek* wurde Lucien Braun zufolge (vgl. *a.a.O.*, S. 170) "zum wirklichen Wortführer der Aufklärung" in Deutschland.

[31] Johann Gottlieb Fichte, *Friedrich Nicolai's Leben und sonderbare Meinungen*, in: *Werke*, Bd. VIII, Berlin 1971, S. 84.

[32] Johann Gottlieb Fichte, *ebenda*, S. 13.

[33] Johann Gottlieb Fichte, *ebenda*, S. 5.

[34] Johann Gottlieb Fichte, *ebenda*, S. 84.

[35] Vgl. Johann Gottlieb Fichte, *Sonnenklarer Bericht über das eigentliche Wesen der neuesten Philosophie*, in: *Werke*, Bd. II, Berlin 1971, S. 324 ff.

losophie steht, "das unwissenschaftlichere Publicum"[36] aus ihrem Betrieb ausgrenzen muss. Menschen haben zwar ein Recht darauf, zu wissen, *was* Philosophie sei, sie haben aber kein Recht darauf, die Antwort auf diese Frage selbst zu suchen. Ihr Recht ist also ein Recht auf *Philosophieunterricht*, und zwar durch die Fachphilosophen.[37] Philosophie darf auch daher nicht "vor den Gerichtshof des unwissenschaftlichen Verstandes und Unverstandes gezogen"[38] werden. Und weiter heißt es: Philosophie (die neueste, d.h. die kantische und fichtische) "sey nicht *angeboren*, sondern müsse *gelernt* werden, und es könne daher nur derjenige über sie urtheilen, der sie gelernt habe."[39] Mit dieser Insistenz auf die Wissenschaftlichkeit der philosophischen Tätigkeit will Fichte seine klare Abgrenzung zur Popularphilosophie dokumentieren; eine Abgrenzung, die ihr eigentliches Profil allerdings durch die Diskreditierung der Popularphilosophie als ein "Phänomen der absoluten Oberflächlichkeit und totalen Seichtigkeit"[40] gewinnt. Denn Fichtes Abgrenzung lebt doch von der Unterstellung, die Bewegung der Popularphilosophen reagiere gegen die wissenschaftliche Philosophie, weil sie Philosophie für ein "natürliches Bedürfnis" halte, das "es sich ... ebenso von selbst gebe, wie mit Essen und Trinken ... ."[41]

Auch Georg Friedrich Hegel (1770-1831) wird diese Geschichte der Diskreditierung der Popularphilosophie fortschreiben. Mehr noch: Auch hier kann Hegel als ein Höhepunkt betrachtet werden. Kein an-

---

36 Vgl. Johann Gottlieb Fichte, *ebenda*, S. 325.

37 Vgl. Johann Gottlieb Fichte, *ebenda*, S. 324.

38 Johann Gottlieb Fichte, *ebenda*, S. 325.

39 Johann Gottlieb Fichte, *ebenda*, S. 327. Hervorhebung im Original.

40 Johann Gottlieb Fichte, *Friedrich Nicolai's Leben und sonderbare Meinungen*, a.a.O., S. 52. Hervorhebung im Original. Als Beispiel der Fortwirkung dieses Vorurteils, das als Zusammenfassung von Fichtes Meinung über Nicolai betrachtet werden kann, sei hier Karl Vorländer angeführt, der von Nicolai sagt, dieser sei "zum Muster aufklärerischer Seichtigkeit und Plattheit geworden". Karl Vorländer, *Philosophie der Neuzeit. Die Aufklärung*. Reinbek bei Hamburg 1967, S. 96.

41 Johann Gottlieb Fichte, *Sonnenklarer Bericht über das eigentliche Wesen der neuesten Philosophie*, a.a.O., S. 325.

derer Autor weder vor ihm noch nach ihm hat in der Tat die Quint-
essenz der schulphilosophischen Wahrnehmung der Popularphilosophie so deutlich wie Hegel zur Sprache gebracht, noch die darausfolgende Konsequenz wie er gezogen, nämlich die totale Ausschließung
der Popularphilosophie als "Unphilosophie" aus der Geschichte der
Philosophie, wie wir bereits im Rahmen der Auseinandersetzung mit
Hegels Theorie der Philosophiegeschichte gesehen haben.[42]
Im Anschluss an das dort Gesagte, wo allerdings hauptsächlich der
Gegensatz "Vernunft-Gefühl" als Grund für die Ausgrenzung betrachtet wurde, soll nun hier Hegels "Abscheidung der Philosophie
von der Populärphilosophie"[43] unter besonderer Berücksichtigung des
aus seiner Sicht unversöhnlichen Widerspruchs zwischen Popularität
und Philosophie genauer erläutert werden.
Aus der Sicht dieses Widerspruchs kommt es Hegel darauf an, die Berufung der Popularphilosophie – worunter hauptsächlich die ihm zeit-
genössische "neuere Manier"[44] der deutschen Popularphilosophen gemeint ist – auf den gesunden Menschenverstand und den Alltag der
Menschen als Berufung auf eine "natürliche" Seinssphäre[45], die für
philosophische Erkenntnis völlig belanglos ist, abzutun. Weil die
(neuere) Popularphilosophie sich auf den gesunden Menschenverstand
beruft, hat sie für Hegel "keinen spekulativen Wert"[46] und wird somit
zum Synonym der "Unphilosophie", deren Kritik übrigens Hegel als

---

[42] Vgl. Abschnitt 2.2. im 2. Kapitel dieser Arbeit.

[43] G.W.F. Hegel, *Vorlesungen über die Geschichte der Philosophie I*, Bd. 18, a.a.O., S. 113.

[44] G.W.F. Hegel, *ebenda*, S. 114. Von "neuerer Manier" spricht Hegel, weil er die Popularphilosophie – wie gesehen – bereits bei Cicero anfangen lässt. Vgl. Abschnitt 2.2. im 2. Kapitel dieser Arbeit. Vgl. auch G.W.F. Hegel, *Vorlesungen über die Geschichte der Philosophie I*, Bd. 18, a.a.O., S. 35, 114, 190 und 445-446; und ders., *Vorlesungen über die Geschichte der Philosophie II*, Bd. 19, a.a.O., S. 246, 253 und 405.

[45] G.W.F. Hegel, *ebenda*, S. 115.

[46] G.W.F. Hegel, *Vorlesungen über die Geschichte der Philosophie III*, Bd. 20, a.a.O., S. 16.

eine der Hauptaufgaben des von ihm und Schelling 1802 gegründeten *Kritischen Journal der Philosophie* ansieht.[47]

Für Hegels Argumentation wichtig ist dabei aber die Begründung für die Berufung auf den gesunden Menschenverstand und die Erfahrungen der Menschen als Quelle von Philosophie, nämlich die Ansicht, "dass den Menschen dies (das Philosophieren, R. F.-B.) von Natur eingepflanzt sei."[48] Gerade diese Ansicht ist jedoch für Hegel Ausdruck des Mangels, der jede Form von Popularphilosophie zur "Unphilosophie" macht. Denn mit dieser Ansicht wird doch nur versucht, die Alltagswelt der Menschen mit der spekulativen Welt der Philosophie zu versöhnen und so die "Kompatibilität der Flachheit mit der Philosophie"[49] zu sichern. Das ist aber ein absurder Versuch! Für Hegel kann es doch "nichts Ekelhafteres ... als diese Verwandlung des Ernstes der Philosophie in Plattheit"[50] geben.

Den Widerspruch zwischen Popularität und Philosophie versteht Hegel also als einen Widerspruch, der sich aus dem inneren Wesen der Philosophie als Spekulation ergibt. Dieser Widerspruch kann daher nicht aufgehoben werden, ohne dass dabei die Philosophie in "Unphilosophie" umschlägt. Die Konsequenz daraus ist für Hegel klar und er formuliert sie auch unmissverständlich, wenn er mit ausdrücklichem Bezug auf die (neuere) Popularphilosophie in Deutschland schreibt: "Die Philosophie ist ihrer Natur nach etwas Esoterisches, für sich weder für den Pöbel gemacht noch einer Zubereitung für den Pöbel fähig; sie ist nur dadurch Philosophie, dass sie dem Verstande und damit noch mehr dem gesunden Menschenverstande, worunter man die lokale und temporäre Beschränktheit eines Geschlechts der Menschen ver-

---

47 Vgl. G.W.F. Hegel, "Ankündigung des kritischen Journals", in: *Werke in zwanzig Bänden*, Bd. 2, a.a.O., S. 169. Vgl. auch S. 186.

48 G.W.F. Hegel, *Vorlesungen über die Geschichte der Philosophie I*, a.a.O., S. 114.

49 G.W.F. Hegel, "Einleitung über das Wesen der philosophischen Kritik überhaupt und ihr Verhältnis zum gegenwärtigen Zustand der Philosophie insbesondere", in: *Werke in zwanzig Bänden*, Bd. 2, a.a.O., S. 184.

50 G.W.F. Hegel, *ebenda*, S. 176.

steht, gerade entgegengesetzt ist; im Verhältnis zu diesem ist an und für sich die Welt der Philosophie eine verkehrte Welt."[51]

Popularphilosophie ist Hegel zufolge Erniedrigung der Philosophie zum Volk[52], wodurch sie ihren wissenschaftlichen Status freigibt, um "im Grunde ein leerer Wortdunst ohne inneren Gehalt"[53] zu werden. Mit Denken hat diese Philosophie nichts mehr zu tun. Sie wird eben zu einer Gestalt der "Unphilosophie", und zwar zu jener, deren Aufgabe "das Plattmachen", "das Zubereiten" von Gedanken für das Volk und nach dessen Geschmack ist.[54]

Popularphilosophie wird also bei Hegel nicht nur philosophisch diskreditiert. Seine Kritik will mehr leisten. Sie soll ja zeigen, dass Popularphilosophie eine überflüssige Erscheinung darstellt, da ihr "Geschwätz" doch nicht über die Platitüden des gewöhnlichen Verstands hinauszukommen vermag. So lautet auch das Fazit der hegelschen Kritik an die Popularphilosophie: "Sie redet unserem gewöhnlichen Bewusstsein zu Munde, legt es als den letzten Maßstab an."[55]

An dieser Stelle darf ich die Darstellung der schulphilosophischen Wahrnehmung der Popularphilosophie abbrechen. Die angeführten Positionen mögen hier als exemplarische Momente einer Kritik stehen, die das Bild der Popularphilosophie in Deutschland derartig nachhaltig negativ geprägt hat, dass heute noch sogar Autoren, die die Leistung der Popularphilosophie prinzipiell anerkennen, es vorziehen,

---

[51] G.W.F. Hegel, *ebenda*, S. 182. Hegels Kritik kann andererseits als Beleg für die Wirkung der Popularphilosophen noch zu dieser Zeit (Anfang des 19. Jahrhunderts) gelesen werden. Dafür spricht auch die Stelle aus den Jahren 1803-1806, in der Hegel kritisch anmerkt: "In Deutschland wird immer der *gesunde Menschenverstand* in Schutz genommen gegen die sogenannten *Anmaßungen der Philosophie*." Vgl. G.W.F. Hegel, "Aphorismen aus Hegels Wastebook", in: *Werke in zwanzig Bänden*, Bd. 2, *a.a.O.*, S. 543. Hervorhebungen im Original.

[52] Vgl. G.W.F. Hegel, "Einleitung über das Wesen der philosophischen Kritik überhaupt und ihr Verhältnis zum gegenwärtigen Zustand der Philosophie insbesondere", *a.a.O.*, S. 182.

[53] G.W.F. Hegel, *ebenda*, S. 176.

[54] Vgl. G.W.F. Hegel, *ebenda*, S. 183.

[55] G.W.F. Hegel, *Vorlesungen über die Geschichte der Philosophie III*, *a.a.O.*, S. 264.

von "philosophischer Essayistik" zu sprechen, um den Begriff der Popularphilosophie just wegen seiner "abträglichen" Bedeutung zu vermeiden.[56] Hier soll diese schulphilosophische Wahrnehmung – wie gesagt – als Hintergrund dienen, vor dem im Folgenden versucht werden soll, die Popularphilosophie positiv, d.h. nach ihrem eigenen Selbstverständnis darzustellen. Und ich darf wiederholen: ich habe die schulphilosophische Kritik deshalb vorangeschickt, weil der Kontrast zu dem von ihr entworfenen negativem Bild – wie mir scheint – die Innovation der Popularphilosophie deutlicher hervortreten lassen kann.

Bedenkt man, dass das schulphilosophische negative Bild der Popularphilosophie das ideologische Interesse der akademischen Philosophie an der Erhaltung der "Reinheit" der Philosophie als "Wissenschaft" reflektiert, so lässt sich ihre diskreditierende Kritik als Reaktion auf die Reaktion der Popularphilosophen gegen die Verschulung und Verwissenschaftlichung der Philosophie verstehen. Indirekt vermittelt sie daher einen wichtigen Hinweis aus das Selbstverständnis der Popularphilosophie. Meine Darstellung des Anliegens der Popularphilosophie soll genau da ansetzen.

Vor dem Hintergrund der schulphilosophischen Diskreditierung lässt sich also von der Popularphilosophie zunächst dies sagen: Sie versteht sich als alternative Bewegung zur Schulphilosophie und intendiert so die Entschulung der Philosophie, damit Philosophie mehr sei als nur das Spiel weltfremder Akademiker. So gesehen ist Popularphilosophie ein Programm zur Behebung der Misere der verschulten Philosophie im Deutschland des 18. Jahrhunderts; ein Programm, das seinen innovativen Charakter zunächst dadurch ausdrückt, dass es versucht, einen

---

[56] Vgl. Gerhard Meyer, "Garve", in: *Neue Deutsche Biographie*, herausgegeben von der Historischen Kommission bei der Bayerischen Akademie der Wissenschaften, 6 Bd., Berlin 1964, S. 77. Vgl. auch Gert Ueding, "Aufklärung", in ders. (Hrsg.), *Historisches Wörterbuch der Rhetorik*, Band 1, Tübingen 1992, insbesondere Sp. 1223.

historischen Einschnitt zu ermöglichen, um den Gang des etablierten Geistes zu unterbrechen.[57]

Der scholastischen Denkart einer Schulphilosophie, die – wie Johann Wolfgang Goethe (1749-1832) diagnostizierte – sich "der Menge fremd, ungenießbar und endlich entbehrlich gemacht"[58] hatte, tritt mit der Popularphilosophie ein neuer Denktypus entgegen, dem es um viel mehr als nur um eine deutliche und fassliche Schreibart geht, wie offenbar Goethe gemeint hat.[59] Denn für die Denkart, die die Popular-philosophie entstehen lässt,[60] ist die Klarheit der Sprache Konsequenz einer grundsätzlichen Forderung an das philosophische Denken: die Forderung, dass Philosophie sich auf die Welt der Menschen verstehe und daher auch eine soziale Funktion übernehmen könne.[61] Die Denk-art der Popularphilosophie entsteht so im Widerspruch zur Tradition der Schulphilosophie, aber sie darf nicht auf ein *Gegenprogramm* re-duziert werden. Positiv betrachtet ist die Reaktion der Popularphiloso-phie der Versuch, Philosophie in ein anderes Verhältnis zur Kultur und zur Geschichte, zum Leben und Alltag der Menschen zu stellen.

Dieses neue "popularphilosophische" Selbstverständnis der Philoso-phie kündigt sich in Deutschland bei Christian Thomasius (1655-1728) an, weswegen er oft als Vorläufer, ja manchmal sogar auch als "Vertreter" der Popularphilosophie angesehen wird. Auf diese scholas-tisch anmutende Unterscheidung soll hier nicht eingegangen wer-den.[62] Im vorliegenden Zusammenhang ist allein die Feststellung von

---

[57] Ich beziehe mich hier auf einen Gedanken von Stuart Hall, der besagt, dass bei der Entwicklung von Traditionen wichtiger als die radikalen Brüche die Unter-brechungen etablierter Gedankengänge sind. Vgl. Stuart Hall, "Die zwei Paradig-men der Cultural Studies", in: Karl H. Hörning/Rainer Winter (Hrsg.), *Wider-spenstige Kulturen*, Frankfurt 1999, S. 13.

[58] Johann Wolfgang Goethe, *Dichtung und Wahrheit*, in: *Werke*, Bd. VIII, Stutt-gart/München 1962, S. 301.

[59] Vgl. Johann Wolfgang Goethe, *ebenda*, S. 305-306.

[60] Vgl. Johann Wolfgang Goethe, *a.a.O.*, S. 170.

[61] Vgl. Lucien Braun, *a.a.O.*, S. 170.

[62] Zur Thomasius Bedeutung im Kontext der deutschen Popularphilosophie vgl. Ernst Bloch, "Christian Thomasius, ein deutscher Gelehrter ohne Misere", in: ders., *Naturrecht und menschliche Würde*, Frankfurt 1961, S. 315-356; Helmut

Interesse, dass Christian Thomasius eine Wende einleitet, indem er die Kritik an der scholastischen Philosophie und (noch weiter) an den akademischen Institutionen seiner Zeit mit einer Praxis begleitet, die den miserablen Zustand der institutionalisierten Wissenschaft überwinden soll, und zwar durch die konkrete Umsetzung alternativer Formen im Philosophieunterricht, aber auch durch die "Entdeckung" neuer Problemfelder für die philosophische Reflexion.

Christian Thomasius, der "voller Verachtung für die formellen Exerzitien, wie sie in den Universitäten praktiziert werden"[63], ist, geht nämlich über die verbale Kritik an der institutionalisierten Wissenschaft sowie die Benennung und Analyse der Mängel des herrschenden Lehrbetriebs bzw. Bildungssystems hinaus,[64] um die Praxis eines Denkens vorzuexerzieren, das Philosophie als ein Wissen aus der Welt und für die Welt der Menschen begreift. Mit seinem neuen Ansatz will Thomasius die Akademien "curieren"[65], damit sie ein Wissen vermitteln, das den Menschen bei ihrer alltäglichen Lebensführung praktisch helfen möge. Zu Recht hat Werner Schneiders feststellen können: "Der erste große Angriff auf die Schulphilosophie erfolgte in Deutschland durch Christian Thomasius. Für ihn ist die 'Scholastik' ein Hort unnütziger Spitzfindigkeiten und pedantischer Selbstgefälligkeit. Was ihm als Ziel vorschwebt, ist eine neue große Weltweisheit

---

Holzhey, "Initiiert Thomasius einen neuen Philosophentypus?", in: Werner Schneiders (Hrsg.), *Christian Thomasius 1655-1728. Interpretationen zu Werk und Wirkung*, Hamburg 1989, S. 37-51. Vgl. ferner Lucien Braun, *a.a.O.*, S. 105ff.; und Gert Ueding, "Aufklärung", *a.a.O.* Sp. 1199 und 1222; ders., "Popularphilosophie", in: Rolf Grimminger (Hrsg.), *Deutsche Aufklärung bis zur Französischen Revolution*, München 1980, S. 606 ff; und ders., "Von der Universalsprache zur Sprache als politischer Handlung", in: Jochen Schmidt (Hrsg.), *Aufklärung und Gegenaufklärung in der europäischen Literatur, Philosophie und Politik von der Antike bis zur Gegenwart*, Darmstadt 1989, S. 294-315; sowie verschiedene Beiträge in: Martin Fontius/Werner Schneiders (Hrsg.), *Die Philosophie und die Belles-Lettres*, Berlin 1997.

[63] Vgl. Lucien Braun, *a.a.O.*, S. 105.

[64] Vgl. Christian Thomasius, "Von den Mängeln der heutigen Akademien", in: *Kleine Teutsche Schriften, Ausgewählte Werke*, Bd. 22, Hildesheim/Zürich/New York 1994.

[65] Christian Thomasius, *ebenda*, S. 201.

für 'polite Leute'. Diese ist eine Sache des gesunden Menschenverstandes oder der gutwilligen und erleuchteten ('erläuterten') Vernunft, der lebendigen Erkenntnis und nicht des toten Wissens."[66]
Thomasius Neuorientierung der Philosophie konkretisiert sich im Projekt einer lebens- und weltverbundenen Philosophie, die zunächst als "philosophia aulica"[67] (Hofphilosophie) nach dem Beispiel des *Oráculo manual, y arte de prudencia* (1647) von Balthasar Gracián (1601-1658) und der *Philosophie des Gens de Cour* (1681) von Armand de Gérard versucht wird, die sich dann aber in Richtung einer Philosophie entwickelt, deren Adressat nicht mehr der Adel, sondern alle Menschen sind, und zwar "waserly Standes oder Geschlechts sie seyn", wie im Untertitel der *Einleitung zur Vernunftlehre* 1691 präzisiert wird.[68] Wie aus diesem Hinweis hervorgeht – und darauf muss hier ausdrücklich aufmerksam gemacht werden –, ist Thomasius "bürgerliche" Philosophie eine solche, die nicht nur für Männer geschrieben ist. Thomasius kritisiert das Vorurteil, dass Frauen Philosophie nicht verstehen können und verteidigt das Recht der Frauen auf Bildung und insbesondere auf philosophische Bildung.[69] Wohl deshalb gilt Thomasius auch als der Philosoph, dem man in Deutschland den ersten Impuls zur Entwicklung der sogenannten "Damenphilosophie", die als eine Variante der Popularphilosophie betrachtet werden kann,

---

66 Werner Schneiders, "Zwischen Welt und Weisheit. Zur Verweltlichung der Philosophie in der frühen Moderne", in: *Studia leibnitiana* XV (1983) S. 13.
67 Christian Thomasius, *Introductio ad philosophiam aulicam*, Leipzig 1688. Deutsch: *Einleitung zur Hof-Philosophie*, Berlin/Leipzig 1712. Es sei angemerkt, dass Gracians paradigmatisches Buch für die Hofphilosophie 1686 ins Deutsche übersetzt wurde. Diese erste Übersetzung erschien auch in Leipzig unter dem Titel: *L'Homme de Cour*, oder *Balthasar Gracians Vollkommener Staats- und Welt-Weise*. Die französische Übersetzung, *L'Homme de Cour*, erschien 1681 in Paris.
68 Christian Thomasius, *Einleitung zur Vernunftlehre*, Hildesheim 1968.
69 Vgl. Christian Thomasius, *Ausübung der Vernunftlehre*, Hildesheim 1968, S. 248 ff.

verdankt.[70] (Auf die Damenphilosophie soll später noch kurz eingegangen werden.)

Für die Entwicklung, vor allem aber für die Verwirklichung des Anliegens der Popularphilosophie ist meines Erachtens die Tatsache entscheidend, dass die Neuorientierung der Philosophie bei Thomasius
wesentlich mit dem Rekurs auf die Volkssprache verbunden ist. Deshalb darf hier mit Nachdruck darauf hingewiesen werden, dass Thomasius sein Programm zur Reform der Philosophie bzw. der philosophischen Studien mit einer Handlung, die den angestrebten Neubeginn
unzweideutig dokumentieren soll, beginnen lässt: Die Ankündigung
der ersten Vorlesung in "Teutscher Sprache". Es war genau der 31.
Oktober 1687. Mit dieser Vorlesung, die übrigens am symbolischen
Tag von "Luthers Anschlag der 95 Thesen"[71] angekündigt wird, eröffnete Thomasius sein "Teutsch Programma" und wurde damit zum
Initiator einer unerhörten Erneuerung im akademischen Lehrbetrieb.
Denn seine Tat bedeutete einen eindeutigen Traditionsbruch. Indem er
der Akademie zumutete, die Volkssprache zu ihrer Sprache zu ma-

---

[70] Vgl. Werner Schneiders, "Zwischen Welt und Weisheit. Zur Verweltlichung
der Philosophie in der frühen Moderne", a.a.O., S. 11ff.; und Ursula Pia Jauch,
*Damenphilosophie und Männermoral. Von Abbé de Gérard bis Marquis de Sade.
Ein Versuch über die lächelnde Vernunft*, Wien 1990, S. 37-40.

[71] Michael Albrecht, "Christian Thomasius", in: Lothar Kreimendahl (Hrsg.),
Philosophen des 17. Jahrhunderts, Darmstadt 1999, S. 240. Für Albrecht ist die
Ankündigung der ersten deutschen Vorlesung gerade am 31. Oktober ein klarer
Ausdruck des "Sendungsbewusstseins", das Thomasius auszeichnete. Dass Tho-
masius sich seiner innovativen Tat durchaus bewusst war, zeigt diese Stelle aus
der Vorlesung: "Dieses ist mein erstes Teutsches Programma, so ich in Leipzig
Anno 87. verfertiget / auch vielleicht das erste Programma, das in Leipzig in
Teutscher Sprache an das schwarze Bret geschlagen worden. Gleichwie aber dieses eben deshalben ein Aufsehen machte / und übel genommen werden wollte/
daß ein Doktor privatus solche Neuerungen anfinge/ und gelehrte Dinge in der
Mutter=Sprache vortragen wollte / also fanden sich auch welche / die sich be-
schwereten / daß das ehrliche schwarze Bret so beschimpfft .... Andre hingegen
deuteten es für eine grosse Kühnheit aus / daß ein junger Mann von etwa dreißig
Jahren / und zumal der nicht gereiset hatte / sich unterstünde / über Geheimnisse
der Staats=Sachen / ... / zu lesen ... ." "Discours Welcher Gestalt man denen
Frantzosen in gemeinem Leben und Wandel nachahmen solle?", in: *Kleine
Teutsche Schriften, a.a.O.*, S. 53.

chen, brach er doch mit der herrschenden Tradition der "lingua latina als lingua eruditorum."[72]

Die Muttersprache wird nun die Sprache, in der der Gelehrte von "gelehrten Dingen"[73] sprechen soll, und zwar deshalb, weil nur durch den Rekurs auf die Muttersprache Wissenschaft für *alle* Menschen zugänglich wird und ihre Aufgabe als "Weltweisheit" erfüllen kann. Das Recht, auf Deutsch zu denken und Philosophie in deutscher Sprache zu schreiben, ist für Thomasius allerdings ein Recht, das er nicht nur deshalb einfordert, weil er Nützlichkeit und Wirkung der Philosophie erhöhen will. Dieses Recht auf Philosophie in der Muttersprache ist für ihn darüber hinaus die Legitimationsgrundlage der grundsätzlichen Forderung der Befreiung der Philosophie von der Schulsprache "Latein" als alleiniges Medium für den Vollzug philosophischer Reflexion. Im Grunde geht es also um das Recht der Deutschen, das "Selbstdenken" (in der eigenen Muttersprache!) zu praktizieren und so Philosophie als Bestandteil dieser *eigenen* Kultur des "Selbstdenkens" zu entwickeln. (Ideal der Aufklärung – Thomasius ist bekannter weise Initiator der deutschen frühen Aufklärung – und Anliegen der Popularphilosophie werden so in der Person Thomasius von Anfang an verbunden.) Daher ist Thomasius erste deutsche Vorlesung, deren bezeichnender Titel "Discours Welcher Gestalt man denen Frantzosen in gemeinem Leben und Wandel nachahmen solle?" lautet, eine dezidierte Verteidigung des Rechts aufs Denken in der Muttersprache, die den Deutschen klarmachen soll, dass sie nicht die *französische* Kultur, sondern die Denkhaltung, aus der diese Denkkultur entspringt, nachahmen sollen, wobei Thomasius ganz besonders die Hochachtung der Franzosen vor ihrer Muttersprache meint.[74] Eigentlich geht es nicht um Nachahmung, denn es geht vielmehr um die Aufforderung, ein neues Verhältnis zur eigenen Muttersprache zu entwickeln, und zwar als Bedingung dafür, dass Philosophie in Deutschland *deutschspra-*

---

[72] Christian Thomasius, "Discours Welcher Gestalt man denen Frantzosen in gemeinem Leben und Wandel nachahmen solle?", *a.a.O.*, S. 53.
[73] Christian Thomasius, *ebenda*, S. 53.
[74] Vgl. Christian Thomasius, *ebenda*, S. 9ff.; 17 ff.; 27 und 38 ff.

chig werde. Der Weg zu einer eigenen Philosophie kann für Thomasius also nur über den bewussten Gebrauch der Muttersprache gehen.[75]

Aus dieser Sicht ist das Plädoyer des Thomasius für die "Nachahmung" der Franzosen ein Plädoyer für die Mehrsprachigkeit der Philosophie. Jedes Volk soll ja (seine) Philosophie in seiner Muttersprache artikulieren können. Diese Erkenntnis, die meines Erachtens als Grundlage für die Entfaltung einer Pluralität philosophischer Denkkulturen angesehen werden kann, ist für Thomasius allerdings alles andere als eine revolutionäre Erkenntnis. Sie deckt doch nur das auf, was die Misere der Schulphilosophie mit ihrer Sakralisierung der lateinischen Sprache verdeckt hat, nämlich das philosophiegeschichtlich gesicherte Faktum der Mehrsprachigkeit der Philosophie. In diesem Sinne argumentiert Thomasius mit folgendem Hinweis: "So schrieben auch nicht die Griechischen Philosophi Hebraeisch / noch die Römischen Griechisch, sondern ein jeder gebraucht sich seiner Mutter-Sprache. Die Frantzosen wissen sich dieses Vorteils heut zu Tage sehr wohl zu bedienen." Die Konsequenz daraus ist auch klar: "Warumb sollen denn wir Teutschen stets während von andern uns wegen dieses Vorteils auslachen lassen/als ob die Philosophie und Gelahrheit nicht in unserer Sprache vorgetragen werden könte."[76]

Thomasius Rekurs auf die Volkssprache muss demnach als notwendiger Bestandteil der von ihm intendierten Wende in der Auffassung der Philosophie bzw. des Amtes des Philosophen interpretiert werden. Es mag sein, dass für die "unnöthige Grillen und Sophistereien"[77] der

---

[75] Später – so sei hier nebenbei angemerkt – wird auch Hegel die Bedeutung des Gebrauchs der Muttersprache anerkennen. So würdigt er die deutsche Übersetzung der Bibel als "eine der größten Revolutionen, die geschehen konnte"; und fügt hinzu: "Erst in der Muttersprache ausgesprochen ist etwas mein Eigentum." G.W.F. Hegel, *Vorlesungen über die Geschichte der Philosophie III, a.a.O.,* S. 16-17.

[76] Christian Thomasius, *Einleitung zur Vernunftlehre, a.a.O.,* S. 13.

[77] Christian Thomasius, "Discours Welcher Gestalt man denen Frantzosen im gemeinsamen Leben und Wandel nachahmen solle?", *a.a.O.,* S. 10.

"Schulfüchse"[78] der Gebrauch der lateinischen Sprache nötig erscheine. Eine Philosophie aber, die für die Menschen und für die Welt betrieben wird; die also als "ein taugliches Werkzeug"[79] konzipiert wird und die eben deshalb den Anspruch erhebt, dass sie "von allen Leuten/ sie mögen sein/ von was für Stande oder Geschlecht sie wollen/ begriffen werden kann"[80], muss doch eine Philosophie sein, die die jeweilige Landessprache zu ihrer ureigensten Sprache macht.

Zusammenfassend kann festgehalten werden: Der Rekurs auf die Volkssprache und die damit zusammenhängende thematische Umorientierung der Philosophie stehen bei Thomasius für die eindeutige Option für eine "Philosophie für die Welt", die, auch wenn sie noch nicht ihre "Öffentlichkeit" hat – dazu aber später – und zuerst in Vergessenheit gerät, als Wegbereiterin der späteren deutschen Popularphilosophie gelten kann. Die Verhältnisse seiner Zeit haben Thomasius daran gehindert, den "eigentlichen Durchbruch zur Popularphilosophie"[81] zu erzielen, aber er antizipiert sie mit seinem Anliegen, aus der Philosophie eine öffentliche Tätigkeit zu machen.

Gottfried Wilhelm Leibniz (1646-1716) gehört auch zu den Namen, die oft zu den "Vorvätern" der Popularphilosophie gezählt werden. Schon Gotthold Ephraim Lessing (1729-1781) und Johann Gottfried Herder (1744-1803) haben bei Leibniz die esoterische, also die systematische schulmäßige Philosophie von der exoterischen, der allgemeinverständlichen und auf "Popularität" bedachten Philosophie unterschieden, um der zwei verschiedenen Weisen des Philosophierens, denen sich Leibniz bedient hat, Rechnung tragen zu können. Die Unterscheidung zwischen diesen zwei Philosophietypen, deren Wurzeln – wie man weiß – bis in die griechische Antike zurückreichen, hat Leibniz selber thematisiert. Mehr noch: Leibniz hat im "modus philo-

---

[78] Christian Thomasius, *ebenda*, S. 17.
[79] Christian Thomasius, *ebenda*, S. 18.
[80] Christian Thomasius, *Einleitung zur Vernunftlehre, a.a.O.*, S. 10.
[81] Helmut Holzhey, "Der Philosoph für die Welt – eine Chimäre der deutschen Aufklärung?", *a.a.O.*, S. 122.

sophandi exotericus" eine positive Möglichkeit der Philosophie gesehen und als solche hat er sie praktiziert, und zwar als Korrektiv zur verschulten Philosophie der "Sektenbrüder". Als Beispiele für diese Praxis der Philosophie können hier erwähnt werden: die *Metaphysische Abhandlung*, in der gegen die Pedanterie der Schulphilosophen (philosophes de l'école) für die Versöhnung von Reflexion und Praxis plädiert wird; und die *Theodizze*, die sich bewusst vom herrschenden "Geschmack an Systemen" absetzt.[82] Und es ist sicherlich bezeichnend, dass Hegel sich auf die *Theodizze* ausdrücklich bezieht, um Leibniz gerade den Vorwurf zu machen, er habe damit das popularphilosophische Anliegen in der Philosophie unterstützt.[83]

Entscheidend jedoch für Leibniz's Einordnung in der Tradition der popularphilosophischen Bewegung ist (vor allem aus der Sicht heutiger philosophiehistorischer Forschung) sein Verdienst um die philosophische Bildung der Frau, genauer, um die soziale Anerkennung der Frauen als gleichberechtigte Diskussionsteilnehmer bei philosophischen Fragen. So stellt z.B. Ursula Pia Jauch fest: "Zweifelsohne: Leibniz hat Erfolg bei den Damen, und zwar zunächst als Philosoph, der sich nicht scheut, seine Philosophie gerade auch Personen nahe zu bringen, die von den Segnungen des damaligen Bildungswesens nur in Ausnahmefällen bedacht wurden. Ein Philosoph also, der sich um das

---

[82] Vgl. G.W. Leibniz, *Metaphysische Abhandlung*, in: *Werke I*, Darmstadt 1985, S. 101 ff und 109; *Theodizze*, in: *Werke II*, Darmstadt 1985, S. 79; ferner: *Neue Abhandlungen über den menschlichen Verstand*, in: *Werke III*, Darmstadt 1985. Für die Unterscheidung zwischen "esoterischer" und "exoterischer" Philosophie vgl. die bekannte Nizolius-Vorrede: "Marii Nizolii De veris principiis et vera ratione philosophandi libri", in: Akademie-Ausgabe, Sechste Reihe, Bd. 2, Berlin 1923ff. S. 408-419. Vgl. ferner: G.E. Lessing, "Leibniz von den ewigen Strafen", in: *Gesammelte Werke*, Bd. VII, Berlin/Weimar 1968, S. 454 ff.; Walter Tinner, "Leibniz: System und Exoterik", in: Helmut Holzhey/Walther Ch. Zimmerli (Hrsg.), *Esoterik und Exoterik der Philosophie*, a.a.O., S. 101-116; Herbert Herring, "Nachwort", in: G.W. Leibniz, *Theodizze*, a.a.O., S. 387-400; und Helmut Holzhey, "Popularphilosophie", a.a.O. Sp 1099.

[83] Vgl. G.W.F. Hegel, "Einleitung über das Wesen der philosophischen Kritik überhaupt und ihr Verhältnis zum gegenwärtigen Zustand der Philosophie insbesondere", *a.a.O.*, S. 183.

Vorurteil der Zeit, Frauen seien keine geeigneten Gesprächspartner *in metaphysicis*, wenig kümmert; der vom zureichenden Vermögen weiblicher Verstandeskräfte zu philosophischer Beschäftigung durchaus überzeugt ist."[84]

Aus diesem Anliegen heraus entwickelte Leibniz in der Tat einen philosophischen Briefwechsel mit Damen aus verschiedenen Ländern Europas, der – wie heute anerkannt wird – einen wichtigen Beitrag zur Ausarbeitung einer spezifischen Form der Popularphilosophie, nämlich der sogenannten Damenphilosophie, darstellt. Denn Leibniz versteht seinen Briefwechsel mit Frauen nicht als Instrument zur verflachenden Umformung philosophischer Themen im Sinne salonmäßiger Unterhaltungsthemen, sondern vielmehr als die konkrete Möglichkeit, zu demonstrieren, dass Philosophie auch *anders* als in der Schulform praktiziert werden kann, und vielleicht auch sollte. Diese alternative Form des Philosophierens nennt Leibniz selbst "populaire."[85]

Man kann also die Interpretation von Ursula Pia Jauch nachvollziehen, wenn sie Leibniz's Damenphilosophie als "Sonderfall der *Popularphilosophie*"[86] versteht und deshalb den Vorschlag macht, den Begriff Popularphilosophie "in produktiver Absicht historisch nach hinten (zu) verlängern."[87] Der Damenphilosoph Leibniz wird so zum Popularphilosophen: "Leibniz selbst ist der beste Zeuge für die Affinität von Damenphilosophie und Popularphilosophie."[88]

An dieser Stelle aber soll der noch ausstehende Hinweis auf den Begriff Damenphilosophie nachgeholt werden, um eben diese Affinität noch zu verdeutlichen. In der neueren philosophiehistorischen Forschung steht die Entwicklung, die man mit dem Begriff Damenphilo-

---

84 Ursula Pia Jauch, *Damenphilosophie & Männermoral. Von Abbé de Gérard bis Marquis de Sade. Ein Versuch über die lächelnde Vernunft*, a.a.O., S. 73.

85 Vgl. seinen Brief vom 8. Mai 1704 an Königin Sophie Charlotte.

86 Ursula Pia Jauch, a.a.O., S. 74 (kursiv im Original). Vgl. ferner ihren Beitrag: "Leibniz und die Damenphilosophie: Zu einem besonderen Aspekt der Popularphilosophie", in: Leibniz-Gesellschaft (Hrsg.), *Leibniz, Tradition und Aktualität*. *V. Internationaler Leibniz-Kongreß*, Hannover 1988, S. 385-392.

87 Ursula Pia Jauch, *Damenphilosophie & Männermoral*, a.a.O., S. 74.

88 Ursula Pia Jauch, *ebenda*, S. 75.

sophie zusammenfasst, für "eine charakteristische Gattung der Aufklärung, die den Anspruch auf Verbreitung der >vernünftigen Wissen-
schaften< auf einen möglichst großen LeserInnenkreis mit der Forderung nach Bildung auch für die Frauen vereinbarte."[89]

Als erstes Dokument einer Damenphilosophie gilt heute das bereits
erwähnte Buch von Armand de Gérard, *La Philosophie des Gens de
Cour*, dessen drittes Kapitel diesen aufschlussreichen Titel trägt: "Que
les dames doivent s'appliquer à l'Etude de la Philosophie". Die Fähigkeit der Frau zur Philosophie und ihr Recht auf philosophische Bildung verteidigt auch wenig später Bernard Le Bovier de Fontanelle
(1657-1757) in seinem 1686 in Paris publizierten Werk *Entretiens sur
la Pluralité des Mondes*, das sich ausdrücklich an Frauen richtet. Dieser Akzent wird in der 1726 erschienen deutschen Übersetzung eigens
hervorgehoben. Ihr Titel lautet nämlich: *Gespräche von Mehr als
einer Welt zwischen einem Frauenzimmer und einem Gelehrten*. Und
in Deutschland ist – wie bereits gesagt – Christian Thomasius derjenige, dem die Damenphilosophie den ersten wichtigen Beitrag zu verdanken hat.[90]

Ein Höhepunkt dieser Entwicklung wird in Deutschland 1751 mit der
Veröffentlichung des Werks *Grundriss einer Weltweisheit für das
Frauenzimmer* von Johanna Charlotte Unzer (1725-1782) erreicht.
Denn es handelt sich vermutlich um das erste deutsche Philosophie-
buch für Frauen, das von einer Frau geschrieben wurde, und zwar
offensichtlich mit Erfolg, wie die 1767 in Halle erschienene zweite

---

[89] Ursula I. Meyer/Heidemarie Bennent-Vahle (Hrsg.), *Philosophinnen-Lexikon*,
Leipzig 1997, S. 562. Vgl. auch: Ursula Pia Jauch, "Metaphysik häppchenweise –
zur Damenphilosophie", in: *Studia Philosophica* 48 (1989) 77-95; und Werner
Schneiders, "Zwischen Welt und Weisheit", *a.a.O.*, S. 11-12.

[90] Offensichtlich hatte Christian Wolff auch vor, eine Damenphilosophie zu
schreiben, allerdings in der Absicht, die Frauen philosophisch gemäß ihrer Kapa-
zität zu belehren. Vgl. Jean Ecole, "A propos du projet de Wolff d'écrire une
'Philosophie des Dames' ", in: *Studia leibnitiana* XV (1983) 46-57; und Ursula
Pia Jauch, *Damenphilosophie & Männerwelt*, *a.a.O.*, S. 94 ff.

Auflage zeigt.[91] Zwar geht es der Verfasserin nicht darum, eine eigene Philosophie aus der Perspektive der Frau zu entwickeln, sondern vielmehr um den Versuch, die "Weltweisheit" *für* die "lehrbegierigen Frauenzimmer"[92] zusammenzufassen, aber bei ihrer Darstellung wird doch die Umorientierung deutlich. So etwa wenn sie mit Bezug auf die Art und Weise, wie Männer Philosophie betreiben, selbstbewusst erklärt: "Wir aber, wenn wir die Philosophie lernen, haben dabei einen ganz anderen Endzweck. Nicht zu abstrahieren, nicht Grillenfängerinnen zu werden, nicht unsere Weisheit in einer unsinnigen Trockenheit zu suchen, damit wir Wörter ohne Begriffe und tieferforschte Begriffe erlangen möchten, die zu keinem weitern Nutzen dienen, als daß sie halbverrückte Menschen aus uns machen. Nein! Wir lernen die Weisheit, um glückselig zu werden, und durch einen vernünftigen Umgang unsere eigene Glückseligkeit andern Menschen mitzutheilen. Das allzustarke abstrahieren ist gerade die Sache nicht, die uns diesen Zweck erreichen hilft."[93]

Diese deutliche Akzentverschiebung beim Lernen der Philosophie wird zudem von Unzer – trotz aller Bescheidenheit und Vorsicht, zu der die herrschende wissenschaftliche Kultur und die etablierte gesellschaftliche Ordnung ihrer Zeit sie bei der Darstellung ihrer Innovation zwingen – mit einer Einübung im Denken verbunden, deren erklärtes Ziel die Praxis der Philosophie bzw. Weltweisheit als Selbstdenken ist, also kein passives Lernen von philosophischen Lehrsätzen meint. Folgende Stelle bringt dies unmissverständlich zur Sprache: "Wir haben einen meist erhabenern Endzweck. Wir wollen lernen, selbst Wahrheiten zu erdenken, deren Gründe uns noch unbekannt sind.

---

91 Zur Autorin und Rezeptionsgeschichte ihres Grundwerks vgl.: Thomas Gehring, *Johanna Unzer-Ziegler. 1725-1782. Ein Ausschnitt aus dem literarischen Leben in Halle, Göttingen und Altona*, Diss. Frankfurt 1973; Maria Luisa Cavana, "Unzer, Johanna Charlotte", in: Ursula I. Meyer/Heidemarie Bennent-Vahle, *Philosophinnen-Lexikon*, a.a.O., S. 561-563; und Max Wundt, *Die deutsche Schulphilosophie im Zeitalter der Aufklärung,* Tübingen 1945, S. 228-229.
92 Johanna Charlotte Unzer, *Grundriss einer Weltweisheit für das Frauenzimmer*, Aachen 1995, S. 31.
93 Johanna Charlotte Unzer, *ebenda*, S. 71.

Kurz, wir wollen lernen, aus uns selbst weislich zu denken, und dieses muß von rechtswegen die Absicht aller Lernenden sein."[94]

Es kann deshalb nicht verwundern, dass Johann Gottlob Krüger – der Onkel und Lehrer von Johanna Charlotte Unzer, der sie zum Verfassen des Werks immer wieder ermutigte – in seiner begleitenden Vorrede, die wohl der *captatio benevolentiae* der männlichen Leserschaft dienen sollte, offen gestehen muss, dass "die Mannspersonen ... diese Schrift für eine Kriegserklärung ansehen"[95] werden.

An dieser Befürchtung von Krüger kann man erkennen, dass die Damenphilosophie in der Tat eine gefährliche Entwicklung für die "Ordnung der Dinge" in der etablierten männlichen philosophischen Kultur darstellte. Man mag einwenden, dass sie zum großen Teil auf eine Frauenelite beschränkt bleibt. Aber es kann nicht angezweifelt werden, dass sie eine Erscheinung darstellt, bei der die Grundforderung der Aufklärung, Wissen für *alle* – ohne Differenz der Geschlechter – ernst genommen und konsequenterweise auch an einer alternativen Form der Philosophie gearbeitet wird. Genau darin zeigt sich ihre grundsätzliche Affinität zur (späteren) Popularphilosophie.[96] Aber zurück zum Thema dieses Kapitels.

Ohne die Bedeutung der Leistungen von Thomasius und Leibniz hinsichtlich der Entfaltung der popularphilosophischen Tradition schmälern zu wollen, muss dennoch festgestellt werden, dass die explizite Diskussion um die Popularphilosophie erst 1753/4 ansetzt. Entscheidend für diese neue Wende ist zunächst die von Denis Diderot (1713-1784) in seinem Ende 1753 veröffentlichten *Pensées sur l'Interpretation de la Nature* formulierte Kritik am "Getue" der großen Lehrer der Philosophie sowie deren Vorliebe, sich dunkel und unverständlich auszudrücken. Wörtlich sagt Diderot: "Il est une sorte d'obscurité que

---

[94] Johanna Charlotte Unzer, *ebenda*, S. 115.

[95] "Vorrede von Johann Gottlob Krüger", *ebenda*, S. 27.

[96] Für die detaillierte Rekonstruktion der Entwicklung der Damenphilosophie sowie für die ausführliche Begründung ihrer Charakterisierung als Variante der Popularphilosophie vgl. Ursula Pia Jauch, *Damenphilosophie & Männermoral*, *a.a.O.*

l'on pourrait définir *l'affectation des grands maîtres*. C'est une voile qu'ils se plaisent à tirer entre le peuple et la nature."[97] Gegen die Dominanz dieser Art der Philosophie, die letztlich zu Realitätsverlust und zur Isolierung des Philosophen in seiner eigenen Gedankenwelt führt,[98] macht dann Diderot die Forderung nach einer populären Philosophie geltend: "Hâtons-nous de rendre la philosophie populaire."[99]

Von Interesse für unser Anliegen ist noch dabei, dass Diderot die "philosophie populaire" als die Form der Philosophie versteht, die die soziale Funktion des Philosophen gewährleisten bzw. die Versöhnung von Philosophie und Volk vorantreiben kann. Seine Forderung ergänzt er daher mit dem Satz: "Si nous voulons que les philosophes marchent en avant, approchons le peuple du point où en sont les philosophes."[100] Und die Konsequenz, die Diderot daraus zieht, ist nicht minder interessant für die Entwicklung der Popularphilosophie: Es gibt keine philosophischen Werke, die das Volk nicht verstehen könnte. An die Adresse der Fachphilosophen schreibt er nämlich folgenden Satz – der übrigens als Antizipation der Auseinandersetzung zwischen Garve und Kant angesehen werden kann –: "Diront-ils qu'il est des ouvrages qu'on ne mettra jamais à la portée du commun des esprits? S'ils le disent, ils montreront seulement qu'ils ignorent ce que peuvent la bonne méthode et la longue habitude."[101]

Wichtig ist aber dann die im Mai 1754 zur Eröffnung des akademischen Jahres an der Thomas-Schule in Leipzig gehaltene Rede des Theologen und Philologen Johann-August Ernesti (1707-1781). Denn in dieser Rede, die als Abhandlung mit dem Titel *Prolusio de Philosophia populari* erscheint, nimmt Ernesti direkten Bezug auf die Auf-

---

[97] Denis Diderot, *Pensées sur l'Interprétation de la Nature*, in: *Œuvres*, Bd. I, Paris 1994, S. 582. Hervorhebung im Original.

[98] Vgl. Denis Diderot, *ebenda*, S. 582.

[99] Denis Diderot, *ebenda*, S. 582.

[100] Denis Diderot, *ebenda*, S. 582.

[101] Denis Diderot, *ebenda*, S. 582. Vgl. auch sein Beitrag "Philosophe", in: *Encyclopédie*, Bd. 12 (Abteilung 1), Paris 1966/67, S. 510 ff.

forderung Diderots und plädiert entschieden aus der rhetorischen Tradition der Antike heraus[102] für eine Erneuerung der Philosophie; d.h., für eine Philosophie, die sich aus dem Kontakt mit dem praktischen Leben der Menschen entwickelt, eine allgemeinverständliche Sprache benutzt und als methodische Form zur Erörterung der Fragen nicht den schulmäßigen Traktat, sondern den Dialog bevorzugen soll.[103] Und in Anlehnung an Diderot nennt Ernesti die neue Form von Philosophie eben Popularphilosophie. Damit war der Begriff in Deutschland explizit eingeführt und so auch die Entwicklung der Popularphilosophie im engeren Sinne, also als spezifische Gattung der deutschen Aufklärung in Gang gesetzt.[104]

Ein weiterer wichtiger Impuls zur Entwicklung und Verbreitung der Popularphilosophie ist 1762 zu verzeichnen. In diesem Jahr schrieb die zur Förderung der Ideale der Aufklärung 1761 gegründete "Patriotische Gesellschaft" in Bern einen Preis zu verschiedenen Fragen aus, worunter ein Thema war, das ein Grundanliegen popularphilosophischer Tradition reflektiert. Es lautete: "Wie können die Wahrheiten der Philosophie zum besten des Volkes allgemeiner und nützlicher werden?"[105] Da der Preis zu diesem Thema zunächst nicht vergeben

---

[102] Johann-August Ernesti gehört zu den Initiatoren der theologischen Aufklärung in Deutschland, seinen Ruhm verdankt er aber vor allem seinen Publikationen zur antiken Literatur, worunter seine fünfbändige Ausgabe des Cicero (1737-1739) einen besonderen Platz einnimmt. Wegen seiner Verdienste um die römische Klassik nannte man ihn den "Cicero der Deutschen".

[103] Vgl. Johann-August Ernesti, *Prolusio de Philosophia populari*, in: *Opuscula oratoria, orationes, prolusiones et elogia*, Leipzig 1762. Vgl. Ferner Roland Mortier, "Diderot, Ernesti et la »philosophie populaire«", in: John Papas (Hrsg.), *Essays on Diderot and Enlightenment in honor of Otis Fellows*, Genf 1974, S. 207-230 (mit dem lateinischen Original und einer französischen Übersetzung der Rede von Ernesti); und ders., "Existe-t-il au XVIIIᵉ siècle, en France, l'équivalent de la »Popularphilosophie« allemande?", in: *Studia leibnitiana* XV (1983) 42-45.

[104] Vgl. Helmut Holzhey, "Der Philosoph für die Welt – eine Chimäre der deutschen Aufklärung?", *a.a.O.*, S. 127.

[105] Vgl. Ulrich Imhoff, *Aufklärung in der Schweiz*, Bern 1970; und (zum größeren Zusammenhang der "Sozietäten" und der Aufklärung) ders., *Das gesellige Jh. Gesellschaft und Gesellschaften im Zeitalter der Aufklärung*, München 1982.

wurde, ist die Preisfrage nochmals 1763 ausgeschrieben. In Deutschland wurde sie Anfang 1764 durch einen Hinweis von Johann Georg Hamann (1730-1788) in einer Publikation in Königsberg bekannt, wo Herder studierte. Durch diese Publikation, aber vielleicht auch durch Gespräche mit Hamann, den Herder spätestens seit Frühjahr 1764 persönlich kannte,[106] erfuhr Herder von der Themenstellung der "Patriotischen Gesellschaft" in Bern und begann sogleich mit der Bearbeitung der Preisfrage. Daraus ist die Abhandlung "Wie die Philosophie zum Besten des Volkes allgemeiner und nützlicher werden kann" entstanden. Herder schrieb sie zwischen 1764 und 1765, ohne sie vollständig in allen Aspekten ausarbeiten zu können. Wohl deshalb blieb sie bis 1846 unveröffentlicht. Ich darf dennoch auf diese Abhandlung hier kurz eingehen. Sie stellt doch ein wichtiges Zeitzeugnis für die Entwicklung und Verbreitung popularphilosophischen Gedankenguts dar, zumal Herder Grundeinsichten seiner Abhandlung in anderen Publikationen und Predigten aus dieser Zeit vermittelt.

An Herders Abhandlung "Wie die Philosophie zum Besten des Volkes allgemeiner und nützlicher werden kann" ist zuerst die Konkretisierung hervorzuheben, die die Preisfrage bei Herder erfährt, als er die Erörterung derselben – wie gleich zu Beginn der Abhandlung gesagt wird – als die Möglichkeit dazu versteht, zu zeigen, wie die Philosophie wirklich mit der Menschheit *und* mit der Politik versöhnt werden kann.[107] Daher erklärt sich die klare Kritik der Philosophie, mit der Herder dann ansetzt. Für ihn kann nämlich der Anfang der intendierten Versöhnung kein anderer als die Selbstkritik der Philosophie sein. Die Philosophie muss in der Tat anerkennen, dass sie "noch sehr unnütz"[108] ist. Oder, wie nach der Forderung einer volksnahen Philoso-

---

106 Vgl. Friedrich W. Kantzenbach, *Herder in Selbstzeugnissen und Bilddokumenten*, Reinbek bei Hamburg 1970, S. 20.
107 Vgl. Johann G. Herder, "Wie die Philosophie zum Besten des Volkes allgemeiner und nützlicher werden kann", in: *Werke in fünf Bänden*, Bd. 3; Berlin 1982, S. 9.
108 Johann G. Herder, *ebenda*, S. 12.

phie selbstkritisch festgestellt wird: "Allerdings ist der Nutzen der Philosophie bisher für das Volk klein."[109]

Selbstkritik der Philosophie – erläutert Herder weiter – bedeutet, ihre Mängel zu sehen und sich von ihrem falschen Schein nicht verblenden zu lassen. Denn es geht ja nicht darum, "die Philosophie zum Besten der Philosophen nützlich zu machen",[110] sondern um eine Philosophie für die Menschen und ihre Welt. Der Philosoph soll deshalb lernen, die Philosophie mit den Augen der Menschen zu sehen: "Du Philosoph also, der du die Philosophie allgemein machen willst, siehe ihre Mängel ... entkleide sie, siehe sie mit den Augen der Menschen, und sie wird dir eine Venus scheinen, aber nicht jene himmlische Venus, die Schwester der Weisheit ... sondern die irdische, die Schwester der Gelehrsamkeit ... ."[111]

Die Selbstkritik der Philosophie führt so zu einem Lernprozess, der einerseits eine Veränderung des Selbstverständnisses des Philosophen bedeutet – und er soll sich nicht als ein "Monstrum der Seltenheit"[112] verstehen –, andererseits aber als Konsequenz der ersteren eine Transformation der Philosophie insofern in Gang bringt, als Philosophie anfängt, sich als Weltweisheit für alle Menschen zu artikulieren. Ort, Sprache und Zweck der Philosophie werden neubestimmt: "Ich muß zu dem Volke in seiner Sprache, in seiner Denkart, in seiner Sphäre reden. Seine Sprache sind Sachen und nicht Worte; seine Denkart lebhaft, nicht deutlich, gewiß, nicht beweisend ... Siehe! Das muß die Philosophie tun, um eine Philosophie des gemeinen Volks zu sein."[113]

Diese Transformation kann die Philosophie jedoch nicht allein leisten. Sie muss die Nähe zum Volk suchen. Mehr noch: Sie muss eine Allianz mit dem Volk eingehen, um mit ihm die neue Gestalt zu suchen, durch die sie allgemein und wirklich nützlich für die Menschen werden kann. Konsequent lautet dann Herders Aufforderung: "Du

---

[109] Johann G. Herder, *ebenda*, S. 27.
[110] Johann G. Herder, *ebenda*, S. 21.
[111] Johann G. Herder, *ebenda*, S. 21.
[112] Johann G. Herder, *ebenda*, S. 25.
[113] Johann G. Herder, *ebenda*, S. 25.

Philosoph und du Plebejer! Macht einen Bund, um nützlich zu werden."[114] Die Transformation der Philosophie impliziert ihre Bekehrung zum konkreteren Menschen: "Soll die Philosophie den Menschen nützlich werden, so mache sie *den Menschen* zu ihrem Mittelpunkt."[115] Deutlicher noch wird dieser zentrale Gedanke des herderschen Programms an dieser anderen Stelle ausgedrückt: "Alle Philosophie, die des Volks sein soll, muß das Volk zu seinem Mittelpunkt machen."[116]

Hervorheben darf ich abschließend noch einen Zug, der Herders Entwurf in die Nähe der angesprochenen Tradition der Damenphilosophie rückt. Herder, der – dies darf übrigens nicht übersehen werden – nicht von einer Philosophie *für* das Volk, sondern ausdrücklich von einer Philosophie *des* Volkes spricht, legt nämlich in seinem Programm wiederholt Wert darauf, zu betonen, dass das Frauenzimmer Volk ist, ja es "ist am meisten Volk."[117] Sein Programm zu einer Philosophie des Volkes sah so auch die Ausarbeitung von Frauenzimmerstudien (insbesondere von einer Ästhetik) vor.[118] Aber darauf kann hier nicht weiter eingegangen werden.

Für die Entfaltung der Popularphilosophie als eine philosophische Kultur mit eigenem Profil im Kontext der deutschen Aufklärung im 18. Jahrhundert sind jedoch nicht nur philosophieinterne Faktoren (wie z.B. die bisher erwähnten Beiträge einzelner Autoren) wichtig. Das popularphilosophische Grundanliegen der Hinwendung zur Welt und zum Volk ist doch ein Anliegen, das im engen Zusammenhang mit einem epochenmachenden sozial- und kulturgeschichtlichen Wandel steht. Man kann es in der Tat als Antwort der Philosophie auf die durch diesen Wandel veränderte Situation in Gesellschaft und Kultur verstehen. Gemeint ist – wie oben angedeutet – die Entstehung einer breiten Leserschaft, genauer, die Entwicklung eines gebildeten Publi-

---

[114] Johann G. Herder, *ebenda*, S. 26-27.
[115] Johann G. Herder, *ebenda*, S. 28.
[116] Johann G. Herder, *ebenda*, S. 37.
[117] Johann G. Herder, *ebenda*, S. 13; vgl. auch S. 33 ff.
[118] Vgl. Johann G. Herder, *ebenda*, S. 33.

kums, "das zum Träger der öffentlichen Meinung wird, das Informationen, Kriterien und Vorbilder zur Meinungsbildung benötigt und seine theoretische und praktische Neugierde auf eine verständliche und unterhaltsame Weise befriedigt sehen möchte."[119]

Zu betonen ist hier noch der Umstand, dass im Unterschied z.B. zum sozialen Kontext des Thomasius es nun nicht mehr um das um den Hof konstituierte Publikum geht; aber genauso wenig gemeint ist das Fachpublikum einer erweiterten "Gelehrtenrepublik". Es handelt sich um "Öffentlichkeit" im modernen Sinne, die eben Dank des sozialen breiten Einsatzes der Aufklärer (von den Schulreformen auf dem Land bis hin zur Verbreitung der Bibliotheken und Lesegesellschaften) entsteht. Es ist das "große Publikum", gegen das Hegel polemisch sagte, "das nichts von sich ausgeschlossen wissen will, sondern sich zu allem gut oder alles für sich gut genug hält."[120]

Diese Entwicklung, die ihren Durchbruch um die Mitte des 18. Jahrhunderts erzielt, stellt also die sozialhistorische Bedingung dar, die die artikulierte Entfaltung der Popularphilosophie möglich macht, und zwar als Bewegung, die nicht auf die Philosophie beschränkt bleibt, sondern ebenso viele andere wissenschaftliche Disziplinen und Bereiche der Kultur sowie des öffentlichen Lebens überhaupt umfasst. Mit Gerd Ueding kann also festgehalten werden: "Erst von dieser Zeit an kann man auch von einer Popularphilosophie in einem gattungsspezifischen Sinn reden."[121]

Vor diesem Hintergrund kann nun das Grundanliegen der Popularphilosophie noch genauer bzw. positiver gefasst werden: Das "Publikum"

---

[119] Gert Ueding, "Aufklärung", a.a.O. Sp 1223; vgl. ferner: Claus Altmayer, *Aufklärung als Popularphilosophie. Bürgerliches Individuum und Öffentlichkeit bei Christian Garve*, Saarbrücken 1992; und Reiner Wild, "Stadtkultur, Bildungswesen und Aufklärungsgesellschaften", in: Rolf Grimminger (Hrsg.), *a.a.O.*, S. 103-132.

[120] G.W.F. Hegel, "Einleitung über das Wesen der philosophischen Kritik überhaupt und ihr Verhältnis zum gegenwärtigen Zustand der Philosophie insbesondere", *a.a.O.*, S. 183. Vgl. ferner: Johann G. Herder, *Briefe zu Beförderung der Humanität*, in: *Werke*, Bd. 5, Berlin/Weimar 1982, S. 108 ff.

[121] Gert Ueding, "Popularphilosophie", *a.a.O.*, S. 609.

zum Adressaten der Philosophie zu machen, Philosophie für die Welt zu betreiben, das bedeutet ein neues Selbstverständnis der Philosophie zum Ausdruck zu bringen, und zwar aus der Einsicht heraus, dass das öffentliche Leben, die "Öffentlichkeit", ein *locus philosophicus* ist. Diese im wörtlichen Sinne des Wortes zu verstehende neue *Ortsbestimmung* der Philosophie muss daher als die Kontextualisierung verstanden werden, durch die Philosophie lernt, dass die Beziehung zum Leben der Menschen kein hinzukommendes, sondern wesentliches Bestandteil ihrer Reflexion ist. Der Alltag der Menschen wird konstitutiv für philosophisches Wissen.

Die Hinwendung zum "Publikum", zur Welt der Menschen, erklärt weiter die inhaltliche Transformation der Philosophie, die die Popularphilosophie durchführt, indem sie eben jene Fragen in den Mittelpunkt rückt, die unmittelbar mit dem Leben bzw. mit dem Zusammenleben der Menschen zu tun haben, und versucht, den Menschen bei diesen Fragen eine Orientierung zu geben. Der "Ortswechsel" impliziert so auch einen Wechsel bei der Bestimmung der "Sache des Denkens" (M. Heidegger): Von den abstrakten Streitfragen der Schulen nimmt die Philosophie weitgehend Abschied, um sich vornehmlich lebenspraktischen, moralischen, pädagogischen, psychologischen und politischen Fragen zu widmen.

Mit ihrem Anspruch, Philosophie für die Welt zu sein, verändert die Popularphilosophie jedoch die Philosophie nicht nur inhaltlich. Ihr Anspruch bzw. Anliegen bedeutet auch eine Veränderung der Praxis der Philosophie, d.h., der Art und Weise, wie der Philosoph seine Rolle in der Gesellschaft sieht, seinen Beruf versteht und die Erkenntnisse der Philosophie vermittelt. Die Popularphilosophie bringt so einen Philosophentypus hervor, der sich nicht mehr als einen einsamen Denker, der seinen Mitmenschen mit Unterrichtsbüchern belehrt, versteht, sondern sich vielmehr als einen Gesprächspartner für seine Leser anbietet.[122] Die Vermittlungsform der Philosophie wird deshalb auch anders: Man erneuert die Tradition des sokratischen Gesprächs,

---

[122] Vgl. Gert Ueding, *ebenda*, S. 623 ff.

die Dialogform wird dem Traktat vorgezogen, man schreibt agile Essays, aber auch der Brief und die Erzählung werden zu beliebten Formen der Philosophievermittlung. Auf dieser Ebene stellt zweifellos die popularphilosophische Transformation der Philosophie einen innovativen, rekontextualisierenden Rekurs auf exoterische philosophische Traditionen der Antike dar, wie bereits Ernesti gesehen hat.[123] Dies hat allerdings auch Hegel festgestellt und kritisch dazu angemerkt: "Indem Sokrates auf diese Weise der Moralphilosophie ihre Entstehung gab (wie er sie behandelt, wird sie populär), hat ihn alle Folgezeit des moralischen Geschwätzes und der Popularphilosophie zu ihrem Patron und Heiligen erklärt und ihn zum rechtfertigenden Deckmantel aller Unphilosophie erhoben, wozu noch vollends kam, daß sein Tod ihm das populär-rührende Interesse des Unschuldig-Leidenden gab. Cicero ... rühmte es von Sokrates (was oft genug nachgesagt) als das Eigentliche und das Erhabenste, daß er die Philosophie vom Himmel auf die Erde, in die Häuser und auf den Markt (in das alltägliche Leben der Menschen) eingeführt hat."[124]

Aus dem Gesagten zum Zusammenhang zwischen Popularphilosophie und Öffentlichkeit bzw. Publikum dürfte übrigens ersichtlich werden, weshalb Popularphilosophie – wie bei der Erörterung von Kants Kritik nebenbei angemerkt wurde – nicht mit der Bewegung der Volksaufklärung verwechselt werden darf. Im Gegensatz zu den Volksaufklärern, die sich der Volkssprache bzw. des Volkstons bedienen, um eine begrenzte Aufklärung des Volkes zu fördern, also im Grunde das Prinzip der wirklichen Universalisierung alles Wissens negieren und die Trennung zwischen Gebildeten und Volk aufrechterhalten, ist doch das Ziel der Popularphilosophen, eine uneingeschränkte Aufklärung zu fördern, damit das Selbstdenken zur Normalität bei *allen*

---

123 Vgl. Roland Mortier, "Existe-t-il au XVIIIᵉ siècle en France l'équivalent de la »Popularphilosophie« allemande ?", *a.a.O.*, S. 42.
124 G.W.F. Hegel, *Vorlesungen über die Geschichte der Philosophie*, Bd. I, *a.a.O.*, S. 445.

Menschen werde.[125] Dieser wichtige Unterschied wurde z.B. dort deutlich, wo das Selbstverständnis der Popularphilosophen als Gesprächspartner seines Publikums angesprochen wurde. Die Popularphilosophie setzt nämlich auf eine mündige Öffentlichkeit, auf ein Publikum, das mitdenkt. Und ist die Entstehung dieses Publikums – wie bisher betont – Bedingung für die Entfaltung der Popularphilosophie, so muss hier andererseits ergänzend dazu gesagt werden, dass die Popularphilosophie ihrerseits die Entwicklung der kritischen Öffentlichkeit ihrer Zeit fördert, indem sie Popularität nicht als Mittel der Verflachung, sondern als Methode zur Unterstützung des Mitdenkens versteht.[126] Die weitere Analyse ihrer Entfaltung soll dies noch verdeutlichen.

Die Popularphilosophie der deutschen Aufklärung, deren Entfaltung zugleich die beste Dokumentation der angesprochenen vielschichtigen Transformation der Philosophie darstellt, entwickelt sich jedoch weder als eine Schule, die sich als einen monolithischen Block verstehen würde,[127] noch als eine philosophische Strömung, die sich einem bestimmten System verpflichtet hätte. Ihre Entwicklung entspricht eher die Entfaltung einer komplexen Bewegung, die – um es mit einer zutreffenden Formulierung von Heinrich Heine (1797-1856) auszudrücken – "kein bestimmtes System, sondern nur eine bestimmte Tendenz"[128] hatte. Charakteristisch für die Popularphilosophie in Deutschland ist deshalb die auffallende Pluralität, mit der sie sich entfaltet; eine Pluralität, die sich nicht nur an den verschiedenen verwendeten literarischen Ausdrucksformen, sondern ebenso an den Ansätzen und inhaltlichen Schwerpunkten feststellen lässt. Zudem – auch dies muss hier berücksichtigt werden – ist die Popularphilosophie zu

125 Vgl. dazu Leonie Koch-Schwarzer, *a.a.O.*; insbesondere den Abschnitt "Popularphilosophie versus Volksaufklärung", S. 322 ff.
126 Vgl. Leonie Koch-Schwarzer, *a.a.O.*, S. 335.
127 Vgl. Harald Schmidt, "Gesunder/gemeiner Menschenverstand", in: Hans Jörg Sandkühler (Hrsg.), *Enzyklopädie Philosophie*, Bd. 1, Hamburg 1999, S. 494 ff.
128 Heinrich Heine, *Zur Geschichte der Religion und Philosophie in Deutschland*, Frankfurt 1966, S. 138.

einem wirklich breiten Kulturphänomen in der zweiten Hälfte des 18. Jahrhunderts geworden.[129]

Für meine weitere Analyse will allerdings dieser Hinweis besagen, dass ich hier auf die Entfaltung der Popularphilosophie, durch die ja ihre Transformation der Philosophie noch verdeutlicht werden soll, nur exemplarisch anhand weniger ausgewählter Vertreter eingehen kann. Bevor ich aber damit beginne, darf ich dennoch einige Hinweise zur gesamten Entwicklung der Popularphilosophie vorausschicken, um mit dieser knappen Illustration ihrer breiten Wirkung das Spektrum der Bewegung, zu der die ausgewählten Autoren gehören, zumindest anzudeuten.

Ein erstes Zentrum der Entwicklung und Verbreitung popularphilosophischer Tätigkeit bildet sich in Berlin heraus. Wesentlichen Anteil hat zweifelsohne der schon erwähnte Friedrich Nicolai, der mit der Herausgabe ab 1759 der *Briefe, die Neueste Litteratur betreffend* und dann der ebenfalls bereits zitierten *Neuen Allgemeinen Deutschen Bibliothek*, aber auch durch den regelmäßigen Gesprächskreis in seinem Haus in der Spandauer Straße Berlin zu einem Treffpunkt für Popularphilosophen machte. So z.B. absolvierte 1761 seine "philosophische Lehre" bei Nicolai in Berlin Thomas Abbt (1738-1766), der im damaligen Deutschland durch sein Buch *Vom Tode fürs Vaterland* (1760) bekannt wurde. Zum bedeutenden Popularphilosophen wurde Abbt aber vor allem Dank seines Hauptwerks *Vom Verdienste*, das Nicolai 1765 herausgab.[130] Die Anerkennung, die Abbt trotz seinem sehr frühen Tod erlangte, dokumentiert kein geringerer als Mendelssohn – auf den ich später eingehe –, indem er im Vorwort des dem toten Freund gewidmeten Werkes schreibt: "Allein es hat der Vorsehung gefallen dieses aufblühende Genie vor der Zeit der Erde zu entziehen. Kurz

---

[129] Vgl. Lucien Braun, *a.a.O.*, S. 167.

[130] Vgl. ferner: Thomas Abbt, *Vermischte Werke*, herausgegeben von F. Nicolai, Berlin und Stettin 1768-1781. Zu Thomas Abbt vgl.: Michael Zaremba, "Thomas Abbt. Philosoph und Freund Berlins", in: *Deutsche Denker*, Berlin 1998, S. 53-57; und Wilhelm Michel, "Thomas Abbt", in: Historische Kommission bei der Bayerischen Akademie der Wissenschaften (Hrsg.), *Neue Deutsche Biographie*, Bd. 1, Berlin 1953, S. 4-5.

und rühmlich war die Laufbahn, die er hienieden vollendet hat. Sein Werk *Vom Verdienste* wird den Deutschen ein unvergeßliches Denkmal seiner eigenen Verdienste bleiben: mit seinen Jahren verglichen, verdienet dieses Werk die Bewunderung der Nachkommenschaft ... Deutschland verliert an ihm einen trefflichen Schriftsteller."[131]
In Berlin sind außerdem tätig:

- Johann Erich Biester (1749-1816), der in Göttingen studierte und in Berlin Vorsteher der Königlichen Bibliothek war. Für die Popularphilosophie ist Biester vor allem durch seine Beiträge in der *Berlinischen Monatsschrift*, deren Herausgeber er seit 1783 war, von Bedeutung geworden.

- Johann Jakob Engel (1741-1802), der in Leipzig und Rostock Theologie und Philosophie studierte, wurde 1776 Professor für Moralphilosophie und für die schönen Wissenschaften in Berlin. Aber auf Engel komme ich später zurück.

- Moses Mendelssohn (1729-1786), der Hauslehrer und Buchhalter in Berlin war, arbeitete mit Abbt und Nicolai sowohl am Projekt der *Bibliothek der schönen Wissenschaften* als auch an den *Briefen, die Neueste Literatur betreffend* zusammen. Auf Mendelssohn, der als einer der "seriösesten" Popularphilosophen anerkannt wird, soll aber noch eingegangen werden.

- Karl Philipp Moritz (1756-1793), der in Erfurt und Wittenberg Theologie studierte, war zuerst Gymnasialprofessor, dann Professor für die Theorien der schönen Künste an der Berliner Akademie der Künste. Ihm verdankt die Popularphilosophie bedeutende Beiträge zu ihrer Entwicklung vor allem auf den Gebieten der Moralphilosophie, der Pädagogik, der Seelenkunde und der Ästhetik. Aus seinen Werken seien hier erwähnt: *Ideal einer vollkommenen Zeitung* (1784), *Das Edelste in der Natur* (1786), und sein berühmter psychologischer vierteiliger Roman *Anton Reiser* (1785-1790). Und besondere Erwähnung verdienen noch

---

131 Moses Mendelssohn, *Phädon oder über die Unsterblichkeit der Seele in drei Gesprächen*, in: *Schriften über Religion und Aufklärung*, Darmstadt 1989, S. 173-174.

sein *Lesebuch für Kinder* (1785) und der *Versuch einer prakti-schen Kinderlogik* (1786), die Moritz zum Pionier der Philoso-phie für Kinder machen. Für Heinrich Heine war Moritz übri-gens der "Liebling" unter den Berliner Popularphilosophen.[132]

- Johann Georg Sulzer (1720-1779), der in Winterthur (Schweiz) geboren wurde, studierte zuerst Theologie in Zürich, dann aber Mathematik in Marburg und wurde Professor für Mathematik in Berlin, wo er ab 1775 auch Mitglied der Berliner Akademie der Wissenschaften war. Er interessierte sich hauptsächlich für ästhetische Fragen, wie sein vierbändiges Hauptwerk *Allgemei-ne Theorie der schönen Künste* (1771-1774) zeigt. Aus seinen Werken seien hier noch genannt: *Vorübungen zur Erweckung der Aufmerksamkeit und des Nachdenkens* (1768) und *Ver-mischte philosophische Schriften* (1773).[133]

Ein weiteres Zentrum für die Entwicklung der Popularphilosophie ent-steht in Göttingen. Im Unterschied zu Berlin wird in Göttingen die Universität der Ort sein, von dem aus die Popularphilosophie ent-wickelt wird. Diese in Deutschland sicher einmalige Entwicklung er-klärt sich daraus, dass die erst 1737 gegründete Universität Göttingen die scholastische akademische Tradition anderer deutscher Universitä-ten nicht übernimmt, sondern eine neue Form der Lehre und For-schung durchsetzt. Geschichte und Naturwissenschaften, die Hinwen-dung zum Menschen, zu Kultur, zur Erfahrung – Momente, die eben für die Popularphilosophie bestimmend sind – bilden nun den Schwer-punkt in Lehre und Forschung.

Max Wundt bringt Göttingens Reform auf den Begriff, wenn er fest-stellt, dass die Universität Göttingens zum Zentrum der späteren Auf-

132 Vgl. Heinrich Heine, *a.a.O.*, S. 139, wo es heißt: "Moritz ist mir der liebste. Er leistete viel in der Erfahrungsseelenkunde". Zur Bedeutung Moritz's vgl. fer-ner: Raimund Bezold, *Popularphilosophie und Erfahrungsseelenkunde. Im Werk von Karl Philipp Moritz*, Würzburg 1997; und Martin Fontius/Anneliese Klin-genberg (Hrsg.), *Karl Philipp Moritz und das 18. Jahrhundert*, Tübingen 1995.
133 Zu Sulzer vgl. die Beiträge von Hans Erich Bödeker, Anselm Gerhard und Helmut Holzhey in: Martin Fontius/Helmut Holzhey (Hrsg.), *Schweizer im Berlin des 18. Jahrhunderts*, Berlin 1996.

klärung wird und dass bei ihr "von vornherein nicht die Philosophie im Vordergrunde stand, sondern die realen Wissenschaften, besonders Geschichte und Naturwissenschaft. ... Die 'historische' Erkenntnis im Sinne der Zeit verdrängt die philosophische. In diesem Sinne ist Göttingen die erste moderne Hochschule ... ."[134]

Aus Göttingen sind hervorzuheben:

- Johann Georg Heinrich Feder (1740-1821), der zuerst Theologie und dann Philosophie in Erlangen studierte, war Professor für Metaphysik, Moral und Logik in Coburg, bevor er 1767/1768 nach Göttingen berufen wurde. Bekannt wurde Feder zunächst durch seine Kompendien und Lehrbücher, in denen er den neuen philosophischen Geist, aber auch den neuen Stil der Vermittlung philosophischer Erkenntnis förderte, wie z.B.: *Grundriß der Philosophischen Wissenschaften* (1767), *Logik und Metaphysik* (1769) und *Lehrbuch der praktischen Philosophie* (1770). Sein Hauptwerk *Untersuchungen über den menschlichen Willen* (1779-1793) gilt der Begründung einer empirisch orientierten Psychologie als Fundamentalwissenschaft in der Philosophie. Bekannt wurde Feder aber auch durch die Redaktion der von Garve geschriebenen Rezension von Kants *Kritik der reinen Vernunft*, die er in den *Göttinger gelehrten Anzeigen* (19.1.1782) veröffentlichte und die bereits erwähnte Reaktion bei Kant provozierte.[135]

---

[134] Max Wundt, *a.a.O.*, S. 289; vgl. auch Lucien Braun, *a.a.O.*, S. 169 und 173 ff.; und Konrad Cramer, "Die Stunde der Philosophie – Über Göttingens ersten Philosophen und die philosophische Theorielage der Gründungszeit", in J. v. Stackelberg (Hrsg.), *Zur geistigen Situation der Zeit der Göttinger Universitätsgründung 1737*, Göttingen 1988, S. 101-143.

[135] Zu Feder vgl. Kurt Müller, "Feder", in Historische Kommission bei der Bayerischen Akademie der Wissenschaften (Hrsg.), *Neue Deutsche Biographie*, Bd. 5, Berlin 1961, S. 41-42 und die dort angegebene Literatur; Konrad Cramer/ Günther Patzig, "Die Philosophie in Göttingen 1734-1987", in Hans-Günther Schlotter (Hrsg.), *Die Geschichte der Verfassung und der Fachbereiche der Georg-August-Universität zu Göttingen*, Göttingen 1994, S. 86-91; und Max Wund, *a.a.O.*, S. 290 ff.

- Michael Hissmann (1752-1784), der ebenfalls Professor in Göttingen war, trat vor allem auf dem Gebiet der empirischen Assoziationspsychologie hervor, obwohl er der Göttinger Schwerpunktsetzung der historischen Forschungen entsprechend auch wichtige Arbeiten im Bereich der neuorientierten Philosophiegeschichtsschreibung vorlegte. So gab er zwischen 1776 und 1783 das *Magazin für die Philosophie und ihre Geschichte* heraus und 1777 veröffentlichte er den Beitrag "Bemerkungen über einige Regeln für den Geschichtsschreiber philosophischer Systeme" (*Teutscher Merkur*). Und er ist noch der Autor der *Anleitung zur Kenntniß der auserlesenen Literatur in allen Teilen der Philosophie* (1778). Sein Hauptwerk aber ist: *Geschichte der Lehre von der Association der Ideen, nebst einem Anhang vom Unterschied unter associirten und zusammengesetzten Begriffen und Ideenreihen* (1776).[136]
- Christoph Meiners (1747-1810), der Schüler und später Kollege von Feder in Göttingen war, plädierte in seinem Buch *Revision der Philosophie* (1772) für eine inhaltliche, am gesunden Menschenverstand orientierte Transformation der Philosophie, die, gerade weil er sie als "Eklektik" zusammenfasste, später allerdings dem Vorwurf des Eklektizismus gegen die Popularphilosophie Vorschub leisten sollte.[137] Zwischen 1788 und 1791 gab er mit Feder die *Philosophische Bibliothek* heraus, zu deren Zielen die Kritik der abstrakten Philosophie Kants gehörte. Aus seinen Werken darf ich hier hervorheben: *Geschichte des Ursprungs. Fortgangs und Verfalls der Wissenschaften in Griechenland und Rom* (1781-1782), *Grundriß der Geschichte der Menschheit* (1785) und *Grundriß der Geschichte der Weltweisheit* (1785).

---

[136] Zu Hissmann vgl. Lucien Braun, *a.a.O.*, S. 186 ff.

[137] Vgl. Konrad Cramer/Günther Patzig, *a.a.O.*, S. 87; und Helmut Holzhey, "Popularphilosophie", *a.a.O.* Sp. 1096; und ders., "Philosophie als Eklektik", *a.a.O.*, S. 19 ff.

Nicht unerwähnt bleiben darf, dass mit seinem *Grundriß der Geschichte der Menschheit*, in dem er die Superiorität des "kaukasischen Stammes" und der mit ihm verbundenen Kultur der Europäer als Tatsache hinstellt, Meiners zum Vordenker des biologisch motivierten Rassismus wurde.[138]

Zur "Göttinger Gruppe" kann auch noch Georg Christoph Lichtenberg (1742-1799) gezählt werden. Er hatte Mathematik und Naturwissenschaften studiert und wurde auch später Professor für Experimentalphysik in Göttingen, war aber "im letzten Drittel des 18. Jahrhunderts ... nicht nur außerhalb Göttingens als der eigentliche philosophische Kopf der Universität"[139] anerkannt. Als Mitherausgeber des *Göttingischen Magazins der Litteratur und der Wissenschaft* und vielseitiger Schriftsteller war er doch auch bestrebt, eine "Volksphilosophie" zu entwickeln.[140]

Aber auch in vielen anderen Städten Deutschlands wirken Popularphilosophen:

- In Leipzig sind es Christian Garve (1742-1798), einer der bedeutendsten Vertreter der Popularphilosophie (auf den ich noch eingehen werde), und Ernst Plattner (1744-1818), Arzt und Anthropologe, der Philosophieprofessor 1801 in Leipzig wurde. Von seinen Schriften seien hier hervorgehoben: *Anthropologie für Ärzte und Weltweise* (1772-73) und *Philosophische Aphorismen, nebst einigen Anleitungen zur philosophischen Geschichte* (1776).[141]

- In Osnabrück ist Justus Möser (1720-1794) zu erwähnen, der in Jena und Göttingen studierte und in seiner zweibändigen *Osna-*

---

138 Vgl. Jörg Schmidt, "Wurzeln des Wahns", in: *Die Zeit* 18 (1999).

139 Konrad Cramer/Günther Patzig, *a.a.O.*, S. 87.

140 Vgl. Werner Schneider, "Zwischen Welt und Weisheit", *a.a.O.*, S. 17; und Georg Christoph Lichtenberg, *Vermischte Schriften*, Göttingen 1867.

141 Zu Plattner vgl. Alexander Košenina, "Plat(t)ner, Ernst", in: Historische Kommission bei der Bayerischen Akademie der Wissenschaften (Hrsg.), *Neue Deutsche Biographie*, Bd. 20, Berlin 2001, S. 513-514; H. Schöndorf, "Der Leib und sein Verhältnis zur Seele bei E. Platner", in: *Theologie und Philosophie* 60 (1985) 77-87.

brückischen Geschichte (1768) den Versuch unternahm, Geschichte von unten her, d.h. vom Leben des einfachen Volkes her zu schreiben. Er gilt als einer der Begründer der modernen Geschichtsschreibung und ist ferner der Autor der *Patriotischen Phantasien* (1775) und der *Vermischten Schriften*, die Nicolai 1797/98 posthum herausgab.[142]

In Hamburg sind zu nennen: Johann Bernhard von Basedow (1723-1790), der Philosophie und Theologie in Leipzig studierte, gilt unbestritten als Erneuerer der Pädagogik seiner Zeit. 1758 trat er mit dem Buch *Praktische Philosophie für alle Stände* hervor und 1765 legt er sein Werk *System der gesunden Vernunft* vor, das ihm die kirchliche, aber auch soziale Intoleranz der Epoche deutlich spüren ließ. Erwähnt sei noch, dass 1774 Basedow ein "Philanthropinum" in Dessau gründete, um seine Erziehungsideale in die Praxis umzusetzen.[143]

Und Hermann Samuel Reimarus (1694-1768), der in Jena und Wittenberg Theologie, Philosophie und Sprachen studierte und in Hamburg zugleich Professor für hebräische Sprache und Mathematik war. Aus seinen Werken seien hier genannt: *Abhandlung von den vornehmsten Wahrheiten der natürlichen Religion* (1754); *Die Vernunftlehre als eine Anweisung zum richtigen Gebrauche der Vernunft* (1756) und die zuerst fragmentarisch, von

---

[142] Zu Möser vgl. Karl H.L. Welker, *Rechtgeschichte als Rechtspolitik: Justus Möser als Jurist und Staatsmann*, 2 Bde., Osnabrück 1996; und die klassische Studie von Meinecke, in der Möser als "erster Bahnbrecher des Historismus" in Deutschland gewürdigt wird: "Möser", in: Friedrich Meinecke, *Die Entstehung des Historismus*, München 1965, S. 301-354.

[143] Zu Basedow vgl. Friedrich W. Bautz, "Johann Bernhard Basedow", in: *Biographisch-Bibliographisches Kirchenlexikon*, Bd. I, Herzberg 1990, Sp. 402-403 und die dort angegebene Literatur. Vgl. ferner: O.F. Bollnow, "Basedow", in: Historische Kommission bei der Bayerischen Akademie der Wissenschaften (Hrsg.), *Neue Deutsche Bibliographie*, Bd. 1, Berlin 1953, S. 618-619; und ders., "Comenius und Basedow", in: *Die Sammlung*, Tübingen 1950.

Lessing posthum veröffentlichte *Schutzschrift für die vernünftigen Verehrer Gottes* (1774-1778).[144]

- In Hamburg/Frankfurt sei Friedrich Karl Kasimir von Creuz (1724-1770) genannt; Dichter und Philosoph, der 1760 das philosophische Gedicht *Die Gräber*, das ihm große Anerkennung verschaffte, veröffentlichte. Vorher hatte er sein philosophisches Hauptwerk vorgelegt: *Versuch über die Seele* (1753).

- In Hannover schließlich ist Adolf von Knigge (1752-1796) zu erwähnen, der in Göttingen Jura studierte und langjähriger Mitarbeiter der von Nicolai herausgegebenen *Allgemeinen Deutschen Bibliothek* war. Sein philosophisches Hauptwerk legte er 1788 mit dem Buch *Über den Umgang mit Menschen* vor. Aus seinen anderen Werken seien hier noch genannt: *Allgemeines Sistem für das Volk zur Grundlage aller Erkenntnisse für Menschen aus allen Nationen, Ständen und Religionen* (1778), *Briefe über die neuere Erziehungsart* (1788-1799) und *Erläuterungen über die Rechte des Menschen. Für die Deutschen* (1792).[145]

Um diesen knappen Überblick abzurunden, darf ich noch auf die Entwicklung der Popularphilosophie in der deutschsprachigen Schweiz hinweisen. In Bern, Basel, vor allem aber in Zürich werden nämlich auch Formen der Popularphilosophie ausgebildet. Im Wesentlichen ist diese Entwicklung mit folgenden Namen verbunden:

---

[144] Zu Reimarus vgl. Raimund Lachner, "Hermann Samuel Reimarus", in: *Biographisch-Bibliographisches Kirchenlexikon*, Bd. VII, Herzberg 1994, Sp. 1514-1520 und die dort angegebene Literatur. Vgl. ferner: Joachim-Jungius-Gesellschaft der Wissenschaften (Hrsg.), *Hermann Samuel Reimarus (1694-1768), ein »bekannter Unbekannter« der Aufklärung in Hamburg*, Göttingen 1973; W. Schmidt-Biggemann, *Handschriftenverzeichnis und Bibliographie*, Göttingen 1979; und F. Böhling, "Hermann Samuel Reimarus", in: F. Volpi (Hrsg.), *Großes Werklexikon der Philosophie*, Bd. 2, Stuttgart 1999, S. 1263-1264.

[145] Zu von Knigge vgl. Iring Fetscher, "Der Freiherr von Knigge und seine Erben", in: *Der Monat* 146 (1960) 63-75; Karl-Heinz Göttert, *Knigge oder: Von den Illusionen des anständigen Lebens*, München 1995; und das Themenheft "Adolf Freiherr Knigge" von *Text und Kritik* 130 (1996).

- Hans Heinrich Corrodi (1752-1793), der in Zürich, Leipzig und Halle Theologie studierte und Professor für Naturrecht und Sittenlehre in Zürich wurde. Aus seinen Werken sind hervorzuheben: *Kritische Geschichte des Chiliasmus* (1781), *Versuche über Gott, die Welt und die menschliche Seele* (1788) und *Philosophische Aufsätze und Gespräche* (1786-1790).[146]

- Isaak Iselin (1728-1782), der in Basel Philosophie und Jura studierte und nach Aufenthalten in Göttingen und Paris Privatdozent an der Universität Basel wurde. Aus seinen Werken darf man erwähnen: *Philosophische und Patriotische Träume eines Menschenfreundes* (1755), *Philosophische und Politische Versuche* (1760), *Über die Geschichte der Menschheit* (1764) und *Vermischte Schriften* (1770).[147]

- Leonhard Meister (1741-1811), der in Zürich studierte und als Schriftsteller wirkte. Sein philosophisches Hauptwerk veröffentlichte er in Bern 1778: *Über die Einbildung*, aber schon vorher war er als Schriftsteller hervorgetreten, insbesondere mit den Büchern: *Kleine Reisen* (1769) und *Launen der Muße* (1770). Weitere wichtige Werke von Meister sind: *Ueber die Heyrathen; als Pendant, zur Abhandlung über die Ehe* (1779) und *Helvetiens berühmte Männer*, 3 Bde., (1782-1786).[148]

- Johann Georg Zimmermann (1728-1795), der an den Universitäten Bern und Göttingen Medizin studierte und der als Arzt, aber auch als philosophischer Vordenker in Deutschland und in

---

[146] Zu Corrodi vgl. Friedrich W. Bautz, "Heinrich Corrodi", in: *Biographisch-Bibliographisches Kirchenlexikon*, Bd. I, *a.a.O.*, Sp. 1134; Paul Wernle, *Der schweizerische Protestantismus im 18. Jahrhundert*, Bd. 2, Zürich 1924, S. 194 ff. und S. 416-424; und Simone Zurbuchen, "Die Zürcher Popularphilosophie: Heinrich Corrodi und Leonhard Meister", in Helmut Holzhey/Simone Zurbuchen (Hrsg.), *Alte Löcher – neue Blicke. Zürich im 18. Jahrhundert. Aussen- und Innenperspektiven*, Zürich 1997, S. 329-343.

[147] Zu Isselin vgl. Stefan Lindinger, "Isaak Isselin", in: *Biographisch-Bibliographisches Kirchenlexikon*, Bd. XVII, Herzberg 2000, Sp. 674-686 und die dort angegebene Literatur.

[148] Zu Meister vgl. Simone Zurbuchen, *a.a.O.*

der Schweiz große Anerkennung fand. Von seinen Werken möchte ich hier hervorheben: *Über die Einsamkeit* (1756), *Vom Nationalstolz* (1758) und *Von der Erfahrung in der Arzneykunst* (1764).[149]

Nach diesem Überblick soll nun aber mit der Analyse konkreter Modelle zur popularphilosophischen Transformation der Philosophie begonnen werden. Die hierfür ausgewählten Autoren sind auch genannt worden: Engel, Garve und Mendelssohn. Ihre Ansätze sind – wie noch gezeigt werden soll – exemplarische Versuche eben dieser Transformation der Philosophie. Die Darstellung ihrer Ansätze wird daher bereits erwähnte Momente namhaft konkretisieren. Zudem darf man sie als Dokumentation der Vielfalt, die die Popularphilosophie in ihrer Entfaltung charakterisiert, betrachten.

Johann Jakob Engel gilt heute für die Aufklärungsforschung als einer der bedeutenden Verfechter der Aufklärung in Berlin. Für die neuere philosophiehistorische Forschung sowie für gängige Kulturlexika ist Engel eindeutig zur Gruppe der "Popularphilosophen" zu zählen.[150] Ich werde hier von diesem Befund ausgehen – allerdings ohne die herabsetzende Bedeutung, die dabei die Klassifikation als "Popularphilosoph" hat, zu übernehmen. Im Gegenteil, ihr Vorurteilscharakter soll durch die Darstellung offenkundig werden –, um Engels Bedeutung für die Entwicklung der popularphilosophischen Bewegung in Deutschland darzustellen.

Zunächst möchte ich die von Engel geförderte Transformation des Mediums der Philosophie, d.h. der Vermittlungsformen philosophischer Reflexion hervorheben. Dem schulphilosophischen Monolog im Traktat setzt Engel die dialogische Form entgegen, die das Philoso-

---

149 Zu Zimmermann vgl. Martin Dinges, "Medizinische Aufklärung bei Johann Georg Zimmermann. Zum Verhältnis von Macht und Wissen bei einem Arzt der Aufklärung", in: Martin Fontius/Helmut Holzhey (Hrsg.), *a.a.O.*, S. 111-122; Simone Zurbuchen, "Berliner 'Exil' und Schweizer 'Heimat': Johann Georg Zimmermanns Auseinandersetzung mit seiner Rolle als Schweizer Gelehrtem", in: Martin Fontius/Helmut Holzhey (Hrsg.), *a.a.O.*, S. 57-68.

150 Vgl. Helmut Holzhey, "Der Philosoph für die Welt – eine Chimäre der deutschen Aufklärung?", *a.a.O.*, S.119; und z.B. *Brockhaus*, Mannheim 1988.

phieren eben nicht als "Lehrstück" eines Meisters des Faches, sondern als Gespräch zwischen urteilsfähigen Menschen versteht. Beispiele für diese andere Art der Vermittlung von Philosophie sind unter anderen sein Schauspiel *Der dankbare Sohn* (Leipzig 1771), das Stück *Der Edelknabe* (Leipzig 1774), das die Besonderheit hat, dass es Kinder als Adressaten hat; oder die in *Philosoph für die Welt* – auf diese Publikation komme ich noch zurück – erschienenen Arbeiten: "Briefe über Emilia Galotti", "Entzückung des Las Casas" und "Traum des Galilei". In diesem Zusammenhang darf aber nicht unerwähnt bleiben, dass Engel ebenfalls der Verfasser der *Ideen zu einer Mimik* (1785-1786) ist; ein Werk, in dem Engel eine scharfsinnige auf Beobachtung und Erfahrung basierende psychologische Deutung menschlicher Gebärden vorlegt und das ihn zu Recht zum Vorläufer der Ausdruckspsychologie in Deutschland gemacht hat.[151]

Diese Transformation des Mediums der Philosophie muss jedoch eigentlich als Konsequenz einer noch grundlegenderen Transformation im Bereich der Philosophie betrachtet werden. Sie ist meines Erachtens die notwendige Folge der inhaltlichen Transformation der Philosophie, die Engel vorantreiben will, indem er Philosophie nicht mehr von schulinternen Interessen der Denksysteme her, sondern im Gegenteil von den konkreten Bedürfnissen und Fragen der Menschen seiner Zeit aus betreiben will. Nicht die Metaphysik, sondern der konkrete Mensch soll die Mitte philosophischer Reflexion sein. Nicht die solipsistische Suche nach abstrakter Wahrheit, sondern die als Dienst an den Menschen verstandene Suche und Mitteilung lebenspraktischer Erkenntnisse sollen die Philosophie bestimmen. Engel fordert daher eine Philosophie, die am "Faden der Erfahrung"[152] entwickelt werden soll, und zwar im ausdrücklichen Sinne einer "Philosophie über den

---

151 Vgl. Adalbert Elschenbroich, "Engel", in: Historische Kommission bei der Bayerischen Akademie der Wissenschaften (Hrsg.), *Neue Deutsche Biographie*, Bd. 4, Berlin 1959, S. 504.

152 Johann Jakob Engel, "Fragmente über Handlung, Gespräch, und Erzählung", in: ders., *Schriften*, Band IV, Frankfurt/M. 1971, S. 205.

Menschen."[153] Für ihn muss es um eine Philosophie gehen, die unsere Kenntnisse des Menschen wirklich und praktisch zu vermehren vermöge.[154] Diese Philosophie muss darüber hinaus den Menschen "brauchbare Wahrheiten"[155] vermitteln können. In diesem Sinne stellt er (kritisch und programmatisch zugleich) fest: "Wer sich in seinem öden Zimmer, von Natur und Menschen abgesondert, bei ein paar trocknen Metaphysikern einsperrt, der müßte sehr glücklich seyn, wenn er einmal eine brauchbare Wahrheit ertappte; Irrthümer, Ungereimtheiten, unnütze Wortkrämerei wird er uns geben, aber keine wahre brauchbare Philosophie."[156]

Philosophie, die als "brauchbare Philosophie" praktiziert und mitgeteilt wird, ist in der Tat veränderte Philosophie, weil sie "Philosophie des Lebens"[157] ist. Aber sie ist auch deshalb veränderte Philosophie, weil sie die Menschen zum Subjekt der Philosophie macht. Ihr Anliegen ist es, dass das "Räsonnement" nicht bloß "eine Situation für den Geist" beschreibe, sondern "zugleich Situation für den Menschen"[158] werde. Mit anderen Worten: es geht darum, aus der Philosophie eine Tätigkeit für alle zu machen. Hierin liegt übrigens der wahre Hintergrund für die oben angesprochene Transformation der Vermittlungsformen der Philosophie. Dieser Zusammenhang wird von Engel selber hergestellt, und zwar besonders deutlich dort, wo er darlegt, dass die inhaltliche Transformation der Philosophie auch die Verabschiedung des "methodo magistralis" impliziert. Philosophie, die eine Tätigkeit aller Menschen werden will, muss nämlich ihre Erkenntnisse auf eine Weise vermitteln können, dass sie nicht als fertige Denkresultate, sondern als Impulse zum Selbstdenken empfangen werden. Das Meister-Schüler-Verhältnis soll also durch eine Lese- und Denkgemeinschaft

---

[153] "Zusatz des Herausgebers", in: Johann Jakob Engel, *Schriften*, Band I, Frankfurt/M. 1971, S. 366.

[154] Vgl. Johann Jakob Engel, "Fragmente über Handlung, Gespräch, und Erzählung", *a.a.O.*, S. 213.

[155] Johann Jakob Engel, *ebenda*, S. 205 ff.

[156] Johann Jakob Engel, *ebenda*, S. 205-206.

[157] Johann Jakob Engel, *ebenda*, S. 213.

[158] Johann Jakob Engel, *ebenda*, S. 184.

ersetzt werden, damit die Erkenntnisse der Philosophie in die Seele der Menschen *verpflanzt* werden, worunter Engel genau jene Art des Vortrags und der Vermittlung versteht, die "die Wahrheit so in die Seele des Lesers (verpflanzt), wie sie in des Schriftstellers eigener Seele gewachsen ist; sie giebt ihm nicht bloß den abgehauenen und unfruchtbaren *Stamm*, sondern die ganze *Pflanze*, mit ihrer *Wurzel* und ein wenig daran hangender *Erde*: so daß nun der Leser selbst, wenn er sie wartet und pflegt, die schönsten Früchte der Erkenntnis davon zu hoffen hat."[159]

Die Orientierung am Menschen und am Leser bedeutet also für die Philosophie sowohl eine methodologische als auch eine inhaltliche Transformation. Aber in Engels Ansatz kann man noch ein drittes Moment unterscheiden, das diese Transformation der Philosophie zugleich konkretisiert und radikalisiert. Es ist auch das Moment, das die Bedeutung seines Ansatzes für die Entwicklung der Popularphilosophie in Deutschland vielleicht am deutlichsten zur Sprache bringt. Ich meine Engels Bestimmung der Philosophie als "Philosophie für die Welt", womit weit mehr als nur eine Reaktion auf die professionelle Schulphilosophie, die sich als selbstgenügsame Denkübung aus der Schule und für die Schule entwickelt, gemeint ist. Mit der Veröffentlichung 1775 des ersten Teils des bereits erwähnten Sammelbandes *Der Philosoph für die Welt* – der zweite Teil folgte 1777 – reagierte Engel zwar auch auf den Zustand der akademischen Philosophie und deren Orientierung als Denken, das autonom sein Agenda bestimmt, aber sein "Philosoph für die Welt" ist vor allem das Dokument einer programmatischen Alternative, die Philosophie aus der Isolation in der Studierstube, aus der Scheinwelt des "öden Zimmers" befreit, um sie in der realen Welt der Menschen neu zu verorten. Die Welt der Menschen soll für die Philosophie nicht mehr eine fremde Welt darstellen, zu der sie erst herabsteigen muss und in der sie sich kaum zu Recht findet, sondern sie soll die genuine Welt der Philosophie sein. Und genau deshalb muss Philosophie verändert werden. Die vorher dargelegten Momente der Transformation der Philosophie sind im

---

[159] Johann Jakob Engel, *ebenda*, S. 158.

Grunde eine logische Folge dieses "Ortswechsels" der Philosophie. Denn es geht nicht nur um eine Wende bzw. Öffnung der Philosophie hin zur Welt. Es geht vielmehr um die grundsätzliche Option für eine Philosophie, die ihre Verweltlichung als konstitutiv für ihre eigene Entwicklung als Philosophie versteht.

Aus heutiger Sicht kann man daher Engels "Philosoph für die Welt" als ein Programm zur Kontextualisierung der Philosophie verstehen. Im Rahmen seiner Zeit entwickelt Engel dieses Programm, indem er das "Publikum" zum wahren Kontext der Philosophie macht. Kontextualisierung der Philosophie bedeutet demnach für Engel an der Aufgabe arbeiten, Philosophie "öffentlich" zu machen. Sie soll ja kein Selbstzweck sein, noch soll sie die privaten Interessen der Gelehrten reflektieren. Da ihr Ort die Welt der Menschen ist, soll sie vielmehr für die "Welt" denken, wobei "Welt" eben dies meint: "das ganze gemengte Publicum, wo der Eine mehr diese, der Andre mehr für jene Gegenstände ist, der Eine mehr diesen, der Andre mehr jenen Ton liebt."[160] Das "Publikum" zum Kontext und Adressat der Philosophie zu machen, impliziert so eine thematische und methodologische Entgrenzung der Philosophie – deren Konkretisierung, um es nochmals zu betonen, die dargelegte Transformation der Philosophie ist –, denn Philosophie soll auf das "Publikum" hören und den "Ton" bzw. die "Töne" des "Publikums" treffen. Ihre Themen sind nun die Fragen, die das "Publikum" betreffen, und ihre Behandlungs- und Vortragsart soll der Vielfalt der Möglichkeiten im "Publikum" entsprechen. Aus unserer Sicht heute ist allerdings diese enge Orientierung der Philosophie am "Publikum" gerade das, was die Grenzen in Engels Beitrag zur Kontextualisierung der Philosophie deutlich erkennen lässt. Sein "gemengtes Publicum" war doch eine "bürgerliche", systembejahende Öffentlichkeit, die kaum Interesse für sozialpolitische Brennpunkte ihrer Gesellschaft hatte. Es bleibt aber Engels Verdienst, mit seiner Förderung nach einer "Philosophie für die Welt" dem Anliegen der Popularphilosophie in Deutschland einen mächtigen Impuls gegeben

---

[160] "Zusatz des Herausgebers", *a.a.O.*, S. 365.

und eine richtungsweisende Perspektive für die Verweltlichung der Philosophie eröffnet zu haben. Und man kann nur bedauern, dass seine Bezeichnung "Philosophie für die Welt" als Begriff für das Anliegen der popularphilosophischen Bewegung in Deutschland sich nicht durchsetzen konnte.[161]

Christian Garve, der allgemein als der "wohl bedeutendste Kopf" unter den Popularphilosophen bzw. als der "herausragende Repräsentant der deutschen Popularphilosophie des späten 18. Jahrhunderts"[162] anerkannt wird, wurde in Breslau geboren, wo er im Alter von 56 Jahren auch starb. Obwohl er einer Handwerkerfamilie entstammte, konnte er eine ausgezeichnete Schulausbildung genießen und sein Studium ohne große finanziellen Schwierigkeiten absolvieren.

Garve studierte zunächst in Frankfurt an der Oder, wo er 1762 ein Theologiestudium anfing. Aber bereits ein Jahr später wechselte er nicht nur den Studienort, sondern auch die Fachrichtung: 1763 ging er nach Halle, und begann dort ein Philosophiestudium, das er mit dem Magister abschloss. Seine entscheidenden philosophischen Lehrjahre verbrachte Garve allerdings in Leipzig. Hier studierte er zwischen 1765-1766 und habilitierte sich 1768 mit einer Arbeit über methodologische Fragen in der Geschichte der Philosophie. Wichtig für seine Entwicklung waren vor allem jedoch die Kontakte und Freundschaften, die Garve in Leipzig pflegen konnte. Besondere Erwähnung verdient hier natürlich die Verbindung zu Johann August Ernesti und seinem Schülerkreis, denn dadurch gewann Garve einen direkten Zugang zur popularphilosophischen Umorientierung der Philosophie. Auch die Freundschaft mit Johann Jacob Engel gehört zu den prägenden Ereignissen in Garves Leipziger Studienzeit. Und nicht zu vergessen ist Garves enger Kontakt zu Christian Fürchtegott Gellert (1715-1769),

---

[161] Vgl. J. E. Erdmann, *Grundriß der Geschichte der Philosophie*, 2. Bd., Berlin 1878, S. 260 ff. Vgl. auch Helmut Holzhey, "Der Philosoph für die Welt – eine Chimäre der deutschen Aufklärung?", *a.a.O.*, S. 124.

[162] Rudolf Vierhaus, "Mendelssohn und die Popularphilosophie", in: Albrecht, M./Engel, E. J./Hinske, N. (Hrsg.), *Moses Mendelssohn und die Kreise seiner Wirksamkeit*, Tübingen 1994, S. 29 und S. 32.

der Garve das Anliegen einer am konkreten Menschen orientierten und nach dem Kriterium der Popularität verfassten Moralphilosophie nahe brachte und der zudem seine Karriere in Leipzig tatkräftig förderte. Dank Gellerts Protektion wurde Garve 1770 z.B. zum außerordentlichen Professor an der philosophischen Fakultät in Leipzig berufen. Seine akademische Karriere an der Leipziger Universität war jedoch nur von kurzer Dauer. 1772 gab Garve seine Professur auf, um in seine Heimatstadt Breslau als Privatgelehrter und freier Schriftsteller zurückzukehren.

Man darf sicherlich darüber spekulieren, welche Gründe es wirklich waren, die ihn letztlich dazu bewegten, sein Amt aufzugeben. Denn im Spiel sind sowohl die durchaus ernstzunehmenden Gesundheitsprobleme, mit denen er seit 1767 zu kämpfen hatte, als auch fakultätsinterne Streitigkeiten mit den Kollegen, aber eben auch jene Gründe, die direkt mit Garves popularphilosophischer Orientierung zu tun haben. Gründe, die ihn in zunehmenden Maße an der Sinnhaftigkeit seines Lebens als Universitätslehrer zweifeln ließen, wie insbesondere seinem Briefwechsel mit der Mutter und anderen engen Freunden zu entnehmen ist. Wie dem auch sei: Tatsache ist, dass Garve auch deshalb die Professur aufgab, weil für ihn die Universität hinderlich war, um Philosophie als Praxis des Selbstdenkens zu betreiben. Darüber hinaus empfand Garve das festgelegte akademische Lehrprogramm als eine große Einschränkung bei der Themenwahl, die er brauchte, um eine wirklich weltbezogene Philosophie zu betreiben, also um sich als einen nützlichen Philosophen betrachten zu können.

Garves Entscheidung gegen die Universität als primären Ort seiner Philosophie – auch wenn man sie zunächst teilweise aus gesundheitlichen Gründen erklären sollte oder müsste – ist doch die Entscheidung für eine Philosophie aus dem Leben und für das Leben. Garve will nicht für die abstrakte, isolierte Welt der Akademie, sondern für die Welt der Menschen philosophieren. Die Eigenwelt der Universität mit ihren realitätsfernen Problemen ist für ihn weder "Stoff" noch Chance für die Philosophie. Es bedeutet vielmehr Weltverlust, Flucht in eine fiktive Konstruktion. In diesem Sinne ist Garves Entscheidung eine

Entscheidung für die Realität. Zu Recht also deutet Leonie Koch-Schwarzer Garves Entscheidung, die Professur in Leipzig aufzugeben, um sich als Privatgelehrter in Breslau niederzulassen, als eine "Wende zur Wirklichkeit und Praxis."[163]

Für Garve sollte Philosophie – um es mit einem bekannten Ausdruck von William James zu sagen – kein "Monument des Artifiziellen"[164] sein. Im Gegenteil: Sie sollte im Dienste der Menschen stehen, ihnen eine Hilfe bei der Lebensführung und Weltgestaltung sein. Als "Wende zur Wirklichkeit und Praxis" bedeutet daher die Rückkehr nach Breslau für Garve genau die Möglichkeit dafür, sein Verständnis der Philosophie praktisch umzusetzen. Dies bedeutet aber Philosophie nicht nach dem Lehrplan einer Fakultät, sondern eben aus dem Leben und im Gespräch mit den Menschen zu praktizieren. Die Umsetzung seines Anliegens, eine weltbezogene, nützliche Philosophie zu betreiben, verlangt daher die Kontextualisierung der Philosophie. Sein popularphilosophisches Verständnis muss also konkret werden, und zwar in der Gestalt einer Philosophie, die sich ihre Denkaufgaben bzw. Probleme von der historischen Welt, in der sie steht, vorgeben lässt. Das verdeutlichen eindeutig viele der Themen, mit denen sich Garve beschäftigt. Es sind Probleme, die direkt mit der sozialen, politischen, ökonomischen und kulturellen Entwicklung seiner Heimat Schlesien zu tun haben.[165] Aber auch wenn er sich anderen eher als "literarisch-wissenschaftlich" anerkannten Themen widmet, wird klar,

---

163 Leonie Koch-Schwarzer, *a.a.O.*, S. 86; und für die detaillierte Darstellung von Garves Lebenslauf vgl. S. 42 ff; sowie Georg G. Fülleborn, "Christian Garve. Einige Materialien zu dessen Lebensbeschreibung und Charakteristik", in: *Schlesische Provinzialblätter* 28 (1798) 567-581 und 29 (1799) 1-15.

164 William James, *Pragmatismus. Ein neuer Name für einige alte Denkweisen*, Darmstadt 2001, S. 50.

165 Vgl. z.B. Christian Garve, "Über den Charakter der Bauern und über ihr Verhältnis gegen die Gutsherren und gegen die Regierung"; "Über die Lage Schlesiens", in: ders., *Gesammelte Werke*, Bd. 4, Hildesheim/New York 1985, S. 1-228; und S. 229-262; "Über die Moden"; "Einige Gedanken über die Vaterlandsliebe überhaupt", in: ders., *Gesammelte Werke*, Bd. 1 (Teil 1), *a.a.O.*, S. 117-224; und (Teil 2) S. 127-244; sowie verschiedene Aufsätze in der wichtigen Sammlung: *Gesellschaft und Einsamkeit*, in: ders., *Gesammelte Werke*, Bd. 2, *a.a.O.*

dass es ihm tatsächlich darum geht, eine "Philosophie für die Welt" zu betreiben. Auch bei der Behandlung solcher Themen bleibt daher die praktische Ausrichtung bestimmend.[166] Denn für Garve steht fest: Als kontextuelle Wissenschaft muss sich Philosophie grundsätzlich auf jene Themen, die "das Interesse der Menschheit überhaupt"[167] reflektieren, konzentrieren.

Die "Wende zur Wirklichkeit und Praxis" bedeutet allerdings nicht nur eine thematische Wende. Sie ist auch eine methodische Wende. Denn die Kontextualisierung der Philosophie impliziert die Erkenntnis, dass Philosophie die Themen, die den Menschen wirklich interessieren, auch auf eine Art und Weise behandelt, die dem öffentlichen Charakter derselben Rechnung trägt, also sie so behandelt, dass ihre Rede für alle verständlich ist. Popularität erscheint somit als eine notwendige Dimension im Prozess der Kontextualisierung der Philosophie.

Garves Verpflichtung zur Kontextualität bzw. Sozialität und Popularität kommentiert Kurt Wölfel mit folgenden Worten: "Als Philosoph des »allgemeinen Menschensinnes« tritt er der Gesellschaft gegenüber und in sie ein: nicht in das »bürgerliche« Interesse an Wissenschaft als an einem »Gewerbe« eingeschlossen, sondern ein allgemeines »menschliches« Interesse in seinem Räsonieren verfolgend. Durch eben dieses menschliche Interesse aber vermag der bürgerliche Gelehrte jenes Maß an »Welt« sich zu erobern und anzueignen, das ihn aus der Enge und Abgesperrtheit der ihm zukommenden sozialen Sphäre befreit, und ihm erlaubt, sich ... als das darzustellen, was sein Beruf als bürgerlicher Gelehrter ihn hindert zu sein: ein »Mensch« im emphatischen Sinn des Aufklärungshumanismus ... ."[168]

---

166 Vgl. z.B. Christian Garve, "Einige Beobachtungen über die Kunst zu denken", in: ders., *Gesammelte Werke* Bd. 1, a.a.O., S. 246-430; oder "Lob der Wissenschaften", in: ders., *Gesammelte Werke*, Bd. 3, a.a.O., S. 273-330.

167 Christian Garve, "Über die Maxime Rochefaucaults: das bürgerliche Air verliehrt sich zuweilen bey der Armee, niemals am Hofe", in: ders., *Popularphilosophische Schriften*, Bd. 1, Stuttgart 1974, S. 668.

168 Kurt Wölfel, "Nachwort", in: Christian Garve, *Philosophische Schriften*, Bd. 1, a.a.O., S. 39-40.

Kontextualität und Popularität bilden so für Garve die Grundpfeiler für die Entwicklung einer Philosophie, die sich deshalb "Popularphilosophie" nennen darf, weil sie sich keine eigene Welt konstruiert, sondern sich vielmehr als Teil der historischen Welt der Menschen versteht und ihre spezifische Funktion in der Aufgabe sieht, dazu beizutragen, dass Menschen, und zwar alle Menschen zum Nachdenken und dadurch auch zum Selbstdenken kommen, damit sie selber sich auf das Leben und auf die Welt verstehen.

Garves Popularphilosophie will also keine Philosophie sein, die für die Menschen denkt. Genauer: seine Popularphilosophie will nicht vordenken, was Menschen denken sollen, sondern sie will *mit* den Menschen denken. Philosophie soll doch Praxis "einer gesellschaftlichen Unterhaltung"[169] sein. Sie hat sich als gesellschaftliches Gespräch zu entwickeln, bei dem alle Beteiligte sich gegenseitig "unterrichten" und so das Selbstdenken eines jeden fördern.

An Hand von zwei Texten soll nun versucht werden, Garves Umsetzung seines Konzeptes der Popularphilosophie als Instrument zur Förderung des Selbstdenkens bei allen Menschen näher zu bestimmen. Die Analyse dieser Texte wird uns auch ermöglichen, den Zusammenhang zwischen Popularität und Selbstdenken – und so auch die paradigmatische Bedeutung des Begriffes Popularität bei Garve – deutlicher zu sehen, aber auch zu verstehen, dass bei Garve Selbstdenken nicht nur eine individuelle, sondern ebenso eine öffentliche soziale Angelegenheit bedeuten muss. Ferner wird die Besprechung dieser beiden Texte dazu beitragen, zwei noch offen gebliebene Aspekte zu präzisieren, nämlich Garves Verhältnis zu Kant und die Differenz zwischen Popularphilosophie und Volksaufklärung.

Der erste Text ist die ursprünglich in den *Schlesischen Provinzialblättern* 1793 erschienene Abhandlung "Von der Popularität des Vortrages"; ein Text, in dem Garve die zunehmende Kritik "aus der kann-

---

169 Christian Garve, *Gesellschaft und Einsamkeit*, in: ders., *Gesammelte Werke*, Bd. 2 (Teil 1), *a.a.O.*, S. 19.

tischen Schule"[170] zum Anlass nimmt, um vor dem Hintergrund des verachtlichen Vorwurfs der "kritisch-wissenschaftlichen" Philosophie, die die Forderung nach Popularität – wie Garve sie bereits in seiner Rezension von Kants *Kritik der reinen Vernunft* gestellt hatte – als inkompatibel mit der wissenschaftlichen Methode der Philosophie ablehnte, das popularphilosophische Verständnis der Popularität eingehend zu erörtern.

Für das popularphilosophische Selbstbewusstsein Garves spricht jedoch die Tatsache, dass der Text, obwohl er im Kontext der erwähnten Kritik steht, Popularität nicht nur defensiv bzw. nur aus der Sicht der Reaktion auf die "kantische Schule" und ihre Verwissenschaftlichung der Philosophie definiert. Garve legt hier eine positive, ja offensive Bestimmung von Popularität vor.

Das zeigt sich unter anderem darin, dass Garve folgende zwei Fragen in den Mittelpunkt des Essays rückt: Die Frage nach den positiven Eigenschaften, die einen populären Vortrag auszeichnen sollen, und die Frage, "ob es ein Verdienst, oder ein Tadel sey, populär zu philosophieren."[171]

Bei der Erörterung der ersten Frage hebt Garve als erste Eigenschaft der Popularität die Deutlichkeit der Argumentation und der Sprache hervor. Die deutliche Sprache bei der Darstellung eines Gegenstandes oder eines Gedankens soll zeigen, dass der Philosoph verstanden werden will, und zwar auch von jenen, die in den Augen der Gebildeten als "träge Köpfe" und "flatterhafte Menschen" erscheinen.[172] Für Garve – und darin wird der Unterschied zwischen seinem popularphilosophischen Ansatz und der Volksaufklärung deutlich – bedeutet dies jedoch nicht, dass der Philosoph sich dem "Volkston" anpassen muss. Zwar muss der Philosoph versuchen, "einen höheren Grad von Deutlichkeit"[173] zu erlangen, "welche das Nichtverstehen seiner Gedanken

---

[170] Christian Garve, "Von der Popularität des Vortrags", in: ders., *Popularphilosophische Schriften*, Bd. 2, Stuttgart 1974, S. 1060.

[171] Christian Garve, *ebenda*, S. 1041.

[172] Christian Garve, *ebenda*, S. 1043.

[173] Christian Garve, *ebenda*, S. 1043.

unmöglich macht"[174], aber das soll er nicht dadurch zu erreichen suchen, dass er sich der Volkssprache bedient, sondern vielmehr dadurch, dass er in der Darstellung die Präzision im Gebrauch der Worte und Begriffe, die die sachgerechte Behandlung des Gegenstandes erfordert, mit einer natürlichen, anschaulichen Argumentation verbindet. Die Voraussetzung für Deutlichkeit in der Sprache der Philosophie ist deshalb für Garve nicht der Rekurs auf den "Volkston", sondern "ein vollkommener Gebrauch der Sprache."[175]

In deutlicher Abgrenzung zur Tendenz der Volksaufklärung stellt Garve in diesem Zusammenhang fest: "Ich irre mich vielleicht: aber ich halte es für ein Vorurtheil, wenn man glaubt, daß man sich diesen Klassen, im Style und in der Sprache, nähern müsse, um ihnen verständlich zu seyn. Der gemeine Mann versteht in Sachen, die an sich nicht über seinen Gesichtskreis sind, den guten deutschen Ausdruck, wenn er auch einen andern braucht."[176]

Neben der Deutlichkeit hebt Garve noch eine zweite wichtige Eigenschaft des populären Vortrags hervor. Es ist die Einbildungskraft, wobei er klar stellt: "Ich rede noch nicht von den Bildern, mit welchen man die Rede aufhellt, oder sie schmückt. Ich rede nur von dem leichtern Fluße der Begriffe selbst."[177] Für den Popularphilosophen soll doch Einbildungskraft nicht nur die Verwendung von leichten, veranschaulichenden Beispielen "fürs Volk" meinen. Sie fordert vom Philosophen weit mehr als nur den Rekurs auf Beispiele, da sie grundsätzlich die Denkart selbst betrifft. Es geht um den Charakter des Denkens. Damit meine ich einen innere Qualität, die sich das philosophische Denken nach Garve erarbeiten soll, indem es lernt, so zu argumentieren, dass es sich nicht in Grübeleien über die eigenen Begriffe verliert, sondern zielgerichtet die Gedanken und deren Zusammenhänge erklärt. "Imagination" soll somit dem Denken helfen, sachbezogen zu argumentieren; d.h. das Ziel seines "Geschäfts" nicht aus den

---

[174] Christian Garve, *ebenda*, S. 1043.

[175] Christian Garve, *ebenda*, S. 1043.

[176] Christian Garve, *ebenda*, S. 1049.

[177] Christian Garve, *ebenda*, S. 1046.

Augen zu verlieren: Philosophisches Denken denkt nicht um den Begriffen willen, sondern um die Welt (mit den Menschen) zu verstehen. Durch diese Zielgerichtetheit und Sachbezogenheit macht die "Imagination" das Denken beweglicher und die Argumentation einsichtiger in ihrer Ideenreihe. Denn durch die Imagination, wie Garve betont, "bleibt (man) bei keinem Gedanken länger stehn, als es nöthig ist, ihn ins gehörige Licht zu setzen."[178]

Die dritte Eigenschaft, die den populären Vortrag auszeichnen soll, ist dann die Verwendung von Bildern und Beispielen. Diese soll aber als Konsequenz der zweiten Eigenschaft verstanden werden. Durch den Rekurs auf Bilder und Beispiele soll doch die Qualität der Einbildungskraft konkretisiert werden. Denn Bilder und Beispiele, durch welche der populäre Philosoph dem Publikum seine Gedanken erläutert, sollen Bilder und Beispiele sein, die der wirklichen Welt und der praktischen Erfahrung des Lebens der Menschen entstammen und die somit Zeugnis davon ablegen, dass der populäre Philosoph es versteht, seine philosophischen Überlegungen auf die Welt der Menschen zurückzuführen. Bilder und Beispiele im philosophischen Vortrag sollen also eine Hilfe dazu sein, dass Menschen philosophische Gedanken von ihrer konkreten Welt her nachvollziehen können und so zum Selbstdenken kommen. Sie sollen auch die Verankerung des Philosophen in der historischen Welt der Menschen dokumentieren. In diesem Sinne sagt Garve an die Adresse des Philosophen, der Philosophie für die Welt betreiben will: "Wenn er seine Meditationen verfolgt, ohne sie auf die wirkliche Welt zurückzuführen; wenn er sie nicht mit dem praktischen Leben, oder doch mit den, jedermann vor Augen liegenden, Erfahrungen in Verbindung zu bringen weiß: so strengt er das Nachdenken der meisten Leser zu sehr an; er läßt ihre übrigen Geisteskräfte unbeschäftigt; er reißt ihre Wissbegierde nicht, er ermüdet sie, ohne sie zu belehren."[179]

Dass diese Eigenschaften des populären Vortrags nichts mit billiger Popularisierung zu tun haben, macht Garve noch durch den Hinweis

---

[178] Christian Garve, *ebenda*, S. 1047.
[179] Christian Garve, *ebenda*, S. 1048.

auf deren Voraussetzungen deutlich. Deutlichkeit im Gebrauch der Sprache, Einbildungskraft und die Verwendung von Bildern und Beispielen sind nämlich für Garve Eigenschaften, die den Vortrag eines Philosophen nur dann qualifizieren können, wenn der Philosoph die Gedanken, die er mitteilen will, durch das "soziale Gespräch", das die Philosophie sein soll, reifen lässt und sie begrifflich entwickelt. Popularität setzt also die begriffliche Entwicklung der vorzutragenden Gedanken voraus. In diesem Zusammenhang stellt Garve fest, dass der populäre Vortrag, "nur dann möglich sey, wenn die vorzutragenden Ideen schon ihre völlige Entwicklung erhalten haben, und wenn sie auch vollständig und von ihren Elementen an vorgetragen werden. Populär kann also der Vortrag der Erfinder nie seyn, oder er ist es selten."[180]

Die andere Voraussetzung für die Möglichkeit von Popularität ergibt sich nach Garve aus dem Charakter der Philosophie. Philosophie ist für ihn Wissenschaft, aber nicht eine solche, die man als Fortsetzung des Wissens anderer Wissenschaften zu verstehen hätte und deren Erklärung also die Bekanntschaft dieser anderen Wissenschaften voraussetzen müsste. Vielmehr ist Philosophie Wissenschaft in dem Sinne einer Erfahrungswissenschaft. In der Philosophie werden nicht Ideen kombiniert, sondern "nur über Erfahrungen *reflectirt*."[181] Der Vortrag der Philosophie braucht eigentlich nichts vorauszusetzen, was die Menschen nicht selber nachvollziehen können. Deshalb kann sie wissenschaftlich und populär zugleich sein. Denn: "Erfahrungen machen, und über diese Erfahrungen reflectiren, ist der Antheil aller Menschen."[182]

Die Behandlung der zweiten Frage, die im Mittelpunkt des Essays "Von der Popularität des Vortrags" steht, nimmt Garve als Anlass, die Popularphilosophie von der Kritik der akademischen Philosophen zu verteidigen. Er bezieht sich dabei ausdrücklich auf die kantische Schule und fasst deren Kritik folgendermaßen zusammen: "Es haben,

---

[180] Christian Garve, *ebenda*, S. 1053.
[181] Christian Garve, *ebenda*, S. 1055 (Hervorhebung im Original).
[182] Christian Garve, *ebenda*, S. 1055.

seit einiger Zeit, verschiedene Schriftsteller aus der kantischen Schule, an den Nahmen eines Popularphilosophen, eine verächtliche Nebenidee geknüpft. Sie scheinen mir aber, sowohl in ihrem Gebrauche des Worts, von der wahren Bedeutung desselben abzuweichen, als, in ihrem Urtheile über die Sache, sich eines unrichtigen Maßstabes zu bedienen. *Popular-Philosophen* heißen bey ihnen, so wie ich sie habe verstehen können, diejenigen, welche nicht bis zu den ersten Gründen der menschlichen Erkenntnis hinaufgestiegen sind, und diese in ihrem System nicht aufs Reine gebracht haben, ehe sie über andre Sachen zu philosophieren anfingen."[183]

Dieser Kritik gegenüber macht Garve allerdings nicht nur geltend, dass sie auf ein Missverständnis insofern basiert, als sie Popularphilosophie mit Mangel an Tiefe und an systematischer Reflexion verwechselt. Garve geht darüber hinaus, indem er die Argumentationsperspektive umkehrt: Popularphilosophie, gerade weil sie Gründlichkeit und Verständlichkeit zu verbinden versteht, repräsentiert die eigentliche Philosophie, wobei er noch betont, dass ihre Art, Erkenntnisse zu vermitteln, die vollkommenste ist.[184]

Popularphilosophisch zu philosophieren ist für Garve also ein Verdienst von Philosophen, die "für die Welt" philosophieren und so auch dazu beitragen, dass Philosophie in der Öffentlichkeit dieses "räthselhafte Ansehn" verliert, das daher kommt, dass "nur Eingeweyhte ihre Geheimnisse begreifen können."[185]

Popularphilosophie steht so für eine andere Kultur von Philosophie. Und es spricht für die Konsequenz von Garve, dass er nicht auf die Anerkennung der Popularphilosophie als Philosophie von Seite der akademischen Philosophie besteht. Popularphilosophie kann auf die Zuerkennung des Titels "Philosophie" verzichten. Als Fazit seines Plädoyers für die Popularphilosophie hält Garve daher fest: "Diese, mit mehr als gewöhnlicher Deutlichkeit, Bestimmtheit und Ordnung, vorgetragnen gemeinen Begriffe, hat man bisher Philosophie genannt.

---

183 Christian Garve, *ebenda*, S. 1060-1061. Hervorhebung im Original.
184 Vgl. Christian Garve, *ebenda*, S. 1053; 1056 und 1058.
185 Christian Garve, *ebenda*, S. 1064.

Will man ihnen diesen Titel verweigern, so liegt daran nichts. Aber daran ist etwas gelegen, daß jeder Gelehrter sein Feld anbaue, ohne den herabzusetzen, welcher auf eine andere Art, als er, dem Publicum nützlich zu werden sucht."[186]

Der zweite Text ist Garves Essay aus dem Jahre 1792 "Ueber die öffentliche Meinung". Anhand dieses Beitrags soll nun insbesondere die Dimension der "Publizität" als notwendiges Moment der Aufgabe des Selbstdenkens verdeutlicht werden. Im Unterschied zu dem, was nach Garve als "gemeine Meinung" (bei der Einsichten und Werte etablierter Traditionen einfach wiederholt werden), aber auch zu dem, was "herrschende Meinung" (bei der eigentlich nur eine Instanz das Wort hat und die anderen diese Meinung nachbeten) genannt werden kann[187], stellt für ihn die "öffentliche Meinung" jene gesellschaftliche Sphäre dar, die sich durch die öffentliche Praxis der Vernunft herausbildet und in der gerade deshalb die Übereinstimmung der Menschen bzw. Bürger konkret und eindrucksvoll zur Sprache kommt. Garve bestimmt daher die öffentliche Meinung als Ergebnis der "Ausbreitung und Cultur der Vernunft."[188]

Als gemeinschaftliche Übereinstimmung aus Einsicht ist für Garve die öffentliche Meinung der Bereich, an dem Vernunft in der Tat sozial und zum gemeinsamen Grund gesellschaftlicher Prozesse wird. Diese Bestimmung der öffentlichen Meinung bedeutet einerseits nach Garve, dass aus diesem Prozess der gesellschaftlichen Praxis und Durchsetzung der Vernunft in der Welt niemand ausgeschlossen werden soll. Eine öffentliche Meinung, die diesen Namen verdienen will, muss sich also als eine Sphäre herausbilden, an der nicht nur die "Gebildeten" ihre Meinungen austauschen. Sie muss eben die Grenzen der "Gelehrten-Republik" überschreiten, jeden Elitismus überwinden und zu dem Ort werden, an dem die Stimme aller Menschen Gehör findet.

---

[186] Christian Garve, *ebenda*, S. 1063.
[187] Vgl. Christian Garve, "Ueber die öffentliche Meinung", in: ders., *Popularphilosophische Schriften*, Bd. 2, *a.a.O.*, S. 1265 ff.
[188] Christian Garve, *ebenda*, S. 1289.

Der Träger der öffentlichen Meinung darf deshalb kein anderer als das "Publikum" sein; d.h. das soziale Subjekt, das durch die Beteiligung aller an der Diskussion der öffentlichen Dinge entsteht und das eben für die egalitäre Verbreitung der Kultur der Vernunft in der Gesellschaft steht. Es sind also keine einzelne Individuen, keine "Vordenker", die die öffentliche Meinung entstehen lassen. Garve verdeutlicht diesen Gedanken übrigens am Beispiel der Reformation, indem er zeigt, wie Luther weder Urheber noch Stifter der Reformation war, sondern lediglich zum Vereinigungspunkt schon vorhandener gemeinschaftlicher Urteile über die Kirche wurde.[189]

Für den ausdrücklichen egalitären Charakter seines Begriffes der öffentlichen Meinung als einer "von Vielen" getragenen gemeinschaftlichen Bewegung spricht zudem Garves Sorge um die Achtung und Berücksichtigungen der Meinung derer, die in der Gesellschaft als bescheidene Leute gelten und sich kaum trauen, ihre Urteile laut auszusprechen. Ihre Urteile, sagt Garve, sind leise.[190] Aber eine öffentliche Meinung, die sich wirklich als "Stimme des Volkes"[191] verstehen will, muss gerade Artikulation der Urteile der Bescheidenen sein. Die öffentliche Meinung ist so die Meinung der einfachen Leute bzw. der "Menge", die die vielen Namenlosen einer Gesellschaft ausmacht. Dieses Anliegen verdeutlicht folgende Stelle: "Selbstdenken und Selbsturtheilen auf der einen Seite, und Theilnehmung an gewissen Gegenständen auf der anderen Seite müssen bey Vielen vorhanden seyn, wo eine Stimme im Publicum erschallen soll, die man Volksstimme nennen kann ... Ein bloß nachgebethetes Urtheil, die bloße Wirkung der Nachahmung, der Eindruck, den die Meinung der Großen, der Berühmten, der Reichen auf die Menge macht, sie zu gleichen Aeußerungen und Urtheilen zu stimmen, dies verdient nicht öffentliche Meinung genannt zu werden."[192]

---

189 Vgl. Christian Garve, *ebenda*, S. 1272 ff; und 1280 ff.
190 Vgl. Christian Garve, *ebenda*, S. 1297 ff.
191 Christian Garve, *ebenda*, S. 1272, 1283-1284.
192 Christian Garve, *ebenda*, S. 1283-1284.

Andererseits gehört zu Garves Auffassung der öffentlichen Meinung ebenso wesentlich die Einsicht darin, dass öffentliche Meinung das Selbstdenken eines jeden voraussetzt. Diese Einsicht soll die Forderung nach Egalitarismus und Demokratisierung des öffentlichen Meinens unterstützen bzw. radikalisieren. Denn sie will die Qualität der Urteile der öffentlichen Meinung eben als Stimme des Volkes dadurch absichern, dass sie nun die "Uebung im Denken"[193] eines jeden Menschen zur Bedingung der sozialen Verbreitung der Kultur der Vernunft macht. Man könnte es auch so sagen: Zur Entstehung einer wirklichen öffentlichen Meinung bedarf es nach Garve nicht nur der extensionalen Quantität einer Menge, sondern ebenso einer intensiven Qualität beim Urteilen, die daher kommt, dass das Urteil der Menge sich aus der geübten Urteilsfähigkeit der einzelnen Menschen ergibt. Es kommt also darauf an, dass in der "Stimme des Volkes" das Selbstdenken der Mitglieder der entsprechenden Volksgemeinschaft erkennbar werde, und zwar als deren Bedingung. Diesen Akzent in seiner Auffassung drückt Garve folgendermaßen aus: "Ich sage, die Urtheile, deren Uebereinstimmung eine öffentliche Meinung ausmachen soll, müssen von den einzelnen Personen, – von jeder für sich, unabhängig und ohne Einfluß von den übrigen, gefällt worden seyn. Auf alle, welche die gemeinschaftliche hägen, muß die Sache an sich den nähmlichen Eindruck gemacht; jeder muß sie nach seinen Geistesanlagen und aus seinem Standpuncte betrachtet, und gleichförmig mit den übrigen befunden haben."[194] Dies wird noch an dieser anderen Stelle unterstrichen: "Es ist ferner nicht genug zum Entstehen einer öffentlichen Meinung, daß Viele urtheilen. Jeder muß auch für sich, nach eigner, schlechter oder guter Untersuchung und Beobachtung des Gegenstandes, urtheilen."[195]

Öffentliche Meinung ist nach Garve also der Ort, an dem Selbstdenken real wird, "weil auf keinem andern Wege ein Mensch mit so vielen Menschen sprechen und ihnen seine Gedanken, Urtheile und

---

[193] Christian Garve, *ebenda*, S. 1285.
[194] Christian Garve, *ebenda*, S. 1268-1269.
[195] Christian Garve, *ebenda*, S. 1283.

Gründe so deutlich und vollständig mittheilen kann."[196] Jeder muss selber denken und urteilen, aber er kann diese Fähigkeit nur im sozialen Gespräch entwickeln. Selbstdenken braucht "Publizität" und in diesem Sinne ist die öffentliche Meinung für Garve die Sphäre, in der sich die interaktive Einübung aller Menschen in den rechten Gebrauch der Vernunft vollziehen soll.

Darauf gründet letztlich seine Forderung nach Einbeziehung aller in die Prozesse der öffentlichen Meinung bzw. nach egalitärer Demokratisierung des Wissens und dessen Vermittlungsformen, wie ich bis jetzt betont habe. Aber es darf nicht übersehen werden, dass die Forderung von Garve eine wichtige materiale Voraussetzung hat. D.h. sie bleibt nicht abstrakt und verlangt "nur" die Teilhabe aller Menschen am Wissen, damit sie ihre eigenen Urteile fällen können. Denn Garves Forderung – wie ich nun betonen möchte – verbindet die Möglichkeit des Selbstdenkens als Fähigkeit, eigene Urteile zu fällen, mit der Möglichkeit des Zugangs zu den Gegenständen, über die geurteilt werden soll. Über Gegenstände, zu denen sie keinen konkreten Zugang haben, können Menschen nach Garve eigentlich nicht urteilen. Die Teilhabe am Wissen sowie die damit verbundene Beteiligung an den Debatten der Öffentlichkeit verlangen somit als deren materiale Bedingung die Teilhabe an Welt. Mit anderen Worten: Ohne die Demokratisierung der Strukturen der sozialen Welt der Menschen, durch die eben *allen* Menschen der Zugang zu Bereichen ihrer Lebenswelt wie Bildung, Politik, Wissenschaft oder Kunst ermöglicht werden soll, ist die Entstehung einer öffentlichen Meinung im Sinne Garves nicht möglich, da sozialer Ausschluss doch aus Ausschluss von Bedingungen bzw. Möglichkeiten der Meinungsbildung und der sozialen Kommunikation bedeutet.

Diese materiale Voraussetzung scheint mir um so wichtiger zu sein, als sie eine direkte Konsequenz aus der popularphilosophischen Position von Garve darstellt. Ich interpretiere sie nämlich als eine Forderung, die sich aus der Überzeugung ergibt, dass das Wissen für die Welt, um das es der Popularphilosophie prinzipiell geht, die Qualität

---

[196] Christian Garve, *ebenda*, S. 1302.

eines Wissens für die theoretische und praktische Weltbewältigung aller Menschen nur dann erreichen kann, wenn es als ein Wissen verstanden wird, an dessen Entwicklung möglichst viele Menschen mit *realer Welterfahrung* (Teilhabe an Welt) und daher auch mit eigenen Urteilen über die öffentlichen Dinge ihrer Welt beteiligt sind.

Das soziale Gespräch, das Philosophie nach Garve zu sein hat, kann nicht ohne konkrete Partizipation an der historischen Welt stattfinden. Sein Verständnis von Philosophie impliziert so auch den Gedanken der Demokratisierung der sozialen Welt. Dies – so darf ich betonen – verdeutlicht seine Auffassung der öffentlichen Meinung als Sphäre, die sich durch das Zusammenspiel von Selbstdenken bzw. Selbsturteilen *und* Teilhabe an Welt beim Volk konstituiert. Öffentliche Meinung wird so zum Ort der Philosophie, und zwar von einer Philosophie, die aus der Welt kommt und als Gespräch für die Welt in den verschiedenen Lebensbereichen konkreter Menschen artikuliert wird.

Philosophie als Angelegenheit von Menschen, die selbst denken und selbst urteilen, braucht demnach eine Publizität, die nicht auf die Ebene der öffentlichen Debatte von Gedanken reduziert werden kann, weil sie ebenso die reale "Öffentlichkeit" der sozialen Welt für alle Menschen meint.

Und als Anregung zum weiteren Nachdenken darf ich abschließend darauf hinweisen, dass für mich Garves Auffassung der öffentlichen Meinung als Form der Publizität, in der sich sowohl die Urteilsfähigkeit als auch die materielle Einbeziehung der Menschen in der realen Welt widerspiegeln soll, einen der Aspekte seines Ansatzes darstellt, der gerade heute im Kontext einer Welt, die durch den sozialen Ausschluss großer Teile der Bevölkerung geprägt ist, aufgenommen werden sollte, um am Leitfaden der Grundidee z.B. die Diskussion um die heutigen Folgen von Arbeitslosigkeit und Armut, von Diskriminierung und Marginalisierung, etc. für die Herausbildung dessen, was mir unter den veränderten Bedingungen unserer historischen Welt – insbesondere selbstverständlich im Bereich sozialer Kommunikation – eine kritische öffentliche Meinung nennen könnten. Zweifellos werden auch dabei die Grenzen der Rekontextualisierung von Garves Ansatz bald deutlich werden, aber seine Forderung nach Teilnahme an realer Welt als Voraussetzung für das kompetente Mitreden in öffentlichen Dingen ist eine Perspektive, die im Kontext globaler Exklusion systemkritisch weitergedacht werden kann und die in diesem Sinne einen wichtigen Orientierungspunkt bei der Kritik an den Strukturen der "Öffentlichkeit" unserer Zeit bildet.

Moses Mendelssohn, der aus einer armen jüdischen Familie stammte, lernte zunächst in der Schule des Rabbiners seiner Heimatstadt Dessau Hebräisch, und zwar vor allem im Rahmen der Unterweisung in der Tradition des Talmuds und der Bibel. Diese ersten Lehrjahre sind hier insofern hervorzuheben, als die dadurch ermöglichte Vertrautheit mit der jüdisch-rabbinischen Tradition es ist, die die Grundlage für die geistige Weiterentwicklung von Mendelssohn und so auch insbesondere für seine Auffassung der Philosophie im popularphilosophischen Sinne legt.

Aber bei David Hirschel Fränkel, dem Rabbiner der jüdischen Gemeinde in Dessau, lernte Mendelssohn nicht nur die orthodoxe religiöse Tradition des Judentums. Durch Fränkel wurde der junge Mendelssohn auch mit einer anderen jüdischen Tradition vertraut gemacht, die für seine spätere eigene Position von entscheidender Bedeutung sein wird. Sie wird ihm nämlich ein bleibender Orientierungspunkt für den eigenen kritischen Umgang mit der jüdischen Religion sein. Gemeint ist die "wissenschaftliche", "rationalistische" Philosophie des berühmten jüdischen Philosophen und Arztes Rabbi Moses ben Maimon (1135-1204), der von der westlichen Philosophie "Maimonides" genannt wird und dessen Hauptwerk *Führer der Unschlüssigen* (Moréh Nebukim) den ersten systematischen Versuch darstellt, mit Hilfe der aristotelischen Philosophie die jüdische Religion argumentativ zu erklären und so die Vereinbarkeit von Offenbarungsreligion und Philosophie plausibel zu machen.[197] Das wird auch für Mendelssohn Programm bleiben, wie viele seine Schriften zur Religionsfreiheit zei-

---

[197] Zu diesem Punkt vgl. Thomas Gil, "Moses Ben Maimons argumentative Plausibilisierung der jüdischen Religion", in: *Concordia* 35 (1998) 3-12; und die dort angegebene Literatur.

gen. Und wohl deshalb konnte Heinrich Heine Mendelssohn den Reformator und Zerstörer des "jüdischen Katholizismus" nennen: "Er
war der Reformator der deutschen Israeliten, seiner Glaubensgenos-
sen, er stürzte das Ansehen des Talmudismus, er begründete den reinen Mosaismus... Wie Luther das Papsttum, so stürzte Mendelssohn
den Talmud, und zwar in derselben Weise, indem er nämlich die Tradition verwarf, die Bibel für die Quelle der Religion erklärte und den
wichtigsten Teil derselben übersetzte. Er zerstörte hierdurch den jüdischen, wie Luther den christlichen, Katholizismus. In der Tat, der
Talmud ist der Katholizismus der Juden."[198]
Seine Ausbildung setzte Mendelssohn allerdings in Berlin fort. 1743
wurde sein Lehrer Fränkel Oberrabbiner in Berlin und Mendelssohn
folgte ihm, um bei ihm seine Talmud-Studien fortzusetzen. Fränkel
verdankt der vierzehnjährige Mendelssohn die notwendige materielle
Hilfe, um die ersten Jahre in Berlin existentiell überhaupt überstehen
zu können, aber er verdankt ihm auch die wichtigsten Kontakte für
seine Weiterbildung; Kontakte, die ihm ermöglichen, Sprachen
(Deutsch – Jiddisch war seine Muttersprache –, Englisch, Französisch
und Latein), Philosophie und Mathematik zu lernen. Es handelte sich
in der Regel um jüdische Gelehrte bzw. Wissenschaftler, die wie Aron
Salomon Gumbertz (1723-1768) Mendelssohn bei seinen Studien un-
terstützten. Für seine Ausbildung war Mendelssohn auf diese Hilfe angewiesen, weil er Autodidakt war, genauer, gezwungen war, es zu
sein; wobei deutlich gesagt werden muss, dass der dazu erzwingende
Grund nicht allein die Armut war. Als Jude in Berlin gehörte er zu
einer diskriminierten Minderheit, der unter anderem deutsche Schulen
und Universitäten verschlossen blieben.
1750 wurde Mendelssohn Hauslehrer beim jüdischen Seidenwaren-
händler Isaak Bernhard, was ihm erlaubte, seine Existenz materiell zu
sichern. Eine deutliche Verbesserung seiner Lebensumstände wird
allerdings vor allem ab 1754 eintreten. In diesem Jahr übernahm Mendelssohn nämlich die Stelle eines Buchhalters in der Seidenfabrik, die
Bernhard nach Erhalt der entsprechenden Genehmigung 1752 gegrün-

---

[198] Heinrich Heine, *a.a.O.*, S. 139.

det hatte. Mendelssohns Lebenslage verbesserte sich noch deutlich ab 1768, als er nach dem Tod von Bernhard testamentarisch Geschäftsteilnehmer wurde und die kaufmännische Leitung der Fabrik übernahm. Diese Funktion wird er bis an sein Lebensende als eben seinen Hauptberuf erfüllen.[199]

Die wissenschaftliche, philosophische Ausbildung und Beschäftigung blieb für Mendelssohn also eine "Freizeittätigkeit", die er jedoch mit der Konsolidierung seiner Existenzgrundlage intensivieren konnte. So wird er ab 1750 sein Studium der Philosophie mit regelmäßigen Lektüren klassischer Texte vertiefen können. Hierzu gehören u.a. Texte von Aristoteles, Cicero, Plato und Spinoza, aber auch Texte deutscher, englischer und französischer Philosophen wie z.B. Leibniz und Wolff, Hume, Locke und Shaftesbury, Rousseau.

Andererseits ermöglichten Mendelssohn seine verbesserten Lebensbedingungen den wissenschaftlichen Austausch zu pflegen – sei es persönlich durch die Teilnahme an verschiedenen Berliner Gesprächskreisen, sei es durch den regen Briefwechsel mit bekannten Autoren seiner Zeit. Hinzu kommt selbstverständlich die Möglichkeit der Betätigung als Schriftsteller. Aus seiner Bibliographie geht eindeutig hervor, dass seine ersten Texte und Veröffentlichungen aus den Jahren 1753-1756 stammen.[200] Diese beiden Momente gehören zweifellos zusammen, da sie sich gegenseitig bedingen. Im Zusammenhang der vorliegenden Arbeit darf ich jedoch den wissenschaftlichen Austausch bzw. die Freundschaft mit Autoren, die die damalige philosophische Diskussion wesentlich im Sinne der Aufklärung mitprägten, als den

---

[199] Zur Biographie von Mendelssohn vgl. Alexander Altmann, *Moses Mendelssohn. A Biographical Study*, London 1973; Heinz Knobloch, *Herr Moses in Berlin*, Berlin 1972; und Julius H. Schoeps, *Moses Mendelssohn*, Königstein Ts. 1979.

[200] Zur Bibliographie Mendelssohns, auf die hier nicht im Einzelnen eingegangen werden kann, vgl. Alexander Altmann, *Moses Mendelssohns Frühschriften zur Metaphysik*, Tübingen 1969; Meier Kayserling, *Moses Mendelssohn. Sein Leben und seine Werke*, Leipzig 1862; Hermann Meyer, *Moses Mendelssohn Bibliographie*, Berlin 1965; sowie die editorischen Anmerkungen in: *Gesammelte Schriften. Jubiläumsausgabe*, Berlin 1929-1932.

entscheidenden Umstand unterstreichen, der Mendelssohn in die Bahn der Popularphilosophie zieht und aus ihm einen "Popularphilosophen" "der ersten Generation"[201] macht. Es ist doch so, dass Mendelssohn seine philosophische Arbeit in einer Zeit aufnimmt und entwickelt, in der die popularphilosophische Tendenz der deutschen Aufklärung in Berlin – wie gesehen – zu einer Bewegung wird, um die sich wichtige Autoren gruppieren und die zudem versucht, ihre Umorientierung der Philosophie durch die Förderung von Gesprächsforen, aber auch von Publikationen gesellschaftlich zu vermitteln. Hervorzuheben sind daher in diesem Zusammenhang Mendelssohns Freundschaft mit Friedrich Nicolai und seine Mitarbeit an der von Nicolai herausgegebenen *Bibliothek der schönen Wissenschaften und der freyen Künste*, seine Freundschaft mit Johann Georg Sulzer, Thomas Abbt und Johann Jacob Engel, zu dessen *Der Philosoph für die Welt* auch Mendelssohn als Autor zählen darf [202]; aber ebenso sein Briefwechsel mit Georg Heinrich Feder, Christian Garve oder Isaak Iselin.[203]

Meine eindeutige Zuordnung Mendelssohns zur Popularphilosophie der deutschen Aufklärung möchte allerdings nicht verkennen, dass eben diese Zuordnung des philosophischen Standpunkts Mendelssohns für viele seiner Interpreten problematisch ist. Von einigen von

---

[201] Rudolf Vierhaus, "Mendelssohn und die Popularphilosophie", in: Albrecht, M./Engel, E. J./Hinske, N. (Hrsg.), *a.a.O.*, S. 36.

[202] Vgl. Moses Mendelssohn, "Hylas und Philonous" und "Proben Rabbinischer Weisheit", in: Johann Jakob Engel, *Der Philosoph für die Welt, a.a.O.*, S. 205-213 und S. 295-314.

[203] Vgl. Moses Mendelssohn, *Briefwechsel der letzten Jahre*, Stuttgart 1979; ders., *Gesammelte Schriften*, Bd. 5, Hildesheim 1976 (Neudruck) und *Gesammelte Schriften. Jubiläumsausgabe*, Bde. XI-XIII, Stuttgart 1974 ff. Zum Verhältnis Mendelssohns zu einzelnen Popularphilosophen vgl. ferner: Christoph Böhr, "Johann Jacob Engel und die Geschichtsphilosophie Moses Mendelssohns", in: Albrecht, M./Engel E. J./Hinske, N. (Hrsg.), *a.a.O.*, S. 157-174; und Ulrich Im Hof, "Mendelssohn und Iselin", in: Albrecht, M./Engel, E. J./Hinske, N. (Hrsg.), *a.a.O.*, S. 61-92.

ihnen wird sie sogar schlicht negiert.[204] Andere wieder halten sie für durchaus begründet und rechnen Mendelssohn zu den Popularphilosophen. Nicht selten fühlen sie aber dabei eine Art "schlechtes Gewissen" und müssen hinzu fügen, dass – wie bereits kurz vermerkt – Mendelssohn für die "seriöseste", "edelste", "feinste" Form der Popularphilosophie steht.

Diese Schwierigkeit mit der Einordnung Mendelssohn hat Hans Joachim Schneider auf den Punkt gebracht, indem er feststellt: "Schwer tut sich die Literatur mit dem Popularphilosophen Mendelssohn. Sein Streben nach Popularität, mit allen Motiven, die dahinter stehen, gilt zwar als eine besondere Seite seines Schaffens, die, je nach dem Standpunkt, entweder abqualifiziert oder gelobt wird, aber nicht als das zentrale Moment hervorgehoben wird. Auch diejenigen, die sich zur Popularitätsfrage positiv stellen, stehen geradezu hilfesuchend da und fragen sich, wie Popularität mit echter, tiefgründiger Philosophie zu vereinbaren ist. Es ergeben sich dann Formulierungen, denen man es anmerkt, daß sie nur unter den größten Qualen entstanden sind, etwa derart, daß es sich bei der populären Schreibweise Mendelssohns nicht etwa um seichte an der Oberfläche bleibende Philosophie für den Alltagsgebrauch handele, sondern um äußerst tiefschürfende Überlegungen, die durch ihre leichte, anmutige Form noch einen zusätzlichen Reiz, auch für den Gelehrten, bekomme. Solche Formulierungskünste zeigen doch, daß man mit dem Popularphilosophen Mendelssohn nicht fertig geworden ist."[205]

Mit Goethe, Heine und der älteren Mendelssohnforschung[206] plädiere ich hier meinerseits für die Würdigung Mendelssohns als eine zentrale

---

[204] Vgl. Alexander Altmann, "Aufklärung und Kultur bei Moses Mendelssohn", in: Norbert Hinske (Hrsg.), *Ich handle mit Vernunft. Moses Mendelssohn und die europäische Aufklärung*, Hamburg 1981, S. 4.

[205] Hans Joachim Schneider, *Moses Mendelssohns Anthropologie und Ästhetik. (Zum Begriff der Popularphilosophie)*, Münster (Diss.) 1970, S. 39.

[206] Vgl. Johann Wolfgang Goethe, *a.a.O.*, S. 305-306; Heinrich Heine, *a.a.O.*, S. 139; Leopold Goldhammer, *Die Psychologie Mendelssohn aus den Quellen dargestellt und kritisch beleuchtet*, Wien 1886; Gustav Kanngiesser, *Die Stellung Moses Mendelssohn in der Geschichte der Ästhetik*, Frankfurt/M. 1868; und

Gestalt der Bewegung der Popularphilosophie der deutschen Aufklärung. Im Sinne dieser Tradition, die er mitgeprägt hat, war Mendelssohn in der Tat ein Popularphilosoph. Für ihn war doch Philosophie kein abstrakter, auf die Errichtung eines soliden Lehrgebäudes zielendes Wissen, sondern eben Weltweisheit, die durch Erziehung und Aufklärung dazu beitragen soll, dass Mensch und Welt besser werden. Mendelssohns Philosophie will daher kein System werden. Sie will sein und ist "Philosophie für die Welt", die grundsätzlich um die "praktische" Frage kreist, die danach fragt, "wie die Philosophie am besten einzusetzen ist, damit die Glückseligkeit der Menschen am ehesten befördert werde."[207]

Popularphilosophisch stellt Mendelssohn in den Mittelpunkt seines Interesses für die Philosophie also nicht die Philosophie als Selbstzweck, sondern ihren Nutzen für Mensch und Welt. Dieses popularphilosophische Interesse an der Philosophie wird allerdings der philosophischen Arbeit Mendelssohns einen spezifischen Aspekt innerhalb der Bewegung der Popularphilosophie geben. Ich meine jedoch damit nicht die Vorzüge seiner Schreibweise oder seiner Analysen, die ihn ja zum "vorzüglichsten" Vertreter der Popularphilosophie in den Augen vieler Kritiker machen, sondern vielmehr die Tatsache, dass Mendelssohns philosophische Arbeit wesentlich von seinem Bewusstsein von der sozialen und politischen Unterdrückung der Juden in Deutschland und anderen Ländern Europas geprägt wird. Zu Recht stellt Jörgen Bracker fest: "Mendelssohn, der von Kind auf persönlich viel Solidarität erfahren hatte, war sich – das beweisen nicht nur seine Äußerungen, sondern auch die Hilfsaktionen für Bedrohte und Eingekerkerte – seiner sozialen Verantwortung für das ganze Judentum bewusst. Es

---

Meier Kayserling, *a.a.O.* Für die neuere Literatur vgl. Michael Albrecht, "Moses Mendelssohn. Ein Forschungsbericht, 1965-1980", in: *Deutsche Vierteljahresschrift für Literaturwissenschaft und Geistesgeschichte* 57 (1983) 64-166; ders., *Moses Mendelssohn, 1729-1786. Das Lebenswerk eines jüdischen Denkers der deutschen Aufklärung*, Weinheim 1986; und ders., "Moses Mendelssohn. Judentum und Aufklärung", in: Lothar Kreimendahl (Hrsg.), *Philosophen des 18. Jahrhunderts*, Darmstadt 2000, S. 209-225.

[207] Hans Joachim Schneider, *a.a.O.*, S. 40.

wäre ihm ganz und gar unmöglich gewesen, eine individuell unabhängige Position einzunehmen ... Was Mendelssohn selbst versuchte, empfahl er auch seinen Glaubensbrüdern, nämlich >Schuletiquette< zu vergessen und sich durch Gebrauch eines >freieren, ungezierten Tons< in einer breiteren Öffentlichkeit zu artikulieren und durchzusetzen."[208]

Bei Mendelssohn muss also auch der Umstand berücksichtigt werden, dass er als deutscher Jude schreibt, und zwar als einer, der sich mit der marginalisierten Situation seiner Glaubensbrüder solidarisiert. Und dies will nun besagen: Mendelssohn schreibt nicht nur für die "Bürger", sondern auch für ein Publikum, zu dem eben Menschen gehören, die in ihrem Alltag Unterdrückung, Demütigung, Diskriminierung und Ausschluss erfahren. Mendelssohns "Philosophie für die Welt" ist also auch Philosophie für eine Welt, die durch das Leiden unter einer besonderen Unrechtssituation gekennzeichnet wird. Für seine Philosophie will dies wiederum bedeuten, dass sie eine spezifische Akzentsetzung bekommt. Sie ist nämlich eine Philosophie, die sich – zumindest teilweise – vom Rand der etablierten Gesellschaft und Kultur her artikuliert. Sie reflektiert die Erfahrung einer unterdrückten Minderheit und wird dadurch zur kritischen Instanz, die aus der Perspektive der Opfer die Ordnung der dominanten Mehrheit anklagt. Als Ausdruck der historischen Verantwortung Mendelssohns für die Situation der Juden ist seine Popularphilosophie jedoch nicht nur kritische Anklage, sondern darüber hinaus ein positiver Beitrag zur Stärkung der Selbstachtung der Juden als Nation bzw. in der eigenen Identität und somit auch zum alltäglichen Kampf um die soziale, politische und religiöse Anerkennung der "jüdischen Alterität" in der (deutschen) Mehrheitsgesellschaft.

Viele Schriften und Arbeiten Mendelssohns belegen diesen Akzent in seinem popularphilosophischen Ansatz. Ich darf hier zitieren: *Ritualgesetze der Juden* (1778), *Lesebuch für Jüdische Kinder* (1779), die wichtige "Vorrede" zur deutschen Übersetzung der Schrift von Ma-

---

[208] Jörgen Bracker, "Moses Mendelssohn, ein Gegenbild des >Ewigen Juden<", in: Norbert Hinske (Hrsg.), *a.a.O.*, S. 21-22.

nasseh Ben Israel (1604-1657) *Rettung der Juden* (1782) und *Jerusalem oder über religiöse Macht und Judentum* (1783), ohne natürlich seine Übersetzungen hebräischer Texte und Predigten zu vergessen. Andererseits kann jedoch Mendelssohns Popularphilosophie nicht auf diese Dimension reduziert werden. Zwar gewinnt sie dadurch – wie betont – ein Charakteristikum, das zum eigenen Profil innerhalb der Bewegung der Popularphilosophie der deutschen Aufklärung wesentlich beiträgt, aber sowohl ihr Denkhorizont als ihr Wirkungskreis sind doch viel breiter und vielfältiger. Daher soll die Betonung dieser Akzentsetzung in Mendelssohns Arbeit nicht reduktiv, sondern kontextuell verstanden werden. Sie hebt eine Perspektive für die historische Kontextualisierung der Philosophie Mendelssohns hervor und soll hier vor allem dazu dienen, den konkreten, erfahrungsmäßigen Hintergrund zu nennen, vor dem ich Mendelssohns Leistung als Mitbegründer und Gestalter der Tradition der Popularphilosophie der deutschen Aufklärung exemplarisch beleuchten möchte. Dies möchte ich nun am Beispiel von drei ausgewählten Themen aus seinem Werk versuchen, von denen das dritte die gerade erwähnte Akzentsetzung noch illustrieren wird.

Das erste Thema ist Mendelssohns Verständnis der Philosophie. Für mein Anliegen ist diese Frage von entscheidender Relevanz, weil ihre Erörterung ja nichts anderes als die Verdeutlichung des philosophischen Standortes Mendelssohns eben als Popularphilosoph bedeuten kann.

In der Arbeit "Leben und Charakter des Sokrates", mit der Mendelssohn seinen berühmten Dialog *Phädon oder über die Unsterblichkeit der Seele in drei Gesprächen* (1767) einleitet, fasst er die Aufgabe der Philosophie mit folgenden Worten zusammen: "Krito versahe ihn mit den Notwendigkeiten des Lebens, und Sokrates legte sich anfangs mit vielen Fleiße auf die *Natur*lehre, die zur damaligen Zeit sehr im Schwange war. Er merkte aber gar bald, daß es Zeit sei, die Wahrheit von Betrachtung der *Natur* auf die Betrachtung des *Menschen* zurückzuführen. Dieses ist der Weg, den die Weltweisheit allezeit nehmen sollte. Sie muß mit Untersuchung der äußerlichen Gegenstände anfangen, aber bei jedem Schritte, den sie tut, einen Blick auf den Menschen zurückwerfen, auf dessen wahre Glückseligkeit alle ihre Bemühungen abzielen sollten."[209]

Aus dieser Stelle kann man zunächst entnehmen: Philosophie hat für Mendelssohn den Menschen in den Mittelpunkt aller ihrer Bemühungen zu stellen. Der Mensch ist also nicht bloß ein Thema der Philosophie, sondern vielmehr die Mitte, um die die Philosophie ihre thematische Reflexion zentrieren soll. Philosophie soll nach Mendelssohn Philosophie für den Menschen sein.

Die angeführte Stelle macht aber auch ersichtlich, dass für Mendelssohn Philosophie, die den Menschen in dem Blick hat und in dem Dienst des Menschen steht, eine Philosophie sein soll, die sich bewusst als "Weltweisheit" in sokratischer Tradition versteht. Philosophie kommt wesentlich die Aufgabe zu, den Menschen im Leben zu orientieren, damit er das wahre Ziel seines Lebens durch falsche Vorstellungen, Hoffnungen und Handlungen nicht aus den Augen verliere. Dieses wahre Ziel humanen Lebens, das für Mendelssohn die Bestimmung des Menschen auf Erde anzeigt, nennt Mendelssohn die "wahre Glückseligkeit". Die Orientierungsaufgabe der Philosophie als Weltweisheit muss sich deshalb insbesondere darauf konzentrieren, den Menschen zur wahren Glückseligkeit bzw. zu seiner wahren Bestimmung zu führen.

Im Zentrum der Philosophie kann also nach Mendelssohn kein abstraktes Erkenntnisinteresse stehen. Ihr Ziel kann auch nicht sein, sich als wissenschaftliches System zu entwickeln. Als Philosophie für Menschen, die ihre Bestimmung erfüllen sollen, ist sie doch in erster Linie daran interessiert, zur Erziehung und zur Vollkommenheit des Menschen beizutragen, und zwar durch die Vermittlung theoretischer Erkenntnisse, vor allem jedoch durch die praktische Orientierung beim vernünftigen, tugendhaften Handeln in der gesellschaftlichen Welt.

---

[209] Moses Mendelssohn, *Phädon oder über die Unsterblichkeit der Seele*, in: ders., *Schriften über Religion und Aufklärung, a.a.O.*, S. 176-177. Hervorhebung im Original.

Aus diesem Verständnis der Philosophie heraus versteht Mendelssohn seine Rolle als Philosoph als die eines Menschen, der – wie Sokrates – versucht, "Tugend und Weisheit unter seinen Nebenmenschen zu verbreiten."[210] Diese Rolle wurde für ihn Programm. Seine Philosophie sollte ja nicht nur ein Beitrag zur Aufklärung, sondern ebenso ein Beitrag zur Verbesserung der Menschen und damit auch der Welt sein. Der Praxis einer solchen Philosophie widmete sich Mendelssohn konsequent sein Leben lang, weswegen er übrigens – wie Heine angemerkt hat – von seinen Zeitgenossen mit Bewunderung der deutschen Sokrates genannt wurde.[211]

Mendelssohns popularphilosophisches Verständnis der Philosophie und des Amtes des Philosophen zeigt sich weiter in seinem bewussten Verzicht auf die Herausarbeitung eines Systems. Ausdrücklich sagt er hierzu: "Ich habe mir niemals in den Sinn kommen lassen, Epoche in der Weltweisheit zu machen oder durch ein eigenes System berühmt zu werden."[212] Gerade weil ihm die Aufgabe der praktischen Lebensorientierung wichtiger als der Eitel der "Neuerungssucht"[213] ist, ist für Mendelssohn nicht nur eine Pflicht philosophischer Redlichkeit, sondern auch eine Angelegenheit menschlicher Dankbarkeit in der Philosophie so vorzugehen, dass man von den Vorgängern das übernimmt, was man für brauchbar und nützlich im Hinblick auf eine bessere Bestimmung und Vermittlung der wahren Glückseligkeit des Menschen hält.[214] Weder die Kultivierung der Systematik noch die Verteidigung der Systeme kann also das Kriterium der philosophischen Arbeit sein. Philosophische Systeme und Schulen sollen vielmehr allein vom Interesse am Menschen, genauer, an der Förderung der Humanität des Menschen her untersucht werden, um deren für die Verwirklichung

---

[210] Moses Mendelssohn, *ebenda*, S. 178.
[211] Vgl. Heinrich Heine, *a.a.O.*, S. 139. Vgl. auch Alexander Altmann, *Moses Mendelssohn. A Biographical Study, a.a.O.*, S. 140.
[212] Moses Mendelssohn, *a.a.O.*, S. 291.
[213] Moses Mendelssohn, *ebenda*, S. 292.
[214] Vgl. Moses Mendelssohn, *ebenda*, S. 291.

des in diesem Interesse latenten Zieles brauchbare Elemente zu übernehmen.

"Mit diesem Anliegen – so kommentiert Hans Joachim Schneider – befindet er sich in Übereinstimmung mit der gesamten Popularphilosophie des achtzehnten Jahrhunderts, der es ebenfalls im wesentlichen um die Bestimmung des Menschen geht. Unter diesem Aspekt sucht sich Mendelssohn aus den philosophischen Systemen seiner Vorgänger, besonders aus denen von Leibniz, Locke und Wolff, heraus, was er gebrauchen kann; von hier aus erklärt sich sein Eklektizismus."[215] Dem sei als Erinnerung hinzugefügt, dass in der Tradition der Popularphilosophie der deutschen Aufklärung der Eklektizismus insofern eine neue Qualität bekommt, als damit die Praxis einer philosophischen Grundhaltung zum Ausdruck kommt, die die Überwindung der schulischen Bindung an einem System als Bedingung zur Aufhebung von Einseitigkeiten bei der philosophischen Arbeit betrachtet und die mit dieser Einsicht letztlich diese grundlegende Überzeugung vermitteln will: "Die Evidenz philosophischer Begriffe und ihr vernünftiger Zusammenhang ist eine Wirkung der Zeit und der anhaltenden Bemühung vieler nachdenkenden Köpfe, die die Wahrheit aus verschiedenen Gesichtspunkten betrachten und dadurch von allen Seiten ins Licht setzen."[216]

Dieses Zitat ist aber auch im thematischen Zusammenhang mit einem weiteren Aspekt, der Mendelssohns Beitrag zur Grundlegung des popularphilosophischen Verständnis der Philosophie verdeutlicht, zu sehen. Ich meine seine Überzeugung von der Dialogizität der Vernunft und die daraus resultierende Bevorzugung der Dialogform als die beste Möglichkeit zur Darstellung und Vermittlung von Philosophie. Hierfür steht vor allem sein berühmter Dialog *Phädon*, dessen Veröffentlichung 1767 entscheidend zur Wiederbelebung der sokratischen, dialogischen Tradition in der Philosophie beigetragen hat. Und es muss gesagt werden, dass Mendelssohn in popularphilosophischer Absicht auf die sokratische Tradition bewusst zurückgreift. Denn sein

---

[215] Hans Joachim Schneider, *a.a.O.*, S. 68-69.
[216] Moses Mendelssohn, *a.a.O.*, S. 298.

Rekurs darauf erklärt sich aus der Einsicht heraus, dass der Philosoph *wie* Sokrates handeln soll. Das Interesse gilt also nicht Sokrates als Lehre, die zu wiederholen ist, sondern Sokrates als methodische Tradition, die als Orientierung bei der Praxis einer Philosophie, die sich als Gespräch mit den Menschen und über deren Lebensfragen entfaltet, fungieren kann. Ein Interesse, das seinerseits das Interesse am Menschen, genauer, an der gemeinsamen Aufgabe der Klärung der wahren Bestimmung des Menschen reflektiert.

Mendelssohn bevorzugt den Dialog als philosophische Denk- und Ausdrucksform, weil es ihm – wie Sokrates – nicht bloß um Belehrung, sondern um einen gemeinsamen Bildungsprozess geht. Diese Stelle, in der Mendelssohn Sokrates Wirken beschreibt, kann man daher als Charakterisierung seiner eigenen philosophischen Praxis interpretieren: "Auf öffentlichen Straßen, Spaziergängen, in Bädern, Privathäusern, Werkstätten der Künstler, wo er nur Menschen fand, die er bessern zu können glaubte, da hielt er sich an, ließ sich mit ihnen in Gespräche ein, erklärte ihnen, was recht und unrecht, gut und böse, heilig und unheilig sei, unterhielt sie von der Vorsehung und Regierung Gottes ... von der Glückseligkeit des Menschen ... Alles dieses niemals in dem aufdringenden Ton eines Lehrers, sondern als Freund, der die Wahrheit selbst erst mit uns suchen will. Er wusste es aber durch die einfältigsten Kinderfragen so einzuleiten, daß man von Frage zu Frage, ohne sonderliche Anstrengung, ihm folgen konnte, ganz unvermerkt aber sich am Ziele sah und die Wahrheit nicht gelernet, sondern selbst erfunden zu haben glaubte."[217]

In diesem Zusammenhang muss man allerdings an Wilhelm Diltheys vernichtendes globales Urteil über den Gebrauch der Dialogform in der Popularphilosophie erinnern, zumal er dabei Mendelssohn mit ungewöhnlicher Härte angreift. Ich darf die entscheidenden Stellen aus seinem Urteil anführen: "Wieland, Engel, Garve, Mendelssohn haben die Formen mit großem Talent gehandhabt, die Voltaire und Diderot schufen. Auch die feinsten unter diesen Formen, die Erzählung, wel-

---

[217] Moses Mendelssohn, *ebenda*, S. 180-181.

che mit dem Leben humoristisch oder satirisch spielt, und den Dialog, der aus einer lebensvollen Situation sich entwickelt. Doch die Essais jener Tage mit ihrer „edlen Popularität" ... sind farblose, abstrakte Begründungen der Weltansicht der Aufklärung ... es war vergebens, daß der systematisch eingeschlossene, eingeschränkte Geist dieser Epigonen das freie Leben der wissenschaftlichen Einbildungskraft, welches dort durch die große Naturwissenschaft genährt war, in ihren Essais und Briefen nachzubilden strebte. Es blieben äußerliche Kopien innerlich lebendiger Formen ... Um noch populärer, noch eindrucksvoller zu werden, greifen dieselben Schriftsteller zu der Form des Dialoges ... Doch unter ihren Händen wird diese lebendigste aller Arten der Gedankenmitteilung zu einer matten Scheinform, die Personen werden Masken für Gründe und Gegengründe: das Ziel liegt im Beweis eines Satzes ... Diese zahmen Dialoge zerlegen ihre systematische Gedankenfolge nach Sätzen, Gegeninstanzen dieser Sätze und Widerlegungen der Gegeninstanzen in Reden und Personen. Der Phädon Mendelssohns, das vielbewunderte Hauptstück dieser Gattung, ist ein auseinandergelegtes System, eine Sünde gegen den heiligen Geist des Dialoges."[218]

Es fällt schwer, dieses lapidare Urteil nachzuvollziehen. Mir scheint, dass Dilthey die Form zu stark betont. Und was noch wichtiger ist: Er verkennt außerdem die wirkliche Intention dieser Autoren bei ihrem Rekurs auf den Dialog. Denn bei ihnen steht nicht die "Gedankenmitteilung" (und noch weniger "der Beweis eines Satzes" aus irgendeinem System) im Mittelpunkt des Interesses, sondern allein das Anliegen das Selbstdenken auch und gerade bei den "beschränktesten Köpfen"[219] zu fördern. Aber darauf braucht hier nicht weiter eingegangen zu werden.

Für die weitere Verdeutlichung von Mendelssohns Verständnis der Philosophie ist vielmehr der Aspekt wichtig, dass die Bevorzugung der Dialogform zur Kritik der dominanten philosophischen Kultur

---

[218] Wilhelm Dilthey, *Studien zur Geschichte des deutschen Geistes*, in: ders., *Gesammelte Schriften*, III. Band, Stuttgart/Göttingen 1959, S. 174-175.
[219] Wilhelm Dilthey, *ebenda*, S. 174.

führt, weil diese das Gespräch als Ort philosophischer Reflexion negiert und Philosophie auf eine "Buchkultur" verpflichtet, in der nur der geschriebene Text zählt, und zwar sowohl für die Lehre als auch für das Lernen.

Im Namen des dialogischen Charakters der Vernunft bricht Mendelssohn eine Lanze für die Wiedergewinnung der Oralität in der Philosophie und in der Vermittlung von Wissen überhaupt: "Wir lehren und unterrichten einander nur in Schriften; lernen die Natur und die Menschen kennen nur aus Schriften; arbeiten und erholen, erbauen und ergötzen uns durch Schreiberei... Alles ist toter Buchstabe, nirgends Geist der lebendigen Unterhaltung."[220]

Die Entwicklung dieser "Buchkultur", die als Kult des Geschriebenen für Mendelssohn weit mehr als nur Verlust der oralen Tradition in der Philosophie bedeutet, weil sie ja für ihn ein fundamentaler Verlust an Menschlichkeit ist, hat konkret für die Praxis der Philosophie die Konsequenz, dass in der Philosophie der Philosoph als Mensch nicht mehr gefragt wird; er wird sozusagen entbehrlich; er verliert seinen Wert an seine Werken. Denn nicht er, sondern seine Schriften werden gefragt und notwendig. Mendelssohn drückt dies so aus: "Der Umgang des Weisen wird nicht mehr gesucht; denn wir finden seine Weisheit in Schriften... Wir brauchen des erfahrnen Mannes nicht, wir brauchen nur seine Schriften. Mit einem Worte, wir sind litterati, *Buchstabenmenschen*. Vom Buchstaben hängt unser ganzes Wesen ab, und wir können kaum begreifen, wie ein Erdensohn sich bilden und vervollkommnen kann ohne *Buch*."[221]

Nachteilig für die Philosophie ist weiter in dieser "Buchkultur" nach Mendelssohns Kritik die Trennung zwischen Leben und Lehre, zwischen Einsicht und Handlung bzw. zwischen Theorie und Praxis, die der Verlust des lebendigen Unterrichts von Mensch zu Mensch mit sich bringt, weil die textfixierte Philosophie die Menschen zur einseitigen Spekulation treibt. Sie ist ja Ergebnis der Beschäftigung mit

---

[220] Moses Mendelssohn, *Jerusalem oder über religiöse Macht und Judentum*, in: ders., *Schriften über Religion und Aufklärung*, a.a.O., S. 421.
[221] Moses Mendelssohn, *ebenda*, S. 421-422. Hervorhebungen im Original.

Texten, nicht aber der Beschäftigung mit der Welt.[222] Aber ich darf nun zum zweiten Thema übergehen.

Das zweite Thema, dessen Erörterung hier Mendelssohns Philosophie als Popularphilosophie illustrieren soll, ist seine Auffassung der Aufklärung. Auch dieses Thema darf als zentral für die Charakterisierung der Philosophie Mendelssohns betrachtet werden. Denn es geht dabei um die Bestimmung des kulturellen Horizonts, von dem aus Mendelssohn den Beitrag der Philosophie zur historischen Aufgabe der Verwirklichung der Humanität der Menschen versteht.

Sein Verständnis der Aufklärung hat Mendelssohn selbst 1784 in einer kurzen Schrift zusammengefasst, die unter dem Titel *Über die Frage: Was heißt aufklären?* im Septemberheft der *Berlinischen Monatsschrift* dieses Jahres veröffentlicht wurde, deren ursprüngliche Fassung jedoch auf die Stellungnahmen, mit denen er Ende 1783 und Anfang 1784 auf die Diskussion über das Wesen der Aufklärung in der Berliner Mittwochsgesellschaft reagierte, zurückgeht. Es handelt sich also um Mendelssohns Beitrag zur Debatte um die Frage: Was ist Aufklärung?; eine Frage, die auf Anregung von Johann Friedrich Zöllner (1753-1804) eben in diesen Jahren von den Mitgliedern der Berliner Mittwochsgesellschaft, die sich auch "Gesellschaft von Freunden der Aufklärung" nannte, erneut thematisiert und zum Gegenstand einer breiten Diskussion unter ihnen gemacht wurde. Und ich darf nebenbei anmerken, dass die Debatte um die Frage nach dem Wesen der Aufklärung bald über den engeren Kreis der Mitglieder der Berliner Mittwochsgesellschaft hinaus ging. Kants bekannte Schrift *Beantwortung der Frage: Was ist Aufklärung?* ist ein eindrucksvoller Beleg dafür.[223]

---

[222] Vgl. Moses Mendelssohn, *ebenda*, S. 422 und 436 ff.

[223] Kants Schrift, die sich auf die Fragestellung von Zöllner explizit bezieht, wurde im Dezemberheft 1784 (also vier Monate nach der Antwort von Mendelssohn) der *Berlinischen Monatsschrift* veröffentlicht. Zum Wirken Mendelssohn im Kreis der Berliner Mittwochsgesellschaft vgl. Birgit Nehren, "Aufklärung – Geheimhaltung – Publizität. Moses Mendelssohn und die Berliner Mittwochsgesellschaft", in: Albrecht, M./Engel, E. J./Hinske, N. (Hrsg.), *a.a.O.*, S. 93-111.

Mendelssohn, der seit 1783 Ehrenmitglied der Berliner Mittwochsge-
sellschaft war, erörtert also sein Verständnis der Aufklärung in einem
Diskussionszusammenhang[224], der ihm die Frage nach Sinn und
Funktion der Aufklärung als die Frage wahrnehmen lässt, an der eine
Epoche rückblickend versucht, ihr eigenes Selbstverständnis kritisch
zu reflektieren und sich selbst neu zu positionieren. Für ihn persönlich
wird deshalb die Beschäftigung mit dieser Frage ein Stück geistiger
Vergewisserung bedeuten. Und so ist zu verstehen, dass bei der
Beantwortung der Frage nach dem Wesen der Aufklärung Mendelssohn eine Art Synthese seiner Philosophie vorlegt, in der gerade das
dem Zeitgeist der Aufklärung charakterisierende Zentrum argumentativ bekräftigt wird, nämlich das Vertrauen in die Vernunft als Leit-
instanz für die Entwicklung der Menschheit.
Mit Ernst Cassirer kann man daher Mendelssohns Antwort durchaus
vor dem Hintergrund folgender Feststellung analysieren: "Für Mendelssohn und für den gesamten Typus der Aufklärungsphilosophie,
den er in sich verkörpert, blieb es zuletzt ein nachvollziehbarer Gedanke, daß die Erreichung des höchsten Menschheitzieles einem so
unzuverlässigen Führer wie der Geschichte, mit ihren ziel- und ruhe-
losen Auf und Ab, mit ihren steten Schwankungen und Irrtümern an-
vertraut sein könne. Er flüchtet sich aus ihren unberechenbaren Wand-
lungen in die unverbrüchlichen, stets sich selbst gleichen Gesetze der
Vernunft."[225]
Mendelssohn setzt in der Tat die "Vernunftidee" der wahren Bestimmung des Menschen als Wesen, das zur Glückseligkeit durch sittliche
Vervollkommnung berufen ist, als Maß aller Entwicklung und erkennt
in eben dieser Idee die einzige Quelle zuverlässiger Orientierung für
den Menschen auf seiner Pilgerfahrt nach der eigenen Humanität.
Offen gibt er zu: "Ich setze allezeit die Bestimmung des Menschen als
Maß und Ziel aller unserer Bestrebungen und Bemühungen, als einen

---

[224] Zum Kontext vom Mendelssohn Beitrag vgl. Norbert Hinske, "Mendelssohns
Beantwortung der Frage: Was ist Aufklärung? oder über die Aktualität Mendelssohns", in: ders. (Hrsg.), *a.a.O.*, S. 85-117.
[225] Ernst Cassirer, *Die Philosophie der Aufklärung*, Tübingen 1972, S. 261.

Punkt, worauf wir unsere Augen richten müssen, wenn wir uns nicht verlieren wollen."[226]

Der Rekurs auf Vernunft, das muss andererseits ebenso klar sein, bedeutet für Mendelssohn keine Flucht aus der historischen Welt der Menschen in die vermeintliche heile Welt einer abstrakten Vernunft, deren Ideale erst inkarniert werden sollten. Mit der Aufklärung setzt Mendelssohn zwar auf die Vernunft, aber die Vernunft, in die er sein Vertrauen setzt und der er eine zuverlässige Orientierungsfunktion in der Geschichte zutraut, ist keine weltfremde, rationalistisch halbierte Vernunft, sondern jene historisch gewachsene Vernunft, die als Weisheit aus der Welt und für die Welt in den Kulturtraditionen des guten Lebens, die Menschen mit ihren Bemühungen um die Verbesserung der eigenen Existenz und ihrer Welt gründen, entfaltet und im Sinne einer offenen Aufgabe weitergegeben wird. Mit anderen Worten: Es ist die Vernunft, die durch Tradition und Kultur der Humanität des Menschen immer schon in der Geschichte als die bessere Alternative der Menschheit wirksam ist und die Menschen durch Kultur empfangen, damit sie weiter an der Vervollkommnung der Menschheit arbeiten. Kurzum: Es ist die Vernunft, die Menschen in der Geschichte wirken lassen, indem sie Agenten der Humanitas werden.

Charakteristisch für Mendelssohns Antwort auf die Frage nach dem Wesen der Aufklärung ist deshalb die Bekräftigung ihrer historischen Notwendigkeit als Projekt der theoretischen Vernunft, wohl aber bei gleichzeitiger Kritik an der Einseitigkeit dieses Programms. Mendelssohn weist in der Tat auf die Grenzen der Aufklärung hin, und zwar als Projekt, das sich hauptsächlich auf das "Theoretische" im Menschen bezieht und sein Ziel folglich darin sieht, aus dem Menschen ein begrifflich klar und vorurteilsfrei denkendes Wesen zu machen. Es wird dabei offensichtlich davon ausgegangen, dass die begriffliche Aufklärung und die Bekämpfung von Vorurteilen reichen, um Menschen und Welt besser zu machen.

---

[226] Moses Mendelssohn, *Über die Frage: Was heißt aufklären?*, in: ders., *Schriften über Religion und Aufklärung*, a.a.O., S. 461-462.

Vom Standpunkt der Vernunfttradition, die sich im Kriterium der wahren Bestimmung des Menschen verdichtet, steht aber für Mendelssohn fest: Um seiner Bestimmung gerecht zu werden, um das Ziel der wahren Glückseligkeit zu erreichen, braucht der Mensch mehr als nur die Aufklärung seines "Kopfes". Also: Als Projekt, das eben dieser theoretischen Entwicklung des Menschen den Vorrang gibt, ist die Aufklärung ein einseitiges Programm. Seine Einsicht in die Grenzen der Aufklärung drückt Mendelssohn klar aus: "*Aufklärung* ... scheinet sich mehr auf das *Theoretische* zu beziehen. Auf vernünftige Erkenntnis (objektive) und Fertigkeit (subjektive) zum vernünftigen Nachdenken über die Dinge des menschlichen Lebens ... ."[227]

Im Interesse des Menschen muss demnach das Projekt der Aufklärung ergänzt werden. Diese Ergänzung, die die Einseitigkeit der Konzentration auf das Theoretische in der Aufklärung beheben soll, ist für Mendelssohn um so nötiger, als es ihm (popularphilosophisch) um die Förderung des Menschen als eines Wesens geht, das nicht nur sittlich gut handelt, sondern auch darauf bedacht ist, dass durch sein Handeln ein Nützen für die Gesellschaft hervorgebracht wird. Traditionen tätig praktischer Vernunft sind also gefragt. Mendelssohn fasst sie in seiner Antwort unter dem Titel "Kultur" zusammen, um die These zu vertreten, dass Aufklärung der Ergänzung der Kultur bedarf, weil eben diese für die Förderung des Praktischen und der Sittlichkeit im Menschen zuständig ist. Kultur, so stellt er fest, "scheint mehr auf das *Praktische* zu gehen: auf Güte, Feinheit und Schönheit in Handwerken, Künsten und Gesellgkeitssitten (objektive), auf Fertigkeit, Fleiß und Geschicklichkeit in jenen, Neigungen, Triebe und Gewohnheit in diesen (subjektive). Je mehr diese bei einem Volke der Bestimmung des Menschen entsprechen, desto mehr Kultur und Anbau zugeschrieben wird, je mehr es durch den Fleiß der Menschen in den Stand gesetzt worden, dem Menschen nützliche Dinge hervorzubringen."[228]

Kultur muss also Aufklärung ergänzen. Mit dieser These meint Mendelssohn aber auch die korrektive Funktion, die Kultur in der Ent-

---

227 Moses Mendelssohn, *ebenda*, S. 461. Hervorhebungen im Original.
228 Moses Mendelssohn, *ebenda*, S. 461. Hervorhebung im Original.

wicklung der Aufklärung erfüllen soll. Die Bindung des Projekts der Aufklärung an Kultur versteht er doch als Korrektiv der einseitigen Tendenz zum selbstgenügsamen Theoretisieren, da erst durch diese Bindung an den Kulturwerten und durch das dadurch ermöglichte Zusammenspiel mit dem Kulturprozess eines Volkes die Aufklärung ihren eigentlichen Sinn als Teilbeitrag zur Verwirklichung der Bestimmung des Menschen finden kann. Kultur korrigiert die Aufklärung, indem sie der Aufklärung das humane Ziel vorgibt: die Vervollkommnung des Menschen als Mensch *und* Bürger.

Allerdings kann Kultur für die Aufklärung wirklich ein solches Korrektiv nur dann sein, wenn sie selbst im Leben eines Volkes nicht zur äußerlichen "Politur"[229] verkommt, sondern der lebendige Ausdruck der Bemühungen um die Verwirklichung der Bestimmung des Menschen ist. In diesem Sinne repräsentiert Kultur für Mendelssohn die wesentliche Dimension eines umfassenden Bildungsprozesses, der den Beitrag der Aufklärung integriert und der den eigentlichen Weg eines Volkes zur Erreichung seiner "Nationalglückseligkeit"[230] darstellt.

Als Fazit dürfen wir festhalten: Mendelssohn geht es darum, die Aufklärung (und ganz besonders die Aufklärung des Menschen als *Bürger*) als Teil der öffentlichen Aufgabe der Bildung zu bestimmen und sie somit in den Dienst des *praktischen* Interesses an der Verbesserung des Menschen und der Welt zu stellen. Er selbst hat dieses popularphilosophische Anliegen mit aller Deutlichkeit zusammengefasst: "Bildung, Kultur und Aufklärung sind Modifikationen des geselligen Lebens, Wirkungen des Fleißes und der Bemühungen der Menschen, ihren geselligen Zustand zu verbessern. Je mehr der gesellige Zustand eines Volks durch Kunst und Fleiß mit der Bestimmung des Menschen in Harmonie gebracht worden, desto mehr *Bildung* hat dieses Volk."[231]

Mit Gert Ueding kann man also die Schlussfolgerung ziehen, dass Mendelssohns Beitrag zum Verständnis der Aufklärung "die Aufgabe

---

[229] Moses Mendelssohn, *ebenda*, S. 462.
[230] Moses Mendelssohn, *ebenda*, S. 465.
[231] Moses Mendelssohn, *ebenda*, S. 461. Hervorhebung im Original.

und das gesamte Selbstverständnis der aufklärerischen Popularphilosophie"232 bekräftigt.

Das dritte Thema, das ich zur Verdeutlichung des Charakters der Philosophie Mendelssohns als Philosophie für die Welt kurz ansprechen möchte, ist sein Gedanke der Toleranz. Bekanntlich gehört die Diskussion über Toleranz und Religions- und Gewissensfreiheit zu den klassischen Debatten in der Geschichte der Menschheit. Argumentative Höhepunkte dieser Diskussion sind z.B. in der Moderne die Debatte im Spanien des 16. Jahrhunderts aus Anlass der Eroberung Amerikas und der Frage nach den Rechten der Indianer oder die großen Auseinandersetzungen in der Aufklärung um weltanschauliche, religiöse und politische Pluralität. In dieser Tradition ist auch Mendelssohns Gedanke der Toleranz zu sehen. Aber ich darf hier die Frage der ideengeschichtlichen Einordnung seines Beitrags zur Begründung der Toleranz in dem genannten Diskussionszusammenhang ausblenden. Mit der Hervorhebung dieses Aspektes seines Denkens will ich doch lediglich ein weiteres Beispiel dafür anführen, dass es Mendelssohn tatsächlich an der Praxis einer Philosophie für die Welt gelegen ist. Seinen Gedanken der Toleranz betrachte ich also hier als einen exemplarischen Fall für die zusätzliche Verdeutlichung seines philosophischen Selbstverständnisses als Philosoph, der Philosophie im öffentlichen Interesse betreibt und der sich daher mit den brennenden Fragen seiner Epoche beschäftigt. Dem darf ich noch hinzufügen, dass Mendelssohns Gedanke der Toleranz auch ein eindeutiger Beleg für das ist, was ich die spezifische Akzentsetzung seiner Philosophie genannt habe, nämlich ihre Artikulation aus der Erfahrung der Marginalität heraus. Wir müssen uns in der Tat vergegenwärtigen, dass Mendelssohn über Toleranz als deutscher Jude, also als Mitglied einer unterdrückten, marginalisierten Minderheit schreibt. Mendelssohn – wie bereits betont – war sich dieser Situation bewusst und wusste auch, dass seine Argumentation für ein vernünftiges, friedliches Zusammenleben zwischen Menschen verschiedener Kulturen und Religionen mit der Erfahrung, Angehöriger einer "schwächeren Partei" zu sein, zu-

---

232 Gert Ueding, "Popularphilosophie", *a.a.O.*, S. 611.

sammenhängt. Exemplarisch für dieses Bewusstsein des Problems sei hier folgende Stelle zitiert: "Wenn bisher von Duldung und Vertragsamkeit unter den Menschen gesprochen ward, so war es immer die schwächere, bedrückte Partei, die sich unter dem Schutze der Vernunft und der Menschlichkeit zu retten suchte."[233]
Bei meiner kurzen Darstellung von Mendelssohns Gedanke der Toleranz möchte ich bei dieser Erfahrung ansetzen. Denn mir scheint, die historische, biographische Erfahrung der Unterdrückung der Juden und anderer Minderheiten wegen ihrer Differenz – allem Fortschritt der (theoretischen) Aufklärung zum Trotz! – ist es, die Mendelssohn dazu veranlasst, Toleranz primär nicht so sehr als eine sozusagen Evidenz der Vernunft zu fordern, sondern sie im Sinne einer praktischen Konsequenz, die notwendig aus dem Faktum des sozialen, politischen, kulturellen und religiösen Pluralismus resultiert, darzulegen.[234]
"Das drückende Joch der Intoleranz"[235], das er und sein Volk erfahren haben, lässt Mendelssohn zwar nicht an der historischen Wirkung der Vernunft zweifeln, wohl aber daran, dass der Prozess der Vernünftigkeit, der dadurch in Gang gesetzt wird, als eine lineare Entwicklung zur Durchsetzung der Vernunft in der Welt zu interpretieren ist. Ob Vernunft oder Vorsehung die Geschicke der Menschheit lenken mögen, für Mendelssohn spricht die historische Erfahrung eine deutliche Sprache: "Ihr wollt erfahren, was für Absichten die Vorsehung mit der Menschheit hat? Schmiedet keine Hypothesen; schauet nur umher auf das, was wirklich geschiehet ... Die Vorsehung verfehlt ihres Endzweckes nie ... Nun findet ihr, in Absicht auf das gesamte Menschengeschlecht, keinen beständigen Fortschritt in der Ausbildung, der sich der Vollkommenheit immer näherte. Vielmehr sehen wir das Menschengeschlecht im ganzen kleine Schwingungen machen, und es tat

---

[233] Moses Mendelssohn, "Manasseh Ben Israel: Rettung der Juden. Vorrede", in: ders., *Schriften über Religion und Aufklärung*, a.a.O., S. 325.
[234] Vgl. Ingrid Belke, "Religion und Toleranz aus der Sicht Moses Mendelssohns und Gotthold Ephraim Lessings", in: Norbert Hinske (Hrsg.), a.a.O., S. 119-148.
[235] Moses Mendelssohn, "Manasseh Ben Israel: Rettung der Juden. Vorrede", a.a.O., S. 348.

nie einige Schritte vorwärts, ohne bald nacher, mit doppelter Geschwindigkeit, in seinen vorigen Stand zurückzugleiten ... Der Mensch gehet weiter; aber die Menschheit schwankt beständig zwischen festgesetzten Schranken auf und nieder ... ."[236]

Aus dieser in seiner historischen Erfahrung begründeten Skepsis gegenüber dem Vernunftoptimismus der (theoretischen) Aufklärung heraus, die zugleich – wie hier betont werden muss – Einsicht in die Endlichkeit und Hinfälligkeit des Menschen bedeutet, zieht Mendelssohn vor, Toleranz als eine Menschenpflicht zu begründen, die sich aus der Erfahrung der Vielfalt und Pluralität ergibt, die Menschen in den verschiedensten Bereichen ihres faktischen Lebens, d.h. im Umgang mit sich selbst und ihren Mitmenschen machen, statt sie als Postulat der Vernunft einzufordern. Dieser Gedanke wird bei Mendelssohn allerdings auch philosophisch-theologisch abgesichert. Denn er wird vor dem Hintergrund der Überzeugung artikuliert, dass "Mannigfaltigkeit offenbar Plan und Endzweck der Vorsehung ist."[237] Für Mendelssohns Argumentation ist aber nicht diese Voraussetzung entscheidend, sondern eben die Betonung des Faktums der Vielfalt als historische Realität, die Pluralismus und Toleranz zur Pflicht eines jeden Menschen gegenüber seinen Mitmenschen macht. Toleranz aus dem Leben und für das Leben, aus der Erfahrung der Vielfalt und für die Achtung vor der Verschiedenheit! So könnte der Kern der Argumentation Mendelssohns zusammengefasst werden. Wie entscheidend tatsächlich die Erfahrung der Pluralität für die Einforderung von Toleranz bei Mendelssohn ist, zeigt eindrucksvoll diese Aussage: "Oh! Wer diese Erfahrung in seinem Leben gehabt hat und noch intolerant sein, noch seinen Nächsten hassen kann, weil dieser in Religionssachen nicht denkt oder sich nicht so ausdrückt wie er, den möchte ich nie zum Freunde haben; denn er hat alle Menschheit ausgezogen."[238]

---

236 Moses Mendelssohn, *Jerusalem oder über religiöse Macht und Judentum*, in: ders., *Schriften über Religion und Aufklärung*, a.a.O., S. 414-415.
237 Moses Mendelssohn, *ebenda*, S. 456.
238 Moses Mendelssohn, *ebenda*, S. 387.

Das ist ein klarer, harter Satz! Aber für Mendelssohn kann sich der Mensch der Erfahrung der Vielfalt gar nicht entziehen. Sie ist ein Konstitutivum menschlichen Lebens. Und jeder von uns ist – wie bereits angedeutet – in den verschiedensten Lebensbereichen mit dieser Erfahrung konfrontiert. Die Wirklichkeit widerlegt die Hypothese jener, die sich die Menschheit im Singular (als wäre sie eine einzige Person) vorstellen und meinen, "die Vorsehung habe sie hieher gleichsam in die Schule geschickt."[239] Dass es nicht so ist, kann nach Mendelssohn jeder Mensch erleben und er erlebt es auch täglich bei der Feststellung der Pluralität der Meinungen, Überzeugungen, Urteile und Empfindungen, die in der Gesellschaft herrscht. Wenn wir uns wirklich auf Gespräche einlassen, müssen wir feststellen: "Keiner von uns denkt und empfindet vollkommen so wie sein Nebenmensch."[240] Zudem müssen wir in unseren alltäglichen Gesprächen mit anderen erfahren, dass wir oft mit den selben Worten verschiedene Empfindungen verbinden oder dass wir die selben Begriffe anders gebrauchen. Aber wir erfahren auch, dass wir selbst unsere Meinungen und Urteile ändern und den Wandel in unseren eigenen Begriffen nicht ausschließen können. Rhetorisch fragt daher Mendelssohn auf der Grundlage dieser menschlichen Erfahrung: "... und wie sehr müssen die Ideen verschieden sein, die verschiedene Menschen, in verschiedenen Zeiten und Jahrhunderten, mit denselben äußerlichen Zeichen und Worten verbinden?"[241]

Nehmen wir also die Erfahrung der Vielfalt im Leben ernst, so muss jeder Versuch der schnellen Uniformität, genauer, der Konstruktion von Übereinstimmung mittels abstrakter, angeblich universaler Begriffe als unmenschlich zurückgewiesen werden. Die menschliche Antwort auf die Herausforderung der Vielfalt kann nicht ihre Neutralisierung oder gar Negation durch die Konstruktion abstrakter, formaler Vereinigung sein. Die menschliche Antwort darauf kann für Mendelssohn nur Toleranz sein. Denn für ihn ist Toleranz zugleich Weg

---

[239] Moses Mendelssohn, *ebenda*, S. 414.
[240] Moses Mendelssohn, *ebenda*, S. 456.
[241] Moses Mendelssohn, *ebenda*, S. 386.

und Ziel einer qualitativ besseren humaneren Kultur der wahren "allgemeinen Menschenduldung"[242], in der der andere in seiner Andersheit (sei sie kultureller, politischer, ethnischer oder religiöser Natur) "die Rechte der Menschheit mit genießen"[243] kann und als Mitmensch anerkannt und geachtet wird.

Im Namen der Toleranz als Kultur wahrer allgemeiner Menschenduldung wehrt sich Mendelssohn vehement dagegen, die Nivellierung der Verschiedenheit durch "trügerische Worte" oder "Mummerei"[244] in einer vordergründigen Vereinigung der Menschheit (Mendelssohn bezieht sich hier hauptsächlich auf die Frage der Glaubensvereinigung) für den Weg zur wahren Universalität, zum friedlichen Zusammenleben oder – wie er es ausdrückt – "zur Bruderliebe und Bruderduldung"[245] zu halten.

Nach Mendelssohn braucht Universalität die Vielfalt, da wahre Universalität nur in der Vielfalt und als pluraler Ausdruck dieser geben kann. Daher die Konsequenz der Toleranz, und zwar im Sinne einer Kultur wahrer allgemeiner Menschenduldung. Und daher auch Mendelssohns Mahnruf: "... lasset uns keine Übereinstimmung lügen ..."[246] Die Strategie der schnellen Vereinigung ist aber für Mendelssohn nicht nur verlogen. Sie ist auch falsch. Sie geht nämlich von einer falschen Annahme aus: Die Bejahung der Universalität bzw. der Einheit des menschlichen Geschlechtes müsse unbedingt auch Uniformität der Kulturen und Religionen, also der Wege zur Verwirklichung der Bestimmung des Menschen bedeuten. Wahr ist vielmehr nach Mendelssohn die durch Erfahrung und Beobachtung als unzurückführbare Tatsache konstatierte Pluralität der Wege, die Toleranz zur Menschen- und Bürgerpflicht deshalb macht, weil sie Bedingung von Universalität bzw. Einheit in der Vielfalt ist. Toleranz ist für Mendelssohn also die Haltung, aus der es möglich wird, in der Geschichte Universalität

---

[242] Moses Mendelssohn, *ebenda*, S. 457.
[243] Moses Mendelssohn, *ebenda*, S. 454.
[244] Moses Mendelssohn, *ebenda*, S. 456.
[245] Moses Mendelssohn, *ebenda*, S. 454.
[246] Moses Mendelssohn, *ebenda*, S. 456.

ohne Uniformität zu erreichen. Positiv gesagt: Toleranz ist die Kultur, in der Universalität und Vielfalt zusammengehen.

Universalität und Vielfalt sind kein Dilemma. Mendelssohns Gedanke der Toleranz ist zweifellos ein grundlegender Beitrag zur Begründung dieser Erkenntnis, deren Kernpunkt er im Anschluss an die eigene religiöse Tradition metaphorisch mit diesen schönen Worten auf den Begriff bringt: "„Wie kann aber auf diese Weise die Prophezeihung in Erfüllung kommen, daß dereinst nur ein Hirt und eine Herde sein soll?"

Liebe Brüder! Die ihr es mit den Menschen wohlmeinet, lasset euch nicht betören! Um dieses allgegenwärtigen Hirten zu sein, braucht weder die ganze Herde auf *einer* Flur zu weiden, noch durch *eine* Tür in des Herrn Haus ein und aus zu gehen. Dieses ist weder dem Wunsche des Hirten gemäß noch dem Gedeihen der Herde zuträglich."[247]

Für uns heute ist diese Erkenntnis nicht nur aktuell, sondern auch notwendig. In einer Welt, die von der Fundamentalisierung von Kulturen und Religionen zunehmend bedroht wird, tut es doch Not, sich auf einen Beitrag zu besinnen, der das Faktum der Vielfalt als Verpflichtung zur gegenseitigen Toleranz interpretiert und die Menschen daher dazu aufruft, "nicht alles mit eigenen *heimischen* Augen zu sehen."[248]

Zur Entwicklung einer Kultur interkultureller Beziehungen in unserer Welt heute kann uns also Mendelssohns Gedanke der Toleranz eine grundlegende Orientierung bedeuten.

Schlussbemerkung

Ich möchte meine Analyse der Popularphilosophie[249] nicht abschließen, ohne wenigstens auf Namen bzw. Denkströmungen hinzuweisen,

---

[247] Moses Mendelssohn, *ebenda*, S. 454. Hervorhebungen im Original.

[248] Moses Mendelssohn, *ebenda*, S. 432. Hervorhebung im Original.

[249] Zu einer umfassenderen Darstellung der Geschichte und Wirkung der Popularphilosophie der deutschen Spätaufklärung vgl. Christoph Böhr, *Philosophie für*

die auf ihre Weise, d.h. unter veränderten Bedingungen und bei eigener Akzentsetzung das Grundanliegen der Entwicklung einer "Philosophie für die Welt" in Europa bis in unsere Tage fortgesetzt haben. Ich denke hier an die populäre Lebensphilosophie des 19. Jahrhunderts[250], vor allem aber an das Projekt einer "filosofia della prassi" (Philosophie der Praxis), das Antonio Gramsci (1891-1937) als Beitrag zu einer alternativen popularen Kultur entwickelte[251] sowie an Jean-Paul Sartre (1905-1980), wobei ich ganz besonders an sein philosophisches Programm in den *Situations* und an die Neubestimmung der Rolle der Intellektuellen in der Gesellschaft denke.[252] Weiter darf ich auf die Entwicklungen, die sich einerseits um den Personalismus von Emmanuel Mounier (1905-1950)[253] und andererseits um die Philosophie der Revolution von Gajo Petrović (1927-1993)[254] entfalten haben, hinweisen. Und schließlich sei die Initiative der Gruppe um die Zeitschrift *Philokles* genannt, die sich bewusst auf die Tradition der deutschen Popularphilosophie des 18. Jahrhunderts beruft, und zwar in der Absicht, sie fortzusetzen.[255] (In diesem Zusammenhang sei in Klammern gesagt, dass ich nur Beispiele aus Europa genannt habe, weil das vorliegende Buch sich ausschließlich mit europäischen Traditionen beschäftigt. Aber auch in anderen Kontinenten findet man ähn-

---

die Welt. Zum Selbstverständnis der Popularphilosophie der deutschen Spätaufklärung, Stuttgart 2002 – im Druck.

[250] Vgl. Gudrun Kühne-Bertram, *Aus dem Leben – zum Leben. Entstehung, Wesen und Bedeutung populärer Lebensphilosophie in der Geistesgeschichte des 19. Jahrhunderts*, Frankfurt/M. 1987.

[251] Vgl. Antonio Gramsci, *Il materialismo storico*, Torino 1975; und Gregor von Fürstenberg, *Religion und Politik. Die Religionssoziologie Antonio Gramscis und ihre Rezeption in Lateinamerika*, Mainz 1997, insbesondere S. 45-84; und die dort angegebene Literatur.

[252] Vgl. Jean-Paul Sartre, *Situations*, 10 Bände, Paris 1947-1976; und Philippe Gavi/Jean-Paul Sartre/Pierre Victor, *On a raison de se révolter*, Paris 1974.

[253] Vgl. Emmanuel Mounier, *Manifeste au service du personnalisme*, Paris 1936; und ders., *Le personnalisme*, Paris 1949; sowie die Zeitschrift *Acontecimiento*, herausgegeben vom Instituto Emmanuel Mounier in Madrid.

[254] Vgl. Gajo Petrović, *Filozofija i revolucija*, Zagreb 1971; ders., *Čemu praxis*, Zagreb 1972; und ders., *Mi ljenje revolucije*, Zagreb 1978.

[255] Vgl. *www.philokles.de*.

lich gelagerte Versuche der Herausarbeitung einer "Philosophie für die Welt". Zum Beispiel in Afrika kann man auf das Projekt der *Sage Philosophy* [256] oder in Lateinamerika auf die Strömung der *Philosophie der Befreiung* [257] hinweisen).

Die Analyse dieser neueren Entwicklungen – so möchte ich zum Schluss anmerken – wird auch bestätigen können, dass "Popularphilosophie" nichts mit Erniedrigung der Philosophie zum Volk (Hegel) zu tun hat, weil es ihr prinzipiell darum geht, eine soziale und kulturelle Verortung der Philosophie zu fördern, durch die diese – um es mit Heine zu sagen – lernt, keine "Scheu vor den Resultaten ihres eigenen Denkens"[258] zu haben und sich als eine Wissensform artikuliert, die dem Menschen den Schlüssel zur Selbstinterpretation und zum verantwortlichen Handeln in der Welt selbst in die Hände gibt.

---

[256] Vgl. Henry Odera Oruka (ed.), *Sage Philosophy: Indigenous Thinkers and Modern debate on African Philosophy*, Nairobi 1991. Zur Diskussion darüber vgl. in Deutsch: Anke Graneß/Kai Kresse (Hrsg.), *Sagacious Reasoning. Henry Odera Oruka in memoriam*, Frankfurt/M 1997; und Ulrich Lölke, *Kritische Traditionen. Afrika. Philosophie als Ort der Dekolonisation*, Frankfurt/M. 2001; und ferner Alena Rettová, *Africká Filosofie. Dějiny, trendy, problémy*, Prag 2001.

[257] Hier sei insbesondere auf das Werk von Rodolfo Kusch (1922-1979) und des vergessenen Noé Zevallos (Perú, 1934-1987), der ausdrücklich für eine "filosofía popular" plädierte, hingewiesen. Vgl. Noé Zevallos, *Actitud itinerante y otros ensayos*, Lima 1985. Zu Kusch vgl. Carlos M. Pagano, *Un modo de filosofía intercultural: Rodolfo Kusch*, Aachen 1999.

[258] Vgl. Heinrich Heine, *a.a.O.*, S. 63.

3.7 María Zambrano oder die "andere" spanische Tradition

Als María Zambrano, geboren am 22. April 1904 im südspanischen Ort Vélez-Málaga, im Alter von fast 87 Jahren am 6. Februar 1991 in Madrid starb, wurde sie als die wichtigste Denkerin Spaniens im vergangenen 20. Jahrhundert gefeiert. Die Resonanz der Nachricht des Todes von María Zambrano war damals tatsächlich sehr groß, und es gab kaum eine Kulturfachzeitschrift im Lande, für die der Tod von María Zambrano nicht Anlass war, eine ausführliche Würdigung ihres Werkes zu veröffentlichen und ihr so die wohl längst verdiente öffentliche Anerkennung entgegenzubringen.

Die Kundgebungen der Anerkennung aus Anlass des Todes von María Zambrano dürfen jedoch nicht darüber hinweg täuschen, dass sie in ihrer eigenen Heimat jahrzehntelang unbekannt war bzw. von der etablierten akademischen Philosophie in Spanien marginalisiert wurde. Und heute ist es doch noch so, dass trotz dieser späten Anerkennung dem Namen María Zambrano den ihm gebührenden Platz in der spanischen Philosophie der Gegenwart immer noch strittig gemacht wird.[1] Es darf eben nicht übersehen werden, dass man sie vor allem als "Schriftstellerin", als "Denkerin", nicht aber als Philosophin gefeiert hat.

Für die Marginalisierung von María Zambrano in der akademischen Philosophie – und das gilt nicht nur für Spanien – lassen sich mehrere "Gründe" angeben. Mit dem Literaturnobelpreisträger Octavio Paz (1914-1998), einem ihrer Freunde aus der Zeit des spanischen Bürgerkrieges (1936-1939) und des mexikanischen Exils – dazu später –, könnte man z.B. als eine mögliche nahliegende Erklärung dafür die Diskriminierung von Frauen in der Philosophie anführen, da viele Kollegen von María Zambrano in der Tat große Schwierigkeiten mit der Vorstellung hatten, eine Frau als Philosophieprofessorin zu akzep-

---

[1] Vgl. Antonio Jímenez, "La última María Zambrano", in: Fundación Fernando Rielo (Hrsg.), *Aportaciones de filósofos españoles contemporáneos*, Madrid 1991, S. 31; und María Luisa Maillard, "Actualidad del pensamiento de María Zambrano", in: Instituto Fe y Secularidad (Hrsg.), *Memoria académica 1998-1999*, Madrid 1999, S. 75.

tieren.[2] Ein weiterer Grund, der gerade für die Erklärung der Verkennung von María Zambrano als Philosophin in ihrer eigenen Heimat als besonders relevant betrachtet wird, ist die Tatsache, dass sie 45 Jahre ihres Lebens im Exil verbringen musste, und zwar in einem recht bewegten Exil, das für sie häufige Ortswechsel bedeutete und ihr deshalb den "Titel" der "dame errante"[3] ("herumirrende Dame") einbrachte.

Beide Gründe kann man mit Sicherheit als wichtige Gründe ansehen, da sie tatsächlich wesentliche Aspekte zur Erklärung der Marginalisierung von María Zambrano in der akademischen Philosophie Spaniens beisteuern. Und dennoch möchte ich sie nicht als die wirklich entscheidenden Gründe anführen. Diese sind für mich vielmehr zwei andere Gründe, die eng miteinander verbunden sind und die letztlich mit dem Charakter der Philosophie von María Zambrano zu tun haben.

Entscheidend ist aus meiner Sicht zunächst Zambranos bewusste, frühe Option für eine Philosophie, die weder methodisch noch inhaltlich dem in der akademischen Fachwelt favorisierten Schulbegriff der Philosophie entspricht. Sie will doch keine Philosophie betreiben, die um der Anerkennung der philosophischen Fachwelt willen sich sklavisch den für kanonisch gehaltenen Regeln der Philosophie der Fachphilosophen unterwirft. Für María Zambrano – wie noch zu zeigen sein wird – soll Philosophie ursprünglicher als die uns durch die Dominanz der akademischen Philosophie geläufig gewordene Gestalt der "Philosophie der Philosophen" sein, ursprünglicher als die Philosophie also, die sich aus dem Gespräch zwischen den Systemen der Philosophen heraus artikuliert. Solche Philosophie lebt vom "Institut"-Philosophie; sie setzt es als Bedingung ihrer Möglichkeit voraus. María Zambrano will aber vor allem Philosophie *vor* den Systemen; Philosophie, die der Disziplin des Faches Philosophie nicht folgen muss, weil sie eben ursprünglicher ist. Und für sie bedeutet das Philosophie, die ihre Urreferenz in den menschlichen Grunderfahrungen hat und von

---

[2] Vgl. Octavio Paz, "Una voz que venía de lejos", in: ders., *Al Paso*, Barcelona 1992, S. 57.

[3] Alain Guy, *Histoire de la philosophie espagnole*, Toulouse 1985, S. 249.

diesen aus versucht, eine Orientierung für die Menschen bei ihrer Suche nach Sinn und personaler Selbstverwirklichung zu sein. Andererseits muss berücksichtigt werden, dass bei María Zambrano die Option für diese ursprüngliche Form von Philosophie auch die Option für einen Philosophietypus meint, den wir heute vielleicht mit dem Terminus transdisziplinär insofern am Besten bezeichnen würden, als es sich um einen Typus von Philosophie handelt, der aus verschiedenen Quellen schöpft und auf Vielfalt der Ausdrucksweisen und Argumentationsformen setzt. Denn für María Zambrano – wie ich hier weiter vorwegnehmen muss – ist diese ursprünglichere Philosophie eben jene Form philosophischen Denkens, das sich durch die Erfahrungswelten anderer Kulturformen prägen lässt, wobei angemerkt werden muss, dass María Zambrano dabei insbesondere an Literatur, Mystik und Religion denkt. Ihr geht es in Wahrheit um eine Philosophie an der Grenze und im ständigen Übergang zur Dichtung, Mystik und Religion; um Philosophie, die – wie gerade angedeutet – eine Weisheit vermittelt, die den Menschen hilft, ihre Existenz als Grenzgänger zwischen diesen Grundbereichen des Lebens, wo Menschen von verschiedenen Zugängen her mit der Sinnfrage konfrontiert werden, zu bewältigen.

Mit der Entscheidung für diese Form von Philosophie – und nur darauf wollte ich mit diesem zum Teil vorwegnehmenden Hinweis auf den Charakter der Philosophie von María Zambrano hinaus – steht allerdings María Zambrano genau auf der Linie jener Tradition ihres Heimatlandes, die von Beginn an den Anspruch erhoben hat, die *spanische* Kulturvariante von Philosophie zu repräsentieren und die wohl deshalb für die Welt der Fachphilosophie (auch in Spanien!) eine problematische Tradition wird. Ich meine die Tradition, die im gesamten iberoamerikanischen Kulturbereich die Tradition der "pensadores/pensadoras" (Denker und Denkerinnen) genannt wird, um die Entwicklungslinie eines philosophischen Denkens zu charakterisieren, das den schulphilosophischen Beitrag nicht ausschließt, dessen Zentrum als Denktradition jedoch eher durch Dichter und Mystiker geprägt wird, wie z.B. Johannes von Kreuz (1542-1591), Fray Luis de León (1526-

1591), Francisco Quevedo (1580-1645), Pedro Calderón de la Barca
(1600-1681) oder Antonio Machado (1875-1939).

Als zusätzlicher Hinweis sei noch gestattet, daran zu erinnern, dass
von dieser Tradition, in der sich Dichtung und Philosophie gegenseitig
durchdringen, kein Geringeres als Miguel de Unamuno (1864-1936)
behauptet hat, dass sie die Tradition darstellt, in der man eigentlich
Spaniens Philosophie finden kann. Mit anderen Worten: Unamuno
hält sie für die Tradition, in der die durch die spanische kulturhistori-
sche Erfahrung und insbesondere durch die spanische Sichtweise des
Lebens spezifisch geprägte Philosophie zum Ausdruck kommt.[4]

Zu den Paradoxien der Geschichte der Philosophie in Spanien gehört
nun aber die Entwicklung, die zur Marginalisierung dieser inkulturier-
ten Form philosophischer Reflexion führt. Dazu sei hier nur so viel
gesagt: Im 19. Jahrhundert wird in Spanien die Frage der Modernisie-
rung bzw. "Europäisierung" des Landes verstärkt und hoch kontrovers
diskutiert. Und eine der zentralen Fragen, die dabei diskutiert werden,
ist eben die Frage, genauer, die Forderung der Übernahme des "europäischen" Modells von Wissenschaft und Philosophie. Die wissen-
schaftspolitische Durchsetzung der "Europeisten" in dieser Debatte
hatte dann für die Entwicklung der Philosophie zur Folge, dass die
Tradition der "filosofía española" (spanischen Philosophie) in die un-
bequeme Lage gebracht wurde, sich vor der zum Paradigma erklärten
europäischen Philosophie rechtfertigen zu müssen. Seit dem musste
und muss noch heute die Tradition der "filosofía española" im eigenen
Land um ihre Anerkennung als Philosophie "im strengeren Sinne"
kämpfen.[5]

Für meine Argumentation ergibt sich aus dem Gesagten folgendes
Fazit: Mit der Option für eine ursprünglichere Philosophie in der Tradition der *spanischen* Kulturvariante von Philosophie entscheidet sich

---

[4] Vgl. Miguel de Unamuno, *Del sentimiento trágico de la vida*, Madrid 1937, S.
227; und seinen Beitrag "Sobre la filosofía española", in: ders., *Ensayos*, Bd. 4,
Madrid 1917, S. 42-44.

[5] Zur Debatte um den philosophischen Status der "spanischen Philosophie" vgl.
José Luis Abellán, Ramiro Flores, Antoinio Heredia u.a., *¿Existe una Filosofía
Española?*, Madrid 1988; sowie die in Fussnote 7 angebene Literatur.

María Zambrano für die lebendige, rekontextualisierende Fortsetzung eines Philosophietypus[6], der selbst in ihrem Heimatland Spanien philosophisch diskreditiert wird und der dadurch ihre Philosophie von vorneherein in einem suspekten Licht erscheinen lässt. María Zambranos eigene philosophische Positionierung "begünstigt" somit den Ausschluss ihres Werkes aus dem regulären philosophischen "Betrieb".

Dieses Ergebnis muss allerdings auf eine strukturelle Bedingung zurückgeführt werden, nämlich auf die bereits angedeutete Vorherrschaft der schulphilosophischen Kultur "europäischer", insbesondere deutscher Provenienz in Spanien. Und genau dies ist der andere Grund, der mir für eine Erklärung der Marginalisierung von María Zambrano (insbesondere in der akademischen Philosophie Spaniens) ebenso entscheidend zu sein scheint. Es liegt doch auf der Hand, dass María Zambranos philosophisches Programm die Marginalisierung des eigenen Denkansatzes nur dann "begünstigen" kann, wenn es sozusagen dem "Zeitgeist" der dominant gewordenen philosophischen Kultur sowie – und vor allem! – seiner strukturmäßigen Verankerung in Lehre und Forschung widerspricht. Die Marginalisierung von María Zambrano darf also weder als ein Zufall noch als ein Einzelfall betrachtet werden. Sie ergibt sich doch aus den Strukturen, die die Durchsetzung des ("europäischen") schulphilosophischen Modells von Philosophie in Spanien hervorbringt, und zwar nicht als eine isolierte Erscheinung, sondern als ein Fall unter vielen anderen, da die strukturelle Vorherrschaft der europäisierenden akademischen Philosophie die gesamte Tradition der "filosofía española" an den Rand des anerkannten "Betriebs" drängt. Es ist wahr, dass in den letzten Jahren wichtige Fortschritte bei der Anerkennung der "spanischen Philosophie" gemacht worden sind.[7] Man kann jedoch immer noch die angesprochene syste-

---

[6] Vgl. María Zambrano, "El problema de la filosofía española", in: *Las Españas* 4 (1948) 3-13. Auf diesen unbeachteten Beitrag von María Zambrano hat zuerst Monique Dorang hingewiesen. Vgl. Monique Dorang, *Die Entstehung der razón poética im Werk von María Zambrano*, Frankfurt/M 1995, S. 177. Vgl. ferner María Zambrano, "El español y su tradición", in: *Hora de España* 4 (1937) 23-27.

[7] Diese Fortschritte sind in erster Linie der Initiative der Gruppe um Antonio Heredia und José Luis Abellán zu verdanken. Bekannt geworden ist diese Forschergruppe vor allem durch das seit 1978 im zweijährigen Turnus an der Uni-

matische Marginalisierung der eigenen Tradition an den spanischen Universitäten und philosophischen Forschungszentren deutlich spüren. Die Tatsache, um nur dieses Beispiel zu nennen, dass die Lehrstühle für "spanische Philosophie" nicht als Bestandteil des "harten Kerns" philosophischer Lehre und Forschung angesehen werden und dass deren Vertreter um die Anerkennung als "richtige" Philosophen im eigenen Land weiterhin kämpfen müssen, ist doch ein klarer Beleg für das Fortbestehen der beschriebenen Situation. Doch das braucht hier nicht weiter vertieft zu werden. Denn es soll ja nur verdeutlichen, dass María Zambranos Marginalisierung eigentlich strukturell zu erklären ist. Ich darf aber zur Darstellung des Denkansatzes von María Zambrano übergehen.

---

versität Salamanca stattfindenden "Seminario de Historia de la Filosofía Española", welches seit 1988 den Namen "Seminario de Historia de la Filosofía Española e Iberoamericana" trägt, um der von Anfang an mitberücksichtigten Einbeziehung der Entwicklung des Denkens in Portugal, Brasilien und im spanischsprechenden Lateinamerika auch im Namen Rechnung zu tragen. Bis jetzt liegt die Dokumentation von 10 Seminaren vor: Antonio Heredia (Hrsg.), *Actas del I Seminario de Historia de la Filosofía Española*, Salamanca 1978; ders., *Actas del II Seminario de Historia de la Filosofía Española*, 2 Bde., Salamanca 1982; ders., *Actas del III Seminario de Historia de la Filosofía Española*, Salamanca 1983; ders., *Actas del IV Seminario de Historia de la Filosofía Española*, Salamanca 1986; ders., *Actas del V Seminario de Historia de la Filosofía Española*, Salamanca 1988; ders., *Actas del VI Seminario de Historia de la Filosofía Española*, Salamanca 1990; ders., *Exilios filosóficos de España. Actas del VII Seminario de Historia de la Filosofía Española e Iberoamericana*, Salamanca 1992; ders., *Mundo Hispánico – Nuevo Mundo: Visión filosófica*, (Akte des 8. Seminars), Salamanca 1995; Antonio Heredia/Roberto Albares (Hrsg.), *Filosofía y Literatura en el mundo hispánico*, (Akte des 9. Seminars), Salamanca 1997; und Roberto Albares/Antonio Heredia/Ricardo Piñero (Hrsg.), *Filosofía hispana y diálogo intercultural*, (Akte des 10. Seminars), Salamanca 2000. Weiter ist hier auf die Arbeit der von José Luis Abellán 1988 gegründeten "Asociación de Hispanismo Filosófico" hinzuweisen, die die *Revista de Hispanismo Filosófico* seit 1996 herausgibt und die zudem die "Jornadas de Hispanismo Filosófico" durchführt. Ferner ist die "Fundación Gustavo Bueno" in Oviedo zu erwähnen, die unter anderem das "Proyecto Filosofía en español" im Internet unterhält. Vgl. http://www.uniovi.es/~filesp. Und schließlich sei auch auf ein anderes Projekt im Internet hingewiesen, das von José Luis Gómez-Martínez von der Universität Georgia (USA) initiiert wurde und heute eine wichtige Dokumentationsstelle darstellt. Vgl. http://www.ensayo.rom.uga.edu.

Als Orientierungshilfe für das bessere Verständnis des historischen, aber auch kulturgeschichtlichen Hintergrunds sollen jedoch meiner Darstellung einige bio-bibliographische Hinweise vorangeschickt werden.

María Zambrano stammt aus einer Lehrerfamilie. Als der Vater, Blas José Zambrano (1874-1938), 1908 dienstlich versetzt wurde, übersiedelte die Familie zuerst nach Madrid und später dann nach Segovia, wo der Vater die Leitung einer Höheren Schule übernahm und sich politisch für den Sozialismus und für die Republik engagierte. In Segovia besuchte María Zambrano die Grundschule und das Gymnasium, bis sie 1924 ihr Philosophiestudium beginnt; zuerst allerdings als Fernstudium, da sie gesundheitliche Probleme hat, aber ab 1926 kann sie ihr Studium als ordentliche Studentin an der Universidad Central in Madrid fortsetzen. Das muss hier um so mehr hervorgehoben werden, als es die Zeit ist, in der sie ihr "Lehrer", José Ortega y Gasset (1883-1955), kennen lernt. Zwischen 1926-1927 besucht sie nämlich regelmäßig seine Vorlesungen und wird von der "blendenden Klarheit"[8] seines Vortrags fasziniert. Aber auch die Vorlesungen anderer namhafter Philosophieprofessoren der Madrider Universität beeindrucken sie, Julián Besteiro (1870-1940), Manuel García Morente (1886-1942) und Javier Zubiri (1898-1983), die sie hoch schätzt und ebenfalls als ihre Lehrer betrachtet. Ihrerseits gewinnt María Zambrano recht bald das Vertrauen und die Hochschätzung ihrer Lehrer (vor allem seitens Ortega y Gasset) und bekommt nach ihrem Studium eine Assistentenstelle. 1931 beginnt sie ihre akademische Karriere in Spanien, und zwar mit der Vertretung des Lehrstuhls von Javier Zubiri, der in diesem Jahr einen Forschungsaufenthalt in Deutschland verbringt.

Die Studienjahre in Madrid sind aber auch deshalb hervorzuheben, weil sie Jahre eines wichtigen politischen Lernprozesses sind, in dessen Verlauf María Zambrano ihr Engagement gegen den Faschismus in Spanien und Europa immer deutlicher und radikaler artikulieren

---

[8] Vgl. María Zambrano, *Delirio y destino*, Madrid 1989, S. 32. Es sei darauf hingewiesen, dass *Delirio y destino* ein autobiographisches Werk, das sie in Havanna Anfang 1953 schrieb, ist.

wird. Man muss sich die Tatsache vergegenwärtigen, dass María Zambrano zum Studium nach Madrid in einer Zeit kommt, in der Spanien in Folge der seit dem Militärputsch des Generals Miguel Primo de Rivera (1870-1930) am 13. September 1923 bestehenden Diktatur von großen sozialen, politischen und kulturellen Konflikten erschüttert wird. Es sind Jahre tiefgreifender Umbrüche, die mit der Abschaffung der Diktatur 1930 und der Proklamation der II. spanischen Republik 1931 ihren vorläufigen Höhepunkt erreichen werden. Und für María Zambrano ist es die Zeit, in der bei ihr das Bewusstsein dafür wächst, dass sie im sozialen politischen Konflikt Partei ergreifen muss, weil für sie immer klarer und tiefer die Einsicht wird, dass sie die Leidenschaft für die Philosophie mit der Leidenschaft für die politische Aktion verbinden muss.[9] Diese Einsicht bedeutet für sie die Verpflichtung zum politischen Engagement, wobei für sie die Parteinahme für "die Sache des Volkes" als eine Frage der Moral feststeht. Es war eben ihre Pflicht, sich in den Dienst des Kampfes des spanischen Volkes gegen den Faschismus zu stellen.[10] María Zambrano wird klar, dass sie sich in dieser historischen Situation nicht auf ihr Studium der Philosophie bzw. auf ihre Lehrtätigkeit zurückziehen darf, und betrachtet die politische Aktion als die Form, in der sie eben in dieser Stunde "adsum" sagen muss. Politisches Engagement ist also für sie die Art und Weise, in der sie Verantwortung für ihre historische Gegenwart übernimmt und durch ihre Tätigkeit sagt: Hier![11]

Dieses politische Bewusstsein drückt sich konkret in der aktiven Mitgliedschaft bei der "Federación Universitaria Española", in die sie 1928 eingetreten war, aber ebenso in der engagierten Arbeit für die "Liga de Educación Social" aus, ohne die bildungspolitische Arbeit zu vergessen, die sie im Rahmen des Programms der Volkserziehung der "Misiones Pedagógicas" ab 1931 leistet.[12]

---

[9] Vgl. María Zambrano, *ebenda*, S. 37.

[10] Vg. María Zambrano, *ebenda*, S. 96.

[11] Vgl. María Zambrano, *ebenda*, S. 38ff.

[12] Hierzu vgl. *María Zambrano. Pensadora de la Aurora*. Sondernummer der Zeitschrift: *Anthropos* 70/71 (1987); Jesús Moreno Sanz, "La política desde su envés histórico-vital: historia trágica de la esperanza y sus utopías", in: María

Zur politischen Arbeit von María Zambrano in diesen Jahren gehört zudem die intensive journalistische Tätigkeit, mit der sie während des spanischen Bürgerkrieges (1936-1939) die Republik unterstützt. In diesem Kontext steht auch ihr Buch *Los intelectuales en el drama de España*, das sie 1937 in Santiago de Chile veröffentlicht, als sie dort zusammen mit ihrem Ehemann die Volksfrontregierung vertritt.[13]

Im Sommer 1937 kehrt María Zambrano wieder nach Spanien zurück. Zu diesem Zeitpunkt, so wird sie später schreiben, war es ihr und ihrem Mann klar, dass ihre "Sache" eine verlorene Sache war, aber gerade deshalb wollten sie zurückkehren, um ihre Solidarität bis zuletzt zu demonstrieren.[14] Sie lebt dann in Valencia und Barcelona, wo sie die wichtige Kulturzeitschrift *Hora de España* mit herausgibt und noch bis Ende 1938 an der Universität Barcelona Philosophie unterrichtet.

Mit dem Sieg der Faschisten in Spanien muss María Zambrano emigrieren.[15] Im Januar 1939 geht sie ins Exil. Es ist der Beginn eines sehr bewegten Lebens in der "Fremde", das erst 45 Jahre später enden wird. Über Paris kommt sie zuerst nach Havanna und dann nach Mexiko, wo sie an der Universität Morelia einige Monate unterrichtet. Hier veröffentlicht sie zwei Bücher, die wesentliche Intuitionen ihrer späteren philosophischen Entwicklung antizipieren. Es sind: *Filosofía y poesía* (Morelia 1939) und *Pensamiento y poesía en la vida española* (Mexiko 1939).

Zambrano, *Horizonte del liberalismo*, Madrid 1996, S. 23ff; und Rogelio Blanco Martínez/Juan F. Ortega, *Zambrano*, Madrid 1997.

[13] Eine eingehende Analyse dieser politischen Essays findet man in der zitierten Dissertation von Monique Dorang. Vgl. Monique Dorang, *a.a.O.*, insbesondere S. 37ff.

[14] Vgl. María Zambrano, "A modo de prólogo", in: ders., *Filosofía y poesía*, México/Madrid 1987, S. 9.

[15] Zum Exil spanischer Intellektueller sowie zum Verhältnis zwischen Intellektuellen und Politik im spanischen Bürgerkrieg vgl. José Luis Abellán (Hrsg.), *El exilio español de 1939*, 5 Bde., Madrid 1976; und in Deutsch: Reinhold Görling, *Dinamita cerebral – Politischer Prozeß und ästhetische Praxis im Spanischen Bürgerkrieg (1936-1939)*, Frankfurt/M 1986; und Barbara Pérez-Ramos, *Intelligenz und Politik im spanischen Bürgerkrieg 1936-1939*, Bonn 1982.

Anfang 1940 kehrt María Zambrano aber nach Havanna zurück. Sie lehrt Philosophie an der Universität von Havanna sowie am "Instituto de Altos Estudios y de Investigaciones Científicas", wobei sie eine enge und dauerhafte Freundschaft zu kubanischen Schriftstellern, Dichtern und Philosophen der Gruppe und Zeitschrift *Orígines*[16] entwickelt. Besondere Erwähnung verdient dabei ihre Freundschaft mit José Lezama Lima (1910-1976) und Cintio Vitier (geb. 1921), die ihr den Zugang zu verschiedenen kubanischen Kulturzeitschriften erleichtern. In der von José Lezama Lima herausgegebenen Zeitschrift *Orígines* wird sie z.b. den bedeutenden, auch einen wesentlichen Kernpunkt ihrer späteren philosophischen Position antizipierenden Beitrag "La metáfora del alma" (1944) veröffentlichen.

1943 lebt María Zambrano auf Puerto Rico, wo sie an der Universität von Río Piedras lehrt. 1944 kehrt sie wieder nach Kuba zurück, wo sie ihre Lehrtätigkeit an der Universität von Havanna wieder aufnimmt. 1946 fliegt sie zur Beerdigung ihrer Mutter nach Paris und bleibt dort bis 1949. Über Mexiko kommt sie in diesem Jahr nach Kuba zurück. Bis 1953 lässt sie sich in Havanna nieder. Wichtige Publikationen aus dieser Zeit sind die Bücher *La agonía de Europa* (1945) und *Hacia un saber sobre el alma* (1950).

1953 kehrt María Zambrano nach Europa zurück. Sie lebt zuerst in Rom (bis 1964), dann in Gex im französischen Jura (bis 1978), um anschließend in die Nähe von Genf in der Schweiz umzuziehen. Hier lebt sie bis 1984, das Jahr also, in dem sie – erst 9 Jahre nach dem Tod des Diktators Franco! – nach Spanien zurückkehrt. Zentrale Werke ihres Schaffens stammen aus diesen Jahren in Europa: *El hombre y lo divino* (1955), *Persona y Democracia* (1958), *La España de Galdos* (1960), *El sueño creador* (1965), *La tumba de Antígona* (1967), *Claros del bosque* (1977), *De la aurora* (1986), *Notas de un método* (1989) und *Los bienaventurados* (1990).

---

[16] Zur Geschichte und Bedeutung von *Orígines* vgl. in Deutsch: Ivette Fuentes, "*Orígines*: Die Gruppe und die Zeitschrift", in: Raúl Fornet-Betancourt (Hrsg.), *Philosophie, Theologie, Literatur: Kubanische Beiträge aus den letzten 50 Jahren*. Aachen 1999, S. 269-285.

1988 wurde María Zambrano mit dem bedeutendsten Literaturpreis der spanischsprechenden Welt, dem "Premio Cervantes", ausgezeichnet. Das war der Anfang der von mir eingangs angesprochenen späten Anerkennung. Aber – wie gesagt – als Philosophin bleibt sie trotzdem weitgehend unbekannt, da die Verleihung des Preises (und die damit verbundene Anerkennung) – wie zu Recht Monique Dorang feststellt – "vermochte zwar, ihren Namen, nicht aber ihr Werk bekanntzumachen."[17] In diesem Sinne ist meine folgende Darstellung des Denkansatzes von María Zambrano als Beitrag zum Bekanntmachen ihres Werkes zu verstehen, wobei ich einschränken muss, dass ich mich im Rahmen der vorliegenden Untersuchung auf die philosophische Dimension konzentrieren muss. Mehr noch: Dem Grundanliegen meiner Arbeit entsprechend werde ich zudem in den Mittelpunkt meiner Darstellung nur ausgewählte Momente aus dem philosophischen Werk von María Zambrano stellen, und zwar insbesondere jene Momente, die meines Erachtens ihre Philosophie wesentlich als eine Tradition charakterisieren, die sich aus dem Gespräch mit ihrer historischen Gegenwart heraus als Suche nach Alternativen für die Verwirklichung der Humanität der Menschen entwickelt und die so María Zambrano zu einer wichtigen Gesprächspartnerin für unsere eigene Praxis der Philosophie heute macht.

Anfangen möchte ich mit dem philosopisch-politischen Ansatz, den María Zambrano in ihrem ersten Buch *Horizonte del liberalismo* (Madrid 1930) entwickelt. Es sind hauptsächlich zwei Gründe, die für den Anfang mit diesem Moment in der Philosophie von María Zambrano sprechen. Ich darf sie kurz anführen.

Der erste Grund ist der, dass bereits in diesem Buch, obwohl es sich um eine Frühschrift handelt, María Zambrano – wie die Darstellung noch zeigen soll – nicht nur den ideen- und sozialgeschichtlichen Kontext, der für ihre Reflexion bestimmend bleiben wird, deutlich thematisiert, sondern auch viele der Intuitionen, die die Grundlage für ihre spätere philosophische Entwicklung bilden, ebenso klar formuliert.

---

[17] Vgl. Monique Dorang, *a.a.O.*, S. 26.

Der zweite Grund ergibt sich für mich aus unserem historischen Kontext heute. In einem Kontext wie dem heutigen, in dem der Neoliberalismus die Lebensbedingungen und damit Menschen und Welt verändert, erscheint doch María Zambranos Ansatz in *Horizonte del liberalismo* hoch aktuell und anregend, denn – wie wir noch sehen werden – ist ihr Buch ein Programm zur radikalen Korrektur des liberalen Gedankens und der darauf basierenden sozialen Ordnung.

Charakteristisch für María Zambranos Ansatz in *Horizonte del liberalismo* scheint mir zunächst die Kontextualisierung philosophischer Reflexion zu sein. Das Buch ist in diesem Sinne ein Dokument kontextuellen Denkens. Dies zeigt sich unter anderem daran, dass sowohl der ideengeschichtliche Kontext der Krisis der modernen europäischen Rationalität als auch der sozial-politische Kontext der Verbreitung des Totalitarismus (insbesondere in der Form des Faschismus) in Europa ausdrücklich als der historische Horizont thematisiert werden, vor dem Philosophie ihre "Denkaufgabe" wahrzunehmen und ihre Rolle in der Geschichte zu bestimmen hat. Und das bedeutet für María Zambrano, dass Philosophie kein abstraktes, sozial irrelevantes Spiel sein darf, weil sie eben aus der Geschichte heraus zu betreiben ist, und zwar als Reflexion, die dazu beiträgt, die Welt neu zu gestalten.[18]

In *Horizonte del liberalismo* konkretisiert sich deshalb diese Kontextualisierung der Philosophie in der Aufgabe, eine politische Philosophie zu entwickeln, die auf der Basis der Klärung der verschiedenen Wurzeln und der Funktion der Politik im Leben der Menschen eine kulturkritische Diagnose der Gegenwart stellen, vor allem aber einen befreienden Ausweg aus der Krisis entwerfen kann. Politische Philosophie wird so für María Zambrano ein kulturkritisches Programm, genauer, ein Programm zur Kritik an der Kultur, die die "statische, konservative Politik" (also die Politik der Dogmatiker) als Kult der bestehenden Ordnung hervorbringt und verteidigt. Dieser Politik bzw. der Kultur dieser Politik setzt María Zambrano die "dynamische, revolutionäre Politik" entgegen, worunter sie jene Politik versteht, die keine Gesetze, sondern die Bedürfnisse lebendiger Menschen zu ihrer

---

[18] Vgl. María Zambrano, *Horizonte del liberalismo*, a.a.O., S. 269.

Mitte macht und sich demnach im Einklang mit dem Rhythmus des Lebens als offener Prozess entfaltet.[19]

Vor dem Hintergrund dieser Unterscheidung setzt sich dann María Zambrano mit dem Liberalismus auseinander. Sie betrachtet den Liberalismus als ein konkretes Beispiel für die Politik, die insofern eine lebens- und menschenfeindliche Kultur hervorbringt, als sie sich vom Leben und von der Geschichte konkreter Menschen entfernt, um auf eine rationalistisch verstandene Vernunft als soziale Ordnungsmacht zu setzen. Im Liberalismus sieht María Zambrano sozusagen die Inkarnation der rationalistischen Philosophie der europäischen Moderne. Die philosophischen Voraussetzungen des Liberalismus als Politik bzw. als Kultur liegen in der Philosophie der europäischen Moderne. Die Politik des Liberalismus setzt in der Tat nach María Zambrano erkenntnistheoretische, anthropologische und religionsphilosophische Einsichten voraus, die eindeutig mit dem philosophischen Programm der europäischen Moderne zusammenhängen und die den "Geist" des Liberalismus ausmachen. Z.B.: Die Überschätzung des Individuums bzw. die Bestimmung des Menschen als Individuum, das in radikaler Autonomie sich selbst und die Welt hervorbringt; der damit einhergehende Bruch mit der Idee der Gemeinschaft; der kognitive Optimismus einer Vernunft, die sich fundamentaler Dimensionen lebendiger Menschlichkeit wie der Leiblichkeit, Emotionen und Affekte als einer Last entledigt; der darauf zurückführende Glaube an den sozialen Fortschritt und die Säkularisierung, die die Bindung von Vernunft und Mensch an eine transzendente Instanz zum überflüssigen Relikt aus vergangenen Epochen der Menschheit erklärt.[20]

María Zambranos Kritik am Liberalismus konzentriert sich daher auf die Offenlegung der philosophischen Voraussetzungen in ihren Konsequenzen für die Entwicklung der Menschheit. Als Produkt aus dem "rationalistischen Laboratorium"[21] – so hebt sie zunächst hervor – impliziert der Liberalismus eine Trennung zwischen Vernunft und Le-

---

[19] Vgl. María Zambrano, *ebenda*, S. 210ff.

[20] Vgl. María Zambrano, *ebenda*, S. 232ff.

[21] María Zambrano, *ebenda*, S. 255; vgl. auch S. 251. (Die deutsche Übersetzung der Zitate stammen vom Verfasser dieser Arbeit).

ben, aus der sozial-politisch ein Programm "menschlicher" Entwicklung folgt, das das humane Maß der "wirklichen, bescheidenen Humanität"[22] der Menschen aus den Augen verloren hat und deshalb jede Grenze aufhebt, indem es zum Ziel der Geschichte das fortwährende Erzielen von neuen "Rekorden"[23] erklärt. "Menschliche" Entwicklung wird – so das Fazit von María Zambrano auf dieser Ebene ihrer Analyse – im Programm des Liberalismus zum Kult des "Heldentums des Fortschrittes ohne Rast, des Strebens ohne Maß und der Grenzenlosigkeit, da sogar die Grenze, die mit dem Hinweis auf das eigentliche Ziel verbunden war, abgeschafft wird."[24]

Dem Liberalismus geht es weiter nach María Zambrano um die Inthronisierung des Individuums als Herr über das Leben und die Welt.[25] Der Preis für diese Herrschaft ist aber die Einsamkeit, die Abkopplung des Menschen vom Kosmos und vom Mitmenschen, ja sogar von sich selbst als *Lebe*wesen. Hierzu schreibt sie: "... der Irrtum des rationalistischen Liberalismus, seine Unfruchtbarkeit besteht darin, dass er alle Bindungen des Menschen gelöst hat, und zwar nicht nur mit dem Übermenschlichen, sondern auch mit dem Untermenschlichen, mit dem Unbewussten. Es ist Missachtung der Begierde, der Leidenschaften, des Glaubens, der Liebe ... Der Liberalismus bedeutet zwar ein Maximum an Glaube an den Menschen, aber genau deshalb wohl auch ein Minimum an Glaube an alles andere. Der Liberalismus führte dazu, dass der Mensch an sich selbst glaubt, zugleich aber auch dazu, dass der Mensch an all das, was er selbst nicht ist, zweifelt."[26]

Die Folge aus der Behauptung dieses heroischen Individualismus ist – wie María Zambrano ferner betont – die Kündigung jeder Form von Solidarität. Sein Ziel kann der Liberalismus eigentlich nur dann erreichen, wenn die Idee der Einheit des Menschengeschlechts aus dem Gedächtnis der Menschen gelöscht wird; d.h., wenn die Teilung der Menschen in eine Minderheit, die durch Macht und Herrschaft ihre

---

[22] María Zambrano, *ebenda*, S. 241.

[23] María Zambrano, *ebenda*, S. 228.

[24] María Zambrano, *ebenda*, S. 228.

[25] Vgl. María Zambrano, *ebenda*, S. 234.

[26] María Zambrano, *ebenda*, S. 244.

individuelle Freiheit verwirklichen kann, und in eine Mehrheit, die dazu verurteilt ist, ein Leben ohne Perspektiven zu fristen, akzeptiert wird. Mit anderen Worten: Um die Idee der Freiheit – im Sinne der Freiheit des Individuums wohlgemerkt – zu retten, hat der Liberalismus das Ideal der Gleichheit und der Brüderlichkeit preisgegeben.[27] Das ist sein innerer Widerspruch und deshalb kann María Zambrano lapidar feststellen: "Der Liberalismus gründet auf der Sklaverei und nur auf dieser Basis kann er seine Vollendung erreichen."[28]

Zur Zeitdiagnose von María Zambrano in *Horizonte del liberalismo* gehört andererseits auch die Kritik am Kommunismus bzw. am Projekt des sowjetischen Staatssozialismus. Für sie ist nämlich der russische Kommunismus keine Alternative, so dass sie die Kritik am Kommunismus zum Bestandteil ihres kulturkritischen Programms macht. Wie der Liberalismus ist der Kommunismus nach María Zambrano ein Produkt des Rationalismus, genauer, des rationalistischen Traums, das Leben durch Planung in den Griff zu bekommen. Es wird zwar die Politik in den Dienst des Lebens gestellt, aber es handelt sich um ein Leben, das keine Spontaneität, keine Überraschungsmomente mehr kennt, weil auch der Kommunismus – konsequent mit seiner rationalistischen Herkunft – reduktionistisch verfährt und das Leben auf das Vorhandene, Berechenbare oder Voraussehbare einschränkt. Im Namen des Lebens wird also im Kommunismus eine totalitäre Politik entwickelt, die ebenso wie die des Liberalismus widersprüchlich wird und die am Ende dem System die Lebendigkeit konkreten Lebens opfert.[29]

Obwohl María Zambrano, deren Argumentation – nebenbei angemerkt – den Einfluss des Ratio-Vitalismus ihres Lehrers Ortega y Gasset deutlich erkennen lässt, nicht ausschließt, dass die Entwicklung in der Sowjetunion noch zu einer neuen Synthese von Freiheit und Gleich-

---

[27] Vgl. María Zambrano, *ebenda*, S. 234.

[28] María Zambrano, *ebenda*, S. 235.

[29] Vgl. María Zambrano, *ebenda*, S. 208ff.; und S. 255ff.

heit führen könnte,[30] zieht sie vor, den Ausweg aus der Krisis ihrer Zeit in dem Entwurf eines Liberalismus neuen Typus zu suchen, der in der Lage sein soll, die Widersprüche des alten Liberalismus ohne Gewalt zu lösen und so den Weg für die Verwirklichung der Ideale der Gleichheit und Brüderlichkeit in Freiheit freizumachen.

Man muss sich allerdings fragen, in wie weit María Zambranos "neuer Liberalismus" den Namen Liberalismus noch "verdient". Sie ist nämlich der Meinung, dass die Bedingung der Möglichkeit für die Entstehung des neuen Liberalismus die Abschaffung der liberalen Wirtschaftsordnung ist. Der neue Liberalismus soll die Ideale der Freiheit, Gleichheit und Brüderlichkeit verwirklichen, und zwar als zusammengehörende, sich gegenseitig bereichende Momente eines gelungenen humanen Zusammenlebens. Aber gerade dieses Programm wird durch die liberale Wirtschaftsordnung verhindert. Mit den Worten von María Zambrano gesagt: *"Die geistigen Postulate des Liberalismus können unter den Bedingungen der liberalen Wirtschaft nicht verwirklicht werden."*[31]

María Zambrano plädiert deshalb für einen Liberalismus, der die kapitalistische Wirtschaftsform des alten bürgerlichen Liberalismus überwindet. Dadurch sollen die materiellen Grundbedingungen für den Aufbau von Strukturen sozialer und kultureller Solidarität zwischen allen Menschen, also für den Aufbau einer neuen solidarischen Sozialität gelegt werden. Mit dieser Forderung überschreitet María Zambrano eigentlich den Horizont liberaler Politik. Und es stellt sich in der Tat – wie gesagt – die Frage, ob der Liberalismus, den María Zambrano als Ausweg aus der Krisis vorschlägt, noch Liberalismus genannt werden kann. Diese Frage muss jedoch hier dahin gestellt bleiben.

Entscheidend ist der Sachverhalt, dass María Zambrano mit der Alternative des "neuen Liberalismus" die Idee einer Bewegung radikaler Erneuerung verbindet, die ihre Basis in "einer neuen sozialen Wirtschaft"[32] haben soll, die aber tiefer als jede nur ökonomische oder nur

---

[30] Vgl. María Zambrano, *ebenda*, S. 256. Es sei daran erinnert, dass María Zambrano dies 1929 schreibt.

[31] María Zambrano, *ebenda*, S. 261. Hervorhebung im Original. Vgl. auch S. 268.

[32] María Zambrano, *ebenda*, S. 262.

politische Revolution greifen muss. Der neue Liberalismus soll ja nach María Zambrano eine revolutionäre integrale Wende in der europäischen Geschichte einleiten. Im Gegensatz zu ihrem Lehrer Ortega y Gasset, der die Epoche der Revolutionen für endgültig überholt hielt,[33] ist María Zambrano der Meinung, dass nur eine *andere* Revolution die notwendige historische Wende in Europa hervorbringen kann; eine Revolution, die – wie oben angesprochen – Kapitalismus und Kommunismus überwindet und eine neue soziale Ordnung stiftet, in der die Ideale von individueller Freiheit und sozialer Gerechtigkeit gleichgewichtig sind und in der somit eben die Horizonte der französischen Revolution von 1789 und der russischen von 1917 in einer höheren Synthese verschmelzen.[34]

Andererseits darf ich noch folgenden Aspekt betonen. María Zambranos "neuer Liberalismus" muss im Grunde als Perspektive einer grundlegenden, integralen Kulturrevolution verstanden werden. Es muss nämlich bedacht werden, dass María Zambrano die Krisis der europäischen Moderne, die für sie insbesondere die kapitalistische Zivilisation sowie die Ausbreitung des Faschismus offenkundig machen, als Krisis der Grundlagen einer gesamten Menschen- und Weltsicht versteht. Nicht nur ein Teil dessen, was der moderne Mensch gewollt hat, sondern sein ganzes Kulturprojekt ist gefährlich geworden. Aus diesem Verständnis heraus hält María Zambrano jeden Versuch einer "Reparaturarbeit" bzw. einer Teillösung für grundsätzlich unzureichend und fragt nach einer integralen Perspektive der Befreiung des Menschen und der Rettung der humanen Kultur. Von der Tragweite der Herausforderung ist sich María Zambrano auch vollkommen bewusst. So schreibt sie: "Groß ist die Aufgabe, denn es muss alles gerettet werden. Kultur und Demokratie. Individuum und Gesellschaft. Vernunft und Gefühl. Wirtschaft und Freiheit."[35] Aber auch der Weg zur Bewältigung dieser historischen Aufgabe ist ihr klar: Der neue Liberalismus soll ja diesen Weg darstellen. Und deshalb meine ich,

---

[33] Vgl. José Ortega y Gasset, "El ocaso de las revoluciones", in: *Obras Completas*, Band 3, Madrid 1983, S. 207-230.
[34] Vgl. Jesús María Sanz, *a.a.O.*, S. 141ff. und S. 179ff.
[35] María Zambrano, *Horizonte del liberalismo*, a.a.O., S. 263.

dass María Zambrano ihn hauptsächlich als eine tiefgreifende Kulturrevolution versteht. Deutlich wird dieser Aspekt z.B. dort, wo sie den neuen Liberalismus mit einer Grundhaltung im Menschen verbindet, durch die wir Menschen fähig werden, die durch die rationalistische, individualistische und idolatrische Kultur der Moderne gebrochene Einheit wieder herzustellen, und zwar als die "kosmische und vitale Solidarität, die nur der Instinkt oder die Liebe stiften können."[36] Mit der Moderne will María Zambrano die Autonomie und Freiheit des Menschen retten, aber nicht als Eigenschaften eines isolierten abstrakten Wesens, sondern als Qualitäten inkarnierter Personen, die sich in Beziehung zu einander und zur Welt wissen und die deshalb Autonomie und Freiheit im Nexus vitaler Solidarität vollziehen. María Zambrano will die Freiheit der Moderne nicht aufgeben, aber sie will sie als inkarnierte Freiheit, damit sie nicht die Freiheit "freischwebender" Gespenster, sondern die Freiheit von Menschen sei, die wissen, dass ihre Freiheit auf der Grundlage vitaler, sozialer, politischer und kultureller Bedingungen steht.[37] Die von María Zambrano geforderte historische Wende bedeutet auf dieser Ebene ihrer Argumentation eine Rückkehr zur Einheit, die sie allerdings – wie sie selbst betont – als Rückkehr zu einem ganzheitlichen Universum versteht, "das Menschen miteinander verbindet, ohne sie aufzulösen oder in Ketten zu legen."[38]

Aus der Argumentation von María Zambrano – wie insbesondere die Hinweise auf die kosmische Solidarität und auf die Kraft der Liebe illustrieren – geht allerdings auch hervor, dass die Grundhaltung, die sie als innere Dynamik des neuen Liberalismus ansieht, weit mehr als die Überwindung des fragmentierenden Individualismus und die darausfolgende Herstellung der sozialen Reziprozität impliziert. Denn es ist eine Grundhaltung, die auch die Einsicht in eine Praxis der Freiheit bedeutet, die sich nicht nur der genannten Bedingungen, sondern ebenfalls der Tatsache bewusst ist, dass sie ihr eigentliches Fundament

---

[36] María Zambrano, *ebenda*, S. 244-245.

[37] Vgl. María Zambrano, *ebenda*, S. 266.

[38] María Zambrano, *ebenda*, S. 245.

"im Glauben und in der Liebe"[39] hat und dass sie deshalb die Beziehung des Menschen zur Transzendenz nicht abbrechen darf.

María Zambrano geht es also um die Befreiung des Menschen vom Individualismus *und* um die Überwindung des immanenten Horizonts, in dem der moderne europäische Rationalismus die Vernunft des Menschen eingesperrt hat. Hierzu noch eine aufschlussreiche Stelle: "Wenn die Welt in der Krisis steckt und der Horizont, auf den die Vernunft vorsichtig schaut, voll unmittelbarer Gefahren erscheint; wenn, müde vom vergeblichen Kampf, die sterile Vernunft resigniert zurücktritt, und das gebrochene Empfindungsvermögen nur Bruchstücke, Details, aufnimmt, bleibt uns nur ein Weg der Hoffnung offen: das Gefühl, die Liebe, die die Welt neu schafft, indem sie das Wunder wiederholt."[40]

Das ist die Stelle, mit der María Zambrano ihre Argumentation für einen neuen Liberalismus abschließt. Und ich meine, dass diese Stelle den wirklichen philosophischen Hintergrund, der den Duktus der Argumentation in ihrem ersten Buch *Horizonte del liberalismo* bestimmt, prägnant zur Sprache bringt und so in besonderer Weise deutlich macht, dass María Zambrano den Horizont des Liberalismus von einem ganz anderen Horizont her aufzeichnen will. Wohl deshalb habe ich darauf hingewiesen, dass in *Horizonte del liberalismo* María Zambrano zum einen den Kontext, der die kontextuelle Grundreferenz ihres Denkens bleibt, thematisiert, und zum anderen Perspektiven vorlegt, die den Kern zentraler Thesen ihrer späteren Philosophie vorwegnehmen und so den von mir angesprochenen "ganz anderen Horizont" bereits anzeigen. Rückblickend auf die Argumentation kann man solche Denkperspektiven folgendermaßen formulieren:

-   Die Krisis der europäischen Moderne und die daraus resultierende Frage nach der Zukunft einer humanistischen Identität Europas.
-   Die Überwindung des Individualismus als Bedingung für die Verwirklichung eines neuen Menschentypus.

---

[39] María Zambrano, *ebenda*, S. 269.
[40] María Zambrano, *ebenda*, S. 269.

- Das Verhältnis des Menschen zur Transzendenz und Gnade unter den Bedingungen säkularisierter Geschichte.
- Die Vernunftkritik als Aufgabe der Befreiung der Vernunft aus den sie sterilisierenden rationalistischen Systemen, wozu noch gehört:
- Die Suche nach einer neuen Philosophie, in der Dichtung und Vernunft, Logos und Pathos, das Heilige und das Logische nicht als sich ausschließende Gegensätze, sondern als Dimensionen eines lebendigen, nicht mehr anthropozentrisch fixierten vielfältigen Universums betrachtet werden.
- Die Frage nach der Möglichkeit der Verwirklichung der Ethik und der Hoffnung in der Geschichte, die im Zusammenhang mit der Forderung nach einem neuen Menschentypus steht und die auf einen möglichen Ausweg aus der tragischen Geschichte der Selbstzerstörung hinweisen soll.
- Der Entwurf einer Philosophie der Hoffnung als Antwort auf die Krisis der Zeit, aber auch als Weg personaler Verwirklichung.

Diese thematische Auflistung – ich darf darauf insistieren – verdeutlicht, dass in *Horizonte del liberalismo* María Zambrano so etwas wie eine erste Skizze ihres philosophischen Projekts vorlegt.[41] Doch das soll eigentlich die Darstellung weiterer Momente ihrer Philosophie zeigen.

Vor diesem Hintergrund möchte ich meine Darstellung mit dem Moment, das man María Zambranos Philosophie der Person nennen könnte, deshalb fortsetzen, weil es sich dabei um eine zentrale Entwicklung ihrer späteren Position handelt, und zwar genau um jene, in der sie *die* Frage, die den Leitfaden ihrer Arbeit darstellt, herausarbeitet, nämlich die Frage der Verwirklichung des Humanums im Menschen als Aufgabe der Schöpfung der Person. Zudem stellt diese Frage den Rahmen dar, in dem María Zambrano mehrere der oben genannten Themen behandelt, wie z.B. die Überwindung des Individualismus oder die Humanisierung der Geschichte. Und was noch entscheiden-

---

[41] Vgl. Jesús Moreno Sanz, *a.a.O.*, S. 161ff.; und Ana Bundgård, *Más allá de la filosofía. Sobre el pensamiento filosófico-místico de María Zambrano*, Madrid 2000, S. 21.

der ist: Der Ansatz der "poetischen Vernunft", der als originärer Aspekt und Herzstück ihrer Philosophie gilt (und der später dargestellt werden soll), wird eigentlich als die philosophische Methode entwickelt, die notwendig ist, um die Aufgabe der Schöpfung der Person historisch zu meistern.[42]

In kritischer Absicht ist bemerkt worden, dass María Zambranos Betrachtung des Menschen als "Person" bzw. ihre Verwendung des Begriffes "Person" für die Bezeichnung des wahrhaft humanen Menschen im Zuge einer Hinwendung zur Metaphysik und Religion, ja zur Mystik, erfolgt, die sie von dem früheren engagierten sozialphilosophischen Ansatz entfernen und ihre Philosophie immer deutlicher in Richtung einer weltverneinenden esoterischen Erzählung treiben soll.[43] Die Voraussetzung dieser kritischen Bemerkung ist die Annahme, dass aus Enttäuschung durch die Niederlage der republikanischen Sache in Spanien María Zambrano politisch resigniert und Zuflucht in die Welt der Religion und des Irrationalismus sucht.[44] María Zambranos Begriff der Person soll also damit in die Nähe einer politisch völlig desinteressierten Philosophie gerückt werden, die für die reale historische Welt der Menschen keinen Sinn mehr hat und die daher ihr Amt weder kritisch noch analytisch, sondern nur im Stil eines Orakels auszuüben vermag.

Im Leben von María Zambrano bedeuteten zweifellos die Erfahrung der Niederlage der Republik und der gezwungene Exil einen tiefen Bruch, der nicht nur biographische, existentielle Folgen hat. Auch ihr philosophisches Werk wird dadurch geprägt. Das ist unbestritten. Und in meiner Darstellung werde ich noch auf einen Aspekt eingehen, der die Wirkung dieser historischen Erfahrungen auf ihr Werk deutlich dokumentiert. Dass die Erfahrungen der politischen Niederlage und des Exils jedoch den Bruch mit der Politik und die Verzweiflung an der Vernunft, also Entpolitisierung und Irrationalität in der Philoso-

---

[42] Vgl. Chantal Maillard, "María Zambrano. La mujer y su obra", in: www.ensayo.rom.uga.edu/filósofos/spain/zambrano (S. 5); und ders.; "María Zambrano", in: Ursula I. Mayer/Heidemarie Bennent-Vahle (Hrsg.), *a.a.O.*, S. 607.

[43] Vgl. Monique Dorang, *a.a.O.*, S. 151ff.

[44] Vgl. Monique Dorang, *ebenda*; insbesondere S. 12, 39, 75, 149 und 167.

phie von María Zambrano zur Folge haben, das muss bezweifelt werden. Denn es gibt doch gute Gründe für die These, dass María Zambrano weder apolitisch noch irrational wird, sondern im Rahmen der Herausarbeitung ihres philosophischen Projekts die Möglichkeit eines *anderen* Gebrauchs von Politik und Vernunft begründen will. Ihre Philosophie der Person ist eben einer dieser guten Gründe.

Persona y Democracia lautet der Titel eines der zentralen Werke, in denen María Zambrano die Bedeutung der Person in ihrem philosophischen Projekt erläutert. Der Titel dieses Buches, das sie in Rom 1956 zu Ende schreibt und 1958 in Puerto Rico veröffentlicht, lässt bereits erkennen, dass der in der oben erwähnten kritischen Bemerkung formulierte Vorwurf der Entpolitisierung und der Esoterik als unbegründet zurückgewiesen werden kann. Es ist – wie ich meine – ein eindeutiger Titel, der unmissverständlich auf den politischen Charakter des Werks hinweist, indem er das Thema, um das es geht, in der Formel "Person und Demokratie" zusammenfasst. Von diesem Buch hat Cintio Vitier sagen können, dass es so etwas wie María Zambranos "Politeia" darstellt.[45] Dem ist zu zustimmen; und ich würde hinzufügen, dass es das Buch ist, in dem María Zambrano viele der in *Horizonte del liberalismo* nur angedeuteten sozialphilosophischen und politischen Perspektiven ausarbeitet.

Aus meiner Sicht folgt also daraus: María Zambranos Betrachtung des Menschen als Person kann nicht als Hinweis für die Flucht in eine politikvergessene Metaphysik gedeutet werden. Die Grundeinsicht, die sie in diesem Buch vermitteln will, nämlich die Einsicht, dass der Mensch Person werden soll, ist zwar in erster Linie eine ethische Forderung, die zudem in der Tradition der christlichen personalistischen Metaphysik steht, aber sie wird ausdrücklich im Kontext der politischen Aufgabe des demokratischen Zusammenlebens gestellt. Mehr noch: Die Forderung der Personwerdung des Menschen versteht María Zambrano als notwendige Bedingung für die historische Verwirklichung des Ideals der Demokratie.

---

[45] Vgl. Cintio Vitier, "Presentación en Cuba del libro de María Zambrano: Persona y Democracia", in: *Contracorriente* 6 (1996) S. 156.

Die Verwirklichung des politischen Ideals der Demokratie setzt nämlich nach María Zambrano eine radikale Transformation des Menschen und der Gesellschaft voraus. Als Ordnung des gerechten Zusammenlebens "in der Einheit der Vielfalt, der Anerkennung aller Un-
terschiede und aller Unterschiedlichkeit der Situationen"[46] ist die Demokratie für María Zambrano eine Ordnung, die mit Menschen, die
sich nur als Individuen verstehen und die nur auf die Verabsolutierung
ihrer Differenz bedacht sind, nicht errichtet werden kann, da sie ja in
jedem Menschen den Gemeinschaftssinn voraussetzt. Aus dem selben
Grund kann Demokratie ebenso wenig in einer Gesellschaft verwirklicht werden, die nur die Summe von lediglich als Individuen agieren-
den und interagierenden Menschen darstellt und deren soziale Kohä-
sion folglich nur in der Koordination von Rollen und Funktionen besteht. Um die Idee der Demokratie historisch zu verwirklichen, muss
also der Mensch Person werden und die Gesellschaft in eine Gesellschaft von Personen umgewandelt werden.
In diesem Sinne schreibt María Zambrano: "Müsste man Demokratie
definieren, so könnte man dies tun, indem man sagt, dass Demokratie
jene Gesellschaft ist, in der das Personsein nicht nur erlaubt ist, sondern auch gefordert wird."[47] Und an einer anderen Stelle sagt sie: "Demokratie ... ist die der menschlichen Person adäquate Ordnung; sie ist
der ihr angemessene Lebensraum, und nicht der Ort, an dem sie gefol-
tert wird."[48]
Mit diesem Ansatz trennt María Zambrano die Idee der Demokratie
vom individualistischen Menschentypus des Liberalismus und verbindet sie mit dem neuen Menschentypus, den sie mit dem Begriff Person
zusammenfasst. Person – wie der Hinweis auf die Tradition des christlichen Personalismus andeuten wollte – steht so für ein im Verhältnis
zum Individualismus der Moderne alternativen Projekt des Mensch-
seins, das die bewusste Verwirklichung relationaler Präsenz zur inneren Mitte der Menschwerdung macht. "Das Wort Individuum –

---

[46] María Zambrano, *Persona y Democracia*, Barcelona 1988, S. 162.
[47] María Zambrano, *ebenda*, S. 133.
[48] María Zambrano, *ebenda*, S. 136.

schreibt María Zambrano – betont das, was in jedem konkreten individuellen Menschen irreduzibel ist, und zwar vor allem in einem negativen Sinne. Das Wort Person dagegen bezieht das Individuum ein, aber es betont etwas Positives, etwas was irreduzibel ist, weil es positiv ist; weil es ein 'Plus' ist, weil es keine bloße Differenz ist."[49]

Bei der Personwerdung verschiebt sich sozusagen das Zentrum des Menschen von dem geschlossenen Raum seiner individuellen Differenz in Richtung einer Innerlichkeit, die vom Grund aus deshalb offen und dynamisch ist, weil sie durch die Existenz gründende Beziehung (Präsenz) zum anderen, zu sich selbst, zur Welt und zur Transzendenz konstituiert wird. In und aus dieser "Kultur" der Beziehungen kann sich der Mensch erst als ein authetisches Selbst entwickeln.[50] Personsein meint daher eine andere Qualität im Menschsein als die, die durch die sogenannte Sozialisation von Individuen erreicht werden kann. Person ist die Neuschöpfung des Menschen als Präsenz in der vielfältigen Präsenz der anderen und des Anderen.[51] Mit einem Satz: Person ist Kommunion und Kommunikation.

Für die Verwirklichung der Idee der Demokratie ist weiter nach María Zambrano diese Transformation des Menschen wichtig, weil erst die Schöpfung der Person eine soziale Entwicklung gewährleisten kann, in der Menschen *freiwillig* darauf verzichten, ihre Individualität zu vergöttlichen bzw. sich selbst zu einem Idol, das von anderen Mitmenschen verehrt werden will, zu erklären, um durch eben diesen Verzicht die tragische Dialektik von Entfremdung und Unterdrückung in der Menschheitsgeschichte zu unterbrechen.[52] Dieser Aspekt macht übrigens klar, wie María Zambrano in ihrer Philosophie der Person eine geschichtsphilosophische Dimension entwickelt, die als ihre Antwort

---

[49] María Zambrano, *ebenda*, S. 133.

[50] Vgl. María Zambrano, *ebenda*, S. 130ff.

[51] Vgl. María Zambrano, *ebenda*, S. 131.

[52] Vgl. María Zambrano, *ebenda*, S. 40ff.; 64ff; und 70ff. Interessant ist hier die Nähe dieser Analyse zu der von Jean-Paul Sartre im Rahmen der Phänomenologie der "mauvaise foi" entwickelten Diagnose, die bekanntlich in die Kritik des Menschen, der die Leidenschaft Christi umgekehrt, kulminiert, festzustellen. Vgl. Jean-Paul Sartre, *L'être et le néant*, Paris 1943.

auf die Frage nach der Humanisierung der Gesellschaft und der Geschichte, die sie bereits in *Horizonte del liberalismo* thematisiert hatte, verstanden werden kann. Die Personwerdung des Menschen in der Ordnung der Demokratie als Kultur egalitärer Beziehungen zwischen Personen stellt nämlich für sie den Weg zur ethischen Sinngebung der Geschichte. Oder, um es mit ihren Worten auszudrücken,: Die Schöpfung der Person ist der Weg "zur Umkehrung der tragischen Geschichte in eine ethische Geschichte."[53]

Gilt die Frage der Schöpfung der Person als das leitende Thema im philosophischen Werk von María Zambrano, so gilt das Herzstück ihrer Philosophie, die poetische Vernunft ("la razón poética"), als die Methode, die sie zur Verwirklichung der Aufgabe der Personwerdung des Menschen entwickelt. Diesem Moment ihrer Philosophie soll jetzt unsere Aufmerksamkeit gelten.

Wie aus den Stellen in *Horizonte del liberalismo*, in denen die Perspektive der poetischen Vernunft angekündigt wird,[54] bereits hervorgeht, entwickelt María Zambrano die Methode der poetischen Vernunft als kreative Fortsetzung dessen, was sie für die wahre, autochthone Kulturtradition Spaniens hält.

---

[53] Vgl. María Zambrano, *ebenda*, S. 38.

[54] Zu den bereits im Text zitierten Stellen seien hier noch zwei weitere angegeben: "Das Leben steht über der Vernunft ... und es setzt sie wie sein Instrument ein. Für den Idealisten ist das Leben bloß Sehnsucht nach dem Sein und die Dinge werden Schatten von Ideen. Für denjenigen, der das Leben schätzt, verhält es sich ganz anders. Die Ideen werden zu toten Schatten, die uns niemals die Wahrheit der Dinge vermitteln können, und das Leben wird zum Grund, der niemals in seiner Ganzheit erkannt werden kann, da es keine Kopie einer intelligiblen Struktur ist ... ." Und im vorliegenden Zusammenhang vielleicht noch aufschlussreicher: "Der Liberalismus lehnt die Gnade ab ... Das ist zweifellos einer der Gründe, weshalb er keine Wurzeln in Spanien schlagen konnte... Er will Menschen, die alles aus eigener Kraft schaffen. Er ist die aktivistische Ethik des Nordens ... die aktivistische Ethik, die alles schafft und nur auf sich selbst setzt. Das ist genau das Gegenteil unseres meridionalen Traums: Die Engel sollen herabsteigen und den Garten bestellen, während wir uns der Kontemplation widmen... Der meridionale Mensch rechnet wenig mit sich selbst, aber viel mit der Natur und noch mehr mit dem Wunder." *Horizonte del liberalismo*, a.a.O., S. 225 und S. 264-265.

Mit der Herausarbeitung der Methode der poetischen Vernunft veran-
kert also María Zambrano ihre Philosophie definitiv in der Kulturtradition ihres Heimatlandes. Sie wird dadurch – wie bereits gesagt – zur
Vertreterin und Gestalterin der spanischen Variante von Philosophie.
Es ist daher nicht überraschend, wenn María Zambrano Vorgehens-
weise und Qualitäten (man darf weder Konzept noch System sagen)
der poetischen Vernunft in einem Buch darlegt, dessen Grundanliegen
es ist, das Spezifikum der spanischen Kulturidentität und insbesondere
den spanischen "Sonderweg" in der Philosophie zu erläutern. Gemeint
ist das Buch *Pensamiento y poesía en la vida española*, das erstmalig
1939 in Mexiko erschien.

Ich betone die Verankerung von María Zambranos poetischer Vernunft in der spanischen Kulturtradition – auf die ich anfangs bereits
hingewiesen habe –, weil mir scheint, dass erst vor dem Hintergrund
dieser bewussten kulturellen Verortung ihrer Philosophie die eigentliche Zielsetzung des Projekts der poetischen Vernunft richtig verstanden werden kann. Ich darf sie zunächst negativ formulieren. Intendiert
wird nicht, wie auf den ersten Blick der Titel "poetische Vernunft" ter-
minologisch vermuten lassen könnte,[55] eine Konstruktion vorzulegen,
die zwei als gegensätzlich verstandene Funktionen des Menschen miteinander verbinden und die deshalb eine Art Synthese von an und für
sich autonomen Bereichen darstellen soll. Aber es geht auch nicht um
eine um die Dimension des Poetischen erweiterte philosophische Vernunft, und wohl auch nicht um die Aufhebung der Vernunft in einer
rein ästhetischen mystischen Sphäre, in der die Vernunft als analyti-
sche und kritische Instanz verschwindet.[56]

Die Intention des Projekts der poetischen Vernunft – um es nun positiv zu formulieren – ist vielmehr die, eine Methode zur Reform (im
etymologischen Sinne der Neu-Gestaltung!) der Vernunft zu entwik-
keln, die auf der Grundlage der ganzheitlichen Lebenserfahrung und

---

[55] Vgl. Monique Dorang, *a.a.O.*, S. 171, wo es z.B. heißt: "Die Antithese der Begriffe 'razón poética' belegt die Absicht, Gegensätzliches miteinander zu verbinden."

[56] Vgl. Monique Dorang, *ebenda*, S. 171ff.

Erkenntnisart, die dem spanischen Realismus eigen sind,[57] von der Einsicht ausgeht, dass bevor die Vernunft vom Leben und Menschen getrennt wird, bevor sie also zu Richterin über Leben und Mensch in den philosophischen Systemen, die sie halbieren und sie durch Reduktion auf die reine logische Gestalt buchstäblich auf den Begriff bringen, erhoben wird, sie doch nicht mehr, wenn auch nicht weniger, als ein Werkzeug des Lebens ist, wobei noch der Aspekt betont werden muss, dass es sich nicht um das glanzvolle mächtige Leben eines unbestimmten Urprinzips oder um das Leben heldenhafter Menschen, sondern es sich um das Leben handelt, das "fast unerkannt, ohne jeden Glanz, eben als das arme Leben erscheint."[58]

Die Methode der poetischen Vernunft geht also von der (spanischen) Auffassung der Vernunft als Vermögen eines konkreten Menschen aus. Und das bedeutet: Vernunft gibt es im lebendigen Menschen und im integralen Zusammenhang seiner praktischen Lebensbewältigung. Das ist der ursprüngliche Ort von Vernunft, nicht die logische Konstruktion in den philosophischen Systemen. Daraus folgt weiter, dass eine im lebendigen Menschen integrierte Vernunft[59] eine Vernunft ist, die nicht erst in Beziehung zu anderen Vermögen des Menschen gesetzt werden muss, weil sie doch ihre Gestalt aus dem Vollzug der Einheit im lebendigen Menschen gewinnt. Aber gerade diese Einsicht, die so wesentlich mit der Tradition des spanischen Realismus verbunden ist, hat der europäische Rationalismus verdrängt und an ihrer Stelle eine reine Vernunft gesetzt, die um ihrer kategorialen Reinheit willen sich vom Leben absondert und Leben nur als das betrachtet, was sie begrifflich zu meistern hat. Dominant wird so die Vernunft des

---

[57] Über den spanischen Realismus, der nach María Zambrano Fundament spanischer Kulturtradition ist, schreibt sie: "Der Realismus, unser unbestechlicher Realismus, Prüfstein spanischer Authentizität, kann nicht auf eine Formel gebracht werden; er ist keine Theorie. Im Gegenteil: Er entsteht als das 'andere' dessen, was man Theorie nennt, als Differenz, die sich auf ein System nicht reduzieren lässt." *Pensamiento y poesía en la vida española*, Madrid 1987, S. 36.

[58] María Zambrano, *Claros del bosque*, Barcelona 1986, S. 64.

[59] Vgl. María Zambrano, *Hacia un saber del alma*, Buenos Aires 1950, S. 31. Dazu vgl. auch Alfonso López Quintas, *Filosofía española contemporánea*, Madrid 1970, S. 160ff.

Menschen, der Descartes folgt und keine Kommunion, sondern nur die Herrschaft über das Leben – das eigen mit eingeschlossen – will. Dieser rationalistischen Tradition gegenüber – um es mit den eigenen Worten von María Zambrano nochmals zu betonen – entwickelt "Spanien ... seine poetische Erkenntnisart ... eine poetische Erkenntnis, die weder die Wirklichkeit noch den Menschen entzweit, noch die Gesellschaft in elitäre Minderheiten und Volksmassen trennt."[60] Das ist die Tradition der "poetischen Vernunft",[61] die María Zambrano im Kontext der Krisis des europäischen Rationalismus revindiziert, und zwar als Methode dafür, dass der Mensch einer integralen Sicht der Welt und einer integralen Sprache wieder fähig werde.

Im Kontext des Rationalismus und seiner anthropologischen Folgen beinhaltet daher die Methode der poetischen Vernunft einen deutlichen vernunftkritischen Akzent. Sie ist Kritik der rationalistischen Vernunft im Bewusstsein, dass gerade durch die individualistische Fragmentierung und Herrschaftssucht das Ideal eines "vernünftigen" Zusammenlebens unmöglich gemacht wird. Sie ist aber vor allem die konstruktive Perspektive für eine neue Praxis der Vernunft. Ihr erklärtes Ziel ist es doch, Methode für einen Gebrauch der Vernunft zu sein, durch den Vernunft, indem sie in den Dienst der integralen Erkenntnis der Welt und der Selbsterkenntnis des Menschen gestellt wird, die Gestalt einer partizipativen Handlung erlangt. Kurz: Es ist die Methode für die Praxis der Vernunft als Ausdruck von bewusst erlebter und "ausgesprochener" Kommunion.

Es sei im vorliegenden Zusammenhang darauf hingewiesen, dass der Ausdruck "kommunikative Vernunft" absichtlich vermieden wird. Man kann zwar Parallelen zu Jürgen Habermas Theorie des kommunikativen Handelns ziehen,[62] aber die poetische Vernunft von María Zambrano sprengt doch auch die Grenzen des (trotz der sprachlichen Vermittlung) kognitivistisch reduzierten Horizonts der kommunikati-

---

[60] María Zambrano, *Pensamiento y poesía en la vida española*, a.a.O., S. 53.

[61] María Zambrano, *ebenda*, S. 51.

[62] Vgl. z.B.: José Demetrio Jímenez, *Los senderos olvidados de la filosofía. Una aproximación al pensamiento filosófico de María Zambrano*, Madrid 1991, S. 144.

ven Vernunft. Als Vernunft, die aus der Einsicht in die Integrität des Wirklichen heraus zum Werkzeug der Bekundung von Kommunion wird, geht die poetische Vernunft über die Ebene der argumentativ (rational/kognitiv) erzielbaren Verständigung zwischen den Bürgern einer Gesellschaft hinaus, um den Menschen den Weg zu zeigen, auf dem sie "die tiefe Übereinstimmung"[63] erreichen können, die erforderlich ist, um ihre jeweilige historische Gegenwart derart zu gestalten, dass sie eine soziale Ordnung wird, in der die (bereits angesprochene) personale Konvivenz zur Realität derselben gehört und in der deshalb sogar die liberale Idee der Toleranz als noch unzureichend für den wirklich *menschenwürdigen* Umgang mit den Mitmenschen betrachtet wird.[64]

Poetische Vernunft ist auf dieser Ebene – so kann man es formulieren – Vernunft aus der Gemeinschaft und für die Stiftung von Gemeinschaft. Daraus erklärt sich ihre besondere Beziehung zur Tradition und ihr Selbstverständnis im Sinne einer Methode, durch die Menschen sich ihrer Verbundenheit mit der gründenden Tradition der Gemeinschaft, in der sie geschichtlich stehen – ob sie es wissen oder nicht –, bewusst werden können und sollen.[65] Das ist allerdings nicht so zu verstehen, als würde die poetische Vernunft dem Kult der Vergangenheit das Wort reden wollen. Die historische Vergewisserung der eigenen Tradition, der sie tatsächlich dient, ist vielmehr als Grundlage für die Rekontextualisierung der spanischen Tradition des Gemeinschaftssinns zu verstehen, und zwar mit dem Ziel, diese Tradition als Orientierungspunkt für die Humanisierung der Geschichte und der Menschen anzubieten.[66]

Bei der Betonung der Verankerung der poetischen Vernunft in der spanischen Tradition der Gemeinschaft geht es María Zambrano also weniger darum, die Tradition als abgeschlossene Wesenheit zu beschwören, als vielmehr um die Hervorhebung der Bedeutung der Gemeinschaft als Grundreferenz für eine alternative Praxis der Vernunft.

---

[63] María Zambrano, *Delirio y destino*, a.a.O., S. 82.

[64] Vgl. María Zambrano, *ebenda*, S. 82ff; aber auch S. 39 und 93.

[65] Vgl. María Zambrano, *Pensamiento y poesía en la vida española*, a.a.O., S. 24.

[66] Vgl. María Zambrano, *Persona y Democracia*, a.a.O., S. 92.

Dieses Anliegen verdeutlicht María Zambrano auf sehr konkrete Weise, indem sie das Volk ("pueblo") zum eigentlichen Träger der *spanischen* Tradition, auf die sie sich beruft, macht und entschieden feststellt: "Wenn ein Spanier sich von dieser lebendigen Strömung, durch die er mit seinem Volk vereinigt wird, trennt, wird er eine Minderheit ... In Spanien führt der Verlust der Gemeinschaft mit dem Volk doch nur dahin, dass man sich verirrt oder dass man in dem Skeptizismus stecken bleibt ... Individuelles Gleichgewicht und Gemeinschaft. Durch die poetische Erkenntnis trennt sich der Mensch nie vom Universum und nimmt an allem teil, bei Erhaltung seiner Innerlichkeit ..."[67]
Die Verbindung der poetischen Vernunft zur Gemeinschaft (des Volkes) ist für María Zambrano um so wichtiger, als sie die Bedingung der Möglichkeit dafür darstellt, dass die poetische Vernunft von einem Menschen praktiziert werden kann, der, indem er dies tut, an Innerlichkeit wächst und Person wird, ohne in die Falle der solipsistischen Einsamkeit des modernen Individualismus zu stürzen.[68] Und genau darauf kommt es María Zambrano an. Die poetische Vernunft soll doch die Methode für die Neuschaffung des Menschen als Person, also für die Verwirklichung des Menschen als "Mensch der Gemeinschaft"[69], und somit auch eine Methode für die ethische Qualifizierung der menschlichen Geschichte sein.[70] Wichtig ist hier weiter der Hinweis, dass für María Zambrano die ethische Geschichte, die die poetische Vernunft als Instrument der Personwerdung des Menschen ermöglichen soll, in letzter Instanz aus dem Grund ethisch ist, weil sie die Geschichte von Menschen darstellt, die aus der im historischen Leben der Gemeinschaft erfahrenen Wahrheit heraus leben und die eben deshalb die ethische Kraft dazu aufbringen, die Geschichte, genauer, das Schauspiel von Figuren ("personajes"), die im Leben nur

---

[67] María Zambrano, *Pensamiento y poesía en la vida española*, a.a.O., S. 53-54.
[68] Vgl. María Zambrano, *El hombre y lo divino*, Mexiko 1973, S. 38ff.
[69] María Zambrano, *Delirio y destino*, a.a.O., S. 126.
[70] Vgl. Pedro Cerezo Galán, "«De la historia trágica a la historia ética»", in: *Philosophica Malacitana* IV (1991) 71-90.

Rollen spielen, in die transparente Geschichte von Personen zu ver-
wandeln.[71]

Um meine Darstellung der Philosophie von María Zambrano abzu-
schließen, möchte ich noch auf zwei weitere Momente ihres philosophischen Projekts kurz hinweisen. Das eine ist ihr Beitrag zur Entwicklung einer Philosophie der Hoffnung unter den Bedingungen
einer historischen Zeit, die die Welt entzaubert und den Menschen auf
Quantität, auf eine Zahl reduziert hat.[72] Vor dem Hintergrund der Sorge um die Zukunft des Menschen in der tragischen Geschichte, deren
dramatischen Verlauf die europäische Moderne verschärft hat, kann
María Zambranos Philosophie auch als eine Antwort auf die berühmte
kantische Frage: Was dürfen wir hoffen?, also als eine Philosophie der
Hoffnung, gelesen werden. Philosophie ist für sie doch ein Vorrücken
auf dem Weg der Hoffnung[73]; oder die Suche nach Argumenten für
die Hoffnung, wie es an einer anderen Stelle heißt.[74] Für María Zambrano ist also Hoffnung nicht nur ein Thema der Philosophie unter anderen. Sie ist vielmehr der Nährboden, auf dem philosophische Reflexion erst wachsen kann. Und diese Ansicht erklärt sich ihrerseits daraus, dass nach María Zambrano die Hoffnung "die Substanz unseres

---

[71] Vgl. María Zambrano, *Persona y Democracia*, a.a.O., S. 73ff. Die diesem Gedanken des inneren Verhältnisses zwischen Ethik, Wahrheit und Gemeinschaft
zugrunde liegende Ansicht, dass Wahrheit eigentlich nur in der "Volksversamm-
lung" oder "Gemeindeversammlung" (Ecclesia) erfahrbar wird, hatte María Zambrano bereits 1936 in dem kurzen, aber bedeutenden Beitrag "La libertad del inte-
lectual" klar formuliert. Da schrieb sie: "... die Wahrheit ist aber immer eine Angelegenheit, die alle Menschen angeht, oder zumindest viele, damit sie doch für
alle sei; die Wahrheit zeigt sich dem versammelten Volk ... ." Vgl. den Neudruck
dieses Beitrags in: Jesús Moreno Saenz, *a.a.O.*, S. 144-145. Ferner sei auch angemerkt, dass der mit dem Hinweis auf "Ecclesia" angedeutete religiöse Hintergrund dieses Gedanken von María Zambrano selber suggeriert wird, indem sie
den Beitrag mit diesem Wort aus dem Evangelium einleitet: "Denn wo zwei oder
drei in meinem Namen versammelt sind, da bin ich mitten unter ihnen." (Mt
18,20).

[72] Vgl. María Zambrano, *El hombre y lo divino*, a.a.O., S. 14ff; und S. 23ff.

[73] Vgl. María Zambrano, *Delirio y destino*, a.a.O., S. 75.

[74] Vgl. María Zambrano, *Persona y Democracia*, a.a.O., S. 33.

Lebens"[75] ist; d.h., sie ist der Grund, aus dem heraus wir überhaupt das "Unternehmen" unseres Lebens in Angriff nehmen. Deshalb bedeutet Hoffnung bei ihr weiter die Dimension, die die Kontinuität des Lebens und somit auch die Rede von einem Sinn der Geschichte ermöglicht.[76]

Bei María Zambrano wird allerdings "das Prinzip Hoffnung" (Ernst Bloch, 1885-1977) nicht auf der Linie der auf der griechischen Seinsmetaphysik basierenden Tradition der Metaphysik der Selbstschöpfung des Menschen, die in der europäischen Moderne Hoffnung mit dem maßlosen Programm der rationalistisch aufgeklärten Vernunft verwechselt, sondern als Prinzip der poetischen Vernunft erläutert.[77]

Das will besagen: Hoffnung versteht María Zambrano als die innere Kraft des Lebens, das allerdings nur in dem Menschen freigesetzt wird, der sich von der ihn mit der gesamten Wirklichkeit versöhnenden Endlichkeit der eigenen Existenz bewusst wird und der dadurch zum menschlichen Maß zurückfindet. Sie spricht daher von einer Hoffnung, die im Menschen die Illusion enttäuscht, dass er alles erwarten und haben kann, dass er alles nach einem festgelegten Fahrplan erreichen kann.[78] Anders ausgedrückt: María Zambrano spricht von der Hoffnung, die die Lebenskraft jenes anderen Menschentypus ausmacht, der – gerade weil er die Tragödie der Geschichte des Menschen, der wie Gott sein will, erkannt hat – ein Bewusstsein davon hat, dass er nicht alles sein, nicht alles besetzen darf; also dass er nicht der "Einzige" (Max Stirner, 1806-1856) ist, weil leben doch mit- und zusammenleben bedeutet. Ohne diese Einsicht in "das arme Leben", das um seine Grenzen und Bedürftigkeit weiß, kann die Hoffnung im Leben der Menschen nicht aufbrechen. Wohl deshalb bricht sie nach María Zambrano eben in diesem Menschentypus auf, der Raum für die anderen und für das Andere schafft, indem er sich auf sein "Maß"

---

[75] María Zambrano, *Hacia un saber sobre el alma*, Madrid 1987, S. 94.

[76] Vgl. María Zambrano, *Los bienaventurados*, Madrid 1990, S. 106.

[77] Vgl. María Zambrano, *Filosofía y poesía*, Mexiko 1987, S. 73ff.

[78] Vgl. María Zambrano, *ebenda*, S. 76ff; und ders., *Los bienaventurados*, a.a.O., S. 112.

beschränkt.[79] Dieser Menschentypus darf hoffen; und er darf darauf hoffen, eine Brücke zu den anderen zu bauen, um im Vertrauen auf die Zusammenführung der Wege aller zusammen das andere Ufer zu erreichen.[80]

Das andere Moment, auf das ich abschließend hinweisen möchte, ist das Thema des Exils. Auf den ersten Blick kann man es für ein eher marginales Thema im philosophischen Werk von María Zambrano halten. Beim genaueren Hinsehen zeigt es sich jedoch auch als eine zentrale Frage ihrer Philosophie, die zudem exemplarisch für die oben angesprochene Prägung ihres Denkansatzes durch die biographische historische Erfahrung steht.

Das ist aber nicht der Grund, weshalb ich diese Frage in der Philosophie von María Zambrano hervorhebe. Mich interessiert ihre Reflexion über den Exil bzw. über die Gestalt des Exilierten vielmehr deshalb, weil sie dabei in der Situation des Exils die historische konkrete Erfahrung festmacht, die ihr erlaubt, das alte, aus der christlichen Philosophie und Mystik stammende Motiv des Menschen als Pilger, als "Homo viator" (Gabriel Marcel, 1889-1973) zu rekontextualisieren, um es als Leitfaden für eine Beschreibung der *conditio humana* zu nehmen, die – wie mir scheint – im Kontext der heutigen Herausforderung des Dialogs der Kulturen bzw. des interkulturellen Dialogs, der zweifellos Dialog zwischen konkreten Menschen ist und so auch von der Qualität unseres (eigenen) anthropologischen Selbstverständnisses abhängt, für uns insofern anregend sein kann, als sie den Menschen als Wanderer (auch in der eigenen Kultur) versteht.

Zentral bei María Zambranos Betrachtungen über das Exil[81] ist die Bestimmung des Exils als Ort, an dem der Mensch selbst eine Offenbarung wird und Offenbarungen aller Art erlebt.[82]

---

[79] Vgl. María Zambrano, *El hombre y lo divino*, a.a.O., S. 22ff.

[80] Vgl. María Zambrano, *Los bienaventurados*, a.a.O., S. 107ff.

[81] Vgl. María Zambrano, "Carla sobre el exilio", in: *Cuadernos del Congreso por la Libertad de la Cultura* 49 (1961) 65-75; ders., *La tumba de Antígona*, Mexiko 1967; und ders.; *Los bienaventurados*, a.a.O.

[82] Vgl. María Zambrano, *Los bienaventurados*, a.a.O., S. 29ff.

Exil bedeutet für sie nämlich die Situation, in der der Mensch die Erfahrung macht, dass er die Sicherheiten, die ihn schützen, die ihm die Selbstwahrnehmung und eine Weltsicht, ja das "Sehen" überhaupt ermöglichen (wie z.B. die eigene Kultur, die Heimat, das Vaterland), plötzlich verloren hat und dass er vor sich selbst und vor den anderen als jemand da steht, der "außer sich" ist, der nichts bei sich hat und der also im Anblick der anderen als ein Besitzloser erscheint, bei dem "sich gerade nur das zeigt, was er als sein eigenes Sein nicht verwirklichen kann."[83] Für die, die "zu Hause" sind, ist deshalb der Anblick des Exilierten eigentlich ein Skandal. In diesem Skandal offenbart sich aber der wahre Charakter der *conditio humana*. Zum einen deshalb, weil für die anderen der Exilierte das Spiegelbild ist, in dem sie ihr Menschsein von einer Perspektive her sehen, die ihnen ihre Kultur, ihr "zu Hause" nie vermitteln können, nämlich die Perspektive der Schutzlosigkeit und Verlassenheit. Zum anderen deshalb, weil im Anblick der anderen der Exilierte bzw. der Mensch erkennt, dass er auf den Blick der anderen angewiesen ist, um zu erfahren, wer er wirklich ist.

María Zambrano drückt dies mit folgenden Worten aus: "Die Erscheinung des Exilierten ist schon an und für sich eine Art Offenbarung, die er allerdings verkennen kann und fast immer verkennt, wie jeder Mensch, der eher da ist, um gesehen zu werden, als dass er selber sieht. Der Exilierte ist doch mehr ein Gegenstand des Anblicks denn ein Erkenntnisgegenstand. Dem Erkenntnisgegenstand steht der Gegenstand des Anblicks entgegen, der so viel wie Stein des Anstoßes sagen will ... Auf diese Weise ist der Exilierte eine Offenbarung ... er ist dem Blick der anderen ausgeliefert, aber er will sich selber im Blick der anderen sehen, weil wer ihn anblickt, der wird am Ende sich selbst sehen, und zwar in einer Art, die ihm weder die eigene Heimat noch die eigene Geographie oder gar Geschichte vermitteln können, nämlich seine eigene Wurzel sehen, ohne sich von ihr getrennt zu haben oder von ihr losgerissen worden sein."[84]

---

[83] María Zambrano, *ebenda*, S. 32.
[84] María Zambrano, *ebenda*, S. 32-33.

In der Erfahrung des Exils lernt also der Mensch, dass er nur durch die anderen die Wahrheit seiner *conditio humana* erkennen kann. Erst im Blick der anderen kann der Mensch sein eigentliches Gesicht erkennen, also wissen, wer er wirklich ist bzw. wie es wirklich um sein Sein steht. Das ist die Weite, die das Exil offenbart; eine unermessliche Weite, die keine gegebene Heimat (auch nicht verlorene!) eingrenzen kann. Ihre Erfahrung bedeutet daher Exodus aus der eigenen Kultur und Geschichte.

Interkulturell betrachtet liegt in dieser Erfahrung gerade die radikale Offenheit, die die Gestaltung personaler und kultureller Identität derart ermöglicht, dass der Mensch dabei nicht der installierte Bewohner einer Festung wird, sondern ein Wanderer ("caminante") bleibt, ohne dem Nomadismus oder der Hybride zu verfallen. In ihrer metaphorischen Sprache schreibt María Zambrano dazu: Der Exilierte "... ist nur das, was man weder verlassen noch verlieren kann. Er hat alles aufgegeben, um sich an dem Punkt ohne jegliche Stütze doch noch zu halten; er hat sich in der Geschichte, auch in der eigenen, verirrt, um sich eines Tages als jemanden wiederzufinden, der über allen Geschichten steht. Für ihn ist die Geschichte wie ein Wasser, das ihn gewiss nicht mehr tragen kann. Aber gerade deshalb, weil er sich nicht an der Geschichte festhält, ist für ihn hingegen das Wasser keine Gefahr mehr. Für ihn ist das Wasser kein Ozean, den er durchqueren muss; es ist vielmehr Wasser, das er gerade trinkt."[85]

Mir ist bewusst, dass die dargelegten exemplarischen Momente nicht ausreichen, um einen Überblick über die gesamte Philosophie von María Zambrano bieten zu können.

Aber, wie ich bereits sagte, war das auch nicht die Intention meiner Darstellung. Mir ging es hier darum, María Zambrano als eine Gesprächspartnerin darzustellen, die bei vielen der Aufgaben, die uns heute besonders herausfordern, uns eine wichtige Orientierung sein kann.

Und ich darf annehmen, dass die dargelegten Aspekte dies geleistet haben. Sie zeigen María Zambrano doch als eine Philosophin, an die

---

[85] María Zambrano, *ebenda*, S. 36.

wir sozusagen in eigener Sache z.B. bei der Aufgabe, in der Philosophie das Imperiale zu überwinden, oder bei der Förderung einer Kultur der menschlichen Nähe und mit Sinn für den noch kommenden Gast anknüpfen könnten. Aber daran zu arbeiten ist nicht mehr ihre, sondern unsere Aufgabe. Möge also das Gespräch mit ihr, wie mit jedem anderen Philosophen aus der Vergangenheit, Anregung für die eigene Auseinandersetzung mit unserer Gegenwart sein.

Schlussbemerkung

Als Beitrag zur Aufgabe der alternativen Rekonstruktion der europäischen Geschichte der Philosophie hat die vorliegende Arbeit zweifellos ein spezifisches philosophiegeschichtliches Interesse. Primär will sie jedoch keine Arbeit darstellen, deren Hauptanliegen es wäre, zu einer um einige vergessenen Namen oder marginalisierten Strömungen erweiterten Geschichte der europäischen Philosophie beizutragen. Wie ich in der Einleitung, aber auch im Verlauf der Untersuchung dargelegt habe, hat die Aufgabe der Rekonstruktion kritischer, marginalisierter Denktraditionen in der Geschichte der europäischen Philosophie im Kontext meiner Arbeit eine Bedeutung, die insofern über die des philosophiehistorischen Interesses im herkömmlichen Sinn hinausgeht, als ich sie als eine unabdingbare Voraussetzung dafür begreife, dass die europäische Philosophie eben durch den selbstkritischen Dialog mit ihrer eigenen geschichtlichen Entwicklung ihren verdrängten Traditionen Gerechtigkeit widerfahren lässt und sich der Vielfalt in ihrer Geschichte bzw. ihrer internen Pluralität bewusst wird.

Die philosophiegeschichtliche Arbeit der Rekonstruktion ist also hier weniger Zweck als vielmehr Mittel zur Ermöglichung eines selbstkritischen Prozesses, durch den die europäische Philosophie den Dialog mit der eigenen Pluralität lernt und die Revision und Transformation von gängig gewordenen Formen ihrer Selbstdarstellung und Praxis in Geschichte *und Gegenwart* unternimmt.

Diese Bedeutung der selbstkritischen Arbeit an der eigenen Geschichte seitens der europäischen Philosophie betone ich hier auch deshalb, weil sie zugleich Bedingung für die Befähigung zum Dialog mit den Philosophien aus anderen Kulturkreisen ist. Durch die Erfahrung der Kontingenz der eigenen Geschichte, insbesondere aber durch die Anerkennung der Pluralität in ihrer Entwicklung übt sich doch die europäische Philosophie in einen Umgang mit der Differenz ein, der für sie eine wichtige Vorbereitung für das interkulturelle Gespräch der Philosophien bedeuten kann. Das ist auch Ziel dieser Arbeit.

Bibliographie

(Auszug aus der zitierten Literatur)

Abaelard, Peter, *Die Leidensgeschichte und der Briefwechsel mit Heloisa*, Heidelberg 1979.

ders., *Nosce te ipsum. Die Ethik des Peter Abälard*, übersetzt und eingeleitet von F. Hommel, Wiesbaden 1947.

ders., *Gespräch eines Philosophen, eines Juden und eines Christen.* Lateinisch und deutsch. Herausgegeben und übertragen von Hans-Wolfgang Krautz, Darmstadt 1995.

Abélard et son temps - Actes du Colloque International organisé à l' occasion du 9e centenaire de la naissance de Pierre Abélard, Paris 1981.

Abbagnano, N., *Storia della Filosofia*, Torino 1946-1950.

Abbt, Thomas, *Vermischte Werke*, Berlin und Stettin 1768-1781.

Abellán, José Luis/Flores, Ramiro/Heredia, Antonio u.a., *¿Existe una Filosofía Española?*, Madrid 1988.

Abellán, J. L., Hrsg., *El exilio español de 1939*, 5 Bde., Madrid 1976.

Adorno, Theodor W., *Eine Auswahl*, Stuttgart 1971.

Albares, R./Heredia, A./Piñero, R., Hrsg., *Filosofía hispana y diálogo intercultural*, Salamanca 2000.

Albrecht, Michael, "Moses Mendelssohn. Ein Forschungsbericht, 1965-1980", in: *Deutsche Vierteljahresschrift für Literaturwissenschaft und Geistesgeschichte* 57 (1983) 64-166.

ders., *Moses Mendelssohn, 1729-1786. Das Lebenswerk eines jüdischen Denkers der deutschen Aufklärung*, Weinheim 1986.

ders., "Christian Thomasius", in: Kreimendahl, Lothar, Hrsg., *Philosophen des 17. Jahrhunderts*, Darmstadt 1999, S. 238-259.

ders., "Moses Mendelssohn. Judentum und Aufklärung", in: Kreimendahl, Lothar, Hrsg., *Philosophen des 18. Jahrhunderts*, Darmstadt 2000, S. 209-225.

Albrecht, M./Engel, E. J./Hinske, N., Hrsg., *Moses Mendelssohn und die Kreise seiner Wirksamkeit*, Tübingen 1994.

Althusser, Louis, *Lénine et la philosophie*, Paris 1969.

Altmann, A., "Aufklärung und Kultur bei Moses Mendelssohn", in: Hinske, N., Hrsg., *Ich handle mit Vernunft. Moses Mendelssohn und die europäische Aufklärung*, Hamburg 1981, S. 1-14.

ders., *Moses Mendelssohn. A Biographical Study*, London 1973.

Altmayer, C., *Aufklärung als Popularphilosophie. Bürgerliches Individuum und Öffentlichkeit bei Ch. Garve*, Saarbrücken 1992.

Aristoteles, *Metaphysik*, Hamburg 1978.

Asmuth, Christoph, *Das Begreifen des Unbegreiflichen. Philosophie und Religion bei Johann Gottlieb Fichte 1800-1806*, Stuttgart-Bad Cannstatt 1999.

Aspasia de Mileto, *Testimonios y Discursos*, zweisprachige Edition von José Solana Dueso, Barcelona 1994.

Augustinus, *De Civitate Dei*, in: *Obras de San Agustín*, zweisprachige Gesamtausgabe, Bde. XVI-XVII, Madrid 1958.

Barthes, R., "L'ancienne rhétorique. Aide-mémoire", in: *Communications* 16 (1970) 172-229.

Baumhauer, O. A., *Die sophistische Rhetorik. Eine Theorie sprachlicher Kommunikation*, Stuttgart 1986.

Bautz, F. W., "Johann Bernhard Basedow", in: *Biographisch-Bibliographisches Kirchenlexikon*, Bd. I, Herzberg 1990, Sp. 402-403.

ders., "Heinrich Corrodi", in: *Biographisch-Bibliographisches Kirchenlexikon*, Bd. I, Herzberg 1990, Sp. 1134.

Beauvoir, Simone de, *Das andere Geschlecht. Sitte und Sexus der Frau*, Reinbek bei Hamburg 1951.

Belke, Ingrid, "Religion und Toleranz aus der Sicht Moses Mendelssohns und Gotthold Ephraim Lessings", in: Hinske, N., Hrsg., *a.a.O.*, S. 119-148.

Benjamin, Walter, "Über den Begriff der Geschichte", in: *Gesammelte Schriften*, Bd. I-2, Frankfurt/M. 1980, S. 693-704.

Bernays, Jacob, *Lucian und die Kyniker*, Berlin 1879.

Bérube, C., *La connaissance de l' individuel au Moyen Âge*, Paris 1964.

Bezold, Raimund, *Popularphilosophie und Erfahrungsseelenkunde. Im Werk von Karl Philipp Moritz*, Würzburg 1997.

Bloch, Ernst, "Über den gegenwärtigen Stand der Philosophie", in: *Gesamtausgabe*, Bd. 10, Frankfurt 1977, S. 292-317.

ders., *Zwischen Welten in der Philosophiegeschichte*, in: *Gesamtausgabe*, Bd. 16, Frankfurt 1977.

ders., "Christian Thomasius, ein deutscher Gelehrter ohne Misere", in: ders., *Naturrecht und menschliche Würde*, Frankfurt 1961, S. 315-356.

Bloedow, E. F., "Aspasia and the 'mistery' of the Menexenus", in: *Wiener Studien* 9 (1975) 32-48.

Bödeker, H. E., "Von der 'Magd der Theologie' zur "Leitwissenschaft". Vorüberlegungen zu einer Geschichte der Philosophie des 18. Jahrhunderts", in: *Das achtzehnte Jahrhundert* 14 (1990) 19-57.

Böhling, F., "Hermann Samuel Reimarus", in: Volpi, F., Hrsg., *Großes Werklexikon der Philosophie*, Bd. 2, Stuttgart 1999, S. 1263-1264.

Böhme, Gernot, *Alternativen der Wissenschaft*, Frankfurt/M. ²1993.

Böhr, Christoph, "Johann Jacob Engel und die Geschichtsphilosophie Moses Mendelssohns", in: Albrecht, M./Engel, E. J./Hinske, N. (Hrsg.), *a.a.O.*, S. 157-174.

ders., *Philosophie für die Welt. Zum Selbstverständnis der Popularphilosophie der deutschen Spätaufklärung*, Stuttgart 2002 (im Druck).

Bollnow, O. F., "Basedow", in: Historische Kommission bei der Bayerischen Akademie der Wissenschaften, Hrsg., *Neue Deutsche Bibliographie*, Bd. 1, Berlin 1953, S. 618-619.

ders., "Comenius und Basedow", in: *Die Sammlung*, Tübingen 1950.

Borst, A., *Lebensformen im Mittelalter*, Frankfurt/Berlin/Wien 1973.

Bracker, Jörgen, "Moses Mendelssohn, ein Gegenbild des >Ewigen Juden<", in: Hinske, N., Hrsg., *a.a.O.*, S. 21-22.

Brandt, R., *Die Interpretation philosophischer Werke. Eine Einführung in das Studium antiker und neuzeitlicher Philosophie*, Stuttgart - Bad Cannstatt 1984.

Braun, Lucien, *Histoire de l'histoire de la philosophie*, Paris 1972. deutsch: *Geschichte der Philosophiegeschichte*, Darmstadt 1990

Bréhier, E., *La philosophie du moyen âge*, Paris 1937.

Brentano, F., *Geschichte der mittelalterlichen Philosophie*, Hamburg 1980.

ders., *Geschichte der Philosophie der Neuzeit*, Hamburg 1987.

Brucker, Johan Jakob, *Institutiones Historiae Philosophicae*, Leipzig ²1756.

Bruns, Ivo, "Frauenemanzipation in Athen. Ein Beitrag zur attischen Kulturgeschichte des 5. und 4. Jahrhunderts", in: ders., *Vorträge und Aufsätze*, München 1905.

Bundgård, Ana, *Más allá de la filosofía. Sobre el pensamiento filosófico-místico de María Zambrano*, Madrid 2000.

Burckhardt, Jacob, *Die Kultur der Renaissance in Italien*, in: *Gesammelte Werke*, Bd. III, Darmstadt 1955.

ders., *Griechische Kulturgeschichte*, Darmstadt 1957.

Cassirer, Ernst, *Die Philosophie der Aufklärung*, Tübingen 1972.

Cavana, M. L., "Unzer, Johanna Charlotte", in: Meyer, U. I./Bennent-Vahle, H., *Philosophinnen-Lexikon*, Leipzig 1997, S. 561-563.

Cerezo Galán, Pedro, "«De la historia trágica a la historia ética»" in: *Philosophica Malacitana* IV (1991) 71-90.

Chamberlain, Houston S., *Die Grundlagen des neunzehnten Jahrhunderts*, Bd. I, München 1899.

Charrier, Ch., *Héloïse dans l'Histoire et dans la Légende*, Paris 1933

Chenu, M. D., *L' éveil de la conscience dans la civilisation médievale*, Paris 1969.

Citti, Vittorio, *Tragedia e lotta di classe in Grecia*, Neapel 1978.

Clairvaux, Bernhard von, *Epistola ad Innocentium*, in: Minge-Ausgabe, *PL* 182.

Clanchy, M. T., *Abaelard. Ein mittelalterliches Leben*, Darmstadt 2000.

Cousin, V., *Fragments de la philosophie du Moyen Âge*, Paris 1855.

Cramer, Konrad, "Die Stunde der Philosophie – Über Göttingens ersten Philosophen und die philosophische Theorielage der Gründungszeit", in Stackelberg, J. v., Hrsg., *Zur geistigen Situation der Zeit der Göttinger Universitätsgründung 1737*, Göttingen 1988, S. 101-143.

Cramer, Konrad/Patzig, Günther, "Die Philosophie in Göttingen 1734-1987", in: Schlotter, Hans-Günther, Hrsg., *Die Geschichte der Verfassung und der Fachbereiche der Georg-August-Universität zu Göttingen*, Göttingen 1994, S. 86-91.

Copleston, Fr., *A History of Philosophy*, London 1950-1951.

Derrida, J./ Borreil, J., u.a., *Les sauvages dans la cité. Auto-émancipation du peuple et instruction des prolétaires au XIXe siècle*, Paris 1985.

Diderot, Denis, *Pensées sur l'Interpretation de la Nature*, in: *Œuvres*, Bd. I, Paris 1994.

Dietschy, Beat, "Die Inkorporation der Häresie ins Dogma. J. C. Mariátegui und Ernst Bloch", in: *Concordia* 11 (1987) 24-39.

Dilthey, Wilhelm, *Grundriß der allgemeinen Geschichte der Philosophie*, Göttingen 1949.

ders., *Studien zur Geschichte des deutschen Geistes*, in: ders., *Gesammelte Schriften*, III. Band, Stuttgart/Göttingen 1959.

ders., "Archive der Literatur in ihrer Bedeutung für das Studium der Geschichte der Philosophie", in: *Gesammelte Schriften*, IV. Band, Stuttgart 1969, S. 555-575.

Dinges, Martin, "Medizinische Aufklärung bei Johann Georg Zimmermann. Zum Verhältnis von Macht und Wissen bei einem Arzt der Aufklärung", in: Fontius, M./Holzhey, H., Hrsg., *Schweizer im Berlin des 18. Jahrhunderts*, Berlin 1996, S. 111-122.

Dittmar, H., *Aischines von Sphettos*, Berlin 1912.

Dorang, Monique, *Die Entstehung der razón poética im Werk von María Zambrano*, Frankfurt/M 1995.

Düsing, Klaus, *Hegel und die Geschichte der Philosophie*, Darmstadt 1983.

Dudley, Donald R., *A History of Cynism from Diogenes to the 6th Century*, London 1937.

Ecole, Jean, "A propos du projet de Wolff d'écrire une 'Philosophie des Dames' ", in: *Studia leibnitiana* XV (1983) 46-57.

Ehlers, Barbara, *Eine vorplatonische Deutung des sokratischen Eros. Der Dialog Aspasia des Sokratikers Aischines*, München 1966.

Eisenhut, W., *Einführung in die antike Rhetorik und ihre Geschichte*, Darmstadt 1974.

Engel, Johann Jakob, *Schriften*, 4 Bde., Frankfurt/M 1971.

Erdmann, J. E., *Grundriß der Geschichte der Philosophie*, 2. Bd., Berlin 1878.

Erhard, J. B., *Über das Recht des Volkes zu einer Revolution und anderen Schriften*, Frankfurt 1976.

Ernesti, Johann-August, *Prolusio de Philosophia populari*, in: *Opuscula oratoria, orationes, prolusiones et elogia*, Leipzig 1762.

Elschenbroich, Adalbert, "Engel", in: Historische Kommission bei der Bayerischen Akademie der Wissenschaften (Hrsg.), *Neue Deutsche Biographie*, Bd. 4, Berlin 1959, S. 504-505.

Fabian, Bernhard, Hrsg., *Friedrich Nicolai. 1733-1811. Essays zum 250. Geburtstag*, Berlin 1983.

Feliu, S., *Socráticos Menores*, Valencia 1977.

Ferrater-Mora, J., "Cyniques et stoïciens", in: *Revue de métaphysique et de morale* 62 (1957) 20-36.

Fetscher, Iring, "Der Freiherr von Knigge und seine Erben", in: *Der Monat* 146 (1960) 63-75.

Fichte, Johann Gottlieb, *Werke*, Berlin 1971.

Flasch, K., *Das philosophische Denken im Mittelalter*, Stuttgart 1986

ders., *Einführung in die Philosophie des Mittelalters*, Darmstadt 1987.

Fontius, Martin/Klingenberg, Anneliese, Hrsg., *Karl Philipp Moritz und das 18. Jahrhundert*, Tübingen 1995.

Fontius, Martin/Holzhey, Helmut, Hrsg., *Schweizer im Berlin des 18. Jahrhunderts*, Berlin 1996.

Fontius, Martin/Schneiders, Werner, Hrsg., *Die Philosophie und die Belles-Lettres*, Berlin 1997.

Fornet-Betancourt, Raúl, *Lateinamerikanische Philosophie zwischen Inkulturation und Interkulturalität*, Frankfurt 1997.

Foucault, Michel, "L'éthique du souci de soi comme pratique de liberté", in: *Concordia* 6 (1984) 99-116.

ders., *Histoire de la sexualité*, 3. Band: *Le souci de soi*, Paris 1984.

ders., "Hermeneutique du sujet", in: *Concordia* 12 (1988) 44-68.

Fraile, Guillermo, *Historia de la filosofía*, I-III, Madrid 1956-1966.

Frascolla, G., *Abelardo umanista e razionalista*, Pesaro 1950.

Freyer, Johannes, *Geschichte der Geschichte der Philosophie im achtzehnten Jahrhundert*, Leipzig 1912.

Fülleborn, Georg G., "Christian Garve. Einige Materialien zu dessen Lebensbeschreibung und Charakteristik", in: *Schlesische Provinzialblätter* 28 (1798) 567-581 und 29 (1799) 1-15.

Feuerbach, Ludwig, "Hegels Vorlesungen über die Geschichte der Philosophie", in: *Werke*, Bd. 2, Frankfurt 1975, S. 45-62.

Fumagalli, M., *Heloise und Abälard*, München/Zürich 1986.

Gadamer, Hans-Georg, *Wahrheit und Methode*, Tübingen 1975.

ders., "Rhetorik, Hermeneutik und Ideologiekritik", in: *Kleine Schriften*, I, Tübingen 1967, S. 113-130.

Gandillac, M. de, "Sur quelques interprétations récentes d'Abélard", in: *Cahiers de Civilisation Médievale* IV (1961) 293-301.

Garve, Christian, *Popularphilosophische Schriften*, Stuttgart 1974.

ders., *Gesammelte Werke*, Hildesheim/New York 1985 ff.

Geffecken, J., *Kynika und Verwandtes*, Heidelberg 1909.

Gehring, Thomas, *Johanna Unzer-Ziegler. 1725-1782.* Frankfurt/M. (Diss.) 1973.

Gehrke, H.-J., "Zur Geschichte Milets in der Mitte des 5. Jahrhunderts v.Chr.", in: *Historia* 29 (1980) 17-31.

Gerl, H.-P., *Einführung in die Philosophie der Renaissance*, Darmstadt 1989.

Geyer, B., *Die patristische und scholastische Philosophie, Überwegs Grundriss der Geschichte der Philosophie*, Bd. 2, Tübingen 1951.

Gil, L., *Censura en el mundo antiguo*, Madrid 1985.

Gil, Thomas, "Moses Ben Maimons argumentative Plausibilisierung der jüdischen Religion", in: *Concordia* 35 (1998) 3-12.

Gilson, E., *La philosophie au moyen âge*, Paris 1925.

ders., *L' Humanisme médiéval*, Paris 1955.

ders., *Héloïse et Abélard*, Paris 1997.

Glockner, H., *Die europäische Philosophie von den Anfängen bis zur Gegenwart*, Stuttgart 1958.

Gocco, A., "'L' "homo ethicus" abelardiano et la sua frattura col mondo medievale", in: ders., Hrsg., *Abelardo: L' altro versante del medioevo*, Napoli 1979, S. 129-149.

Goethe, Johann Wolfgang, *Dichtung und Wahrheit*, in: *Werke*, Bd. VIII, Stuttgart/München 1962.

Görling, Reinhold, *Dinamita cerebral – Politischer Prozeß und ästhetische Praxis im Spanischen Bürgerkrieg (1936-1939)*, Frankfurt/M. 1986.

Göttert, Karl-Heinz, *Knigge oder : Von den Illusionen des anständigen Lebens*, München 1995.

Göttling, K. W., "Diogenes der Cyniker, oder die Philosophie des griechischen Proletariats", in: ders., *Gesammelte Abhandlungen aus dem klassischen Altertum*, Bd.1, Halle 1851.

Goldhammer, Leopold, *Die Psychologie Mendelssohn aus den Quellen dargestellt und kritisch beleuchtet*, Wien 1886.

Gomperz, H., *Die Lebensauffassung der griechischen Philosophen und das Ideal der inneren Freiheit*, Jena 1904.

Grabmann, M., *Die Geschichte der scholastischen Methode*, 2. Bd., Darmstadt 1956.

ders., *Die Geschichte der Katholischen Theologie*, Darmstadt 1961.

Gramsci, Antonio, *Il materialismo storico*, Torino 1975.

Haasis, Hellmut G., *Spuren der Besiegten*, Bd. 2: *Von den Erhebungen gegen den Absolutismus bis zu den republikanischen Freischärlern 1848/49*, Reinbek bei Hamburg 1984.

Habermas, Jürgen, *Strukturwandel der Öffentlichkeit*, Neuwied/ Berlin 1962.

ders., *Philosophisch-politische Profile*, Frankfurt 1987.

Hall, Stuart, "Die zwei Paradigmen der Cultural Studies", in: Hörning, Karl H./Winter, Rainer, Hrsg., *Widerspenstige Kulturen*, Frankfurt 1999, S. 13-42.

Hartmann, Nicolai, *Der philosophische Gedanke und seine Geschichte*, Stuttgart 1977.

Haskins, Ch. H., *The Renaissance of the Twelfth Century*, Cambridge 1927.

Hegel, G. W. F., *Werke in zwanzig Bänden*, Frankfurt 1975.

Heidegger, Martin, *Was ist das - Die Philosophie?*, Pfullingen 1956.

ders., "Das Ende der Philosophie und die Aufgabe des Denkens", in: *Zur Sache des Denkens*, Tübingen 1969, S. 61-80.

Heine, Heinrich, *Zur Geschichte der Religion und Philosophie in Deutschland*, Frankfurt 1966.

Heinimann, Felix, *Nomos und Physis. Herkunft und Bedeutung einer Antithese im griechischen Denken des 5. Jahrhunderts*, Basel 1975.

Held, Klaus, *Heraklit, Parmenides und der Anfang von Philosophie und Wissenschaft*, Berlin/New York 1980

Helm, R., "Kynismus", in: *Pauly's Realencyklopädie der classischen Altertumswissenschaft*, Bd. 12 (1925) Sp. 3-24.

Henrion, L., *La conception de la nature et du rôle de la femme chez les philosophes cyniques et stoïciens*, Liège (Diss.) 1942-43.

Herder, Johann G., *Werke in fünf Bänden*, Berlin 1982.

Heredia, Antonio/Albares, Roberto, Hrsg., *Filosofía y Literatura en el mundo hispánico*, Salamanca 1997.

Herr, F., *Aufgang Europas. Eine Studie zu den Zusammenhängen zwischen politischer Religiosität, Frömmigkeitsstil und dem Werden Europas im 12. Jahrhundert*, 2 Bde., Wien/Zürich 1949.

Hinske, Norbert, *Lebenserfahrung und Philosophie*, Stuttgart-Bad Cannstatt 1986.

ders., "Mendelssohns Beantwortung der Frage: Was ist Aufklärung? oder über die Aktualität Mendelssohns", in: ders., Hrsg., *a.a.O.*, S. 85-117.

Hirschberger, J., *Geschichte der Philosophie*, Freiburg 1949.

Hirzel, R., *Der Dialog. Ein literaturhistorischer Versuch*, I, Leipzig 1895.

Höistad, R., *Cynic Hero and Cynic King. Studies in the Cynic Conception of Man*, Uppsala (Diss.) 1948.

Hösle, Vittorio, *Wahrheit und Geschichte. Studien zur Struktur der Philosophiegeschichte unter paradigmatischer Analyse der Entwicklung von Parmenides bis Platon*, Stuttgart 1984.

Hommel, F., "Einführung", in: *Nosce te ipsum. Die Ethik des Peter Abälard*, Wiesbaden 1947, S. 7-53.

Horkheimer, Max/Adorno, Theodor W., *Dialektik der Aufklärung*, Frankfurt 1971.

Holzhey, H., "Der Philosoph für die Welt – eine Chimäre der deutschen Aufklärung", in: Holzhey, H./Zimmerli, W. Ch., Hrsg., *Esoterik und Exoterik der Philosophie. Beiträge zu Geschichte und Sinn philosophischer Selbstbestimmung*, Basel/Stuttgart 1977, S. 117-138.

ders., "Philosophie als Eklektik", in: *Studia leibnitiana* 15 (1983) 19-29.

ders., "Popularphilosophie", in: Ritter, Joachim/Gründer, Karlfried, Hrsg., *Historisches Wörterbuch der Philosophie*, Bd. 7, Basel/ Stuttgart 1989.

ders., "Initiiert Thomasius einen neuen Philosophentypus?", in: Schneiders, Werner, Hrsg., *Christian Thomasius 1655-1728. Interpretationen zu Werk und Wirkung*, Hamburg 1989, S. 37-51.

Horster, Detlef, *Politik als Pflicht*, Frankfurt 1993.

Humpert, J., *Socrate et les petits socratiques*, Paris 1967.

Ijesseling, S., *Rhetorik und Philosophie*, Stuttgart 1988.

Im Hof, Ulrich, *Aufklärung in der Schweiz*, Bern 1970.

ders., *Das gesellige Jahrhundert*, München 1982.

ders., "Mendelssohn und Iselin", in: Albrecht, M./Engel, E. J./Hinske, N., Hrsg., *a.a.O.*, S. 61-92.

Jaeger, Werner, *Paideia. Die Formung des griechischen Menschen*, Berlin 1947.

James, William, *Pragmatismus. Ein neuer Name für einige alte Denkweisen*, Darmstadt 2001.

Jaspers, Karl, *Einführung in die Philosophie*, München 1971.

Jauch, Ursula Pia, "Leibniz und die Damenphilosophie: Zu einem besonderen Aspekt der Popularphilosophie", in: Leibniz-Gesellschaft, Hrsg., *Leibniz, Tradition und Aktualität. V. Internationaler Leibniz-Kongreß*, Hannover 1988, S. 385-392.

ders., "Metaphysik häppchenweise – zur Damenphilosophie", in: *Studia Philosophica* 48 (1989) 77-95.

ders., *Damenphilosophie und Männermoral. Von Abbé de Gérard bis Marquis de Sade. Ein Versuch über die lächelnde Vernunft*, Wien 1990.

Jímenez, Antonio, "La última María Zambrano", in: Fundación Fernando Rielo, Hrsg., *Aportaciones de filósofos españoles contemporáneos*, Madrid 1991.

Jímenez, J. D., *Los senderos olvidados de la filosofía. Una aproximación al pensamiento filosófico de M. Zambrano*, Madrid 1991

Joël, K., *Geschichte der antiken Philosophie*, Tübingen 1921.

Jolivet, J., "Abélard entre chien et loup", in: *Cahiers de Civilisation Médiévale* XX (1977) 307-322.

Judeich, W., "Aspasia", in: *Paulys Realencyclopädie der classischen Altertumswissenschaft*, 2. Bd., Stuttgart, 1896, Sp. 1117-1119.

Joachim-Jungius-Gesellschaft der Wissenschaften, Hrsg., *Hermann Samuel Reimarus (1694-1768), ein »bekannter Unbekannter« der Aufklärung in Hamburg*, Göttingen 1973.

Kanngiesser, Gustav, *Die Stellung Moses Mendelssohn in der Geschichte der Ästhetik*, Frankfurt/M 1868.

Kant, Immanuel, *Werke in zwölf Bänden*, Frankfurt 1968.

Knobloch, Heinz, *Herr Moses in Berlin*, Berlin 1972.

Koch-Schwarzer, Leonie, *Populare Moralphilosophie und Volkskunde. Christian Garve (1742-1798) – Reflexionen zur Fachgeschichte*, Marburg 1998.

Kornemann, Ernst, *Grosse Frauen des Altertums*, Bremen [4]1958.

Košenina, Alexander, "Plat(t)ner, Ernst", in: Historische Kommission bei der Bayerischen Akademie der Wissenschaften, Hrsg., *Neue Deutsche Biographie*, Bd. 20, Berlin 2001, S. 513-514.

Kühne-Bertram, Gudrun, *Aus dem Leben – zum Leben. Entstehung, Wesen und Bedeutung populärer Lebensphilosophie in der Geistesgeschichte des 19. Jahrhunderts*, Frankfurt/M. 1987.

Lachner, Raimund, "Hermann Samuel Reimarus", in: *Biographisch-Bibliographisches Kirchenlexikon*, Bd. VII, Herzberg 1994, Sp. 1514-1520.

Laertius, Diogenes, *Leben und Meinungen berühmter Philosophen*, Hamburg 1967.

Lassere, P., *Un conflit réligieux au XIIe siècle*, Paris 1930.

Leibniz, G. W., *Werke*, Darmstadt 1985.

Léon, Xavier, *Fichte et son temps*, Bd. 2; *Fichte à Berlin*, Paris 1958.

Lichtenberg, Georg Christoph, *Vermischte Schriften*, Göttingen 1867.

Lindinger, Stefan, "Isaak Iselin", in: *Biographisch-Bibliographisches Kirchenlexikon*, Bd. XVII, Herzberg 2000, Sp. 674-686.

Lortz, J., *Geschichte der Kirche*, Münster 1941.

Lübbe, Hermann, "Philosophiegeschichte als Philosophie. Zu Kants Philosophiegeschichtsphilosophie", in: *Einsichten. Gerhard Krüger zum 60. Geburtstag*, Frankfurt/M. 1962, S. 204-229.

Luck, G., *Die Weisheit der Hunde. Texte der antiken Kyniker*, Darmstadt 1997.

Luscombe, D. E., "The Manuscripts of the Ethica", in: *Peter Abelard's Ethics*, Oxford 1971, S. XXXVIII-LXI.

Martin, J., *Antike Rhetorik, Technik und Methode*, München 1974.

Martínez, Rogelio Blanco/Ortega, Juan F., *Zambrano*, Madrid 1997.

Meinecke, Friedrich, "Möser", in: *Die Entstehung des Historismus*, München 1965, S. 301-354.

Mendelssohn, Moses, *Gesammelte Schriften. Jubiläumsausgabe*, Stuttgart 1974 ff.

ders., *Schriften über Religion und Aufklärung*, Darmstadt 1989.

Meyer, Gerhard, "Garve", in: Historische Kommission bei der Bayerischen Akademie der Wissenschaften, Hrsg., *Neue Deutsche Biographie*, Bd. 6, Berlin 1964, S. 77-87.

Meyer, Hermann, *Moses Mendelssohn Bibliographie*, Berlin 1965.

Meyer, Ursula I. "Hélöise", in: Meyer, U. I./Bennent-Vahle, H., Hrsg., *a.a.O.*, S. 263-266.

Michel, Wilhelm, "Thomas Abbt", in: Historische Kommission bei der Bayerischen Akademie der Wissenschaften, Hrsg., *Neue Deutsche Biographie*, Bd. 1, Berlin 1953, S. 4-5.

Mittelstraß, Jürgen, *Geschichtlichkeit und Geschichte der Philosophie*, in: Sandkühler, Hans Jörg, Hrsg., *Geschichtlichkeit der Philosophie*, Frankfurt/Bern/New York/Paris 1991, S. 11-30.

Mortier, Roland, "Existe-t-il au XVIIIe siècle, en France, l'équivalent de la »Popularphilosophie« allemande?", in: *Studia leibnitiana* XV (1983) 42-45.

Mounier, E., *Manifeste au service du personnalisme*, Paris 1936.

ders., *Le personnalisme*, Paris 1949.

Müller, Kurt, "Feder", in Historische Kommission bei der Bayerischen Akademie der Wissenschaften, Hrsg., *Neue Deutsche Biographie*, Bd. 5, Berlin 1961, S. 41-42.

Natorp, P., "Diogenes", in: *Pauly's Realencyklopädie der classischen Altertumswissenschaft*, Bd. 5, Stuttgart 1905, Sp. 765-773.

ders., "Antisthenes", in: *Paulys Realencyclopädie der classischen Altertumswissenschaft*, Bd. 1, Stuttgart 1894, Sp. 2538-2545.

ders., "Aischines' Aspasia", in: *Philologus* 51 (1890) 489-500.

Nehren, Birgit, "Aufklärung – Geheimhaltung – Publizität. Moses Mendelssohn und die Berliner Mittwochsgesellschaft", in: Albrecht, M./Engel, E. J./Hinske, N., Hrsg., *a.a.O.*, S. 93-111.

Nestle, W., *Griechische Weltanschauung in ihrer Bedeutung für die Gegenwart*, Stuttgart 1946.

ders., *Griechische Studien*, Stuttgart 1948.

Nicolai, Friedrich, *Leben und Meinungen Sempronius Gundibert's, eines deutschen Philosophen*, Berlin/Stettin 1798.

ders., *Leben und Meinungen des Herrn Magister Sebaldus Nothanker*, 3 Bd., Berlin/Stettin 1793-1796.

Nietzsche, Friedrich, *Die Philosophie im tragischen Zeitalter der Griechen*, in: *Sämtliche Werke in zwölf Bänden*, Bd. I, Stuttgart 1964.

ders., *Menschliches, Allzumenschliches*, in: *Sämtliche Werke in zwölf Bänden*, Bd. III, Stuttgart 1964.

Nordström, J., *Moyen Âge et Renaissance*, Paris 1933.

Nühlen, Maria, "Aspasia von Milet", in: Meyer, U. I./Bennent-Vahle, H., Hrsg., *a.a.O.*, S. 50-53.

Oesterreich, Peter L., *Philosophen als politische Lehrer. Beispiele öffentlichen Vernunftgebrauchs*, Darmstadt 1994.

Oiserman, T. I., "Die marxistische Konzeption der Geschichte der Philosophie", in: Sandkühler, H. J., Hrsg., *Europäische Enzyklopädie zu Philosophie und Wissenschaften*, Band 3, Hamburg 1990, S. 701-710.

Ortega y Gasset, José, "El ocaso de las revoluciones", in: *Obras Completas*, Bd. 3, Madrid 1983, S. 207-227.

ders., "A «Historia de la Filosofía», de Emile Bréhier", in: *Obras Completas*, Bd. 6, Madrid 1983, S. 377-418.

ders., "A «Historia de la Filosofía», de Karl Vorländer", in: *Obras Completas*, Bd. 6, Madrid 1983, S. 292-300.

Ostwald, M., *From Popular Sovereignty to the Sovereignty of Law. Society and Politics in Fifth-Century Athens*, Los Angeles 1986.

Pätzold, Detlev, "Ideengeschichte? Objekt und Methode philosophiegeschichtlicher Forschung", in: *Dialektik* 18 (1989) 164-178.

Pasternack, Gerhard, "Diskurshermeneutik und Wahrheit - Zum Problem philosophiegeschichtlicher Rekonstruktionen", in: *Dialektik* 18 (1989) 28-49.

Paz, Octavio, *Al Paso*, Barcelona 1992.

Pérez-Ramos, Barbara, *Intelligenz und Politik im spanischen Bürgerkrieg 1936-1939*, Bonn 1982.

Pieper, J., »*Scholastik«. Gestalten und Probleme der mittelalterlichen Philosophie*, München 1960.

Platon, *Werke in acht Bänden*, Darmstadt 1970.

Raffo Magnasco, B. R., "La filosofía moral en el cinismo", in: *Sapientia* 13 (1958) 21-35.

Rahm, R., "Die Frömmigkeit der Kyniker", in: *Paideuma* 7 (1960) 280-292.

Rama, Carlos M., Hrsg., *Los intelectuales y la política*, Montevideo 1962.

Reinhold, Karl Leonhard, *Versuch einer neuen Theorie des menschlichen Vorstellungsvermögens*, Prag und Jena 1789.

Renucci, P., *L' aventure de l' humanisme européen au Moyen Âge (IVe - XIVe siècles)*, Paris 1983.

Ripalda, José María, "Philosophiegeschichtsschreibung seit der Neuzeit - Problematik und Genese", in: *Dialektik* 18 (1989) 179-196.

Roig, Arturo A., *El "regreso a la naturaleza" como liberación en el mundo antiguo*, in: *Revista Latinoamericana de Filosofía* 1 (1991) 97-115.

Romero, Francisco, *Sobre la historia de la filosofía*, Tucumán 1943.

Rullmann, Marit, u.a., *Philosophinnen. Von der Antike bis zur Aufklärung*, Zürich-Dortmund 1993.

Sabetti, A., *Hegel e il problema della filosofia come historia*, Neapel 1967.

Salcedo, L./Iturrioz, A., *Philosophiae Scholasticae Summa*, Bd. I, Madrid 1957.

Saranyana, J. I., *Historia de la filosofía medieval*, Pamplona 1985.

Sartre, Jean-Paul, *L'être et le néant*, Paris 1943.

ders., *Situations*, 10 Bände, Paris 1947-1976.

ders., *On a raison de se révolter*, Paris 1974.

Sayre, F., *The Greek Cynics*, Baltimore 1948.

Scheel, H., *Süddeutsche Jakobiner. Klassenkämpfe und republikanische Bestrebungen im deutschen Süden Ende des 18. Jahrhunderts*, Berlin (DDR) 1962.

Scheler, Max, *Philosophische Weltanschauung*, Bern 1954.

Schelling, F. W. J., *Zur Geschichte der neueren Philosophie*, Darmstadt 1975.

Schiller, J., *Abälards Ethik im Vergleich zur Ethik seiner Zeit*, Münster 1906.

Schmidt, Adolf, *Das perikleische Zeitalter*, I, Leipzig 1877.

Schmidt, Harald, "Gesunder/gemeiner Menschenverstand", in: Sandkühler, H. J., Hrsg., *Enzyklopädie Philosophie*, Bd. 1, Hamburg 1999, S. 494-498.

Schneider, H. J., *Moses Mendelssohns Anthropologie und Ästhetik. (Zum Begriff der Popularphilosophie)*, Münster (Diss.) 1970.

Schneiders, Werner, "Zwischen Welt und Weisheit. Zur Verweltlichung der Philosophie in der frühen Moderne", in: *Studia leibnitiana* XV (1983) 2-18.

Schoeps, Julius H., *Moses Mendelssohn*, Königstein Ts. 1979.

Schöndorf, H., "Der Leib und sein Verhältnis zur Seele bei E. Platner", in: *Theologie und Philosophie* 60 (1985) 77-87.

Schraven, Martin, *Philosophie und Revolution*, Stuttgart 1989.

Schroeter-Reinhard, A., *Die Ethica des Peter Abaelard. Übersetzung, Hinführung und Deutung*, Freiburg (Schweiz) 1999.

Schwarze, J., *Die Beurteilung des Perikles durch die attische Komödie und ihre historische und historiographische Bedeutung*, München 1971.

Sciacca, M., *Storia della Filosofia*, Roma 1950.

Sidorova, N. A., "Abélard et son époque", in: *Cahiers d' histoire mondiale* 4 (1958) 541-552.

Southern, R. W., *Medieval Humanism and Other Studies*, Oxford 1970.

ders., *Gestaltende Kräfte des Mittelalters. Das Abendland im 11. und 12. Jahrhundert*, Stuttgart 1960.

Thomas, R., *Der philosophisch-theologische Erkenntnisweg Peter Abailards im Dialogus inter Philosophum, Judaeum et Christianum*, Bonn 1966.

Thomasius, Christian, *Kleine Teutsche Schriften. Ausgewählte Werke*, Hildesheim/Zürich/New York 1994.

Tinner, Walter, "Leibniz: System und Exoterik", in: Holzhey, H./ Zimmerli, W. Ch., Hrsg., *a.a.O.*, S. 101-116.

Torchia Estrada, Juan Carlos, "El concepto de la historia de la filosofía en Francisco Romero", in: Romero, Francisco, *La estructura
de la historia de la filosofía*, Buenos Aires 1967, S. 7-119

ders., "Romero y Brentano: la estructura de la historia de la filosofía",
in: Sociedad Interamericana de Filosofía, Hrsg., *F. Romero.
Maestro de la filosofía latinoamericana*, Caracas 1983, S. 141-
168.

Totok, W., *Handbuch der Geschichte der Philosophie*, I, *Altertum*,
Frankfurt 1964.

Traub, Hartmut, *J. G. Fichtes Popularphilosophie*, Stuttgart - Bad
Cannstatt 1992.

Überweg, Friedrich, *Die Philosophie des Altertums*, Tübingen [13]1953

ders., *Grundriss der Geschichte der Philosophie,* Reinbek bei Hamburg 1963.

Ueding, Gert, "Popularphilosophie", in: Grimminger, Rolf, Hrsg.,
Deutsche Aufklärung bis zur Französischen Revolution, München
1980, S. 605-634.

ders., "Von der Universalsprache zur Sprache als politischer Handlung", in: Schmidt, Jochen, Hrsg., *Aufklärung und Gegenaufklärung in der europäischen Literatur, Philosophie und Politik von
der Antike bis zur Gegenwart*, Darmstadt 1989, S. 294-315.

ders., "Aufklärung", in: ders., Hrsg., *Historisches Wörterbuch der
Rhetorik*, Band 1, Tübingen 1992, Sp. 1188-1250.

Unamuno, Miguel de, *Ensayos*, Madrid 1917.

ders., *Del sentimiento trágico de la vida*, Madrid 1937.

Unzer, Johanna Charlotte, *Grundriss einer Weltweisheit für das
Frauenzimmer*, Aachen 1995.

Vardiman, E. E., *Die Frau in der Antike*, Düsseldorf/Wien 1982

Varnhagen von Ense, Karl A., Hrsg., *Denkwürdigkeiten des Philosophen und Arztes Johann Benjamin Erhard*, Stuttgart und Tübingen 1830.

Vidal-Naquet, P., *La démocratie grecque vue d'ailleurs*, Paris 1990.

Vierhaus, Rudolf, "Mendelssohn und die Popularphilosophie", in:
Albrecht, M./Engel, E. J./Hinske N., Hrsg., *a.a.O.*, S. 25-42.

Vorländer, Karl, *Philosophie des Altertums*, Reinbek bei Hamburg 1963.

ders., *Philosophie des Mittelalters*, Reinbek bei Hamburg 1964.

ders., *Philosophie der Neuzeit. Die Aufklärung*, Reinbek bei Hamburg 1967.

Waithe, M. E., Hrsg., *A History of Woman Philosophers*, Dordrecht-Boston-Lancaster 1987.

Walsh, W. H., *The Historiography of the History of Philosophy*, Gravenhage 1965.

Welker, Karl H. L., *Rechtgeschichte als Rechtspolitik: Justus Möser als Jurist und Staatsmann*, 2 Bde., Osnabrück 1996.

Wernle, Paul, *Der schweizerische Protestantismus im 18. Jahrhundert*, Bd. 2, Zürich 1924.

Wieland, G., "Rationalisierung und Verinnerlichung. Aspekte der geistigen Physiognomie des 12. Jahrhunderts", in: Beckmann, J. P./Honnefelder, L./Schrimpf, G./Wieland, G., Hrsg., *Philosophie im Mittelalter. Entwicklungslinien und Paradigmen*, Hamburg 1987, S. 61-79.

Wild, Reiner, "Stadtkultur, Bildungswesen und Aufklärungsgesellschaften", in: Grimminger, Rolf, Hrsg., *a.a.O.*, 103-132.

Wimmer, Franz, *Interkulturelle Philosophie. Geschichte und Theorie*, Bd. 1, Wien 1990.

Wundt, Max, *Die deutsche Schulphilosophie im Zeitalter der Aufklärung*, Tübingen 1945.

Zambrano, María, *Claros del bosque*, Barcelona 1986.

ders., *Pensamiento y poesía en la vida española*, Madrid 1987.

ders., *Persona y Democracia*, Barcelona 1988.

ders., *Los bienaventurados*, Madrid 1990.

ders., *Horizonte del liberalismo*, Madrid 1996.

Zaremba, Michael, "Thomas Abbt. Philosoph und Freund Berlins", in: *Deutsche Denker*, Berlin 1998, S. 53-57.

Zeller, Eduard, *Die Philosophie der Griechen in ihrer geschichtlichen Entwicklung*, 2. Teil, *Sokrates und die Sokratiker*, Darmstadt 1963.

Zevallos, Noé, *Actitud itinerante y otros ensayos*, Lima 1985.

Zimmerli, Walther Ch., "Esoterik und Exoterik in den Selbstdarstellungsbegriffen der Gegenwartsphilosophie", in: Holzhey, H./Zimmerli, W. Ch., Hrsg., *a.a.O.*, S. 253-288.

ders., "Arbeitsteilige Philosophie? Gedanken zur Teil-Rehabilitierung der Popularphilosophie", in: Lübbe, Hermann, Hrsg., *Wozu Philosophie? Stellungnahmen eines Arbeitskreises*, Berlin/New York 1978, S. 181-222.

Zubiri, Xavier, *Naturaleza, Historia, Dios*, Madrid 1963.

Zurbuchen, Simone, "Die Zürcher Popularphilosophie: Heinrich Corrodi und Leonhard Meister", in: Holzhey, H./Zurbuchen, S., Hrsg., *Alte Löcher – neue Blicke. Zürich im 18. Jahrhundert. Aussen- und Innenperspektiven*, Zürich 1997, S. 329-343.

ders., "Berliner 'Exil' und Schweizer 'Heimat': Johann Georg Zimmermanns Auseinandersetzung mit seiner Rolle als Schweizer Gelehrtem", in: Fontius, Martin/Holzhey, Helmut, Hrsg., *a.a.O.*, S. 57-68.

IKO - Verlag für Interkulturelle Kommunikation
Holger Ehling Publishing
Edition Hipparchia
Frankfurt am Main • London

Frankfurt am Main
Postfach 90 04 21; D-60444 Frankfurt
Assenheimerstr. 17, D–60489 Frankfurt
Tel.: +49-(0)69-78 48 08
Fax: +49-(0)69-78 96 575
e-mail: info@iko-verlag.de

Internet: www.iko-verlag.de
Verkehrs-Nr.: 10896
VAT-Nr.: DE 111876148
Auslieferung: order@kno-va.de

London
70 c, Wrentham Avenue
London NW10 3HG, UK
e-mail: HEhling@aol.com

Aus dem Verlagsprogramm

Raúl Fornet-Betancourt (Hrsg.)
Kulturen zwischen Tradition und Innovation
Stehen wir am Ende der traditionellen Kulturen?
Dokumentation des III. Internationalen Kongresses für Interkulturelle Philosophie
2001, 206 S., € 18,00,
ISBN 3-88939-570-8
(DD, Band 11)

Raúl Fornet-Betancourt/Hans Jörg Sandkühler (Hrsg.)
Begründungen und Wirkungen von Menschenrechten im Kontext der Globalisierung
Dokumentation des VIII. Internationalen Seminars des Dialogprogramms Nord-Süd
2001, 244 S., € 20,00,
ISBN 3-88939-591-0
(DD, Band 12)

Raúl Fornet-Betancourt
Zur interkulturellen Transformation der Philosophie in Lateinamerika
2002, 152 S., € 14,80,
ISBN 3-88939-633-X
(DD, Band 14)

Raúl Fornet-Betancourt (Hrsg.)
Interaction and Asymmetry between the Cultures in the Context of Globalization
Documentation of the IV. International Congress on Intercultural Philosophy
2002, 284 S., Englisch, € 21,80,
ISBN 3-88939-653-4
(DD, Band 15)

Norbert Arntz/Raúl Fornet-Betancourt/ Georg Wolter (Hrsg.)
Werkstatt „Reich Gottes"
Befreiungstheologische Impulse in der Praxis
2002, 350 S., € 25,80,
ISBN 3-88939-638-0

Missionswissenschaftliches Institut Missio e.V. (Hrsg.)
Jahrbuch für kontextuelle Theologien 2000
Deutsch, Englisch, Spanisch und Französisch
2000, 180 S., € 20,00,
ISBN 3-88939-554-6

**Bestellen Sie bitte über den Buchhandel oder direkt beim Verlag.
Gerne senden wir Ihnen unser Titelverzeichnis zu.**